陈美林　熊明瑞　赵嘉路　主编

大学生心理健康教育

北京工业大学出版社

图书在版编目（CIP）数据

大学生心理健康教育 / 陈美林，熊明瑞，赵嘉路主编 .—北京：北京工业大学出版社，2023.8（2024.8 重印）
ISBN 978-7-5639-8438-1

Ⅰ. ①大 … Ⅱ. ①陈 … ②熊 … ③赵 … Ⅲ. ①大学生 - 心理健康 - 健康教育 Ⅳ. ① G444

中国版本图书馆 CIP 数据核字（2022）第 182320 号

大学生心理健康教育
DAXUESHENG XINLI JIANKANG JIAOYU

主　　编：陈美林　熊明瑞　赵嘉路
策划编辑：丁　娜
责任编辑：贾树忠
封面设计：红杉林文化
出版发行：北京工业大学出版社
（北京市朝阳区平乐园 100 号　邮编：100124）
010-67391722（传真）bgdcbs@sina.com
经销单位：全国各地新华书店
承印单位：保定市嘉图印刷有限公司
开　　本：710 毫米 ×1000 毫米　1/16
印　　张：24.75
字　　数：455 千字
版　　次：2023 年 8 月第 1 版
印　　次：2024 年 8 月第 2 次印刷
标准书号：ISBN 978-7-5639-8438-1
定　　价：49.80 元

编写委员会

主　编　陈美林　熊明瑞　赵嘉路

编　委（按章节写作顺序排列）

曾柏洁　王　瑾　周晨琛　刘艳君

周　滨　解丹坤　王海燕　陈会军

李　征　包仿冉　胡靖靖　周皖婧

前　言

随着社会的发展进步，人们越来越认识到心理健康对于个人成长、家庭稳定、社会和谐的重要性。近年来，我国居民患有心理行为问题和精神障碍的人数逐渐增加，心理健康问题已成为日益突出的社会性问题。国家卫生健康委员会发布的数据显示，2019 年，我国抑郁症的患病率达到 2.1%，焦虑障碍的患病率是 4.98%。

2021 年 11 月，教育部部长怀进鹏指出，要把全面加强和改进学生心理健康教育工作作为培育担当民族复兴大任的时代新人的重要内容。中共中央、国务院印发《深化新时代教育评价改革总体方案》《“健康中国 2030”规划纲要》，教育部发布《高校思想政治工作质量提升工程实施纲要》《高等学校学生心理健康教育指导纲要》等文件，都体现了国家对心理健康教育工作的高度重视，也对心理健康教育工作提出了要求和意见。

心理课堂是普及宣传心理健康知识的重要渠道。为了探索心理健康教学改革，提高心理教育课堂的教学质量，将中国文化融入心理健康教材中，探索更加本土化、适合中国大学生的心理健康教材，本书编写组编写了本教材，希望能够将中国传统文化与西方心理学相关理论结合，有效普及心理健康知识，提升大学生心理健康水平，同时也为教师组织教学活动提供指导。

本教材内容包括四篇，分为十三个章节。开篇是大学生心理健康理论基础，第二章至第七章为自我篇，包括自我意识、意志力、问题解决与创造性思维、压力应对与情绪管理、生命的旅程和主观幸福感六个主题。第八章至第十章为他人篇，包括人际交往与人际沟通、家庭关系以及洞悉亲密关系。最后一篇为环境篇，包括社会性与社会化、当代社会文化下的身份认同、社会变迁与心理健康三章。

本教材由北京工业大学多位有丰富经验的心理健康教育授课教师编写而成，在编写过程中参考了大量文献资料，以及近年来国内外心理健康教育方面的研究成果，在此表示衷心的感谢。由于编者水平有限，书中难免存在疏漏之处，恳请广大师生及读者提出宝贵意见。

本书编写组

2023 年 1 月

目　录

开　篇

自 我 篇

他 人 篇

开　　篇

第一章
大学生心理健康理论基础

名人名言

种树者必培其根，种德者必养其心。

——王守仁

如果做好心理准备，一切准备都已经完成。

——莎士比亚

◆ 案例导入

你或许看过画家凡·高的画作《星月夜》，或者听过与此相关的音乐 *Vincent*。仅从色调来看，画面整体色调偏冷，大面积是蓝色，少部分用温暖的橙色点缀，画家用这样整体偏冷偏暗沉的颜色，给人一种既安静又热闹的感觉。人们通常使用文字、音乐、绘画抒发心境，而当时的凡·高，正在医院接受治疗，医生告诉他可能患有“潜伏性癫痫”。医生允许他白天外出写生，他才得以描绘出他心中的星夜。

时至今日，随着精神医学的发展，人们才发现凡·高的精神状态更符合“双相情感障碍”（双相障碍）的描述，因此“世界双相情感障碍日”定在了 3 月 30 日——凡·高的生日。实际上，很多名人可能都得过双相情感障碍，如文学家海明威、普希金、顾城、三毛，艺术家贝多芬、毕加索，哲学家尼采，科学家牛顿，等等。

尽管人们常以“天才病”来描述双相情感障碍，也希望以此抚慰患者，但当事人的身心状态饱受摧残。世界卫生组织（WHO）2011 年的数据显示，全球双相情感障碍总体发病率已达到 2.4%，我国双相情感障碍发病率为 1%~1.5%。

◆ 导言

近年来，“抑郁”“焦虑”“强迫”等词越来越多地出现在世界各国的大学生群体中，成了大学生群体时常讨论的话题。各地出现的令人痛心的案例也引发了全社会对于心理健康的重视，越来越多的人也开始获取更多的科学知识，逐渐消解对精神疾病的污名化和羞耻感。但与此同时，很多人对心理健康的了解依然不够，其错误的认知反而可能加重身心的不适感。

“健康中国”战略倡导“每个人是自己健康的第一责任人”。因此，本章将从大学生心理健康的角度，介绍大学生群体中心理健康的标准、心理发展的相关任务、心理健康的促进视角，并在中国文化视角下进行延展。希望每位读者都能在阅读中获得对心理健康的理解，并有助于自身建立阳光的心态。

第一节　大学生心理健康概要

古语云，“百病皆由心生，百病须由心解”。在传统中医理论中，也有“喜伤心、怒伤肝、忧伤脾、恐伤肾”等论述，可见心理健康对一个人的影响之大。那么什么样的心理状态才算是心理健康呢？在大学阶段，又会有哪些问题影响着一个人的心理健康呢？

一、心理健康的界定

（一）心理健康概念与标准

1948 年，世界卫生组织（WHO）把“健康”定义为“健康不仅为疾病或羸弱之消除，而系体格、精神与社会之完好状态”；1989 年，世界卫生组织将健康的范围扩大到“躯体健康”“心理健康”“社会适应良好”“道德健康”四个方面。

国内学者（以王效道、樊富珉为代表）通过对大学生心理健康状态的研究，也总结出了我国大学生心理健康的标准，概括为以下八个方面。

1. 智力正常

智力是以抽象思维能力为核心的认知能力的综合，其构成要素有观察力、注意力、记忆力、想象能力和思维能力。智力正常是个体从事一切活动的最基本的心理条件，是大学生胜任学习任务、适应环境变化的心理保证，是大学生心理健康的首要标准。就大学生而言，这一群体经过多年的各类考试的选拔，智力总体水平略高于一般人群，若在某一阶段出现较大的认知功能受损，这时就提醒我们该个体可能处于不健康状态。

2. 情绪积极稳定

积极稳定的情绪是心理健康的重要标志。情绪积极意味着个体能够感受到情绪，且大部分时间感受到的都是平静、愉悦等正向情感，虽然负向情感也有其意义和作用，但不是大部分时间所感受到的情绪；情绪稳定则意味着个体的心境在一定时间范围内是相对稳定、波动不大的，就算有较大的情绪波动，也能采取一定的方法进行调整。

3. 意志健全

意志是人在行动中自觉地克服困难以实现预定目标的心理过程。一个人意志水平的高低体现在自觉性、果断性、坚持性和自制性四个方面。以学习为例，意志健全的大学生能够明确自己的学习目标，合理地制订学习计划，并且能克服学习过程中的挑战，坚持完成学业任务。意志健全有时也理解为“意志力充沛”，它既是行动上的坚持，也是思维上的勇敢，是一种可贵的品质。

4. 人格完整

心理学上的人格指一个人独特且相对稳定的行为模式，是个体比较稳定的心理特征的总和。人格的结构复杂，包括个人的才智、价值观、态度、愿望、感情和习惯等，这些因素以独特的方式结合，构成了多样化的人格。一个人格完整的人，通常能够及时调整和控制自己的行为，不仅能够有较为稳定的自我认知、情绪表达、行为模式，也能够适应外部环境，在社会生活中表现良好。

5. 自我评价恰当

恰当的自我评价是大学生心理健康的主要表现之一。一个心理健康的大学生能够体验到自我价值，能够较为全面地看待自己、他人和环境，虽然个体也会有迷茫和不适应，但能够在适应过程中逐渐加深对自我的认识和理解，为自己制定适宜的目标。总的来说，如果一个大学生能够认识到自身的优点与不足，能够接受自己、悦纳自己，就已经形成恰当的自我评价了。

6. 人际关系和谐

人际关系和谐是心理健康的重要保证，也是衡量大学生心理健康的一个重要指标。心理健康的大学生能较好地把握人际交往的原则和尺度。他们能够拥有舒适和谐的人际关系，也能在人际交往中维护自身的独立性和完整性。和谐的人际关系意味着他们能够在交往中保持积极、真诚、宽容、理解、信任的态度，也能够妥善处理人际冲突，化解矛盾，与集体保持和谐的关系。

7. 社会适应能力良好

社会适应能力包括正确认识社会环境及处理个人与环境关系的能力。心理健康的大学生能与社会保持接触，对社会现状和未来有较为清晰的认识，能主动调整自身行为以适应社会规范，能够尝试融入新环境，与身边的成员建立合作互信的关系。

8. 心理行为符合年龄特征

人的生命发展会经历数个不同的年龄阶段，每一年龄阶段都有相对应的不同的心理行为表现，从而形成不同年龄阶段独特的心理行为模式，心理学中称为“年龄特征”。大学生刚刚步入青年期，与中学阶段的认知、情感和行为反应模式相比，心理健康的大学生更加独立自主、乐于探索，更加具备成年人的责任心，更敢于做决定，行事风格上也更为周全和细致。

（二）科学理解心理健康的标准

尽管本书列举了一系列心理健康标准，但是因为每个个体都具有差异性，所以我们并不能以此作为“唯一标准”或“绝对标准”去判定每个人的心理是否健康。更合理的做法是，基于心理健康涉及的不同方面，体察并不断调适自身的状态；偶尔或一时的状态偏离，并不一定是心理不健康的表现，但是意识到这种偏离并积极调整，才是我们了解心理健康标准的要义。为了帮助大家更好地理解心理健康的标准，本节将从以下三个方面对心理健康进行解读，以帮助大家理解心理的变化性和发展性。

1. 心理状态具有连续性

每个人可以处于不同的、连续变化的心理状态，心理健康与心理不健康也不是“非黑即白”的相互对立。心理状态更像是一个连续的图谱，在不同的环境下，每个人很可能感受到不同的心境，也展现出不同的行为。如图 1–1 所示，每个人的心理状态是连续变化的，衡量一个人心理是否健康，应该依据其持续、稳定的心理状态进行判断。

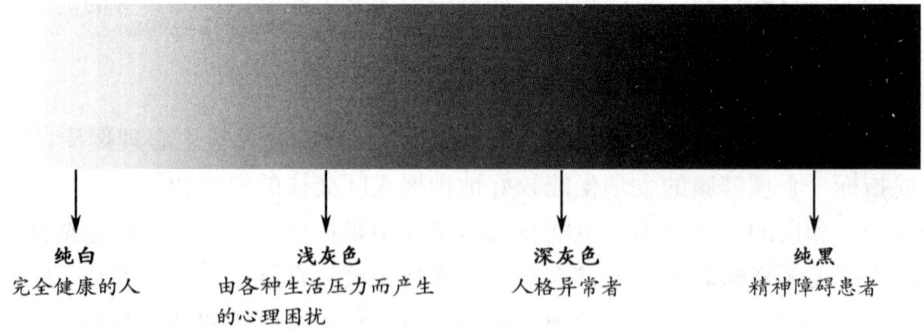

图 1–1　心理健康程度连续谱

近年来，受到“以瘦为美”等思潮的影响，越来越多的个体开始注重身材和饮食，严重的甚至可能发展为“进食障碍”。实际上，像进食障碍一类的问题，也可以以同样的思路，把这些问题放到心理状态图谱上进行标定。实际上，从正常健康的人，到我们称为有“进食障碍”的病人，其实就是一个连续发展的谱系，他们分别位于图谱的两端。大多数人的饮食状况，可能更多集中在“健康的饮食习惯”到“偶尔节食”这部分浅灰色区域中（见图 1-2）。

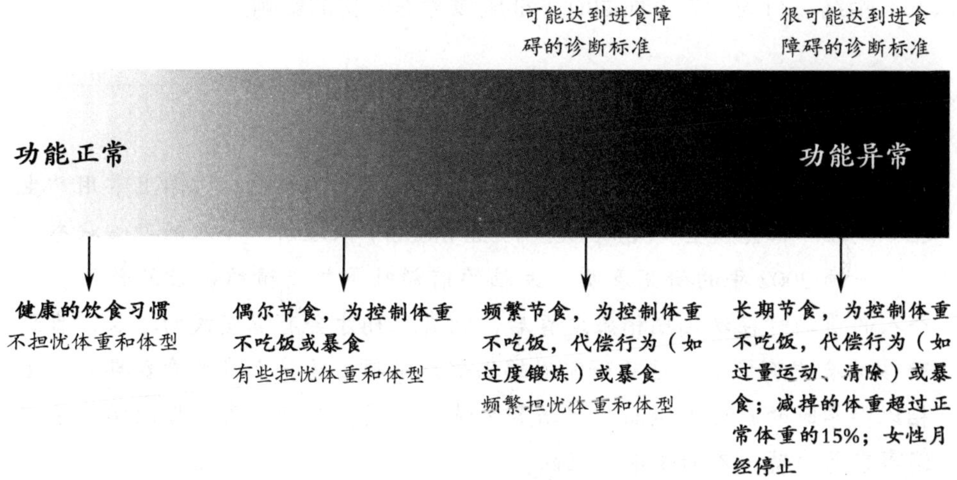

图 1-2　进食心理健康连续谱

2. 心理状态具有动态发展性

心理状态具有连续性，意味着每个人的心理状态并非静止不变的，而是有很多变化和发展的空间，这便是心理状态的动态发展性。往更大了说，也代表了每个人的可塑性和改变的可能性。

如果想更好地理解心理状态的动态发展性，我们不妨试着问自己几个问题：自己还能回忆起第一次在公众场合演讲时的心理感受吗？那么现在的自己面对演讲时又会有什么样的表现呢？如果你按照预期完成了一场演讲，或许你的压力和紧张就慢慢减少了，可以更加轻松、熟练地完成下一场演讲；如果下一场演讲对你而言特别重要，或许非常有经验的你也免不了紧张，甚至还会担心。所以我们的心理状态会有波动，在与外界环境的相互作用中也会产生波动。

3. 心理状态具有相对性

一方面，绝对的心理健康只是一种理想状态，绝大多数人在某个阶段或多或少都有一些心理问题，可以说，没有一点心理问题的绝对心理健康是不存在的；另一方面，从社会文化的角度来看，心理健康也具有相对性。

以心理咨询为例，西方心理咨询理论是以个体主义为基础的，重点放在对自我的理解或洞察上。一个人如果能够实现自我的自由，拥有独立感，以及勇敢追求幸福且免受负面情绪困扰，就是西方人所认为的理想健康状态。而中国文化里，自我往往跟他人有关，比如仁义礼智信忠孝悌等，都包含了个人与他人的关系。因此，一个人在西方文化视角下显得“不健康”的心理状态或行为，可能在中国文化下是具有文化适应性的。当我们谈及心理健康，或者涉及认知、情绪、行为的方方面面时，都应该考虑文化的影响。

知识窗

心理健康与身体健康、生活环境息息相关

实际上，心理健康与身体健康、生活环境息息相关。医学上常用“生理—心理—社会模型”（biopsychosocial model）来理解一个人的身心状态。

一项 2002 年的研究表明，大脑的前额叶承担着情绪调控的作用。一个人的前额叶在幼儿期稍微发育后，到青春期才会有爆发式的增长，直到 30 岁才会发育完成。这项研究能够很好地解释，为什么身处青春期的学生相比小学时的自己更能面对黑暗等恐怖的场景，为什么青春期的学生依然遇事容易冲动，不如成年人理性。

除了身体的状态，一个人的心理健康也与生活环境密不可分。例如，居住地离赤道越远的人群越容易患上季节性抑郁（seasonal affective disorder），原因在于他们接收的光照更少。

（三）中国文化下的心理健康

徐复观先生在《心的文化》中指出：“中国文化最基本的特性，可以说是‘心的文化’。”心文化，是指修心的文化，中国文化以心为源头，以儒释道为代表。

1. 儒家文化中的心理健康思想

（1）“内圣外王”的人格追求

“内圣外王”即儒家思想里所追求的完美的人格模型。“内圣”指的就是人通过修养，使心性达到一种高尚境界，体现在格物致知、正心修身、意诚等方面；“外王”作为“内圣”的外化，是主观心性修养向外延伸的方向，体现在“齐家、治国、平天下”等方面。总的来说，儒家思想倡导的“内圣外王”是一种理想的人格，强调做人要光明磊落、坦坦荡荡，才能“正心”；只有先

"正心""修身"，而后才能"齐家、治国、平天下"。

（2）"仁爱忠恕"的人际关系处理

曾子曰："夫子之道，忠恕而已矣。"樊迟问何为仁，孔子曰："爱人。"

在儒家的人际关系处理中，儒家认为待人的基本原则是"忠恕"二字，君子所具备的根本品格则是"仁爱"二字，"仁爱忠恕"就是儒家思想里的与人交往之道。"忠恕"里的"忠"的意思是尽心为人，"恕"的意思是推己及人。"爱人"则是"仁"这一精神思想的灵魂核心，首先教人爱自己、爱他人、爱自己的父母和亲朋好友。其次利用"忠恕之道"尽心为人，推己及人，把博爱推向所有社会成员。这亦是孟子所说的"老吾老，以及人之老；幼吾幼，以及人之幼"。

孔子所提出的人际关系处理的标准和当代心理健康的标准中的"社会适应能力"不谋而合，更在中华民族长远而深厚的发展中得以印证。

（3）"苦其心志"的坚强意志品质

孟子曾说："故天将降大任于是人也，必先苦其心志，劳其筋骨，饿其体肤，空乏其身，行拂乱其所为，所以动心忍性，曾益其所不能。人恒过，然后能改；困于心，衡于虑，而后作；征于色，发于声，而后喻。入则无法家拂士，出则无敌国外患者，国恒亡。然后知生于忧患而死于安乐也。"实际上，这是一种通过培养坚强的意志力来克服困难的主张。

儒家文化认为，痛苦是由个体不能左右的随机原因造成的，但困苦可以磨炼人，能经受住困苦磨炼的人才能成就事业。在某种程度上，这样的视角也和现代西方心理学中的"情绪 ABC"理论有相似之处，也是中国文化关注意志力、关注逆境中成长的体现。

（4）"三省吾身"的自我反省能力

儒家思想也强调通过自省自律的方式来获得自我发展，以此来维护个体的心理健康。曾子曰："吾日三省吾身：为人谋而不忠乎？与朋友交而不信乎？传不习乎？"

与西方主流心理学对自身情绪和不合理信念的关注十分类似，儒家思想也十分重视内省的作用；相比之下，内省的方面更加侧重于与他人的关系是否和谐、承担的责任是否尽责完成。如此看来，内省不仅是调整心理状态、保持内在思考的过程，也是一种精益求精、认真生活的价值主张。

（5）"中庸之道"的平衡法则

何为中庸？程子曰："不偏之谓中，不易之谓庸。中者，天下之正道，庸者，天下之定理。"翻译过来便是："不偏于一边的叫作中，永远不变的叫作庸。中是天下的正道。庸是天下的定理。”由此可见，中庸之道并非“平庸”，也并非“折中”，而是“适度”。

在心理健康领域，“适度”的重要性不言而喻。适度的自我关怀、适度的动机强度、适度的任务难度，都是让人们更好地生活、工作、交往的良方妙药。

2. 道家文化中的心理健康思想

（1）“上善若水”的价值取向

老子认为水乃天地间的至善之物。老子曾这样描述：“上善若水。水善利万物而不争，处众人之所恶，故几于道。”老子认为水善于使万物获益而不与万物相争，它安处于众人不喜欢的卑下之地，所以接近于道。

水利于万物而不争，又常处在最卑下、最不惹眼的地方，接近于道家所提“视之不见，名曰夷；听之不闻，名曰希；搏之不得，名曰微”的观点，也是一种奉献而不计得失的价值导向。如果一个人能够秉持“上善若水”的态度，不仅能够让自己像水一样更好地顺应本性，还能够让自己在关系中更加包容清净、刚柔并济、进退自如。

（2）“无为而治”的原则

老子提出“人法地，地法天，天法道，道法自然”，认为世间万物都有其存在的原因，事物的发生与消亡，都有其规律。清代养生专著《寿世青编》博采《内经》、老子、庄子、孙思邈等各家的论述，其《养心说》中指出：“未事不可先迎，遇事不可过忧，既事不可留住，听其自来，应以自然，任其自去，忿懥恐惧，好乐忧患，皆得其正，此养生之法也。”由此可见，道家提出人要顺应事情的发展，并保持良好的情绪状态，不仅是一种“无为处之”的态度，也有益于健康。

英国著名汉学家李约瑟评价“无为”这一主张时说：“早期道家哲学思想中的‘无为’是不做违反自然的活动，也就是在为人处事的时候不违反规律现实，不勉强使用不合适于事物的功能方向。例如，一个足够智慧的人看到事情必然失败时，不去勉强行事，而是说服自己以自然的心态接受结果。”这种“无为”一方面代表了“遵守事物规律”，另外一方面也验证了心理健康语境里大家常说的“接纳”一词。一个秉持“无为而治”态度的人，并非消极懒散的人，也并非缺乏斗志的人，而是尊重规律、适时接纳的人，这种心理灵活性和现实检验能力本身也是心理健康的一种体现。

（3）“静而处之”的心态

道家向来重视“清心寡欲”“持静”，认为坚守内在的清净空灵状态是修养之道。苏联心理学家捷普洛夫曾说过：“抱着一种平静的态度，是与注意力分散做斗争的唯一方法。”无论上述哪一种说法，都强调了“心静”的重要性。

有趣的是，当我们仔细观察电影如何刻画英雄时很容易发现，就算大战将至，黎明前乌云来袭，东方故事中的英雄依然谈笑风生，给人一种“稳定”“平静”的感觉。这种静，不仅是情绪上的稳定、不失控，还是一种心态上的稳定，不走向任何一个极端。生活中我们也时常听过“心静自然凉”“以静养心”，均体现了中国文化对“静”的推崇，对“静”所代表的“自然、平和”的心态的推崇，这也与心理健康标准中的“适度的情绪表达和控制”是一致的。

由此可以看到，传统文化贡献了有关“心”的深刻理解。如果说儒家提出了心理健康作为一个“目标”的方法论，道家则是明确了心理健康作为一个“状态”的转换过程。

除了儒家和道家思想，近年来基于东方文化，心理学家还掀起了一波“正念的浪潮”，美国麻省理工学院医学博士卡巴金提出了正念减压疗法（Mindfulness-Based Stress Reduction，MBSR），将其定义为“通过有意地集中注意力而出现的一种意识，当下、无判断地展开的体验”，强调“此时此刻，不做任何判断”。MBSR 最常见于呼吸、行走、就餐等日常活动中，参与者只需要仔细地观察此时此刻的活动和感受，通过正念练习，就可以更好地觉察当下的身心状态。长辈们常说的“活在当下”“不畏过去、不念将来”便暗含了正念的精髓。

经典实验

东西方大学生的“自我”与“母亲”

很多人都发现，在东西方文化的语境下“自我”是有差异的：中国人将包括母亲、父亲、好朋友在内的关系亲近的人都纳入自我参照的系统，属于互依型的自我结构（interdependent construal of self），而西方人则不会把这些人纳入自我中，属于独立型的自我结构（independent construal of self）。这样的看法能够得到研究的支持吗？

中国学者招募了 26 名被试者（中国学生和西方学生各 13 人，男女人数相近），通过功能性磁共振成像扫描被试者，发现在用一系列人格形容词来形容自己时，被试者的内侧前额叶皮层（MPFC）和前扣带皮层（ACC）都比判断他人时展现出更强的激活，意味着这两个脑区和自我判断有关联。

随后，当被试用人格形容词来形容母亲时继续扫描他们的脑区，发现中国学生的 MPFC 有更明显的激活（同样与判断他人做比较），而在西方受试者中则没有这种特点。研究结果可能意味着：在神经机制上，中国人的自我与母亲是在一起的，即母亲是被纳入自我参照体系中的，并且是与他人区别开来的，而西方人则将自我独立出来。

二、中国大学生心理健康现状与问题

（一）中国大学生的心理健康现状

《中国国民心理健康发展报告（2019—2020）》指出，18.5% 的大学生有抑郁倾向，4.2% 的大学生有抑郁高风险倾向；8.4% 的大学生有焦虑倾向；43.8% 的大学生表示"最近一周"中有几天睡眠不足。不过有学者将1986—2010 年 237 项基于《90 项症状自评量表（SCL–90）》的研究报告进行了元分析，发现：大学生心理健康整体水平逐步提高。尽管大学生的心理健康水平逐渐提高，但大学生的心理健康状况依然不容乐观。以近年来被提及最多的"抑郁"为例，抑郁正逐渐成为大学生群体乃至社会公众面临的挑战。

在焦虑方面，一项选取了 1993—2009 年 29694 名被试者的研究显示，总体上大学生的焦虑水平呈线性增长趋势。研究认为，不同年代的学生心理状态的显著变化反映了不同的宏观社会环境和社会文化，就业压力、经济转型、自身追求都可能是当代大学生焦虑的原因。在强迫方面，一项 1.5 万名大学生样本的强迫症状调查也显示，大学生的强迫症状检出率为 12.4%。此外，手机成瘾也是威胁大学生心理健康的较大风险，手机成瘾不仅会损害个体的人际交往能力，还会导致焦虑或抑郁，进而引发睡眠问题。一项针对 739 名大学生的调查显示，约 38.6% 的大学生达到了手机成瘾的临界判断标准。

总的来说，大多数大学生心理状况是积极、正向、良好的。他们能够适应学校生活，并在环境中不断促进自身的智力发展、人际交往能力、解决问题的能力。如前文所述，虽然大学生的心理健康状况还面临着诸多风险，但总体呈现向好的趋势。

（二）常见问题

大学阶段虽是人生发展的黄金阶段，但因其身心发展的规律和处在学校与社会的过渡环境中，不免存在矛盾、纠结、困惑、迷惘。

大学生常见的心理问题主要集中在以下几个方面。

1. 自我认知偏差

正确认识自我是一个人顺利成长的重要因素，但当进入大学后出现自身难以应对的问题时，不能很好地认识自己的特点和承认自身的不足与局限性，就容易进入自我意识的不良模式。这种不良循环表现为，一个人在自负和自卑之间摇摆，或者以自负的外壳保护内心的脆弱和自卑。

2. 缺乏意志力

崭新的大学生活常常也是我们迈向成长的第一步。缺乏意志力的个体也许会被生活的烦琐和内心的惰性所裹挟，在面对问题时容易被眼前的麻烦吓到，从而自乱手脚，有时甚至忽视了解决问题的方法或许就在眼前。尽管大多数人都希望自己能够拥有强大的意志力，以成为坚强又可靠的人，但在初次面对自己没有处理过的问题时，冒出的第一个念头常常是逃避，从而错过了锻炼自己意志力的机会。大学生活中我们必然会遇到各种麻烦，如果常常以逃避的姿态面对问题，忽略自身意志力的磨炼，久而久之就会让大学生习得性无助、放弃努力甚至会带来自我的低评价。

3. 情绪问题

前额叶的情绪调控作用，直到30岁才会发育完成，这是大学生情感丰富、细腻多变、情绪不稳定的生理原因。另外，大学生拥有的社会经验不足，遇事缺乏合适的应对策略，往往容易出现急躁情绪、感情用事的情况，这就让情绪控制能力有待提升的大学生更容易陷入情绪的困境中。

4. 生命意识淡薄

在发展心理学的理论中，孩子的自我意识和对他人的共情能力实际上是随着大脑的发育以及探索与他人的互动关系时慢慢形成的。在大脑成熟以前，孩子不容易意识到自己的生命与他人生命的关系。

大学阶段，大学生尝试着步入“社会”这一新的“世界”。从宏观来看，大学生也像孩子一样，摸索着如何在这个新的世界与他人以及自己的生命相处。在探索的过程中，有的学生也许会得到尚不成熟的结论，比如，过于轻视他人的生命，造成对他人的人身伤害；在人际相处或者处理学业压力时，过于轻视自己的生命，从而出现自伤甚至轻生的行为。但生命的意义显然远远高于一时的情绪体验，在生命的旅途中，人类也会不断地进入新的阶段，在探索生命的意义这一亘古不变的话题时，大学生首先要做的就是不要对自己和他人的生命意义的高低妄下定断，同时也需要怀着一颗热忱的心体会生命过程，拥抱生命本身。

5. 家庭的情感纠葛

大学生离开了家庭来到校园，开始经历教育和独立生活的洗礼，但家庭也在远程影响着他们。处理好与家庭的关系也是每个大学生面临的课题之一。与家庭保持亲密沟通的大学生有时也可能因为家庭内部发生的变故感到力不从心，从而引发心理危机；与家庭关系不好的同学虽然身处校园，一定程度上拉大了与家庭的物理距离，但是家庭带给自身心理的影响一直在持续。在需要向家人寻求支持和帮助的时刻，这些大学生往往体验到更多的无助。

6. 人际交往困境

同高中阶段相比，大学生对人际关系问题的关注程度超过了学习。大学生的人际关系更为广泛与深刻，角色呈现多元化。大学生过往的人际交往对象大多具备地域、社会环境等共性，而大学生通常来自五湖四海，各有各的特点。尤其是初入大学阶段，个体通常缺乏以成年人姿态进行人际交往的经验，面对大学新的生活环境，尤其与拥有不同的经济文化背景、生活习惯和行为习惯的人交往时，人际交往便成了一个让人头疼的难题。

7. 亲密关系问题

“爱情”是大学生无法回避的话题，亲密关系的困扰也往往让人难以释怀。在处理感情问题时，大学生常常表现为由于理想与现实间较大的落差而感到失落，与异性之间交往困难，陷入多角恋爱关系不能自拔，因单相思、失恋而痛苦等。大学生也常常因为自身的成长经历和以往的感情经历对亲密关系存在极端的期待或要求，容易被情绪所左右，甚至做出一些过激行为。

第二节　发展视角：大学生的心理发展任务

子曰：“吾十有五而志于学，三十而立，四十而不惑，五十而知天命，六十而耳顺，七十而从心所欲，不逾矩。”

——《论学·为政篇》

在孔子看来，一个人在不同年龄阶段应完成的任务、达成的使命是不同的。大学生刚刚步入青年期，正好处于向成人过渡的承接期和转变期，不仅在学业、事业方面有发展的目标，在心理方面也有其发展任务。

一、人格发展理论中大学生的心理发展阶段和任务

（一）“年轻人必须以己之力成为完整的人”——埃里克森人格发展理论简介

在著名的心理学家埃里克森看来，个体在人生的每个阶段都有各自的发展任务。他认为人的心理发展和身体器官按照预定的遗传时间表发展是相似的，每个人也都有一个心理发展的“时间表”，这个时间表具有跨文化的一致性。他认为每个人在每一个时间阶段都有不同的“危机”，这种危机并非是灾难性的事件，而是指个体为适应自然环境和社会环境所处的重要转折点。如果个体能积极地解决危机，就可以增强自我的力量，顺利地度过这一阶段，并且提升解决下一阶段危机的可能性；消极解决危机则会削弱自我的力量，阻碍个体适应环境，并降低后一阶段危机得到积极解决的可能性。

图 1-3 呈现了人一生中 8 个阶段的任务，图中纵坐标中的第五个阶段，对应着青少年期，青少年的发展任务是建立“自我同一性”，而“时间前景”“自我肯定”等七个方面的整合可用来判断“自我同一性”是否建立完全。

（任务）								
Ⅷ								完　善 VS 失　望
Ⅶ							繁　殖 VS 停　滞	
Ⅵ						亲　密 VS 孤　独		
Ⅴ	时间前景 VS 时间混乱	自我肯定 VS 冷漠无情	角色试验 VS 消极同一性	成就预期 VS 工作瘫痪	自我同一性 VS 同一性混乱	性别同一性 VS 性别混乱	领导和服从 VS 权威混乱	意识信奉 VS 价值混乱
Ⅳ				勤　奋 VS 自　卑				
Ⅲ			主动性 VS 内疚感					
Ⅱ		自主性 VS 羞怯疑虑						
Ⅰ	基本信任 VS 基本不信任							
	1	2	3	4	5	6	7	8（阶段）

图 1-3　人一生中 8 个发展阶段的任务

（二）“建立自我同一性、获得亲密感”是大学生的发展任务

为了更好地理解埃里克森的人格发展理论，本书在分析 8 个发展阶段任务的同时，主要聚焦在与大学生有关的两个阶段的发展任务的理解和讨论上，即埃里克森成长阶段中的青少年期和成年早期。

1. 婴儿期（0~1 岁）：基本信任 VS 基本不信任

婴儿需要在来到世界的早期对照料者和环境建立基本的安全感和信任感，形成信任感的儿童能够体验到希望的实现，体现在不仅能够获得照料者的安抚，其生理需求也能得到满足。值得一提的是，照料者的较好的情绪和状态能帮助婴儿建立这种信任感。

2. 儿童早期（2~3 岁）：自主性 VS 羞怯疑虑

这一阶段的儿童的主要发展任务是获得自主感，克服羞怯和疑虑，如果他们能够独立地完成一些力所能及的事情如自己吃饭、穿脱衣服等，他们便会收获自主性，拥有实现自身意志的体验；反之，如果觉得自己完成一些事情十分困难，或是父母过度保护、不允许儿童去尝试，他们便无法体会到自主感，进而表现出不知所措、畏首畏尾或是小心翼翼、被动无助，这些都是羞怯、疑虑的表现。

3. 学龄前期（4~6 岁）：主动性 VS 内疚感

这个时候孩子开始检验各种各样的限制，去试探哪些事情是可以做的，哪些行为是不允许做的，如打人、挑战父母的底线等。如果此时儿童的好奇心和主动性探索活动能够得到成人的鼓励，其就会有愉悦感，主动性也会得到进一步发展，想象力、创造力得以持续发展；相反，如果父母对儿童的一些行为进行否定、压制、嘲笑甚至责骂，就会使他们认为自己的想法是不好的甚至是幼稚的，容易使儿童产生内疚感、挫败感甚至罪恶感。

4. 学龄期（7~12 岁）：勤奋 VS 自卑

本阶段儿童的主要发展任务是获得勤奋感并克服自卑感，体验能力的实现。简单来说，如果孩子的学习得到了同伴、老师和家长的认可，他就认为勤奋对他来说是有用的；相反，得不到认可的孩子就会对勤奋的意义产生怀疑，认为勤奋对他而言是没用的。儿童还会因为十分重要的人对他的嘲笑或不关心，进一步将这种“没用”理解为对自我的否定，从而产生自卑感。

5. 青少年期（13~18 岁）：自我同一性 VS 同一性混乱

没有人会否认青少年期的重要性，同时顺利适应这一阶段的发展特点，完成适当的发展任务，其难度也是毋庸置疑的。在埃里克森的人格发展理论中，青少年期是一个很危险的阶段，除了“青春期”之外，“红灯期”“危险期”“疾风骤雨期”都是这个阶段的描述词，由此可知，这个阶段的心理发展面临的挑战是多么巨大。在这一阶段，青少年往往会感到内心有很多冲突。首先青少年本能性冲动的高涨会带来问题，更重要的是青少年面临新的社会要求和冲突，这些要求和冲突也会让他们感到困扰和混乱。过去经验中的那些自我形象在新的冲击下开始四分五裂，他们更加重视自己，却越来越搞不懂自己。

实际上，埃里克森正是因为对这个阶段的论述才显赫于世的，因为这一阶段包含了他最著名的概念——同一性危机。“自我同一性”（有时也称作“同一性”）具有非常广泛的含义：可以理解为社会与个人的统一，个体的主我与客我的统一，个体的历史性任务的认识与其主观愿望的统一；也可理解为对过去、现在和将来的自己的统一的认识，即在任何情况下都能够全面认识到意识与行动的主体是自己。

简单来说，如果青少年在这个阶段能够回答“自己是谁，需要成为什么样的人”“我在世界的位置是什么，别人如何看待我”这些问题，并且能够形成稳定持续的自我认识，他便建立了“自我同一性”；反之，如果青少年在这一阶段没有获得“自我同一性”，那他们就会陷入角色混乱，或者获得一种消极的同一性，这种混乱和消极表现在生活和工作的很多方面，如非常在意他人的评价，很容易受外界暗示，时常变换角色，在人际交往中不知所措、无所适从，等等。在两性问题上他们也会发生同一性的混乱，认识不到两性之间的同一与差异等。

6. 成年早期（19~25 岁）：亲密 VS 孤独

大学生也面临着成年早期的发展任务，即获得亲密感以避免孤独感。近年来，在大学生群体中出现了越来越多的“佛系恋爱”和“爱而不得”的现象，一方面，一些大学生对恋爱关系越来越“佛系”，表现为不刻意追求恋爱关系，对于恋爱关系如何发展也“心如止水”、任其发展，秉持“得之我幸，失之我命”的态度；另一方面，部分大学生沉浸在“求而不得”的痛苦中，希望通过努力尽力推进关系，甚至不惜牺牲自我价值和尊严。其实从人格发展理论来看，如何建立亲密关系，本就需要在这个阶段去探索和学习，一开始面对亲密关系时过于疏离或过于靠近都是正常现象。不过每个人应该意识到：只有尽可能建立自我同一性，确认了自我的价值，才有可能在亲密关系中不受到伤害。

7. 成年中期（26~65 岁）：繁衍 VS 停滞

身处这个时期的成年人的发展任务是获得繁殖感，避免停滞感，体验着关怀的实现。这里的繁殖不仅指个人的生殖力，还包括关心和指导下一代成长的需要。因此，有人即使没有自己的孩子也能产生一种繁殖感。缺乏这一体验的人会倒退到一种假亲密的需要，沉浸在自己的世界里，专注于自己而产生停滞感。

8. 老年期（65 岁以上）：完善 VS 失望

对老年期的人而言，发展任务变为获得完善感，避免失望、厌倦感，体验着智慧的实现。这种完善感包括一种长期形成的人生智慧和人生哲学。如果没有这种体验，就会恐惧死亡，认为人生苦短，从而对人生厌倦、失望。

二、分离—个体化

（一）“离开你，我成为更好的自己”——“分离—个体化”理论简介

张幼仪或许只是民国时期唯美爱情故事的一缕点缀，但其实除了被公众熟知的与徐志摩离婚这一事件之外，她还是中国第一位女银行家。张幼仪曾在书中说道：“我要谢谢徐志摩，相对于贤妻良母的张幼仪，我更喜欢现在的自己。”她在书中还说道：“我一直把我这一生看成两个阶段：‘德国前’和‘德国后’。去德国以前，我凡事都怕；去德国以后，我一无所惧。”通常，“分离”是伤感的，很多时候也让人感到遗憾甚至带来创伤，但从张幼仪的经历来看，或许“分离”也有其益处。那么“分离—个体化”理论又是如何看待这一议题的呢？

“分离—个体化”是源于精神分析学派客体关系理论的重要概念，最初由客体关系心理学家马勒于 1975 年提出。马勒等人通过对一群正常儿童及其母亲的观察，提出了分离—个体化的发展历程，认为这个过程在婴儿 3 岁以前便会完成。

1. 正常自闭期（normal autistic phase，出生后 ~2 个月）

马勒认为，婴儿刚出生的时候在身体上难以脱离母亲子宫的温暖和保护，处于与母亲的融合状态，身体的各种能力也尚未发育成熟，处于与世隔绝的状态，心理系统相对封闭。此时期婴儿不能与现实互动，只能以自己为中心满足生理需求，发展任务是通过身心的各种机制来适应周围环境。

2. 正常共生期（symbiosis phase，3~6 个月）

婴儿在这一时期可以觉察到父母的存在，并且能够与母亲在心理上得到融合，但意识不到自己与母亲有差别，认为自己与母亲是一体的。就如自己想喝水就能有水喝，婴儿会认为母亲仅仅是自己的延伸，认为自己无所不能，有很强的能力。同时，婴儿开始将经验归为好的经验和坏的经验。

3. **分离—个体化期**（separation-individuation phase，7~36 个月）

在分化期（7~10 个月），婴儿开始理解母亲与自己、他人或者其他东西是不同的，开始对离母亲较远的东西进行探索。正如我们常观察到的，在婴儿七八个月大时，看到陌生人会有所反应，产生陌生焦虑，这就是分化期的表现。

在练习期（11~16 个月），婴儿将母亲视为安全基地、情感的提供者。婴儿在以爬行的方式离开母亲一段时间后，他会回来找母亲，好像回到母亲身边就能重获安宁的感觉。婴儿能够逐步区分自己和母亲的不同，意识到自己的身体与母亲的身体是分开的。此后，婴儿可以用垂直的方式（走路）离开母亲，开始尝试以更多视角看待世界，并开始忍受与母亲身体上的距离。

在复合期（17~24 个月），幼儿已经学会了走路，具有离开父母一定距离的能力，能够意识到母亲是独立的个体，幼儿在探索的过程中可能会受挫，而经历过多失落感和焦虑感的幼儿，会对母亲的态度非常矛盾：一方面他们时常因害怕分离而依恋母亲；另一方面为了发展独立性而抗拒母亲。

在个体化形成和情绪客体恒常期（25~36 个月），幼儿开始明白过去的“好”妈妈和“坏”妈妈是一个人，并将母亲的形象内化，即就算母亲不在身边，也可以通过对头脑中内化的母亲的回忆而得到安慰，并发展出独立的自我意识。

在仔细拆解之下不难发现，幼儿在出生后的 3 年内需要完成一系列的发展任务，才能形成独立统合的自我意识。美国作家布洛斯认为，青少年时期也有一次类似婴幼年时期的分离—个体化历程，新入学的大学生尚处在这样一个与婴儿时期内化的心中重要照顾者分离的阶段，这在心理学上也被称为“心理断乳期”。布洛斯认为，如果这个阶段顺利完成，个体便可真正意识到自己成了独立的人，个体人格成分中的自主性便可以得到充分发展。但如果这个阶段发展滞后或受阻，个体很容易在新的环境中产生心理问题，转而退回到对照顾者的依恋中以获得安全感。

乔塞尔森补充了布洛斯的理论，他指出，青少年在分离的过程中需要将以往的联结作为保障，当分离后遇到挫折时，与重要抚养者的依恋关系可以起到对青少年的保护作用，防止因过度分离或过早分离对青少年的心理健康产生不良影响。

（二）“过度独立，过度依赖”是面对“分离”的两种极端态度

由“分离—个体化”理论可知，分离是每段关系的必经之路，在经过每一次分离后，个体更加独立，并缔结更加自主的关系。正如一个人可以对关系亲近的人又爱又恨，分离与依赖也是可以同时存在的。如果大学生不允许自我

对父母的依赖，做一个“家庭的局外人”，抑或不愿意尝试独立，做一个“不想长大的宝宝”，势必会面临更多的成长危机和心理困扰。

电影《唐山大地震》中刻画了一个场景：石板一头压着儿子、一头压着女儿，母亲需要做出世界上最艰难的选择——“只能救一个”，并最终选择了救儿子。在被救出后的32年里，女儿一直不愿意主动回到原来的家，尽管在养父母家里被很好地照顾，但也避免不了时常经受与抛弃有关的噩梦。在经过32年的分离后，才与家人和解。

有些大学生进入大学后，与电影中的女儿一样，和家人基本不联系，就算联系也很少表露情感和真实想法，这种决绝的分离虽然促进了独立，但也阻断了支持的力量，可能在遭受挫折时无法求助，进而做出不理性的决定。与之相反，也有大学生进入大学后事无巨细地征求家人意见，生怕会做出一丁点儿的错误的选择。虽然父母是他们有力的支撑力量，但过分依赖父母不仅助长了习得性无助，无法形成稳定的自我意识，也更难在未来的人生中承担自我责任。可见这两种反应都是过度的，需要大学生在平常的生活中增强对这方面的认识，并积极进行调整。

三、自我分化

（一）“我既是你的孩子，也是我自己”——“自我分化”概念简介

鲍恩提出了家庭系统理论。鲍恩认为，家庭成员在思想、情感与行为上都与家庭系统存在关联，家庭的主要问题是情感融合，主要任务是自我分化。“情感融合”表现为家庭成员情感的过度联系，它与家庭功能失调有着直接的关系。“自我分化”的程度反映一个人区分他所体验到的情感与认知的能力，即个体的分化可以表现为个人的行为不受情感影响的程度。换言之，不论家庭的焦虑程度如何，个人都能主导自己的行为和思绪，不被强烈的情感所干扰。在人际方面，则体现在与人相处时，能够处理好“我”的位置，面对压力时也能坚持自己的观点，而不去迎合他人的期望。

鲍恩认为，“自我分化”是每一个家庭成员的心理发展任务，即青少年会在与家庭系统彼此适应的过程中，发展出一种协调彼此心理距离的能力。家庭系统适当的分化，使家庭具有了弹性和调节能力，并使家庭成员能够保持分离和联结的平衡。与“分离—个体化”相同，“自我分化”并非要切断孩子与父母的情感，而是在支持性的关系中保持各自的独立性。

（二）脱离家庭，进入大学生活需要面对的问题

研究表明，自我分化水平与个体的心理健康、幸福感及社会适应等密切

相关，低分化水平不利于大学生个体形成独立自主的意识，是影响大学生心理健康状况的重要因素。大学生正处于青春期后期，追求人格独立与维持家庭依赖并存，个体容易因为对家庭过度依赖、独立性不足而出现大学生活适应不良，并可能引发强迫、抑郁、焦虑等多种心理疾病。

近年来，多次被提及的“讨好型人格”实际上也是“自我分化”程度较低的一种表现。或许是因为与家庭成员情感的过度融合，一部分大学生之所以很难拒绝他人，一定程度上也缘于在家庭中的互动模式让他们认同了其他成员，久而久之，就算感到不适，也很难拒绝。这种“委屈地讨好”实则是对关系互动模式的重现，需要通过不断分析自身在关系中的角色，客观评价自己与他人的关系，不将问题归罪于他人，才能提高自我分化的程度。

四、中国文化视角下大学生心理发展任务与过程

在了解大学阶段的发展任务后，我们可能也会思考在中国悠久的历史长河中，古今“大学生”又面临着哪些心理发展任务；作为大学生，我们应当在大学阶段培养和完善哪些方面。

1. 品格教育

中国现行的学历学位制度借鉴于其他国家，“京师大学堂”是中国近代第一所国立大学，在此之前，中国真正承担“教育、培养人的学问和德行”的民间教育机构则是“书院”。“修身养德”是书院对学生人格发展的重要目标，以朱熹为例，他在白鹿洞书院对书院师生提出了四个明确的修身信条，即“言忠信”，说话要忠诚守信；“行笃敬”，做事要认真勤勉；“惩忿窒欲”，克制内心的欲望，控制自己的情绪；“迁善改过”，追求美好和高尚的品行，改正自己的不足以及缺点。由此可见，古代对于学生的人格培养依然集中于品格教育，这一思想延续到现在则表现为高等教育阶段对于“德育”的倡导和注重。

2. 中国学生发展核心素养

2013 年，教育部联合北京师范大学等多所高校的近百名研究人员，提出了“学生发展核心素养”，主要指学生应具备的，能够适应终身发展和社会发展需要的必备品格和关键能力。

核心素养并不是每个人生来就具有的，但“学生发展核心素养”的价值在于提醒我们可以有意识地去培养自己和发展自己，同时这一概念也让我们感悟到，在很多阶段我们的意义感和价值感存在变化是正常的，这是发展的必经之路。

在成长过程中，我们难免会因为无法顺利地完成某项发展任务或遭遇发

展中的挫折而郁郁寡欢。其实中国文化中一直存在“不破不立”“转危为机”的辩证思想，《康熙王朝》里康熙对李光地所说的“痛，则通；不痛，则不通”便是其中一种体现。我们在看到大学生进入大学后表现出来的各种值得警醒的信号的同时，也应该意识到问题的出现都有其生理和心理发展的必然性。“不曾在深夜痛哭的人，不足以语人生”，因此，每名大学生在成长中感到焦虑的时候，也应该意识到挑战和问题出现的合理性，并在生活中、学习中、工作和社会实践中化挑战为机遇，以积极健康的心态，迎接每个阶段的挑战和任务。

第三节　促进视角：大学生心理健康素养的养成

心灵应该习惯于从自身中吸取快乐。

——德谟克利特

很多人都看过电影《大话西游》，有人用“初看放肆笑，再看放肆哭”来形容观影后的感受。爱情总是那么柔软又那么容易让人心碎，因此，很多人期待“真命天子 / 女”这般完美无瑕，甚至带有“拯救”意味的伴侣能够出现。可是很多时候，我们越期待对方的“降临”，就越难寻觅对方的踪迹。实际上，我们提倡的是：无论是现实生活中圆满的感情，还是我们关注的健康心理，都不是等来的，而是主动尝试、用心经营的结果。

善良是一种选择，幸福是一种选择，心理健康亦然。本节将就促进心理健康素养的养成，从自我、关系、文化与社会的角度为学生提供思考的视角和必要的建议，希望学生都能够找到一条适合自己的心理健康养成之路。

一、自我促进：心理健康是自我负责的结果

（一）“心理健康是自我决定的结果”——以“主观幸福感”为例

如果把心理健康满分定为 100 分，我们可以自己给自己打分吗？回答这个问题之前，我们不妨先看看“主观幸福感”这个概念。

“幸福”是人类永恒讨论的重要话题之一，在心理学概念中与之对应的便是“主观幸福感”（subjective well-being），它由心理学家埃德·迪纳提出，指我们对自己已有的生活状态正是自己心目中理想的生活状态的一种肯定的态度和感受。它与“心理健康”这一概念相似的地方在于，它指出了我们的现有状态和期待状态存在差距，可是差距多大最终是由我们个人决定的。很多时候，我们可能会想当然地认为“收入越高，幸福感越高”，可伊斯特林等人在 1974

年发现了“幸福悖论”：通常在一个国家内，富人的平均幸福指数高于穷人；但是如果进行跨国比较，贫穷落后国家的幸福水平几乎与富裕发达国家一样高——这表明客观的收入水平不能决定主观感受到的幸福程度。

之所以提及主观幸福感，不仅是由于它重要，也是因为它与“心理健康”乃至“内心世界”有着密切关系，它表明一旦谈及心理层面的议题，我们每个人既是考生，也是最终的考官。就像贫穷落后国家的人其实也可以感觉到幸福一样，这不是经济发展水平决定的，而是每个人自己就可以去感受、去确认的。

实际上，积极心理学在这方面做了很多的探索，塞利格曼提出了一个PERMA幸福模型，分别代表“positive emotion，积极情绪”“engagement，投入”“relationship，人际关系”“meaning，意义”“accomplishment，成就”。PERMA模型认为，幸福由若干元素构成，每个元素都是真实、可培养的，都能促进个体的幸福感。心理健康和幸福相同，仅通过个人层面的努力，就能有很大的提升，本书会在第七章进一步介绍与积极心理学相关的内容。

（二）“心理健康是一种选择”——选择理论和现实疗法视角下的心理健康

在对心理健康的众多治疗理论中，选择理论和以此为根基的现实疗法更加注重对意识层面做出的改变。选择理论和现实疗法的创始人格拉瑟认为：“行为涉及选择，并且在大多数环境中大多数人是有选择的。”选择理论坚信“心理健康是一系列有效果的选择”，相信“我们比自己意识到的更多地控制着自己的生活”。

图1-4是现实疗法如何运用到心理健康方面的示意图。图中“有效的心理健康行为”实际是“整体行为”，即包含行为、思维、情绪、生理。现实疗法认为，我们最容易控制的其实是我们的行为，思维、情绪、生理依次递减。

在现实疗法的理论框架中，积极的选择或有效的行为标志着健康和卓有成效的生活方式，它们通过第一阶段的“行动”转换为第二阶段的“积极特征”，之后便培养出一些无竞技性、无强制性，但又能够促进心理健康、满足人的需求的“积极习性”。与之相对，无效的或退化的行为也是主动选择的结果，为了满足五大内在的需求，为了实现快乐，于是选择了一种“病态的、不健康的”方式。

现实疗法认为，人们并不总能做出正确的选择，即使是最健康的人，也可能有时做出不健康或无效的选择，如偶尔的抑郁、长期的怨恨、一阵阵的愧疚或羞耻。

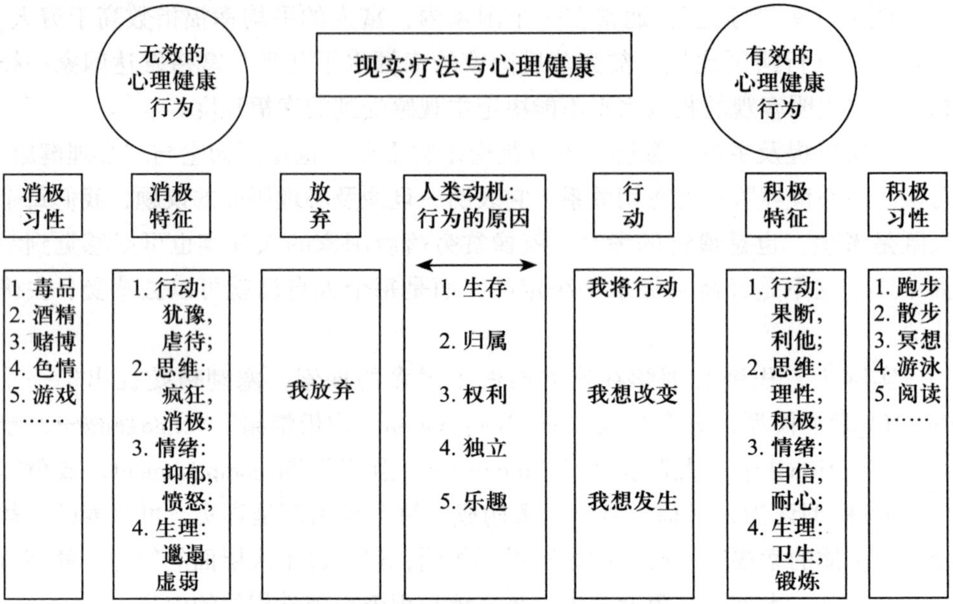

图 1–4　现实疗法与心理健康关系示意图

如何从个人层面促进心理健康？简单来说有三个方面：

第一，意识到“自己是健康的第一责任人”，心理健康的最终决定者是自己。

第二，从可控制的方面着手，如 PERMA 模型中的“投入”或是现实疗法框架中的“行动”，行动起来，很多问题自然迎刃而解。

第三，不断地接纳和超越自己。无论是幸福还是心理健康，它们既是美好生活的目标，更是其中的一个过程。既然是过程，就必然会有受挫的时候，因此每个人都可以通过挫折来接纳和超越自己。

二、关系促进：心理健康是良性互动的结果

（一）心理健康与和谐的他人关系息息相关

人际关系有多么重要呢？哈佛成人发展研究（Harvard Study of Adult Development）团队用 75 年的时间追踪了 724 名参与者的人生发展情况，持续对他们进行密切随访、面谈和身体检查，最终得出结论：①与家庭、朋友和周围人群联结更紧密的人更幸福；②起决定作用的不是亲密关系的数量，而是亲密关系的质量；③良好的关系不仅可以保护我们的身体，也能保护我们的大脑。

为什么当我们讨论心理健康时，和谐的他人关系那么重要呢？

1. 需求：建立关系本身便是一种需求

“没有人想成为孤岛。”从亚里士多德开始，人就被称为社会性动物。心理学家麦克利兰认为人有三个主要需求：成就需求（need for achievement）、权力需求（need for power）、归属需求（need for affiliation/intimacy，也有人翻译为“亲和需求”）。其中，归属需求指人渴望建立融洽、友善的人际关系的愿望，从中可以获得一种满足感。由此看来，建立关系本身便是一种需求，只有当这种需求被合理地满足，才有可能有健康的心理状态。

2. 助力：和谐的关系是对心智发展和解决问题的助力

简单来看，关系代表着相互影响，和谐的关系能够给双方带来积极的影响。在大学学习和生活中，总会有需要他人帮助的时候，也总会遇到需要共同完成的任务。和谐的关系能够促使对方提供支持和助力，更重要的是，这种相互的关心也将极大地促进心智的发展，让人处于一种安全的、友好的氛围中。

3. 积极感受：和谐的关系能够带来双向的积极感受

并不是所有的关系都能称为和谐的关系，在很多不健康的关系中，不平等、控制、忽视感受充斥其中，近年来，引起大家警惕的“PUA”（网络用语中指以精神控制为目的的行为方式）就是一种很明显的不健康关系。我们之所以追求健康、和谐的关系，是因为它能够给关系中的双方带来积极的感受，这种积极的感受有时不需要借助言语，或许产生于耐心倾听之中，或许产生于日常的微小关心。

（二）“睡在我上铺的兄弟”——大学生同伴关系的重要性

在大学这个时期，同伴关系为什么如此重要？一方面，大多数大学生处于青少年期和成人早期，也是建立自我同一性、尝试获得亲密感的阶段。很多人时常用“同伙”来描述这个阶段的同伴关系，因为很多在父母看起来有些“叛逆”的行为，往往能够得到同龄人的认可和理解。另一方面，大学生的衣食住行都在大学校园内，同伴是大学生主要的社会支持，也是最主要的交往对象；学习、生活、社会实践，都需要同伴的参与。不知不觉中，同伴变成了大学生新的“重要他人”。

有研究表明，良好的同伴关系与青少年的社会焦虑呈负相关。同伴接纳和高质量的同伴交往可以有效降低青少年的焦虑体验，同时抑制抑郁情绪的产生。由此看来，并非所有大学生都能感受到“朋辈压力”（peer pressure），良好的同伴关系能够让人更信赖同伴，更乐于看到同伴的成长。

三、文化视角：心理健康根植于独特文化中

“隧道视野效应”是指一个人若身处隧道，他看到的只有前后非常狭窄的视野。隧道视野效应提醒我们，当我们仅仅依靠非常有限的文化经验去看待另一个文化世界的现象时，我们不仅会错过美丽的事物，还有可能得到错误的判断。基于文化适用性的考虑，本节将选取一些相关的中国传统文化观点，重新思考中国文化视角下的“自我”和“关系”，以及文化变迁对心理的需求和考验。

（一）文化在自我层面的影响：“自立”与“自我”

“发展视角”一节中提到，大学期间是大学生向成人身份转变的阶段，不管是哪一个心理发展任务理论，都强调个人的“独立自主”。实际上，这些西方理论与中国历史上的“自立”有相似之处，但又有不同。

“自立”一词最早出现在《礼记·儒行》中：“儒有席上之珍以待聘，夙夜强学以待问，怀忠信以待举，力行以待取。其自立有如此者。”孔子的自立观体现在四个方面：①高的学识和实践能力；②立足社会、有所成就；③好的道德修养和操守；④遵守道德规范。孔子所说的“自立”不仅没有特别强调主体性，反而有压抑主体性的倾向，与现代语境中的“独立的个体”有很大不同，被称为“社会取向”的自立。南宋的陆九渊理解的“自立”更加强调人的主体性。他最著名的论述是“自立自重，不可随人脚跟，学人言语”，他十分强调“吾心”和“自我”，注重个体的自我选择，把自我视为选择的主体，被称为“个人取向”的自立。不管是孔子还是陆九渊，“自立”的目标主要是为了更好地遵从伦理道德、社会规范和礼教次序，强调一个“人”在“一群人”之中的角色和地位。

为什么东西方文化定义的“自立”有如此大的差别？实际上，中国与西方文化从“自我”这个概念起，就已经有非常不同的理解了。西方文化中的“自我”强调独立性、自主性和自制性，中国文化中的“自我”强调关系属性，强调道德因素。与“自我”相关的一个概念是“责任”，在中国古文献中“责”和“任”是分开使用的，其中“责”更能代表当代语境中的“责任”，它包括几种解释：①责任和指责；②诘问和责备；③责罚；④债务或义务。由此可见，中国文化中十分强调对人的法律和社会约束。

总的来说，中国文化中的“自我”，不同于西方的独立自我，而是包含了更多的“社会角色”。理解这一点之后，我们更能理解中国人的“尚和”心态和“家国情怀”，也更能理解为什么我们习惯于将他人作为参考，常常与“别

人家的孩子”做比较。当你再一次发现自己深陷“总是习惯与他人比较”的怪圈时，你应当意识到这是文化对每个人潜移默化的影响，你需要及时从低落的情绪中跳出来，积极思考可以努力的方向。

（二）文化在关系层面的影响：“尚和”心态

很多大学生都提到人际关系中一个困扰：“不好意思拒绝。”这个困扰背后所体现的，就是中国文化中的“尚和”心态。在长期的发展和演变中，“尚和”心态的代表思想是“和而不同”与“谦和待人”，除此之外，还有以下四种表现。

1.“你别生气”——和为贵

和为贵指一种推崇“和”的心理，最为熟悉的口头禅便是“天时不如地利，地利不如人和”。

2.“不斤斤计较”——畏争

畏争是一种畏惧与人发生争论或争吵的心理，反映了中国人多对“和”的丧失持有一种恐惧的心态。

3.“天塌下来，有大家一块儿顶着”——从众

从众，俗称“随大流”，指个体在实际或想象的群体压力下改变自己的态度，放弃原先的观点，采取与大多数人保持一致的心理或行为。之所以出现从众现象，一方面，从众现象的出现源于中国人的“不敢为人先”和“不愿落于人后”的思想；另一方面，不从众则代表所做的事可能在集体中是“出格的”，容易引起人际关系的紧张。

4.“那行吧”——迁就

迁就指个体为了不失和，尽管心中不同意他人的意见、做法，或对他人的言行不满，却有意或无意地压抑自己的主张以及自己心中的怨恨或愤怒等负面情绪，表面上仍对他人曲意迎合或降格相从。

总的来说，这种“尚和”心态已经成为中国人的一种集体潜意识，是中国人经营人际关系的智慧体现。辩证来看，“尚和”心态既有积极影响也有消极影响。消极之处在于“尚和”容易让人失去自我，不利于人与人之间的真诚沟通，不利于激发人的冒险精神和竞争意识；积极之处在于增强了人们的凝聚力与合作精神，让人能够顾全大局、热爱和平，并且“尚和”能够避免不必要的消耗，对于资源积累和创造力的发挥具有十分重要的作用。

（三）个人和社会的融合与发展

美国医学博士、畅销书作家斯宾塞·约翰逊说过：“唯一不变的是变化本身。”变化始终贯穿于个人的发展、社会的发展、国家的发展中。从某种意义

上来讲，文化见证了这些改变。

在世界文化相互交融的当下，我们看到越来越多的大学生能够觉察不同文化对自身感知社会的影响，将传统文化赋予我们的精华加以利用，吸收实证心理科学的成果，促进自身和他人的心理健康。同时我们也看到，社会的发展似乎也为大学生的心理健康状态带来了风险，比如一些地区学生正面临的文化认同危机，都是无法与所处社会环境融合的不良表现。

事实上，当我们去审视各种心理发展任务，抑或审视不同文化下的心理健康标准时，我们发现“适应”永远是最重要的。就像原始人需要调动智慧，依靠各种工具来适应自然环境一样，现代大学生也需要调动智慧，依靠各种资源来适应社会环境。

如何适应？融合，发展。

大学生应该热情地投入社会生活中，才能发现面临的挑战。在这些挑战当中，有些是大学生已经提前做好准备的，例如，当代大学生比十多年前的大学生具有更高的职业成熟度、更高的自主性、更丰富的精神生活。在这些挑战当中，也有很多是没有准备好的，如网络霸凌、手机成瘾等问题。事实上，只有不能解决的问题才是问题。问题总有解决之道，只要大学生切身去探索、去尝试解决，一定能通过行动和资源化解成长中的危机，培养出更完善的智识和心智。

推荐资料

1. 图书《中国文化心理学新论（上）》（中国文化心理学丛书），汪凤炎著。

文化是一面镜子，是我们不曾意识到的正在呼吸的空气。从文化的角度审视，我们才能了解中国人何以形成了今时今日的社会习俗、行事风格。心理学虽不是诞生在中国的一门学科，但中国文化中从不缺少心理学思想。本书根植于中国文化土壤，上册精选了有关中国人的五个主题（社会观、自我观、尚和心态、人情观、脸面观），从心理学的视角进行分析、总结，还原人际交往中中国人真实的心理与行为规律。

相信每一位阅读此书的读者都会获得对自身和周围世界的全新认识。

2. 电影《美丽心灵》，朗·霍华德执导。

电影前半段会让观众感到不解和困惑，后半段会让观众感到一切疑问都解开了，可是怜惜又随之而来……

电影取材于诺贝尔经济学奖得主约翰·纳什如何与精神分裂症做抗争的

故事。故事形象地呈现了一个精神障碍患者的内心世界、周围世界的离奇、身边人的复杂态度，也展现了心灵（心智）如何在苦难中绽放它的美。

参考文献

[1] 埃里克森．同一性：青少年认同机制［M］．孙名之，译．北京：中央编译出版社，2018.

[2] 樊富珉，王建中．当代大学生心理健康教程［M］．武汉：武汉大学出版社，2014.

[3] 郭金山，车文博．自我同一性与相关概念的辨析［J］．心理科学，2004，27（5）：1266–1267,1250.

[4] 贾晓明，郭潇萌．大学生分离个体化与其亲密关系适应的关系研究［J］．北京理工大学学报（社会科学版），2015（1）：156–160.

[5] 景怀斌．儒家式应对思想及其对心理健康的影响［J］．心理学报，2006，38（1）：126–134.

[6] 李亦园，杨国枢．中国人的性格［M］．北京：中国人民大学出版社，2012.

[7] 罗伯特·伍伯丁．现实疗法［M］．郑世彦，译．重庆：重庆大学出版社，2016.

[8] 曲长海，张元洪．大学生心理健康教育教程［M］．北京：化学工业出版社，2018.

[9] 汪凤炎．中国文化心理学新论［M］．上海：上海教育出版社，2019.

[10] 辛自强，辛素飞，张梅．1993 年至 2009 年大学生焦虑的变迁：一项横断历史研究［J］．心理发展与教育，2011，27（6）：648–653.

[11] 辛自强，张梅，何琳．大学生心理健康变迁的横断历史研究［J］．心理学报，2012（5）：100–115.

[12] 徐汉明，盛晓春，张建军，等．家庭治疗：理论与实践［M］. 北京：人民卫生出版社，2012.

[13] 张宇迪，付芳．基于全国样本的性少数大学生心理健康状况的调查［J］．中国临床心理学杂志，2019，27（5）：997–1002.

[14] Bowen M. Family therapy in clinical practice［M］. New York：Rowman & Littlefield Publishing Group，2004.

[15] Mahler M S . On human symbiosis and the vicissitudes of individuation［M］. New York：International Universities Press，1968.

[16] Sklansky，Morris. On Adolescence：A Psychoanalytic Interpretation［J］. Social Service Review，1962，36（4）：467–468.

[17] Zald，D H .，Mattson，D L .，Pardo，J V . Brain activity in ventromedial prefrontal cortex correlates with individual differences in negative affect［J］. Proceedings of the National Academy of Sciences，2002，99（4）：2450–2454.

自 我 篇

第二章
“知人者智也，自知者明也”
——自我意识

名人名言

故木受绳则直，金就砺则利，君子博学而日参省乎己，则知明而行无过矣。

——《劝学》

知人者智，自知者明。

——《道德经》

◆ 案例导入

近来，赵一一心情不太好，他发现课上的内容好多都学不明白，甚至会在每次上课的时候通过录音来回顾上一节课的内容。可他怎么也听不明白。一天，赵一一和舍友钱多多一起去自习的路上，两人讨论起了课上的内容。赵一一表示自己依旧一头雾水，有些沮丧地认为自己学习能力差。钱多多听了，对他说：“我觉得一门课程的理解程度，不能代表你个人的学习能力。能通过大学入学考试，就证明了你有学习的能力。”赵一一觉得他说的有道理，但还是有些困惑。高中的时候，自己在班里的学习成绩一直名列前茅，对于各科的学习也是充满了信心，在课上解答比较有难度的问题时，老师也多是将目光投到自己身上。但是这种情况在上大学之后发生了变化，在这门课程上自己总是会有很多的知识漏洞，看着身边的同学都学得很起劲的样子，赵一一不止一次地怀疑：是不是自己的能力就是不如别人？是不是这个专业其实是自己不擅长的？甚至自己的脑子真的变笨了？对于这些疑问，赵一一也找不到所谓的正确答案，所以这也让他对现在这门课程产生了更大的畏难情绪。

◆ 导言

进入大学校园的那一刻起，我们的身份标签就从高中生换成了大学生。要成为一名真正的大学生，需要面对挑战，付出更多的努力。案例中的赵一一进入大学后产生了自我怀疑和自我迷茫，不清楚自己的能力是怎样的，不清楚自己的选择是对是错，也不知道自己是否能够应对这个学业挑战。这个迷茫和动摇的阶段是自我意识更加完善的必经过程。

很多大学生在高中时误以为上了大学会很轻松。当我们真正成为一名大学生，我们发展出了更高的认识自己、他人、社会、关系等的能力，可以更理性、更客观地看待现实，也能更好地控制自己的情绪及安排自己的生活。这时，我们不会懵懂单纯地相信美好的幻想了。这个过程中态度的变化，就是我们自我意识发展所带来的。

那什么是自我意识呢?

自我意识是社会心理学和人格心理学研究的重要主题。简单地说，自我意识回答了诸如“我是谁”等一系列的问题。自我意识能够帮助我们更深入、更透彻地了解自己，它是我们成长道路上发展自我、发挥潜能的必要基础。

第一节　“万物皆备于我矣”——自我意识概述

“横看成岭侧成峰，远近高低各不同。不识庐山真面目，只缘身在此山中。”苏轼的《题西林壁》描写了作者身在山中看到的景观。自我意识也恰如诗中所言——我们可以看到自我意识的某些方面，无法看到个体完整的自我意识；另外，自我意识中也包含了能动的部分，我们的自我意识更像是有主题，却不断变幻的动态景观。

一、自我意识

自我意识是人的意识发展的高级阶段，包含了丰富的内涵。一般认为，自我意识的概念最初是由美国心理学家威廉·詹姆斯引入心理学领域的。

（一）自我意识的含义

自我意识（self-consciousness）是对自我及其周围关系的意识，它包括个体对于自我本身的意识以及个体对周围关系和周边环境的整体意识。

自我意识的含义有三层内涵：

①自我意识是个体对自我的意识。这部分包含了生理（如身高、体重

等）、心理（如性格、气质等）以及与他人的关系（如与个体周围的人的关系，自己在某个团体中的位置与作用等）。

②自我意识是一个综合的心理系统，它由多个维度和多个层次构成，如认知（自我认识）、情感（自我体验）和意志（自我调控）。

③自我意识不独立于其他的心理活动而存在，它是无处不在的，并统领个体所有的心理和行为，在其中发挥调控作用。

综上，自我意识是个体对自我的生理、心理以及社会关系等多方面的认知、体验和调控，存在于个体所有的心理和行为中，并起到调控作用的综合系统。

知识窗

西方哲学史对自我意识的研究

西方哲学史是一部人类对自我意识的探索不断深入和发展的历史。

当赫拉克利特说出“我已经寻找过我自己”后，西方文化自此注意到个人的存在，哲学研究中有了自我意识的萌芽。

之后是漫长的沉寂。

直到笛卡尔第一次确证了哲学自我的实在性，这标志着自我意识在西方哲学史上的真正觉醒；此后，洛克、贝克莱、休谟等哲学家相继从经验论的立场深化了自我的内涵。

从德国古典哲学开始，哲学便真正达到了自我意识的阶段，自我作为主体真正确立起来。现代哲学家发展了多个学派，在先哲的研究基础上进行了更多有益的尝试。人类对自我意识的探索由此进入了一个新的时代。

（二）自我意识的结构

威廉·詹姆斯认为自我包含两个部分：进行认知的主体，即主体我；被认知的客体，即客体我。在主体我和客体我相互作用的过程中，自我意识表现为认知的、情感的和意志的三种形式，分别称为自我认识、自我体验和自我调控。

1. 自我认识

自我认识是个体对自己的身心特征、心理活动状态、社会特征（人缘、地位价值等）的认识与评价，其实质是个体对物质自我和社会自我的认识，主要表现为主体我对客体我的认识。自我认识可以回答“我是一个什么样的人”以及“我为什么是这样一个人”之类的问题。

自我认识包括自我感觉、自我观念、自我观察、自我分析和自我评价，其中最主要的是自我观念和自我评价。因为自我观念和自我评价是自我体验和自我调控的前提，可以集中反映个体的自我认识乃至自我意识的发展水平。

2. 自我体验

自我体验是个体对自己内在的、不为人知的深刻的心理体验，反映了个体对自己所持的态度。自我体验产生于自我认识的基础上：客体我满足了主体我的要求，就会产生积极的自我体验，实现自我满足，体验到自我效能感、自我价值感等愉快自信的自我情感；反之，则会自我否定，产生自我无能感等消极情感。自我体验的核心内容是“我对自己的感觉如何”，对应“我是否满意自己”等问题。

自我体验包括自我感受以及自尊、自爱、自信、自卑、内疚、自我效能等层次，其中最重要的方面是自尊。

3. 自我调控

自我调控意味着个体自我意识能精细地、自动地使用重新定向机制调整自己的活动目标、认识、情感、注意力和行为方式等，做到能动地适应环境和条件的变化。自我调控的核心内容为“我将如何实现理想的人生”。自我调控包括多个层次，如自立、自主、自律、自我监督、自我控制和自我教育等，其中自我控制和自我教育是其主要内容。

知识窗

美国“心理学之父”——威廉·詹姆斯

威廉·詹姆斯是心理学史上的一个传奇人物。他将心理学引入美国，开设了美国第一门心理学课程，并建立了美国第一个心理实验室，被誉为美国“心理学之父”。他接受过多学科的专业训练，在很多领域都有建树，也留下了一些影响深远的著作，如《心理学原理》《信仰的意志》《宗教经验的种种》《实用主义》。

威廉·詹姆斯率先提出了对自我的研究，奠定了19世纪末到20世纪初的心理学发展框架，是很多心理学理论的发展基础，如斯金纳的行为主义、存在主义心理学、认知心理学、格式塔心理学以及罗杰斯的自我概念等。

约翰·杜威曾在他离世时评论说：“他是他这个时代和任何国家里最伟大的心理学家——也许是一切时代里最伟大的心理学家。”

二、自我意识的发展

中西方文化中都认同自我意识的终身发展，并提出了理想的自我意识模式。比如罗洛·梅认为，自我发展的最高阶段是“创造性的自我意识”，特征是“处于忘我的境界”；传统儒家知识分子一生追求的自我意识发展的最高阶段是“天人合一”；道家推崇庄子的“至人无己”。

（一）自我意识的发展理论

1. 自我意识发展的理论

米德认为自我意识是人类才有的能力，这也一直主宰着人们对自我意识的认识。但是后来的研究成果对这一论断提出了挑战——如果能够进行自我识别就意味着拥有自我概念，盖洛普的黑猩猩镜像识别实验以及后续的一系列研究发现，都对米德的观点形成了挑战。

心理实验

黑猩猩的镜像识别

1977年，盖洛普在一项开创性的实验中，检验了动物能否像人一样把自己当作注意的对象。

就像人类照镜子的时候能够辨别镜子中的人是自己一样，如果动物也能够识别镜子中的自己，那么就可以推断它们具有未充分发展的自我意识。在这样的镜像识别任务中，实验者把黑猩猩带到一面全身镜子前，细致录下了它们接下来10天的行为。开始的时候，它们以为镜子里是另一只猩猩，但是慢慢地，它们会看着镜子整理自己身上的毛发或者剔牙。盖洛普认为，这种行为的转变意味着黑猩猩开始意识到镜子里的动物是它自己。

在后续研究中，实验者对每一只黑猩猩都进行了麻醉，在其失去意识时将其眉毛染成无味的红色。当这些动物醒来被带到镜子前，它们指向染色处的行为被录了下来，这些行为在控制组（未被带到镜子前的黑猩猩）中并未出现。这些发现意味着实验组的黑猩猩学会了从镜子中识别自己，并意识到染红眉毛的猩猩是它自己。

西方自我心理学有三个主要的自我意识发展理论：米德的符号交互理论，皮亚杰的认知发展模型，以及埃里克森的心理社会性发展模型。第一个理论涉及社会学范畴，第二个属于认知领域，第三个强调人际和情绪。这里主要对米德的符号交互理论做一些介绍。

符号交互理论关注社会化过程，简言之，该理论关注个体是如何从一个婴儿转变为一个社会人的，其理论观点主要包括以下部分。

（1）观点采择、社会化和自我意识的出现

米德认为，个体采用他人的观点并开始设想自己在他人眼中的样子，即观点采择。米德的理论指出，我们拥有了想象自己在他人心中形象的能力，也就预示着自我的出现。当我们进一步有能力去修正我们自己的行为，以符合我们所知觉到的他人的期望时，我们就成了社会人。

（2）自我发展

对于自我是如何一步步发展而来的，米德认为自我的发展源于社会的交互作用，而社会的交互作用基于一系列符号之间形成的沟通，如语言符号等。也就是说，外界发生的符号沟通形成了社会互动过程，在与他人的互动中，个体才能够慢慢理解别人的角色，也开始形成自己作为客体的意识，即自我意识。

（3）认知（非情绪）为自我的核心

米德的理论和詹姆斯的视角不同，他强调认知，提出认知（而非情绪）是自我的核心。

自我意识的发展理论从学术的角度呈现在了自我意识的发展过程中，自我意识的不同层面和形式，如自我认识、自我体验和自我调控都在不断发展。

2. 自我意识的结构模型发展

威廉·詹姆斯在《心理学原理》中根据自我意识的具体成分将其分为主体我和客体我。每个人的经验自我就是客体我，客体我又可以划分为以下三类。

（1）物质自我

物质自我指的是真实的物体、人或地点，可以分为躯体自我和躯体外自我。通俗地说，我们对于自我的感知不限于我们的身体，还包括其他人（我的亲人）、财产（我的手机）、地方（我的家乡）等。

知识窗

我是谁——检验威廉·詹姆斯关于物质自我的观点

我们可以用个人练习来检验威廉·詹姆斯关于物质自我的观点。

想象某个人正在赞扬你的某个观点，或者与你有关的人。

a. 你能客观地评判这一事件吗？

b. 这一刻你的情绪反应发生了变化吗？

c. 你会不会表现出如同你本人受到赞扬一样的反应？

d. 如果有人赞扬你的父母、祖国、衣服、发型，你可以清晰意识到中间的差异吗？

通过深入把握物质自我的概念，你可能会更好地辨别拥有（ownership）与认同（identification）之间的区别。威廉·詹姆斯指出，如果个体在某一实体被赞扬或攻击时表现出情绪反应，该实体就是自我的一部分。罗森伯格认为躯体外自我是延伸的自我，它包括能够说明我们是谁的几乎所有的心理部分。从这个意义上讲，自我是易变且含义广泛的。

（2）社会自我

社会自我指的是他人如何认识和对待我们，包括我们的各种社会地位和社会角色，以及我们关于他人如何看待自己的认知。威廉·詹姆斯认为，如同我们拥有的人际关系一样，我们可能拥有很多个社会自我。更为重要的是，社会自我是我们认为他人会如何认识和对待我们，或者说我们认为他人会如何评价我们。

（3）心理自我

心理自我是指真实物体、人、地方和社会角色之外，能成为“我”的一切构成。心理自我指的是个体所感知到的内在心理品质，是对自己的主观体验，简单地说就是对自己的感受。

（二）自我意识在人一生中的发展

随着个体年龄的增长，其自我意识也在不断发展和完善。目前在人格心理学的研究中，心理学家们这样解释自我意识在一生中的发展过程。

1. 在生命早期，自我意识就发生了巨大发展

有证据表明，自我意识在人类很小的时候就出现了。新生儿一开始就对自己有觉知，能或多或少地觉察到自己与他人的区别，能逐渐区分自己的身体和身体之外的物体。

2. 自我意识发展速度最快的时期是婴儿期和儿童早期

3 个月左右的婴儿就能辨识自己的身体，并会在接下来一年中逐步发展这种能力。15~18 个月的婴儿能够理解自己是独立的个体，在照镜子的时候能够意识到镜像中的婴儿是自己。2~3 岁的婴儿对性别和年龄有了一定的识别，自我意识中开始包含家庭关系。

3~4 岁的儿童可以对他们观察到的自我特征进行心理表征的建构，会用“我能做什么”这样的方式来表达自我；5~7 岁的儿童这方面的能力会得到进一步发展，能将“我会唱歌”“我会弹琴”等归为一类，认为“我擅长音乐”；8~12 岁的儿童能更多地用社会关系描述自己。

童年期的儿童已经可以进行社会比较，通过对比他人进行自我描述。这一阶段自我意识发展有重要进步，儿童发现自己有了只有自己才能了解的思想、情感、欲望，有了不为他人了解的秘密或隐私。

3. 青春期所发生的变化尤其值得注意

自我意识在青春期的发展最为关键。个体进入青春期，可能要经历一个所谓的同一性混乱的阶段。一个人对于自己的品质、目标、需扮演的角色及价值观等问题不清楚或者回避考虑这些问题。但同时这一阶段个体的自我意识也处在不断增长的阶段，并主要表现在两方面：一是对自我的关注；二是过度关注个体在他人心中的形象，认为有人仔细观察、谈论、评价自己。所以，这个时期的自我意识发展困扰也常常与人际关系困扰紧密联系在一起。

4. 终其一生，个体的自我意识都在发展和变化

进入成年期，个体的自我意识较为稳定。但并非如早期的人格心理学家所言：30 岁之后一切已经固化。成年期的自我意识发展有叙事和建构的特点，一切都是正在进行，并趋于整合和完善。

（三）影响自我意识发展的因素

人本主义的心理学家相信人类有能力创造自己的未来。自我意识形成之后，尽管整体结构相对稳定，但是不同的情境能激活个体不同的自我意识，因此，某一时刻进入个体中的自我意识成分是不断变化的。哪些因素会影响自我意识的发展呢？我们来看一下能够激活和影响我们自我意识的内外部因素。

1. 内部因素

（1）目标

目标会影响自我意识的激活。例如，与心仪的对象约会时，一个人有可能会努力表现出让对方喜欢的个性特征和行为表现。

（2）心情

心情会影响自我意识的积极或消极取向，每个人对自己都有喜欢和不喜欢的方面。当一个人开心的时候，更容易想到自己喜欢的方面；当心情不好的时候，则更容易想到不喜欢的方面。

（3）生理因素

生理因素也会影响个体的自我意识。临床研究发现，抑郁症、双向情感障碍等的症状的产生与大脑中的化学失衡有关，在这些生理因素的作用下，个体的自我否定和自罪感会变得尤为明显。女性在经期、产后、更年期都会经历剧烈的激素变化，这些变化也会对女性的自我意识有一定影响。

2. 外部因素

（1）社会情境

一个人对自己的看法很大程度上取决于这个人所扮演的社会角色，个体会根据自身的意愿和情境角色来选择激活恰当的自我概念。孟母三迁，就体现了社会情境对个体成长的重要影响。对大学生来说同样如此，相比于在床上刷手机，我们会觉得在教室学习的自己更上进。由此可见，我们身处何方、与谁接触会在一定程度上决定“我们是谁”。

社会比较也会影响人们看待自己的方式。例如，一名大学生自身各方面具备较好的能力，且水平相对稳定，如果他周围的同学都比自己优秀的话，他对自己的评价会降低。另外，重要他人也会影响我们的自我意识，比如人们的自我意识会受到权威角色如家族里的大家长、重要领导、专家等的影响。

（2）文化背景

自我意识的发展深受文化影响。具体而言，自我意识的内容和维度会受到不同文化类型及其价值观的影响。此外，同一文化内部可能存在子文化的差异。例如，有的地区在历史上出现了很多文学家、诗人，这一地区更为重视教育，所以处于该地区的受教育水平较高的个体就会拥有更积极的自我意识。而有的地区内部的经济发展很大程度上依赖于他们自己的商业模式，在这样的子文化下正在创业或经商的人会对自我的评价更为积极。

三、自我意识的重要性

（一）自我意识与人格

1. 认识人格

人格是个体在社会化过程中形成的具有个人特色的身心组织，是具有动力一致性和连续性的自我。

人格具有四个方面的特点：

①整体性。人格虽然有多重成分和特质，但它们之间密切联系，构成一个有机的组织。

②稳定性。它包含两方面：一是人格特质在不同时间的持续性；二是人格特质在不同情境中的一致性。同时，人格也是不断发展变化的。

③独特性。它是指不同个体在心理和行为倾向上并不相同。当然，人们在具有人格独特性的同时，在心理和行为上也具有一些共同性。

④社会性。它是指人格社会化的进程，人类的婴儿最终变成社会中的一员。由此可见，人格是社会人所特有的。

2. 健全人格

健全人格是人的本性充分发挥时所能达到的境界，是人类追求的目标。健全人格的定义由黄希庭提出，他指出健全人格具有一种在结构和动力上向崇高人性发展的特征，高于仅仅摆脱心理疾病的正常或健康人格，是人格特征的完美结合。根据国内外的研究，人格健全的人具有以下三方面的特点。

（1）心理和谐发展

如果个体的人格健全，他们的需要、动机、性格、气质、人生观和价值观等都会朝着健康的方向发展。他们可以做到内心协调一致、言行统一，能够正确认识自己的言行是否符合客观需求以及社会道德准则，并及时调整自己。

（2）善于处理人际关系，发展友谊

个体的人格健全，使得他们在人际交往当中会显示出有利于发展正性人际关系的良好品质，尊重自己和他人，有同情心和人道主义精神。

（3）把自己的智慧和能力有效地运用到能获得成功的工作和事业上

人格健全的个体在学习、工作中有强烈的创造动机和热情，他们敢于创新，积极应对挑战，往往更有可能取得成功。成功这一结果又反过来为他们带来满足和愉悦的体验。

总之，具有健全人格的人心理更健康。他们能有意识地控制自己的生活，掌握自己的命运；他们能意识到自己的优缺点、善良与邪恶，接纳并与之和谐共处。而良好的自我意识是健全人格形成的重要保证。

（二）自我意识与人格发展

自我意识是人格的核心组成部分，也是人格的心理基础，是人格的自我调控系统，对人格的发展有重要的影响。自我意识与人格是相互影响、相互促进的关系，这些影响主要体现在以下方面。

（1）自我意识的发展水平是人格发展水平的重要标志

一个人的自我意识发展也取决于其非我意识（对外部的、他人的意识）的发展状况。人格中客观方面和非我意识的发展会推动自我意识的发展；而自我意识的发展又能促使个体对人格客观和非我意识的方面进行改造。因此，自我意识的发展水平标志着个体整体人格的发展水平。

（2）自我意识维持人格发展的连续性和稳定性

自我意识具有维持人格发展连续性和稳定性的功能。因为个体总是根据自我意识中的自我观点来指导自己的行为，会努力使自己的行为和自我观点等保持一致。比如一个自认为自己善良的人，在行为中会尽量表现出善良的品质。当一个人无法恰当维持自己人格发展的连续性和稳定性，可能会出现人格异常、人格障碍，甚至出现精神分裂等症状。

知识窗

自我意识与精神疾病

布莱勒提出了精神分裂症的概念，他指出精神分裂症（schizophrenia）是精神内部的分裂，可以把这种疾病的本质理解为统一性的丧失。你可以把精神分裂症患者的心理和行为比作一个失去指挥的管弦乐团，患者的感觉、记忆、思维和习惯这类心理机能虽不致丧失，但已是乱七八糟。

正常人的心理是多样性的统一，是一个有机的整体。人的心理和行为的统一性和组织性是自我协调和监控的结果。精神分裂症患者与外部环境的关系是分裂的。一旦得了这种病，便不能融入周围环境，也很难在社会环境中生活。

由此可见，自我意识维持个人心理和行为的整体性，使个人保持与现实环境的协调一致。

（3）自我意识影响人格发展的方向、性质、速度和进程

人格发展的过程中，自我意识持续对人格的发展进行认识、体验和调控，调整或改变自我对人格发展的态度和目标。只有当个体的自我意识认识到自己人格发展的方向和性质，以及怎样实现这种发展时，自我意识才会对人格发展提出实现这一目标的要求，并调动个体的潜力去实现这一目标，进一步推动人格发展。

总之，自我意识发展和完善的过程，也是人格发展健全的过程。通过对不同年龄阶段人群的自我意识的研究发现，自我意识发展水平比较高的人，能清醒客观地认识和评价自己，能更好地处理自身与社会之间的关系。

（三）自我意识的功能

伯恩斯在《自我概念发展与教育》中系统论述了自我意识的心理作用，提出了自我意识的三大功能：保持内在一致性，决定个体对经验的解释，决定个体对未来的期望。

（1）保持内在一致性

埃里奥特·阿伦森曾说：“有关自我的信念是人们所持有的最重要的认知，于是当我们的行为或态度与我们对自我的认知不一致时，就会产生最痛苦

的心理失调，因此也最有可能引发行为的改变。而且自我认知的重要性和中心性使人们抗拒改变自我概念。所以我这样来表述自我一致——心理失调的存在促使我们通过改变态度和随后的行为来维持我们的自我概念。”

当现实有悖于个体的主观愿望时，自我意识就会通过维持内在一致性的机制引导个体的行为。虽然我们倾向于避免心理失调，但我们的自我意识会随着时间推移不断地发生变化，我们对于自身的认识也会越来越真实、完整。

（2）决定个体对经验的解释

特定的经验对于一个人的意义取决于个体选择用什么样的自我意识作为背景对其做出解释。自我意识就像是一个滤镜，若个体已有的自我意识是消极的，那么每一种经验都可能与消极的自我评价联系在一起；若个体已有的自我意识是积极的，那么每一种经验都可能被赋予积极的意义。例如，认知疗法的创始人之一贝克在观察抑郁症患者时发现，抑郁的人对自己总有一种负性的观点，倾向于以负面消极的方式解读正在发生的事情，进而导致悲伤和绝望的产生。

（3）决定个体对未来的期望

我们的自我意识在很大程度上决定了我们对于自己未来的期望。这种期望可以发挥引导作用，促使我们向自己的目标努力。例如，一名大学生想成为一名科学家，那么在这个理想自我的指引下，他很可能会广泛地阅览专业领域的书籍文献，并积极地投入科研实践中，勇敢地面对各种挑战。

（四）中西方文化中自我意识方面的差异

> 心理学是由西方人创建的，结果，西方的心理学研究了太多的变态心理和个性行为。如果心理学是由中国人创建的，那么它一定是一门强调社会心理学的基础学科。
>
> ——迈克尔·邦德（中国香港社会心理学家）

张载在《横渠语录》中写道：“为天地立心，为生民立命，为往圣继绝学，为万世开太平。”描述了传统儒家知识分子自我意识发展的最高境界。黄希庭提出人格结构存在中西方文化的差异，很多学者也认为，自我意识在中国文化中结构更为复杂。中国人的自我意识至少包含了自我和关系两种成分，中国文化中自我意识的特点，可以透过中西方文化中的自我意识的差异得到诠释。

1. 含义上的差异

（1）含义大小的差异

西方文化里的自我是真正意义上个体角度的自我；而中国文化中的自我

强调关系，不但包含个体角度的自我，还包含形形色色的社会自我。

（2）对自我理解的侧重面的差异

西方文化侧重于从个体的自我角度来发展自我意识；中国文化对于自我意识的理解更侧重于关系或情境。

2. 结构上的差异

西方文化的自我意识中，强调理想自我和现实自我的部分。按照弗洛伊德的划分，本我、自我、超我三分天下，本我反映一个人原始的、本能的欲望，遵循快乐原则；自我协调本我和超我之间的矛盾，遵循现实原则；超我是人格中的管制者，遵循道德原则。中国文化中的自我更强调同他人的关系，如果按照本我、自我、超我来划分，超我的成分最大，自我成分很少，本我基本没有。

3. 研究角度的差异

西方文化在自我意识的研究中，喜欢从个体的角度对自我意识进行思考；中国文化擅长整体思维和辩证思维，并注重从“关系中的自我”去探究自我意识。

拓展训练

关于“我”

活动分组：6人一组。

活动目的：促进关于“我”的探索。

活动实施：

（1）小组准备尽可能多的蔬菜/动物卡片，放在一个卡片盒中。

（2）小组成员轮流选择能够代表自己特点的卡片，选取后至少介绍两个方面：“我为什么选择这一张卡片”，“作为卡片中的蔬菜/动物，我期待它之后长成的样子是……”

（3）所有成员发言完毕后，成员可自由发言。内容不限于：“分享一开始设想的组员将抽取的卡片及原因”，“自己分享时候的感触”，“听到组员分享时的感受”，“对‘关于我’这个话题的思考和联想”。

第二节 “晨起临风一惆怅”
——大学生与自我意识相关的困扰

“大江歌罢掉头东，邃密群科济世穷。面壁十年图破壁，难酬蹈海亦英雄。”这首脍炙人口的《无题》是周恩来总理年轻时的作品。周恩来在旅日途中写下这首诗。旅日期间，事有波折，未能尽如人意，年轻的周恩来最后毅然乘船回国，“返国图他兴”。他作为一名共产党员的光辉革命历程就此展开。

大学阶段，即18~25岁左右，是自我意识形成和发展的重要时期。卢梭曾说，人在世界上出生两次，第一次是为了生存，第二次是为了生活。学生的自我意识的形成和发展，如同卢梭提到的“第二次出生”，处于这一阶段的大学生将迎来更多的自我发现，并有机会扩大生活领域，开始设想自己未来的生活。接下来，我们可以一起探索这一重要的人生课题是如何向我们呈现的。

一、大学生自我意识发展的特点

（一）大学生自我意识发展的趋势

大学阶段是大学生自我意识发展的关键时期。研究发现，大学生自我意识发展的总趋势是积极向上的。

（1）自我意识发展水平趋于稳定

随着年级的增加，大学生自我意识的发展日趋稳定，自我认识、自我体验、自我调控的发展水平也趋于稳定。

（2）自我意识发展趋势呈螺旋式上升

研究表明，大学二年级末三年级初可能是大学生自我意识发展相对稳定阶段的不稳定时期。这一阶段学生内心矛盾冲突最尖锐，回顾和展望最多。进入大学三年级，大多数大学生的自我意识发展较之其他年级更加平缓。

（3）不同自我意识要素发展不均衡

尽管自我意识中三个基本要素彼此相对协调，但调研发现自我认识和自我调控在一年级和四年级发展显著，其中一年级最高，四年级次之；自我体验的发展中四年级最高。可见学生自我意识还处于向协调统一方向发展的阶段。

（二）大学生自我意识发展的积极特征

1. 大学生自我认识能力显著提高

（1）认识自己的角度更全面

研究发现，大学生已能对自己进行比较全面的认知和评价。除了容貌体型、仪表风度、优缺点、性格气质、道德品质、人际关系之外，近四分之三的大学生关注到自己的理想是否确定，世界观是否形成。

（2）认识自己的方式更辩证

大学生的自我认识能够脱离具体情境，从理性角度进行评价。比如这两段自述“我的个性比较强势，为人热情、开朗，但缺乏耐心”“我自信，但不刚愎自用；我多愁善感，但不丧失理智。总之我是一个有心理弹性而且极具个性的男生”。由此可以看出，大学生自我评价的途径增加，自我评价的能力也显著增强。有心理学家认为，大学阶段个体的理论性思维，已由形式逻辑思维发展到辩证逻辑思维，所以大学生可以辩证地看待自己，自我认识具有概括的辩证性。

（3）认识自己的途径更具体

自我的分化，使大学生对自己的内心世界和行为，对自己的角色和责任有了新的认识；开始在社会的大坐标中主动认识自我、思考人生的意义。

2. 大学生自我体验和自尊得以提升

（1）自我情感体验更加丰富、深刻

丰富多彩的大学生活、高速传播的网络时代为大学生自我体验提供了环境条件。大学生可以在知识的海洋中遨游，体会其中的快乐，在校园文化活动中体会到自信或自卑。大学生对友谊和爱情的情感体验也更加广泛深刻；网络世界中的各种虚拟关系，更是丰富了大学生自我体验的层次和维度。

（2）自尊心和独立感增强

自尊和独立都是个体对自我肯定的情感体验。大学生的成人感初步确立，从依附到独立的愿望增强，对自尊心有强烈的需求。大学生自我意识的独立性随年龄增长而发展。其中高三毕业起到大二，大学生的自我意识的独立性显著发展，表现为强烈希望对方把自己当作成人，迫切需要承认和阐释自我主张等。

3. 大学生自我调控能力显著发展

大多数大学生在经历了大一的校园生活，完成角色转变等方面的心理适应后，很快进入稳定时期：自我监督、批评与教育的认识水平提高；能够在信念水平上驾驭自我；自我调控的自觉性显著发展。

大学生独立性的发展，促使他们对自己的控制方式从外部控制转变为内部控制，主动掌握自己的心理变化。研究发现，随着大学生自我调控水平的提高，大学生在自己的兴趣爱好与学校、家庭、社会的要求出现矛盾的时候，会根据现实、尊重社会标准来规划自己的未来。

（三）大学生自我意识发展中的冲突

心理学家希伊在研究中写道：对大多数二十多岁的人来说，美妙的神奇故事需要再过二十年才能谱写完成。这段时光充满了激情、危难……使我们走在寻觅迷失自我的道路上。大学阶段，自我意识积极发展的同时，也可能遇到冲突，经历瓶颈或危机。常见的冲突情景包括以下几种情况。

1. 理想自我与现实自我的冲突

理想自我就是希望自己将来成为一个什么样的人；现实自我是目前在生活、学习等诸方面实际达到的状态和水平。理想源于生活又高于生活，对个人发展有指导作用。

调查资料表明，在不同年龄层中，大学生群体的理想自我与现实自我之间一致性系数最低，在对自己能力才华的自我评价中，大学生表现出“理想的我”与“现实的我”的冲突。例如，大学生常常会设想自己以后的职业规划是怎样的，事业上大概能够取得怎样的成就，这是理想自我的部分；但是现实自我层面，又常常陷入意志力不坚定、时间分配不合理、学科成绩表现平平的旋涡中。这一冲突来源于两方面。

（1）环境因素诱发的冲突

社会重视经济发展，使得大学生理想自我中的精神部分营养不良，物质自我过于膨胀，现实状况难以满足大学生过度物欲化的理想自我。这些环境因素可能诱发并加剧大学生理想自我与现实自我的冲突和痛苦。

（2）个体素质差异与自我期望值过高的矛盾

这一点集中在学业、事业的理想与现实的冲突等方面。进入大学前，很多学生在自己原来的生活和学习环境中可能都是佼佼者，具有很高的理想自我。但是这一情况在进入大学之后可能会有所不同，身边的同学都很优秀，大学环境对个人的要求更加多元化，这就导致一些学生出现理想自我与现实自我差距较大的情况。不过大学中的学习、生活及各种社团活动，都会使大学生重新获得新的社会标定，提高自我意识水平，重新调整理想自我和现实自我，使两者关系更加和谐。

2. 自我认识广度与深度的冲突

大学生对信息和新鲜事物的感知敏锐，加之信息化时代的发展，使大学生在自我认知广度上飞速增长，但由于缺少理论支持，加之网络信息呈表象化和多元化，大学生在进行自我分析时缺乏深度，难以深入问题的实质。随着自我意识的发展，自我认识深度的增加，大学生对问题的分析和态度会逐渐形成自己的特点，并日趋稳定。

3. 自我评价的冲突

大学生在自我意识发展的过程中，自我评价过高或过低，会造成自我接纳或自我拒绝。自我接纳会产生自信的情绪体验，甚至是自负；而自我拒绝会产生自卑感。两种状态常处于交织的状态，因此大学生在“水深火热”的冲突中起伏，更容易体验到痛苦。当大学生完成了身份转换，适应了大学生活，他们对学习、生活的参与度提高，自我认识会在实践中逐渐深化、稳定，自我评价趋于客观一致；冲突也逐渐缓和，自我意识也趋于稳定。

4. 心理独立与经济依附的冲突

随着自我意识的发展，大学生的独立意识显著增强，比如学习中喜欢独立思考，不喜欢被管教；生活中喜欢自治，不喜欢被人过度干预、指责和控制等。但现实是大多数的大学生经济上尚未独立，心理上强烈的独立意识与现实中的依附关系之间产生了冲突。

5. 自我中心与从众心理的冲突

一方面，很多大学生的自我中心意识较为突出，倾向于把个人的意识强加于人，缺少对他人的尊重和关心；另一方面，大学生面对新的挑战和问题时，感觉难以应对，容易产生从众心理和依赖性。这两种冲突的存在，导致大学生在处理具体问题时，缺少个人独立的思考和判断，容易凭习惯行事，要么我行我素，要么随波逐流。

随着大学生自我意识的发展，对自我的认知逐渐完善，对社会和人际关系的认识不断发展，会逐渐发展出能够更加适应社会化的稳定自我。

6. 渴望友谊与自我封闭的冲突

大学生渴望与人交往，得到他人认可。当环境和人际关系变化时，部分大学生会对现实生活中复杂的人际关系和正常的人际交往望而却步，容易把自己的内心封闭，与他人保持距离，导致孤独感增强。

处于这种冲突中的大学生，渴望理解又惧怕被他人看穿，备受煎熬。但随着自我认识水平和自我表达能力的提高，大学生的情感体验必然由封闭走向开放，会更多地寻求认同感，力求从自己对他人的态度中来认知他人对自己的态度。

7.“主体的我”与“社会的我”的冲突

调查中发现，三分之一以上的大学生不清楚自己在同学心中的印象。可见大学生虽关注自己在社会中的地位，但存在“主体的我”和“社会的我”之间的冲突。比如同学之间，与老师、辅导员等之间的理解与不理解、尊重与不尊重的冲突。会有“做了好事，不被同学理解，不被老师重视，其实我认为自己很有能力，觉得很压抑”等情形，这些冲突往往让情绪体验强烈的大学生痛苦不已。

随着大学生自我意识中对社会和人际交往的自我认识水平的提高，相关的自我调控能力的发展，大学生可以较好地共情、理解和尊重对方，可以更好地处理人际关系，于是这种冲突日趋缓和。

自我意识的冲突，往往使大学生感到苦恼，陷入自卑或消沉。对冲突的觉察是激发大学生进行自我教育、发展自我意识的契机。当大学生发现冲突时，会在苦恼中分析冲突的原因，为自己创造一个积极向上的环境，改变自己心境，调整目标并积极进取。

知识窗

自我同一性危机

埃里克森相信，青少年必须在三个主要的领域做出承诺，形成稳定和统一的自我观念：①职业（选择一个职业）；②意识形态（人生观、世界观、价值观）；③性取向（确定性取向和产生与年龄一致的性角色行为）。

社会给青年人提供了更多的自由，大学生有机会选择他们的职业、意识形态和结婚对象。当一个年轻人必须决定自己是谁以及想要成为什么样的人，这就导致了埃里克森描述的同一性危机的出现。

幸运的是，尽管许多年轻人会面临心理方面的很多问题，并且可能体验到自我的暂时失调，但这些变化很少是极端的，或者长期存在的。

这个时期也会有很多积极的变化，比如与同伴联系更加紧密，年轻人对自由和控制也有了全新的感受。大多数人可能还没有体验到同一性危机带来的苦闷和混乱，就成功度过了这个阶段。

二、大学生自我意识发展中的偏差

自我意识发展中的偏差就像是我们前进道路上的岔路、泥泞，甚或是雷区。下面我们就来一起看看这些发生在大学生身上的偏差。

（一）魔镜啊魔镜，谁是世界上最好看的人

白雪公主有一位恶毒的继母，她每天都会对着魔镜问：“魔镜啊魔镜，谁是世界上最美丽的人？”从自我意识的角度来看，她是一个把自我的存在和价值完全建立在容貌之上的女人。她没有稳定的对容貌的自我意识，也没有从客观世界获取有关的信息，而是把自我意识中对容貌的认知和评价功能，完全交给了外界——魔镜。

心理学家认为，青少年群体对自己的外貌极为重视，他们的内心也有这

样的一面魔镜，时时刻刻观察着自己。年轻人有自己独特的审美标准，也会根据这个审美标准来装扮自己，这是他们在探索和发展自我过程中的尝试，也是他们内心冲突的外在呈现。在对相貌的自我意识存在冲突的大学生中，有一小部分会出现下面案例中的情形。这些年轻人会主观地描述自己丑陋或躯体缺陷，即使客观现实及他人的评价与他本人的认知有冲突，他们也难以改变主观想法。这种冲突严重影响了个体的心理状态、社交、学习和工作。

心理案例

形体障碍

暑假第一天，妈妈就陪着小朱去了整形外科。妈妈告诉医生，女儿大学后特别在意外貌，两年间去过数十次整形门诊。大一时她割了双眼皮，术后恢复很好。小朱却一直问专家，左眼双眼皮怎么比右眼宽，可谁也看不出来她说的差别。接下来的日子里，她就像着魔一样闹着整形，觉得双眼皮手术“失败”，脸毁了不能见人；在学校也戴着帽子，回避与人交流。她苦苦央求妈妈带自己去修复双眼皮，削骨调整脸形。妈妈拗不过，只好陪她就诊，可每次医生都拒绝手术。小朱很生气，要求妈妈继续带她去医院，所以今天来到了这家医院。

接诊的医生简单问了诊，表示理解小朱的苦恼，建议她们暂时不考虑手术，可以先去医院的心理科挂个号，或者去市内的几家精神专科检查一下。小朱有些不情愿，妈妈若有所思地看了看女儿，谢过医生，带她去了市内的精神专科医院。

整形外科常见到手术后难以满意的患者，其中一部分就是这种对自我形体的认知偏差。如果这种偏差继发于精神疾病和障碍，通常先接受精神和心理治疗。

在国内的教育背景下，中学时期对外貌的关注和尝试的需求鲜有机会得到满足。进入大学后，成为大学生的年轻人开始了在成人世界极具挑战的尝试。大多数的尝试都会在进入成年期之后趋于缓和，即便是案例中的症状，也会经过数年的波动，最终得以改善。大学生会逐渐发展为成熟的个体，对于相貌、个人形象的部分的自我意识逐渐稳定。

（二）谁来告诉我，我到底行不行

心理案例

自卑与过分自信

自习室里，小张不停地思考着。下个月专业比赛，自己平时成绩还可以，这次有参赛资格。小张原本很想参加比赛，可想到班里竞争很激烈：隔壁宿舍青青动手能力一般，成绩和自己不相上下，可他和老师的关系很近；上铺吊儿郎当的小范成绩一般，可动手能力大家有目共睹……

假设平行世界中有三个小张，可能会出现三种不同的局面：

A. 小张觉得自己与其他同学比处处是短板：不如青青的人际交往能力，也不如小范的动手能力。他越想心情越低落，脑海中冒出来一大堆自我否定的念头：自己长相不好看，眼睛太大；篮球打得不好，下午几个三分都没进……他顿时觉得一事无成，别说比赛，感觉自己什么都做不好。

B. 小张分析了竞争对手的优势和劣势，继续盘点了自己。他各方面不突出，也不拉分。上届比赛，他担任志愿者，熟悉比赛的流程和评委风格。想到这儿，他心里稳了些，自己有些胜算，可以努力一下。于是他找师姐和老师打听往年的比赛信息，估了题，在赛前针对比赛内容加强练习去了。

C. 小张轻轻哼了一声，心想他们几个算老几，跟我比。天底下谁能像我一样优秀呢，自己可是担任过往年的志愿者，比赛又是自己熟悉的学科。他暗想，这比赛我出马，第一名肯定是我的，其他人也就走走过场罢了。想想觉得心情舒畅，拿出手机接着打了几局游戏。

案例中小张同学的三种可能反应，对应了现实生活中的三种状态。局面B中的小张分析较局面A中更为全面，也较局面C更为客观，可谓“知己知彼”。他还分析了自己面对的问题，分析了自己可以更好地应对问题的资源，这是一种不太会导致心理失衡，可以获取发展的状态。

而局面A和局面C中的状态，则在自我意识上出现了偏差。

1. 自卑

局面A中的小张，觉得自己什么都做不好，结果很有可能放弃比赛。

心理学中认为，当一个人的自尊需要未被满足，又不能恰如其分、实事求是地分析自己，或者说低估自己时，就容易产生自卑心理。正如局面A中的小张，对自己各种能力的怀疑，限制自己对未来事业及美好生活的憧憬，从而引起严重的情感挫伤和内心冲突。

个体心理学家阿德勒认为，适度的自卑感能够促使个体去获得一定的成就，而过度的自卑感会阻碍个体的健康成长与发展。在实际生活中，有的大学生在产生自卑心理后，会接受自己的不足，积极应对现实的挑战；而有的大学生会怀疑自己的能力，以至于无法表现自己的能力。如果是涉及人际交往的话，可能从怯于与人交往退到自我封闭，本来经过努力可以达到的目标，也会因为“我不行”的念头而放弃追求。

2. 自负

适度的自信和对未来积极的预期有助于个体努力实现理想自我；而脱离自己实际情况的盲目自信就变成了自负，会给自己带来麻烦，容易盲目乐观、骄傲自满，想法偏激或者固执。就像案例中局面C中的小张，沉浸于自己的想象中，导致行动力不足，容易在实际行动中遭遇失败和冲突，受到打击甚至伤害。自负也容易在人际交往中抬高自己、看低他人，进而导致人际关系的矛盾。

对两种偏差的调试，有很多有效的行动性方案。比如对于自卑的情形可以参考以下建议。

（1）勇敢面对引发自己自卑的问题

找出一张纸，思考并写下问题中哪些是自己目前可以实现的部分，哪些是自己经过努力可以达到的，哪些是自己无法改变的。

（2）分析调整并重新确定目标

根据分析的结果，回顾自己的目标，调整并重新确定更合理的目标。当然在这一步完成前，你可以深呼吸一口气，平复下心情，让自己可以坦然些。

（3）小技巧——积极暗示

你可以尝试一下积极暗示：选择一个不被打扰的环境，在脑海中呈现理想的状态，尽可能将细节和情境完善，这样的暗示训练能够给自己增加一些信心和力量。

下文推荐一个有趣的练习，可以作为调整自卑和自负的个人练习，培养自己在面对问题和挑战时正确的心态。

自我练习

神奇的许愿树

假设你的宿舍楼前有一棵神奇的许愿树，它可以实现你的三个愿望。当然你考虑这些愿望的时候，需要记住它们必须是普通人可以做到的。那我们开始这个让人激动的游戏吧。

1. 写下你的三个愿望。

2. 选出你认为最重要的愿望。

3. 将这个愿望写得更具体、明确一些，把这个愿望当作你的核心生活目标。

4. 如果要实现这个目标，你准备做什么或打算做什么呢？

5. 在实现这个目标的过程中，可能会遇到什么样的困难？

6. 在你写下目标以及认真考虑这些目标的时候，你有什么感受？

7. 如果你愿意，可以对其余两个愿望也这样做，重复步骤 3 ~ 6 即可。

Tips：要许下与自我发展有关的愿望，许愿树实现不了你和偶像交往的梦想。

（三）我的眼里只有我，我就是宇宙中心

由于大学生自我认识的发展尚未完善，会产生以自我为中心的认知偏差。但是在中国传统文化中，重视集体多于个人，王登峰等的研究也发现，中国人的人格内容中 75% 以上是与关系有关的。所以当以上偏差出现时，更容易给在中国文化背景下的大学生带来人际关系方面的困扰。

1. 以自我为中心

心理案例

来自“宇宙中心”的疑惑

院里要组织歌唱比赛，辅导员张老师要上课，就安排了班长若若带大家排练。下课回办公室，看见若若耷拉着头在座位旁等他。他觉得纳闷，随口问：“怎么啦？”

旁边的老师笑着说：“还会有什么事，班里那个阿敏不配合集体排练呗！”

张老师一下子就明白了。阿敏有个外号叫“宇宙中心”。阿敏性格要强，成绩好，可凡事都太过于想着自己了。就比如她这个外号，起因是她们宿舍每次集体打扫卫生时，她就拿起书包上自习去了，理由是觉得打扫卫生浪费自己的时间。

他安慰了班长几句，给阿敏发了信息，让她到办公室来找自己一趟。不大一会儿，阿敏就来了。张老师示意她坐下。她摇了摇头：“张老师，

排练我不参加了，和我洗澡的时间冲突，我去不了。”张老师愣了一下，回答道：“这件事我再考虑，不过歌唱比赛有学分奖励的。另外你一直喜欢攀岩，周末春游要去攀岩俱乐部，你收到通知了吗？”阿敏抬起头用疑惑的眼神看着张老师：“老师，为什么我没有接到通知？”张老师笑了下，打开手机，告诉她当初班级建了一个活动群，来安排班级事务和发布通知。阿敏想起来，确实有这个群，第一次通知是院里的志愿者活动，她嫌麻烦干脆退了群，难怪看不到这次的信息。

张老师告诉她凡事独立是好品质，可人毕竟是社会性动物，如果只看得到自己，无法与其他人建立关系，那也没有办法与世界有真实的联结。阿敏想了一下，点了点头。

案例中的阿敏，在个人发展与集体利益的权衡中，过于偏向自我，呈现出以自我为中心的偏差，这种偏差对她的未来发展以及人际关系会产生不利的影响。当然，如果这种偏差严重到影响个人正常发展的话，建议考虑心理方面的治疗。还有小部分大学生将自我需要与社会需要对立，严重的会导致品行不良，对个人的发展造成危害。

调整以自我为中心的倾向，在人际关系中关键是要学会倾听和关注他人。学会倾听，首先意味着听到别人说的话，其次要结合说话的语境和背景，领悟话外之音。而在满足自我需求的同时不损害他人的利益则体现了一个人的社会素养，小到进出宿舍轻声关门，大到重要活动的礼仪规范，都包含在内。正如谚语所说：赠人玫瑰，手有余香。予人方便才是真正的予己方便。

2. 过度依赖

过度依赖是大学生阶段对自我关注的另一种形式的偏差。

过度依赖可以体现在很多方面，比如生活上，自己无法独立照顾自己。有些案例中，大学生无法适应集体生活，父母只好租房陪读，在生活上继续照顾已成年的子女。或者个人发展中，需要决策的事情难以承担责任，过于依赖父母或者他人。这些偏差行为的出现有一个共性，就是出现这些行为的大学生，在某一方面把自己成长的责任交给了其他人来承担，放弃了自己的努力。

短期来看，这种类型的偏差能够带来好处，逃避了成长也就意味着无须面对问题和矛盾，生活更加安逸舒适。但马斯洛认为，人都有自我实现的需求。对个体而言，自我实现的愿望像是心底的火苗，如果因为过度依赖他人而长期得不到发展，会导致个体出现其他的问题。针对过度依赖，需要积极勇敢地面对现实，发展自我，才是最有效的方法。

步入大学阶段后，大家除了需要完成学业和生活上的适应，还需要适应集体生活模式，补习与同龄人或同辈相处的技能。这些同龄人可能来自完全不同的家庭背景，相互之间的交往和磨合是一个不小的挑战，如何在日复一日的交往中克服以自我为中心或过度依赖的倾向，是大学生需要完成的一个课题。当然，这些经验很宝贵，它们完善了大学生与同伴发展关系的探索，对大学生人格的发展具有重要意义。

（四）“不”要怎么说出口

心灵故事

无法拒绝别人的灰姑娘

安妮·海瑟薇在电影《魔法灰姑娘》中扮演了一位名叫艾拉的美丽姑娘。艾拉有一个秘密——她的教母给了她一件名为“听话”的礼物，这份礼物让她无法拒绝别人。

长大后的艾拉因为这份“礼物”吃尽了苦头。无奈之下，她只好踏上了寻找自己教母的旅程，希望她收回这份礼物。一路上艾拉没有找到教母，但与一位王子相爱了。可是故事中王子的叔叔为了争夺王位，想利用艾拉的秘密让她杀掉王子。艾拉尝试了各种方法避免悲剧的发生，可最终还是要面临困境。

当然，故事结局皆大欢喜，坏人出局，有情人终成眷属。

故事中，艾拉的秘密无法向他人求助，而教母永远都不靠谱。最终艾拉凭自己的意志战胜了诅咒，过上了幸福的生活。

人际关系中适当答应他人的请求，会给我们带来好处，这种利他行为有时候可以帮助我们建立和维系人际关系。可有些时候，当对方的要求或请求与自己的个人发展甚至核心目标有冲突时，无法拒绝会给我们带来巨大的压力、强烈的情绪体验和冲突，帮与不帮都不舒服，这也造成了自我意识的偏差。

针对这种偏差，我们可以像艾拉一样，克服诅咒，试着说“不”。你有权利拒绝任何人，尤其是在对方侵犯你或提出不合理要求时，直截了当的拒绝可以更好地维护你的边界和利益。大学生也可以通过探索，慢慢培养新技巧来帮助自己说“不”，比如在现实生活的人际关系中，委婉表达拒绝，确实可以减少一些冲突和不快。如果我们自己也有这样的困扰，可以试着向电影中的艾拉学习，探索并最终找到战胜诅咒的有效方法，发展出可以维护自我边界、处理人际关系平衡的能力。

（五）习得性无助与拖延

“如何把大象关进冰箱？”从现实的角度来看，把一头大象关进冰箱是很有难度的事情。上海美术电影制片厂曾制作过一部动画，名字叫作《没头脑和不高兴》，讲述了两个别别扭扭的小朋友的故事。我们脑洞大开一下，如果这两个故事中的小朋友也上了大学，看到了这个题目，那大学生“没头脑”可能会想：“我的天！这题也太难了吧，我每次脑筋急转弯都转不过来，我可不行！”大学生“不高兴”则琢磨着：“这么难的题，我怎么做啊，好像是个脑筋急转弯，我见过答案的。可现在呢，我不高兴！等等吧，我先玩会儿游戏……”

他们俩在面对问题时，并没有想要主动去解决问题。这两种状态也是很多大学生面对实际问题时的真实反应，其背后同样是自我意识偏差在作祟。

1. 习得性无助

我们一般把大学生“没头脑”呈现的反应称为“习得性无助”。习得性无助是在动物实验中发现的，在经历多次挫折之后，动物宁愿忍受痛苦，也不再尝试努力做点什么脱离痛苦情境。心理学家观察到人类也会出现类似情形。故事里的“没头脑”，过往曾有过在回答脑筋急转弯时受挫的经历，他因此放弃了这次的努力，并且对自己产生了怀疑，认为自己在这方面不行。

习得性无助在我们的生活中很常见，比如一个大一学生想要参加社团锻炼自己，但是由于自己偏内向，所以在社团面试的时候频频受挫，再遇到面试场景，这个学生的反应就会变成“我搞不定面试，去了也会失败，我就不去了”。这就是典型的习得性无助，这背后包含的自我认知偏差就是：我改变不了我的内向，我永远都无法进入一个社团。所以，调整习得性无助的有效方法是发展自我认识，提高客观和理性归因的水平。

2. 拖延

拖延是大学生“最亲密的朋友”，95% 的大学生承认自己出现过拖延行为。研究证明，自我意识可有效预测大学生的拖延行为。所以针对拖延行为，发展自我意识是非常有效的方法。一些具有完美主义倾向、恐惧失败、害怕被控制的个体容易出现拖延行为，而意识到自己的这些倾向也能够帮助大学生理解自己的拖延表现，并帮助自己采取具体的措施减少拖延行为。关于减少拖延行为的具体措施，将在第三章意志力部分进行详述。

拓展训练

写给自己的“寻人启事”

活动分组：4 ~ 6人一组。

活动目的：考察学生对自己外貌和形象的认识程度。

前提假设：如果有一天，“我”走失了，需要为自己写一张寻人启事。

活动实施：

（1）请你为现在的自己认真写一份寻人启事。（5分钟）

（2）小组成员轮流在小组内分享自己的寻人启事。小组成员听完一位同学的分享，马上判断能否根据寻人启事的描述找到他。然后下一位同学继续。（每人1 ~ 2分钟）

（3）当步骤（2）完成之后，小组间互相交流：根据自己写的内容，你能找到自己吗？可以在小组间分享理由。（10分钟）

第三节 “如切如磋，如琢如磨”——大学生健康自我意识培养

心理和教育领域普遍认为，大学阶段自我意识的发展尚未成熟和完善，整个大学阶段是自我意识发展的关键时期。对每一位大学生而言，培养健康的自我意识，更全面地认识自己，更好地悦纳自己，更完善地发展自己是大学阶段的重要任务。自我意识不但是我们人格的重要核心，也可以是我们心中的一团火苗、一盏灯。需要我们自己去点亮它、呵护它，为它提供燃烧的能量，从而照亮我们未来的道路。

一、全面认识自己——我就是我，不一样的烟火

哲学史小说《苏菲的世界》开篇，少女苏菲放学回家，收到了一封神秘的信。信中写了两个问题：你是谁？世界从哪里来？她按照信中的线索，一步步展开了探索的旅程。每个人，当意识到自我存在的那一刻起，也像收到神秘来信的苏菲一样，开始踏上寻找和认识自己的道路。

一般来讲，自我认识的信息有三种来源：物理世界、社会世界和内部（心理）世界。这些来源提供了认识自我的三种途径。

（一）从自己的角度认识自我

自我意识中包含了对自我的认识，也包含主动认识自我的意识和动力。自我反省就是一种含有主动性的认识自我的方式，它可以帮助我们学会分析自己到底是一个怎样的人。对中国大学生的调研发现，绝大多数大学生有自我反省的能力。下面介绍三种自我观察或反省的角度。

1. 自己眼中的我——我看现实自我

这是我们能够了解和掌握的，关于我们自身的现实和客观的信息。

比如我们知道自己的身高、体重、血型，了解自己的身材体态，擅长的运动或学科；我们还会发现自己更喜欢参加聚会还是与亲密朋友私下交流，性子容易着急还是慢悠悠的，遇到问题时先自己考虑还是赶紧征求他人的建议；我们会意识到自己作为一名大学生的身份，发现自己在团体中常担任的角色，观察到自己和老师或同学相处的方式既有差别又具有自己的特色。

总之，透过我们自己的眼睛，看到的现实自我的部分包含了丰富的信息，很多信息太过熟悉以至于会被我们忽略。在传统教育中，更少强调对自我的观察，而这部分蕴含了丰富的资源，值得我们用一生的时间来发现和觉察。

2. 别人眼中的我——我看镜中的我

《论语·述而》中评价孔子“子温而厉，威而不猛，恭而安”。这句话褒扬了孔子在人格方面的成熟，呈现出儒家知识分子追求的平衡感。我们作为普通人，在人际交往中也会接收到其他人对自己的评价。

我们生活在世界上，会在一生中与无数的人建立各种关系。不同关系中的他人对我们的反映和评价是有差异的，我们可以从多数人那里搜集信息，归纳出对自我的认识，在我们的自我意识中形成他人眼中的自我。大学生对自己的心理、能力、性格等的认识与他人评价相一致时，就有机会巩固和发展这一方面的特征。当一个大学生的自我认识与他人对自己的评价相矛盾时，可以通过自我观察和自我分析，主动进行自我调控，从而确立肯定的自我认识。

3. 自己心中的我——我看理想自我

我们每个人心中的我，就是自己对自己的期许，即理想自我。理想自我是我们内心对未来的美好期待，是指引我们前进的目标和方向。一个健康的理想自我同时又与社会和现实相联系。随着社会实践和经验的累积，大学生的自我认知得到发展，可以更好地完善理想自我，让理想自我更好地发挥作用。

（二）通过比较来认识自我

1. 与和自己实力相当的人比较

我们对于自己比较重视的事情，会调用更多的资源，给予更多关注。这些关注中包含了不自觉或自觉的比较，不同的比较能够为我们带来不同的收获。如果对方与自己实力相差太大，我们的心态可能出现较大的起伏。而着眼于当下，通过与自己实力相当的人比较，可以让我们有机会对自己形成理性客观的认识，同时避免过多的自我打击。

2. **自我比较**

我们不仅可以同他人比较来认识自我，也可以通过与过去的自我、现在的自我和将来的自我进行比较来认识自我。大学阶段正是发展的关键时期。我们要注重培养健康的自我意识、努力超越自我，切忌故步自封、满足于现有成绩。同时，我们也要确立恰当的抱负水平，不盲目否定过去，而是与自己发展历程中的自我进行比较，获得关于自我的认识。

（三）实践出真知——通过活动表现和成果来认识自我

《尚书·说命中》载有“知易行难”的观点，鼓励人们行动。大学阶段丰富多彩的校园生活是大学生得以探索和认识自我的重要摇篮。在学习中，可以通过某一学科知识掌握的速度、理解程度和持久性来认识自己的记忆力、对该学科的理解能力等；通过对自己每个学期学习任务和考试的情况，了解自己的学习风格、自律水平等；在日常交往中，主动与同学交往，增进与同学的相互了解，进一步客观认识自我，提高自我调节能力；在班级、学校的活动中，通过自己工作中的表现以及完成任务的情况，在确定自己能力的同时，展现自己的才华，培养自尊自信。

在享受校园生活的同时，大学生可以通过参加社会实践活动，广泛接触社会和生活，认知自我在社会中的位置；同时注重培养自己判断问题、解决问题的独立性能力，以建立适度的理想目标，最终达到理想自我和现实自我的统一。

二、你喜欢自己吗？——世界上独一无二的最重要的你

一首名为《像我这样的人》的歌中唱道：“像我这样迷茫的人，像我这样寻找的人，像我这样碌碌无为的人，你还见过多少人……”歌词唱出了一个年轻人在自我成长过程中的迷茫。成长过程中的迷茫是共性的现象，是这个年龄和发展阶段带给大学生的屏障，也同样是不断探索尝试、自我理解、自我突破的契机。在这个自我认识、自我体验的过程中，关键是发展自我悦纳的态度，可以从正视自己和正确对待挫折失败开始，这个过程中学会合理的归因也会对自我意识的发展有帮助。

（一）正视自己

正视自己意味着看到真实的自己。我们每个人都有自己的优缺点、长处

和短处。两者相得益彰。

1. **在生活中发挥长处的优势，扬长避短**

优势的发挥，可以帮助我们更好地发挥潜力，建立自信，培养积极的自我体验，更易接纳自我。例如，有些同学很喜欢交际，精力充沛，就会参加各种感兴趣的社团活动，在社团中勇敢地表达自己、锻炼自己，也让别人看到自己，这些都是长处的发挥。

2. **正确认识自己的短处，不为此灰心**

通过分析和自我反省我们会发现，所谓的“短处”中也蕴含了丰富的资源和潜力。其中诸如爱发脾气、没有毅力、作息不规律、爱玩手机这一类，属于闻过则改的类型。

有些短处是无法通过自身补救的，对于这些短处我们可以试着去慢慢接纳，甚至有时候我们可能会惊奇地发现那些无法改变的短处最终反而让我们熠熠生辉。心理学家阿德勒因为自小多病，一直很努力地改变。他认为重要的不是我们生来就有什么，而是我们从中利用了什么。他在著作中曾写道：“在几乎所有的杰出人物中，我们都找到某些不完美的器官。我们收集了他们的感想，发现他们开始都非常痛苦，但都努力奋斗并克服了他们的不足。”

（二）正确对待挫折和失败

一个人在成长过程中难免会遇到失败，不过我们的前途是光明的，道路是曲折的。有勇气面对挫折，认真总结教训，认识到挫折和失败并不一定都是坏的，它可以给我们很多启示。锻炼自己从困境中走出来的勇气，善于总结教训和经验，提高自己的能力，认可自己的潜力，进而实现理想。

（三）合理归因

归因是指人们对他人或自己行为产生原因的推测和解释。尽管关于归因的理论研究不同，但不同的理论都反映出一些相同的维度，如内部归因和外部归因。内部归因是指将事物发生的原因归结为个人的内在因素，如个人的努力程度、性格、情绪等；外部归因是指将事情发生的原因归结为外在的情境因素，如运气、工作难度、外界环境等。

不合理的归因不利于自我意识的发展，甚至对自我意识的发展起阻碍作用。如将自己考试失败归结于自身能力不足就容易对自己的能力产生怀疑，产生自卑心理；将自己考试成功归结为运气则容易产生侥幸心理。

因此，我们在日常生活和学习过程中要学会合理归因，自身的努力程度是内因的一种，将失败归因为努力程度可以让我们知道自己需要付出更大的努力，将成功归因为努力程度可以增强成就感和自豪感。同时要多观察，全面综合归因。如当我们做成某件事时，具体罗列出导致成功的内部因素和外部因素，并做出总结和分析，从而促进自我意识的发展。

三、从一点一滴做起 ——可以改变的是今天的你

随着自我意识的发展，大学生具有了自我教育的能力，产生了想要了解自己的心理需求。这意味着大学生要从之前的被动适应变为主动控制自我，开始认真按照自己的意愿规划、矫正自我。

（一）从今天开始，做一个热爱生活的人

在自我意识发展的过程中，对自我的认识可能会经历不确定到确定的过程。不确定的重要性在于它会引发大学生的自我反省，从而努力向确定的方向发展。对每一个人而言，今天都是我们未来人生中最年轻的日子。所以不论发生了什么，面对什么样的不确定，我们都可以从今天开始，把握我们所拥有的每一天，热爱每一天，用乐观的心态迎接我们的新生活。

（二）重塑理想自我，为自己设计升级版未来

理想自我中注定有高于现实自我的部分，因为它包含了我们对未来的憧憬和期待。大学阶段是大学生重塑理想自我的关键时期。随着大学生实践活动的丰富，对自我和社会的了解的增加，大学生的“三观”逐渐确立，意识到有限人生的价值，根据这些发展的自我认识和社会现实不断修整自己的理想自我。

（三）有勇有谋，策略性地实现理想自我

实现理想自我的过程，充满了挑战和未知。我们把人格发展中完整的理想自我，理解为一个可以努力去无限接近，却无法触摸到的目标。面对这样宏大的目标，我们需要讲究策略，可以从战略和战术上应对目标：战略上要有坚持的信念，不过度贬低自己；战术上不能轻视目标，要身体力行，努力提高现实自我。勇敢面对一系列问题，突破一次又一次的挑战，努力实现一个又一个的小目标。同时在确立这些目标时，着眼于现实，让自己对能力的突破和发展有更多的掌控感和成就感。

（四）培养自己的主观能动性和自律能力

大学生可以在认识自我的基础上规划目标，并主动实现目标。这个过程中，主观能动性发挥了重要作用，自我监督和控制的能力也能够得到锻炼。在实现理想自我的过程中，面对问题，大学生可以主动进行自我调节；也可以充分调动周围可利用的资源，给予自己支持和帮助。

要实现理想自我，还需要磨炼自己的意志，培养良好的习惯。自律的培养如同肌肉练习，需要循序渐进。最初的练习可以从一个小的目标开始，培养

自己的毅力。像脸谱网的创始人马克·扎克伯格每年只给自己制定一个目标，并坚持执行。

互联网时代成长起来的大学生，还需要培养与网络相关的自律能力，提高自我认知，识别有害信息。面对爆炸式增长的网络信息，如何做出合理的价值判断和选择，对大学生而言是个考验。面对新的考验和锻炼时，我们需要培养道德自律意识，遵守社会的道德准则和法律法规。

四、明来路，知归处 ——从文化中汲取营养

黄希庭提出，不同文化下的个体具有不同的思维方式、价值观念、心理特征和行为方式等。比如中国传统文化中重视社会性取向，我们的自我意识中人际关系相关的内容比例高于西方人。

同样，大学生培养健康的自我意识时，也可以从传统文化中汲取营养。中国历史上很多自我意识发展成熟的杰出人物，都有着兼容并包的胸怀，他们从传统文化中不断汲取营养，滋养和完善自我的同时，也为社会留下了宝贵的财富。比如一生流离的孔子，数次被贬的苏轼，有着传奇人生的王守仁，等等，他们不仅给我们留下了跌宕起伏的人生故事，也留下了智慧的传承。我们可以从他们的作品中学习到更多传统文化中与培养自我意识相关的理论。

心灵故事

历史上混得最好的高考状元

中国历史上科举出过数百位状元。这些状元大多数才华横溢，可他们的人生并未如人们所想那般走上人生巅峰。有被逼娶了公主，一生不忿的，有慷慨就义，以身殉国的。其中有一位状元，在朝堂之上居高位，一生如履薄冰，关键时刻坚守品格，最后得以善终，被戏称为“历史上混得最好的高考状元”，他就是明朝的商辂。

商辂自幼聪慧过人，是明代唯一的“三元及第”者。他为人刚正，性格宽厚，未曾与人结怨，符合儒家对君子温润如玉的描述；他为官多年、身居高位而“未曾妄杀一人”；在历史重要关头坚持原则，挺身而出，有儒家知识分子的社会责任和担当；当他的劝谏未被采纳时，也会欣然返乡，这里有“道不行，乘桴浮于海”的洒脱与释然。

可以看出，传统文化中也认同自我的终身发展，并强调与现实的生活相结合，鼓励将个人的自我意识发展和价值实现，同家庭、他人和社会相联系。

拓展训练

个体心理学的生活目标练习

奥地利精神病学家阿德勒认为，我们希望达到的目标比我们现在的状况更重要，如果你想了解你当前的日常生活与你的生活目标之间的关系，可以试着做这个练习。

准备好一张纸和一支笔，将手中的纸按照四边平行对折，展开后分为4个区域。在4个区域分别写下以下内容。

（1）写下问题“我的生活目标是什么？”用2分钟的时间回答问题并写出答案。

（2）写下问题“接下来的3年时间我将怎么度过？”用2分钟的时间回答问题并写出答案。

（3）写下问题“如果我只有6个月的寿命，那么我怎么来度过？”用2分钟的时间回答问题并写出答案。

（4）写下前面列表中你认为最重要的3个目标，然后再对比你在这张纸上写的内容。

问问自己：有什么主题贯穿了你所写的这些目标，你的大部分目标是否属于同一类型，前面3个区域是否有些目标相同，你所选出的重要目标是否与其他目标不同？

推荐资料

1. 图书《社会心理学》，戴维·迈尔斯，张智勇、乐国安、侯玉波等译著。

作者用接地气的语言向我们呈现了社会心理学的理论框架，并将其与我们的生活相联系。阅读这本书，不仅可以让我们了解社会心理学有关的研究和理论，拓展我们的心理学知识，也能帮助我们更好地理解自我，以及自我与他人的互动，提高我们在人际关系中沟通和处理问题的能力。

2. 电影《三傻大闹宝莱坞》，拉库马·希拉尼执导。

故事开始于印度的某个高校。故事中的每个人物都个性鲜明，他们有不同的家庭背景、带着不同的期待和目标进入大学。而在毕业后，又带着不同的动机继续工作和生活。电影的时间线从大学入学一直到毕业十年之后，向我们展现了年轻人自我意识发展的主要时间段。电影注重个人内在精神世界的探索发展，可以感受到跨文化的魅力。

参考文献

[1] 初炜．试析当代大学生自我意识的特点及其培养［J］．医学与哲学，2005，26（5）：54–55.

[2] 迈尔斯．社会心理学［M］．侯玉波，乐国安，张智勇，等译．北京：人民邮电出版社，2016.

[3] 郭永玉．人格心理学纲要［M］．北京：教育科学出版社，2018.

[4] 黄希庭．大学生心理健康教育［M］．上海：华东师范大学出版社，2004.

[5] 黄希庭．人格心理学［M］．杭州：浙江教育出版社，2004.

[6] 黄希庭，尹天子．做幸福进取者［M］．南京：江苏人民出版社，2016.

[7] 李美辉．自我意识在西方哲学史上的发展历程［J］．北方论丛，2005（4）：130–133.

[8] 李明．当代大学生自我意识发展的特点及其调控［J］．牡丹江教育学院学报，2015（11）：68–69.

[9] 刘佳．用埃里克森自我同一性理论透视大学生自我意识的形成过程［J］．高教发展与评估，2010（1）：100–105.

[10] 刘少英．青春不迷茫：大学生自我成长指南［M］．杭州：浙江大学出版社，2017.

[11] 弗雷格，法迪．人格心理学：人格与自我成长［M］．胡军生，译．北京：中国人民大学出版社，2017.

[12] 布朗．自我［M］．王伟平，陈浩莺，译．北京：人民邮电出版社，2015.

[13] 王剑敏．网络背景下大学生自我意识发展的特点与德育创新［J］．苏州大学学报（哲学社会科学版），2002.

[14] 王亚南．大学生自我意识发展及其培养［J］．南京邮电大学学报（社会科学版），2001（4）：44–48.

第三章
“锲而舍之，朽木不折；锲而不舍，金石可镂”——意志力

名人名言

道足以忘物之得丧，志足以一气之盛衰。

——苏轼

绳锯木断，水滴石穿。

——《鹤林玉露·一钱斩吏》

◆ 案例导入

小梅是一名大一的学生，初入校园的她对大学里的一切都感到兴奋和新鲜，她下定决心要好好地学习，认真地减肥，积极地参加社团活动。可是一段时间之后，小梅意识到自己的生活不太对劲，明明想好好学习，但在计划好的时间里总是学不进去，或者是被刷微博、逛淘宝吸引了注意力。明明下决心好好减肥，但总是在下午忍不住点一杯奶茶，晚上忍不住吃烧烤，在该运动的时间里做别的事情。结果她的计划和安排并没有很好地完成，这让她感觉很沮丧，她觉得自己是个缺乏意志力的人，既难以坚持做一件有难度的事情，又容易被其他诱惑所吸引。慢慢地，一个学期过去了，小梅更后悔了，因为自己一直没有好好地学习，复习的压力很大，期末要交的论文也是拖到了最后一天才开始写，小梅只好熬夜背书刷题，完成作业，并且在心底暗暗发誓，下个学期一定不能重蹈覆辙……

◆ 导言

小梅的烦恼是现在很多大学生都在面对的难题。我们对未来总是有很多美好的畅想，但同时让我们分心的诱惑也很多。在很多时刻如果没有足够的意志力，是很难与自己的本能以及惰性相抗衡的。众所周知，成功需要日复一日的努力，需要水滴石穿的耐性，但是并非所有人都有这些难能可贵的品质。有的人天生就有攻坚克难的勇气和韧性，有些人却一直挣扎在自控自律的边缘，容易屈服于诱惑，容易在过程中放弃，重复上演“三分钟热度”。那么，究竟什么是意志力，意志力在大脑中是如何运作的，又是依靠什么驱动的？作为大学生，容易有哪些缺乏意志力的表现？我们都清楚意志力对于个人成功的重要性，那么普通人有机会提高意志力吗？有什么方法能够让我们对目标坚持更久、更不轻言放弃？当一个人面对众多意志力挑战的时候，怎样才能厘清头绪？又该怎么管理好自己的时间，提高自己的效率，从而管理好自己的人生？面对这诸多疑问，本章将一一进行解答。

第一节 “千磨万击还坚劲，任尔东西南北风”——意志力是什么

荀子《劝学篇》有云：“故不积跬步，无以至千里；不积小流，无以成江海。骐骥一跃，不能十步，驽马十驾，功在不舍。锲而舍之，朽木不折；锲而不舍，金石可镂。蚓无爪牙之利，筋骨之强，上食埃土，下饮黄泉，用心一也。蟹六跪而二螯，非蛇蟮之穴无可寄托者，用心躁也。”这段话的本意是劝说学生在学习时应该不断积累，坚持不懈，方能获得成功。在经过数千年文化的洗礼之后我们发现，荀子的观点对于我们的学业、生活乃至个人成就均有着十分重要的指导意义。这段话中也蕴含着当代青年非常需要的一种品质——意志力。那么，我们经常挂在嘴边的意志力是什么呢？关于意志力，当代大学生需要知道什么？本节内容会帮助我们揭开意志力的神秘面纱。

一、意志力概述

（一）什么是意志力

从心理学的定义来看，意志力是指一个人自觉地确定目的，并根据目的来支配、调节自己的行动，克服各种困难，从而达到目的的品质。从我们直观的感受来看，意志力是能坚持做自己想要做的事情——完成自己今天的学习任

务、进行体育锻炼；抵制外界的诱惑——不沉迷游戏、不吃高热量的食物；时刻牢记自己真正想要的是什么，并指导自己的行为。因此简单来说，意志力就是驾驭“我要做”“我不要”“我想要”这三种能力的力量。

相较于动物而言，意志力似乎在人类的身上体现得尤为明显。大部分动物不会根据现有的食物存量计划每天的食量，而是随心所欲地想吃就吃，饿了就去觅食，渴了就找水喝。而人类社会很早就有了一系列限制人类本能的规则，包括合作狩猎、共享食物，以及在同伴有需要的时候提供食物和布料，这些行为从短期来看损害了自身的利益，但从长期来看有助于人类整个群体的繁荣发展。这些行为需要我们克服自己的本能才能实现，能够克服本能恰恰是人类意志力的体现。正是因为我们具有意志力，人类这种社会性的生物才会在合作共赢中拥有更多生存下来的机会。随着人类历史的不断发展，我们能看到各种伟大的发明和雄伟的建筑中也闪耀着人类意志力的光辉：万里长城、三峡大坝，高楼大厦的建设、电子产品的发明和互联网的普及……而对我们个人来说，拥有意志力可以让我们更好地控制自己的情绪和行为，更好地遵循社会规则，更容易创造价值，从而拥有更加健康和幸福的人生。因此，可以说意志力是一种抑制本能冲动的能力，是一种驾驭自我的能力，能够让我们朝更好的生活方向迈进。

（二）意志力是可被观察的

正如前文所说，意志力是一种根据目的克服困难、抑制本能冲动的能力，意志力在生活中无处不在。由于意识活动是在人脑内进行的，所以很多时候我们会忽略意志力的作用。如果认真观察，我们能在自己身上发现意志力的作用过程。意志力的作用可以分为四大类：控制思维——不去想一些事情、将注意力集中于眼前的任务上；控制情绪——调节负面情绪，或者使情绪尽量符合当下的社会情境；控制冲动——控制自己不被各种诱惑“打败”；控制表现、成绩——把能量集中于当前的任务，并坚持下去。大多数时候我们能观察到自己的行为结果，比如坚持学习一下午、没有去柜子里翻找零食，却容易忽略自己的思维和情绪是如何在这个过程中起作用的，而这个作用过程就是意志力的体现。

（三）意志力是有限的

正是因为意志力可以被观察到，所以心理学家得以对意志力问题展开更多的研究，并发现了意志力的另一个特点：意志力的有限性。

经典实验

萝卜与曲奇的实验

心理学家鲍迈斯特使用了自我损耗的方法对个体的意志力进行了一系列研究，他邀请一群大学生在禁食一段时间之后前来参加他的实验。实验开始时，学生面前的桌上放着一碗刚烤好的、香喷喷的巧克力曲奇和一碗生萝卜。他把前来参与实验的学生分为两组：一组曲奇组，可以吃巧克力曲奇；另一组萝卜组，只准吃萝卜。之后实验人员离开房间，观察学生们的表现。虽然萝卜组的学生最终都没有偷吃曲奇，但是他们显然都在和自己的食欲做斗争，很多学生盯着曲奇很久之后才不情愿地吃起了萝卜，也有学生拿起曲奇闻了闻之后恋恋不舍地放下。这说明，曲奇确实很有诱惑力，在禁食一段时间后抵制曲奇的诱惑确实需要意志力。

之后，实验人员把学生带到另外一个房间让他们做几何题。实际上题目是无解的，测试的真正目的是看他们能坚持多久。可以吃巧克力曲奇的学生一般能够坚持20分钟，而受到诱惑的萝卜组学生一般8分钟就放弃了。他们成功地拒绝了巧克力曲奇的诱惑，但是消耗了意志力，以致没剩多少精力去求解接下来的几何题。

就像上面的实验中所体现的，在控制思维、情绪和冲动之后，意志力就会被消耗，从而影响之后的行为表现。不同任务所需的意志力是从同一个“账户”中提取的。之前我们也许会认为学习、工作、饮食、运动、人际交往所需的意志力来源于不同“账户”，但不管是上面的巧克力曲奇实验，还是生活中一些能观测到的现象都告诉我们，即使是两个不相关的任务，能量都来源于同一个“账户”：我们能观察到期末考试复习时自己往往耗费大量的时间、精力学习，这时候似乎就没有更多的精力去打扫卫生、搭配好看的衣服、坚持体育锻炼。白天忍受完拥挤的地铁、诱人的食物、难以完成的作业、勉强听懂的课程之后，到了晚上或许就只想瘫在宿舍安安静静刷个剧，没有太多脑力再和小组同学们一起讨论课堂展示的内容。

关于意志力是有限的这个事实也给我们带来一个很重要的启发——千万不要同时做很多件非常消耗意志力的事情，那样你的安排可能都无法很好地坚持下来。在我们的生活和学习中，最好只挑选一两件对自己来说最重要的意志力挑战来严格坚持，这样成功的概率会更高。

二、意志力的重要性

（一）意志力与学业成就

在班级中，比起表现一般的同学，成绩优异的同学往往更能抵制电子游戏、娱乐节目等外在的诱惑，专注而耐心地上课听讲、课后高质量地完成作业。在学业成就方面，智商固然是一个重要因素，但专注也是不可或缺的品质。专注即意味着能够控制自己冒出来的干扰性想法，调节自己做不出难题时烦躁的情绪，以及克制自己想要休闲娱乐的冲动，这些均是意志力的表现。另外，一个人的学业成就除了与当下的意志力存在紧密联系外，与童年期的意志力水平同样关系密切。

经典实验

延迟满足实验

心理学家沃尔特·米歇尔在研究儿童自我控制能力时发现了一个具有创造性的方法。实验人员每次带一个孩子到一个房间，向他展示一颗棉花糖，并且告诉他自己要离开一会儿。在这段时间内，孩子可以把棉花糖吃掉，但是如果等到实验人员回来再吃，他们就可以吃到 3 颗棉花糖。等实验人员一走，不同的孩子对待棉花糖的态度就出现了明显的差别：有的马上大口吃掉了棉花糖，有的想尽各种方法抵制棉花糖的诱惑但最后没能成功，而有的坚持到实验者回来顺利拿到了 3 颗棉花糖。

之后，米歇尔又追踪调查了几百个参加过棉花糖实验的儿童，结果发现，儿童在 4 岁时最能抵制棉花糖诱惑，做到延迟满足的儿童长大后会在学业上有更好的表现。能够坚持等到实验人员回来的儿童长大后的学术能力评估测试（SAT）成绩比不到半分钟就放弃的儿童高出 210 分。

（二）意志力与生活质量

从日常经验中，我们似乎不难预测意志力与生活质量的关系：拥有令人艳羡的生活的人大多都在管理自己的时间、控制自己的冲动、规划自己的人生方面具有良好的表现。我们在人际交往中也更容易喜欢那些情绪稳定、认真负责、有耐性和毅力的同伴。在职场中，意志力强的人也更容易在事业上有所进步，并获得同事的良好评价。

上述预测也得到了大量研究的证实，意志力强的人大多拥有更高质量的生活，能够更好地调节自己的负面情绪，更好地控制本身的冲动——如更不容易受到成瘾物质的吸引；他们能更好地控制自己的行为，坚持健康的生活习惯；他们更少有语言或身体上的暴力行为，更容易拥有和谐的亲密关系，因为良好的关系也需要意志力去经营，比如在面临矛盾时动用意志力克制发脾气的冲动，寻找替代性的解决方法等。甚至在心理健康水平上，意志力强的人也有更好的表现，他们更不容易出现焦虑、抑郁、强迫行为、进食障碍等问题。

三、意志力的来源

（一）意志力的能量来源——葡萄糖

我们先来思考这样几个问题：你一般在什么时候最有意志力抵御各种诱惑？当你意志力缺乏、难以驱动自己的时候，一般通过什么方式让自己恢复？在回答这几个问题的时候我们可能会发现，精力充沛的时候意志力最强，补充能量之后会恢复自控力，这一过程体现的就是血糖浓度与意志力的关系。

与我们的感受相一致，实验研究也显示人在完成消耗意志力的活动之后血液中葡萄糖的水平会下降，消耗完葡萄糖的个体更容易对之后的任务表现出不耐烦，可能无法很好地坚持完成；倘若中途补充糖分的话，又会更能忍受枯燥的实验任务，更容易控制好自己的注意力，抵制外界环境的诱惑。所以葡萄糖是给大脑供能的燃料，也是意志力的能量来源。当我们缺乏意志力的时候，我们的身体会很自然地让我们摄入甜食，因为这是补充葡萄糖最快的方法。有谁能在饥肠辘辘的时候轻易拒绝一块美味的巧克力蛋糕呢？因此，当你感觉自己意志力缺乏，难以做出改变或者抵制诱惑时，不妨稍微吃点东西来补充一下意志力的能量来源，以便恢复意志力。

（二）与意志力相关的大脑结构

1. 奖励系统——多巴胺的作用

现代神经科学发现了大脑里的奖励物质——多巴胺。当我们面对可能的奖励时，大脑会分泌名为多巴胺的神经递质。多巴胺的分泌让人感到着迷，产生渴望，从而驱使大脑的其他部分共同作用起来，想尽办法获得奖励。任何让我们觉得沉迷的东西本质上都是先刺激了奖励系统，再让我们产生被吸引的感觉。比如美味的烤肉、松软的蛋糕、商品打折的广告、设计精心的电子游戏……这些诱惑都是写在人类的基因里的，在全世界范围内通用。多巴胺的作用过程也就是我们容易受外界诱惑的神经基础，它代表着“我想要”的本能力量。

从进化的角度来说，多巴胺系统能够激励人们寻觅食物、保存体力、储存能量，这在原始社会食物缺乏、生存动荡的环境下是有利于人类生存的。可现如今，我们生存的时代物质并不匮乏，食物并不像之前那么稀缺，甚至在商业化背景下商家为了迎合人们的需求制造出了许多高脂肪、高糖分、精加工的食品，在这种情况下，多巴胺的分泌反而会使我们走向不健康的生活状态。

游戏厂商在游戏策划和游戏制作中也精于利用多巴胺吸引人们沉迷游戏的把戏。游戏中会设置等级和奖励，战斗时实时跳动的伤害值和对方消退的血条给人正向的反馈，战斗之后相应的优秀装备和等级经验的爆出也让人感觉心情愉悦，升到一定的等级之后还有更优质的奖励，让你在这个虚拟世界里变得更强，甚至呼风唤雨、无所不能……相较于依靠意志力拼命学习几十个小时才能在不知道哪场考试中获得寥寥几分的现实生活，电子游戏能够轻易带来激励和正强化，让人难以抵御。

对我们来说，多巴胺的分泌是本能，但这并不意味着我们一定会被本能支配。相反地，在了解多巴胺工作的原理之后，我们可以思考如何利用我们对奖励系统的理解来更好地管理生活。如果下次你再受到诱惑，可以思考一下这些厂商或是电子游戏都采用哪些策略激活了你的奖励系统，哪些是你真正需要的，哪些是被营销策略诱惑而来的。当你逐渐意识到游戏只是不断在用各种方式对你进行激励、商店里的打折策略也是利用多巴胺的分泌激发你的购买欲望时，你可能会冷静下来思考自己究竟需要什么。打完游戏、拼命狂吃、满足购物的欲望之后，你真的会感受到更多快乐和愉悦吗？其实并不一定，有时候游戏越打越气，我们还会因为浪费了时间而懊悔；买回来的衣服和护肤品只是当时激起了我们“可以变美”的渴望，实际上并不一定实用。很多时候奖励系统挟持了我们的注意力，让我们产生巨大的渴望，但认真思考我们是否真的需要、是否真的能从中获取快乐之后，你的头脑可能会逐渐冷静下来。

当然，我们也可以主动地利用多巴胺来激活自己的意志力，可以考虑将奖励系统和一些需要动力才能做的事情结合起来，即对于自己的进步进行奖励，如完成学习任务之后奖励自己一支甜筒，坚持运动一周之后奖励自己一双一直想要的鞋子，等等，这样可以提升我们的意志力，更容易坚持去做一些难以完成的事情。

2. 前额皮质——大脑的控制中心

在我们的大脑中，有一个控制中心，那就是位于额头和眼睛后边的前额皮质。随着外界的诱惑越来越多，人类对意志力的要求逐渐提升，前额皮质也在近几百年中不断地进化发展，体积逐渐变大，和大脑内的其他区域联系也越来越紧密。它主要负责人的高级认知功能，包括计划、决策和自我控制。当人有意控制自己的行为、做计划或决策时，前额皮质是处于活跃状态的。相应地，当耗费了太多意志力之后，人们会感觉难以自我控制，此时脑前额叶的活跃程度也会降低。在人的一生中，前额皮质的发展也是比较晚的，一直到成年中后期，才会逐渐发育到比较成熟的状态，这时个体的计划决策、自控能力发展到顶峰。因此，现阶段大学生存在的情绪起伏大、更容易冲动、意志力不强等现象是有生理方面的原因的，这些情况会随着前额皮质的进一步发育成熟而有所改善。

拓展训练

观察生活中的意志力

活动分组：四人一组。

活动目的：观察意志力在自己身上的表现形式。

活动实施：

（1）参与者围成一组，选出一名参与者讲述自己身上发生过的意志力挑战，发生的时间，当时自己的感受、想法以及之后做了什么。

（2）其他三位同学讨论从该案例中观察到的意志力消耗，可以从“控制自己的思维、情绪、行为会消耗意志力”“意志力是有限的，被消耗完之后就会表现不佳”“当意志力被消耗之后，情绪波动会更明显”等方面进行讨论。

（3）讲述者分享听完大家讨论之后自己的感受。

（4）其他三位同学分享自己身上有没有类似的意志力消耗事例，最好是自己之前没有注意过的。

第二节 “黑发不知勤学早，白首方悔读书迟”——大学生常见的意志力相关问题

《孟子·告子》有云：“故天将降大任于是人也，必先苦其心志，劳其筋骨，饿其体肤，空乏其身，行拂乱其所为，所以动心忍性，曾益其所不能。”可见，要完成一个目标，往往需要熬过“千般苦，万般难”。对大学生群体而言，意志力这项能力正在持续发展中，随着前额皮质的发育成熟、生活经验的逐渐丰富，大学生的意志能力会逐渐增强，面对生活中的挑战也会更加得心应手。但对刚刚步入大学的学生来说，意志力缺乏仍然是困扰我们的一个巨大问题。

一、缺乏毅力

本章开头的案例中，小梅一进学校就立了很多目标，但最后因为各种各样的原因几乎都没有实现，这也是很多大学生的真实写照。我们总有一些想要实现的愿望，却总是能找出大把的理由来解释自己为什么没能完成计划：今天身体不舒服休息一天，明天忙别的事太累了休息一天，后天和朋友约好一起出去玩再停一天，都停了三天了这个星期先休息一下吧，一个月都没有打卡了我还是放弃吧……现实中确实有各种各样的因素影响我们坚持下去，如果一一罗列，我们甚至能找出一百个“今天不适合完成计划”的理由。但在这个过程中，我们往往忽略了一点，外界因素或许是一方面，我们自身缺乏坚持下去的毅力可能才是最重要的原因。鉴真东渡的例子也告诉我们，只要有坚强的意志力，有坚持下去的决心和勇气，有足够的毅力，即使隔着山川和大海，面对恶劣的气候、自身的身体状况以及外界巨大的压力，我们依旧能够达到向往的彼岸，要相信，人的潜力是无穷的。假如我们毅力不足，即使是生活中很平常的小事也能成为我们前进的障碍，成为我们人生路上的绊脚石。还记得“水滴石穿”的故事吗？水本来是世间最柔软的物质，但是当水专注、持之以恒的时候，便能把最坚硬的石头穿透。

心灵故事

鉴真东渡

鉴真出生于扬州，十四岁（一说十六岁）时便出家做了和尚，二十岁起跟随多位有名的佛教大师学习。在名师的熏陶下鉴真很快学成，成为江淮地区有名的高僧。

鉴真五十四岁那年，日本僧人荣睿、普照前来拜访，讲述了日本虽有佛法但缺少受诫名僧的现状，请求鉴真去日本传扬佛法。鉴真认为日本是一个有缘之国，欣然同意，他的弟子却说：“彼国太远，性命难存，沧海淼漫，百无一至。”

弟子的话并不夸张，受当时造船技术的局限，从扬州穿越东海常有船毁人亡的风险，且当时没有得到朝廷允许是无法出境的。鉴真深知自己面对的是什么样的难关，可他还是说：“是为法事也，何惜身命？诸人不去，我即去耳。”他的决心感动了弟子们，他们纷纷表示愿意跟随师父一起东渡。

做好准备之后，鉴真率领弟子发船东渡。但是由于海上环境恶劣，经常遭遇风暴，再加上当时海禁严格，他一连五次渡海都以失败而告终。其间多次遭遇飓风、船只触礁，只能漂泊在小岛上等待救援。第五次东渡甚至在海上连续漂泊了十四天，粮食和淡水都用完了，最后竟从扬州漂流到了海南。多年的旅途劳顿对一行人的身心造成了巨大的打击。日本僧人荣睿不幸患上重病身亡，普照也离开了东渡的队伍。鉴真悲痛万分，加上多年的劳累，他突发眼疾，双目失明。不久之后，他最得意的弟子祥彦也因病去世。

然而，无论是风浪，还是病魔，都无法阻止鉴真东渡的决心。在鉴真六十六岁那年，他搭乘日本遣唐使的船只，开始了第六次东渡。由于这一次事先做了周密的安排，次年一月，鉴真顺利到达日本九州岛。至此，这场历时十二年、先后二百多人退出的东渡终于获得了成功。鉴真实现了毕生的宏愿，在日本讲经传法。与此同时，他还把中国的书法艺术、建筑艺术、医学知识等带到了日本，促进了中日文化的交流。

所以，我们首先应该认识到，或许事情的客观难度被我们夸大了，我们更应该看到自己主观意愿上的懈怠或妥协。这个时候我们可以进行深刻的反思，并思考是否有什么方法能够让自己的毅力得到提升。更多意志力的培养方式可以参考本章第三节的相关内容。

二、注意力不集中

大家可能或多或少都会有这样的体会：本想在宿舍安安静静地学习，但室友 A 打游戏敲击键盘的声音总是吸引着你的注意力，让你无心学习，甚至有那么一点想和室友 A 一起玩。好不容易克制了诱惑冷静下来，室友 B 打开了正在热播的电视剧，虽然室友 B 照顾大家的感受戴上了耳机，可还是有细微的声音传来，让你开始牵挂剧情的新进展。几分钟之后你再次整理思绪开始看书，但是书里的概念和理论看起来很难，理解起来好费劲，扫过一遍居然没有看懂。要不上网查一下这些概念吧，于是你打开了放在一旁的手机。可是手机一打开事情就不受控制了，你看到朋友给你发的消息，公众号给你推的最新八卦，微博跳出来的有趣热搜……这样走神让你的效率很低，心也很累，明明花了两个小时的时间，可是并没有看几页书，作业还是不会做，你觉得这个上午简直糟透了。

低效率的学习是很多大学生都会遇到的难题。学习有时候确实是一件很耗费意志力和精力的事情，需要我们非常专注地投入其中。任何环境中的声音或其他信息都有可能打扰我们的思路。因此，在开始学习之前创设一个不受干扰的环境和氛围也是十分重要的。你可以选择自习室或图书馆而不是宿舍，可以减少环境中的噪声和外界的诱惑；也可以给自己的手机做一些设置，如学习的时候不带手机或把手机关机，最大限度地避免时不时刷手机。

这些改变看起来很小，却十分有用。正如前文中提到的，控制自己的思维和情绪也会消耗意志力。也就是说，在努力屏蔽外界噪声，控制自己不去想新追的剧、玩的游戏，努力让自己不走神的过程中，你的意志力已经逐渐在消耗了。我们的意志力或许没有那么强，强到可以克服噪声干扰的同时还能集中注意力攻克难读的课本、难写的作业，但如果我们把外界的干扰尽量消除，创造一个适合专注学习的氛围，就能最大化意志力的作用。

三、网络依赖

手机、计算机已经成为当代大学生学习和娱乐不可或缺的电子工具。诚然，在当今的互联网时代，电子产品能帮助我们更为便捷地学习：线上词典、电子书、数据库、网络题库……这些服务的出现极大地丰富了我们学习的资源，成为我们课堂学习的有力补充。互联网在带来丰富的学习资源的同时，也为我们的娱乐生活开辟了新的天地。单机游戏、联机游戏、微博、微信、知乎、淘宝以及各大视频网站的出现，极大地丰富了我们的课余生活，让我们的生活更为便捷，让我们的视野更开阔。但同时，互联网又是一把“双刃剑”，在给我们带来便利的同时也带来了一个困扰所有人的问题——网络依赖。随着互联网的快速发展，网络成瘾的现象越发严重，青少年逃课上网，无心学习，整天沉迷于网络游戏无法正常生活的新闻屡见报端。由于沉迷网络无法自拔，最终远离人群、荒废学业的例子也不在少数。对大多数大学生来说，可能不会出现程度如此严重的网络成瘾问题，但大学生使用互联网、手机、计算机的时间确实是越来越长。许多大学生也会意识到在学习或上课时总会受到网络的干扰，网络成瘾似乎成了大学生意志力挑战面临的一大难关。

正如前文中所提到的，网络游戏、社交媒体以及购物软件在设计时会采用各种各样的方式激活我们的奖励系统，让我们沉迷其中。能够在竞争如此激烈的环境下胜出的游戏和各类视频社交软件，一定非常精通各种正强化的套路，而人又会本能地追求轻松和即时反馈，相比于现实世界的残酷，互联网的生活更加轻松。

但是我们也应该看到，沉迷于网络的很多人或许在内心深处都是渴望处理好现实生活、渴望成长的。只是有时候现实的困难太多，让他们产生了退缩，他们才会陷入虚拟的网络世界，并期望从虚拟的空间里获得现实中较难获得的满足感和成就感。但是网络世界又像是个笼子，可以把人们困住，沉迷于网络的人更难从中逃离，更难回归生活和真实，也会在现实生活中遇到更多的困境，这就形成了恶性循环。其实，如果能够意识到自己表面的网络沉迷其实是追求成就感、渴望控制感的变相表达，是想获得更好的生活、成为更优秀的自己，那么这也许就是一个人改变的开始，也是一个人能够重拾意志力的来源，第三节的内容会详细讲到这部分内容。现在，我们可以做的就是从了解自己的网络成瘾程度开始评估自己当前的状态。

心理测试

中文网络成瘾量表修订版（CIAS-R）

下面是一个关于互联网使用情况的调查表，请结合你一年之内的实际情况选择与你的情况相符的选项，在方框内用“√”标出。注意每题只能选择一个答案。读完题目后，请尽快做出选择，不要花费过多时间反复考虑。

题目	极不符合	不符合	符合	非常符合
1. 曾不止一次有人告诉我，我花了太多时间在网络上				
2. 我发现自己上网的时间越来越长				
3. 不管多累，上网时总觉得很有精神				
4. 其实我每次都只想上网待一小会儿，但常常一待就待很久不下来				
5. 我曾不止一次因为上网而睡眠不足 4 小时				
6. 从上学期以来，我平均每周上网的时间比以前增加许多				
7. 我只要有一段时间没有上网就会情绪低落				
8. 我发现自己因将精力投注到网络上而减少了与身边朋友的互动				
9. 我曾因上网而腰酸背痛，或者有其他身体不适的现象				
10. 我每天早上醒来，第一件想到的事就是上网				

续表

题　目	极不符合	不符合	符合	非常符合
11. 上网对我的学业或工作已造成一些负面的影响				
12. 我只要有一段时间没有上网，就会觉得自己好像错过了什么				
13. 因为上网，我平常休闲活动的时间减少了				
14. 我每次下网后其实是要去做别的事，却又忍不住再次上网看看				
15. 没有网络，我的生活就毫无乐趣可言				
16. 上网对我的身体健康造成了负面的影响				
17. 我习惯减少睡眠时间，以便能有更多时间上网				
18. 比起以前，我必须花更多时间上网才能感到满足				
19. 我曾因熬夜上网而导致白天精神不济				

注：该量表为清华大学学者白羽、樊富珉于 2005 年修订，用于测量大学生网络成瘾的水平。

本量表采用 4 点计分，从极不符合到非常符合分别为 1~4 分。量表总分越高，说明网络成瘾的可能性越大，低于 46 分为正常群体，46~53 分为网络依赖群体，53 分以上为网络成瘾群体，评分标准供大家参考。

四、任务拖延

心理案例

完不成的那份作业

下周一就要交课堂大作业了，需要同学们查阅自己感兴趣领域的至少 10 篇英文文献，并形成对这个领域研究的概述。这份作业从开学初就早早地布置了下来，可是小梅的进展令人担忧。在距离交稿日期还有很长时间的时候，她总提醒自己这份作业很难，要抽出时间慢慢完成。可距离很远的最后期限让她一直没有投入的动力，她总是想着“明天吧，明天等我有时间了再做”。可时间永远是不够的。之后她参加了社团、完成了难度不大的作业、打扫了屋子、见了朋友，可就是没有勇气开始这份很难的大作业。小梅就在焦虑中慢慢接近大作业的截止日期，直到还剩一周时，小梅开始坐不住了。于是她把其他事情都推掉，开始专心完成这项作业。她对自己的要求很高，想把文献中的每一个句子都弄懂，也为自己的作业设想了很多板块，有实验的合集、最新的进展，还有自己对该领域的思考。可弄懂每个句子实在是太难了，常常懂了下句忘了上句，这么多板块也需要小梅看更多的文献，但当她真正开始看的时候又遇到了困难。有时候是看之前要听两个小时的歌才能点开文献，有时候是为了弄懂其中几个句子查半天词典和资料。总之，缓慢的进度让小梅在这种慢性折磨中逐渐失去了信心。随着时间一天天过去，小梅的焦虑越来越严重，更难静下心来精雕细琢，最后，在交作业的前一天，她草草将几篇文献的大概内容强拉到一起，熬到深夜才勉强完成。她对自己很不满意……

由于大学时间安排更加自由，作业完成的难度增大，发挥的空间也很广阔，拖延正在成为困扰大学生的一大难题。拖延是在能够预料后果有害的情况下，仍然把计划要做的事情往后推迟的一种行为。不同于没有时间做事而把事情延后安排，拖延是在明明有时间的时候回避或者延后做某件事情。拖延可能是把事情在计划的时间范围内往后推迟，也可能是在正式开始时不断分心去做别的事情。一般来说，拖延都伴随着焦虑和自责，它不但降低了我们工作和学习时的效率，还会影响我们的心情，降低我们的生活质量。据调查，75% 的大学生认为自己有拖延症，50% 的大学生认为自己一直在拖延。

那么，我们为什么会拖延呢？为什么明明可以早些完成任务，却总是无法动起来呢？

首先，拖延是有生理基础的。人类的大脑中有追求享乐、较为原始的部分，我们称为边缘系统；也有控制冲动、做出决策的理智部分——前额皮质。追求享乐的“原始脑”主管我们的需求和情绪反应，驱使我们满足自己的需求，而“理智脑”则驱使我们追求更高的目标和更长远的利益。当截止日期还很远或“理智脑”力量不够强大时，“原始脑”在大脑的决策中就会占据上风，鼓励我们及时行乐，此时我们没有足够的动力控制自己去做更难的事情。当截止日期临近时，惊慌的情绪“吓”退了“原始脑”，“理智脑”得以重新掌舵，此时我们才获得完成任务的动力。好消息是，随着年龄的增长和经验的丰富，“理智脑”的力量在不断增强，拖延的现象也会减少，这也是年轻人更容易出现拖延行为，而年长的人更少受到拖延影响的原因。

其次，在容易拖延的人身上也能观察到一些共同的心理特征。①完美主义。许多“拖延者”之所以迟迟无法开始行动，是因为他们认为一项工作必须做到完美才是有价值的。因此，他们会在开始之前设定非常宏大的目标，将任务想象得过于复杂，并且无法接受自己做得不够完美，由此给自己带来巨大的压力。而压力过大会让他们产生逃避的心理，由此催生了拖延行为。就像案例中的小梅，没有考虑自己的能力，盲目将目标定得太高，且追求完成过程中的每一个细节，耗费了自己大量的精力，以致没有办法完成最主要的部分。最后，这项任务变成了一个沉重的负担，反复带来挫败感，让她难以鼓起勇气继续下去。②恐惧失败。有专家观察到，害怕失败的人可能会存在一种潜藏的假设，即“我做的事情直接反映了我的能力，我的能力水平决定了我作为一个人具有的价值”。在为正在做的事情赋予如此重要的意义后，个体会对做出的决策和努力十分谨慎，不愿意承担决策失败或表现不佳的后果，而避免出错的“最好”方式就是拖着不做。并且，人们也会通过拖延来安慰自己说所做的工作并不能反映他的真实能力，通过拖延给自己的表现不佳找到了借口：“我是没时间做，如果给我充足的时间，我可以做得更好。”他们甚至会觉得在最后一刻完成反而能证明个人有顶着压力快速完成任务的能力。③讨厌被控制。我们每个人都有自主决定生活的需要，同时我们也不可避免地需要遵守一些社会规则，如学校老师布置的作业或者课外活动。假如你是一个对掌控感十分敏感和在意的人，你可能会抗拒其他人对自己的要求。试想一下，如果你本来很喜欢某门课，也对课堂上提到的调查研究很感兴趣，可一旦这个研究变成了不得不完成的作业，你好像瞬间减少了对这项研究的好感，此时拖着不做就成了获取掌控感、维护自己独立感的一种方式。在拖延的过程中你可能会感到“我才不要听别人的安排，我自己决定应该什么时候开始学习”。

既然拖延会给我们带来如此巨大的损害，那我们应该如何克服它？正如我们在探究拖延行为的原因时所提到的，拖延行为的出现与完美主义、恐惧失败、讨厌被控制的心理有关，因此，我们可以在下次面对拖延行为的时候想办法与这些心理过程进行对抗。

（1）降低对自己的期待。我们可以抓住任务的最主要部分，适当放弃那些不重要的环节，根据自己在有限时间内能完成的任务量设定目标，并把目标分解成易于完成的小任务，善用时间管理方法让自己变得更有行动力，并以此减少因关注细节而导致的止步不前。

（2）不要把任务的完成和个人的价值联系起来。不要将对自身能力的评估建立在任务完成好坏的基础上，而是抱着“虽然这个目标很难，但在完成的过程中我总是在不断进步，今天积攒的每一步都是有价值的”的成长性心态，这样或许能够减轻你完成任务时的压力，让你学着单纯地关注任务本身，进而将难题推进下去。

（3）充分理解自己的独立掌控感。当你对他人的安排产生抵触情绪，进而开始拖延时，我们可以把这个现象当作一个信号。我们可以问自己：“我到底在抗拒什么？是这件事情本身不值得做？还是我可以通过这种方式掌控自己的人生？”如果是后者，你可以充分理解自己有控制自己生活的需要，并且以其他方式满足它，比如，你可以决定自己采用什么样的方式来完成这件事，以及计划耗费多长时间来完成它，这个过程同样是对自己生活的掌控。

最后，本节提到的缺乏毅力、注意力不集中、网络依赖、任务拖延等意志力缺乏的现象会给我们的学习和生活带来巨大的影响，这个过程或许每个人都会经历，同时由于大脑前额皮质尚未发育完全，学习、生活方式的转变又会对我们产生新的要求，大学生或多或少都可能有以上的表现。随着生活经验的丰富、相关知识的学习以及自身的努力，大学生的意志力会逐渐增强。

拓展训练

团体力量克服拖延

活动分组：6人一组。

活动目的：理解拖延带来的危害及其产生的心理机制，包括完美主义、恐惧失败和获得控制感，并通过小组力量思考如何减少拖延。

活动实施：

（1）参与者围成一圈，选出1名参与者讲述自己最近一次拖延的经历，自己对于拖延的想法和感受以及拖延给自己带来的影响。

（2）指导者邀请其中两位同学描述自己在上述拖延故事中看到的心理机制，可以从“完美主义导致目标太过宏大”“害怕失败时的自我阻碍”“想要获取掌控感”三个方面进行自我解读。

（3）指导者邀请讲述者分享听完讨论之后的感受。

（4）询问剩下3位同学对分享者的经历有没有什么好的建议。

（5）小组所有同学在3位同学建议的基础上共同讨论行之有效的方法。

第三节 “宝剑锋从磨砺出，梅花香自苦寒来”——如何培养意志力

在我们的一生中，每天都会经历不同的挑战，小到抵制炸鸡和可乐的诱惑，大到每天坚持背英语单词、定期锻炼身体。我们也都在日复一日的生活中逐渐明白，天下难事必作于易，天下大事必作于细，一个人的成功是离不开日积月累、水滴石穿的努力的。然而，我们也很困惑应该如何培养个人强大的意志力，如何抵制诱惑，如何达成目标、成为更优秀的自己。本节将从调节生理状态、提升意志力极限以及维持意志力的有效性三个角度阐释如何培养意志力。

一、调节生理状态

（一）控制血糖

1. 规律饮食

正如前文所述，葡萄糖是意志力和自控力的来源，是驱动我们做出理性决策的能量。每当我们抵制诱惑、克服困难之后，血液内的葡萄糖含量都会下降，随着葡萄糖含量降低，我们的理智控制能力和权衡能力也在逐渐减弱。因此，规律饮食和摄入葡萄糖对于恢复意志力有着至关重要的作用。尤其当一个人面临较大压力的时候，比如面临期末考试，或者即将参加重要的比赛或面试，都应保持一定的血糖含量，以便大脑有足够的能量应对挑战。

2. 维持血糖稳定

虽然血糖对于意志力有着至关重要的作用，但一直补充糖分、吃大量的食物显然不是明智之举。我们可能会在饥饿的时候食用糖果让血糖迅速升高，但这种升高只是暂时的。由于体内胰岛素的作用，血糖会迅速转化为脂肪储藏起来，血糖的骤降反而会让人更没有精神，更容易感到饥饿，进而想补充更多的糖分，长此以往，不仅会让我们发胖，还会消磨我们的意志力。实际上，几乎所有的食物都能提升血糖浓度，只是提升的速度不一样。如白面包、米饭、薯片、面条、冰激凌等食物由大量碳水化合物组成，这些食物转化成葡萄糖的速度很快，会导致血糖迅速上升又下降，在进食的当时可能会感到愉悦，一段时间之后反而会导致人体缺乏意志力，并出现再次想补充葡萄糖的渴望，造成饮食习惯的恶性循环。

因此，我们偶尔可以用吃糖或补充能量的方式来应对短期挑战，比如高

数考试或体测，但从长期来看，为了保持意志力的稳定，我们需要先保持血糖的稳定。这就需要我们吃血糖指数低的食物，包括大部分蔬菜、水果、坚果、粗纤维谷物、瘦肉和蛋奶。

（二）保证睡眠

我们可以回想一下，自己有没有过为了赶作业熬夜到两三点的经历？或者自己有多久没有好好睡满 8 个小时？由于学业压力，我们都曾经在高三复习的时候挑灯夜战，宁愿熬夜也要把题刷完，不惜牺牲睡眠时间也要背下知识点和定理。直到进入大学，熬夜似乎已经成了一种习惯，缩短自己的睡眠时间成了一件理所当然的事情，熬夜处理事务甚至成了勤奋和努力的一种表现。但我们忽略了一个问题，睡眠不足带来的不仅仅是黑眼圈，还有认知能力的减退和意志力的下降。许多研究显示，睡眠不足时，人更容易感到压力，更容易产生焦虑抑郁情绪，认知能力和速度会下降，也会更难控制情绪和集中注意力。具体来说，睡眠不足或疲惫会影响身体和大脑利用葡萄糖的效率，从而使身体缺乏保持意志力的燃料。另外，睡眠不足会让大脑前额皮质无法正常工作，即使其无法发挥应有的管理压力、计划决策以及克制欲望的功能。

但好在睡眠缺乏带来的影响是可逆的，如果周一到周五因为重大事件不得不牺牲睡眠，周末的休息能够帮助大脑功能恢复正常。假如我们不能每晚都睡足 8 个小时，那么可以尝试午睡，或是在周末补觉，这对于补充损耗的意志力都是很有帮助的。所以，想要拥有充足的意志力，不妨从好好睡觉开始。

心灵故事

睡眠剥夺

在纽约时代广场，流行音乐广播节目主持人彼得·特里普曾经主持过一场别开生面的慈善募捐活动。活动上他宣布，如果大家能积极捐款，他将连续 200 小时不睡觉。

特里普很快就发现，不睡觉带来的影响太大了。100 小时之后，他开始出现幻觉：看到自己的鞋里有蜘蛛网，毛呢外套变成了可怕的毛毛虫；他想象自己回旅馆去换衣服，看到一个衣柜抽屉突然着火了。到 170 小时的时候，他的痛苦几乎不能忍受，即使最简单的思维、推理或记忆问题也无法解决了。他已经意识不到自己是谁，脑电图呈现出类似睡眠的波形。长期无法入睡也让他性情大变，脾气暴躁，对身边的研究人员越来越不耐烦。200 小时终于熬到头了，但彼得此时已经精神恍惚，完全分不清哪些是真的、哪些是幻觉了。

坚持不睡觉的时长曾经一度成为一项可以被挑战的世界纪录，但鉴于睡眠剥夺对人的身心健康会带来极大危害，吉尼斯世界纪录已在多年前停止收录关于睡眠剥夺时长的世界纪录。

（三）适当运动

心理学家梅甘·奥腾和生物学家肯·程通过大量的实验总结出了提高意志力的又一方法——锻炼。不管我们的任务清单里有没有减肥这一项，锻炼都会更好地帮助我们提升完成目标所需的意志力。锻炼提高意志力的过程可能是通过改善一个人的心情和状态来实现的，而且这种改善具有深层的生理学基础。研究者发现，锻炼能使实验对象的大脑产生更多的细胞灰质和白质，使大脑运转更迅速。根据我们自己的经验也不难发现，适度锻炼对于改善心情有着重要的作用。当我们被烦恼缠身、思绪混乱的时候，跑跑步、出出汗会让我们的思路更加清晰，情绪更加稳定。这是因为运动可以促进大脑内啡肽的分泌，而内啡肽是能够让人感到轻松愉悦的“快乐激素”，从这个角度来说，运动能让我们保持轻松，以更好的状态迎接挑战。所以，那些看起来巨大的挑战在我们拥有更好的状态面对它们时，就变得不那么难以完成了，意志力也随即得到提升。

锻炼对于健康的好处不言而喻，但对很多人来说，下决心去锻炼本身就是一件需要意志力驱动的事情。实际上，能让一个人离开椅子活动起来的任何一种锻炼都有助于意志力的恢复。我们可以选择喜欢的方式、喜欢的时长，只要能让自己动起来就是值得推崇的。我们不一定要在健身房或者篮球场挥汗如雨，也不一定要锻炼够 1 小时才算完成任务。只要持续 5 分钟的锻炼就能缓解压力、改善心情、提高注意力、增强自控力。比如，可以选择在图书馆附近散散步，到操场附近逗逗小动物、喂喂猫，简单地在跑道上伸展一下身体，只要是自己喜欢的活动都可以纳入锻炼的清单中，问题的关键在于，开始活动就会对提升意志力有益。抱着这样的信念，你是不是会觉得，锻炼其实不是那么难以做到的事情了？

二、提升意志力极限

（一）善于利用意志力的波动

正如前文所述，我们似乎只有一定量的意志力：一旦意志力在各种任务中消耗殆尽，我们似乎就会变得没那么容易抵御诱惑，没那么容易坚持做自己期望的事情。一般来说，经过一整夜的休息，早上是意志力最强的时候，处理过一些日常事务后我们的意志力逐渐减退，大脑变得不太能那么理性地进行决策了，但经过进食、休息或锻炼后，我们的意志力会有所恢复。了解自己意志力的波动，并且将自己最期望完成的任务安排在对应的时刻，对于目标的达成是极其重要的。所以，从现在起，我们可以在一周的生活中试着观察自己什么时候意志力最强，什么时候最容易放弃；又或者遇到了什么事情、有什么样的想法时会让自己消耗大量的意志力。另外，有没有一些事情能让我们恢复意志力，让我们感觉精力充沛、神清气爽？我们可以根据自己的观察来更明智地规划日常安排，利用好那些能让自己恢复意志力的方式，以便最大限度地发挥意志力的作用。

（二）挺过“虚假的疲惫”

你尝试过跑步跑到坚持不下去吗？你有过累得不行想要放弃的时刻吗？这个时刻你的身体是真的难以承受、无法抬起腿再迈出下一步了吗？你有没有体验过撑过最难熬的时刻，好像又可以坚持跑下去或是坚持做其他事情了呢？生活中的许多例子证实，我们总会在意志力真正耗尽、体力真正耗尽之前就开启“自我保护”模式，阻止我们继续消耗身体的能量。这个时刻我们好像感到了疲惫，可能会萌生出放弃的念头，但实际上还远远没有达到我们身体和意志的极限，我们称这种时刻为“虚假的疲惫”。其实我们有更多的意志力尚待开发，人类的潜力永远是无穷的。因此，在下一次觉得自己疲惫得无法自控的时候，我们可以试着挑战一下自己，挺过第一波疲惫感，看看自己的身体或意志力会如何反应。比方说，在长跑感到筋疲力尽的时候试着再坚持 100 米，在做瑜伽动作感觉很累坚持不下去的时候再挺 5 秒，这时候你会惊奇地发现，其实身体是可以承受的。在这样一点一点的尝试中，或许自己就会突破原本以为的极限。

（三）挖掘意志力的来源

想象一下，假如你正在写一份活动策划，你觉得要考虑的东西太多了，自己已经写得很累了，于是你想着先这样吧，不用做到特别完美，打算先交上去。正在这个时候你了解到，如果这份策划案做得好，你的社团将能够凭借这个活动参加校级的比赛，更有可能获得市里的奖项，这对你来说是一个莫大的鼓励。这个时候你的意志力可能又会增强一些，支撑你坚持下去重新考虑策划案的细节，这个时候“获得荣誉”就成了激发意志力的动力。所以做一件事情的时候，找到完成它的动力和意义，就能够更好地激发个人的意志力。虽然每个人的意志力的来源可能不一样，比如有些人的目标是获得他人的认可，有些人的目标是过得自由轻松，有些人的目标是想要一个健康的身体，但是这些对意志力的影响和作用都是相似的。那么，下次我们要给自己树立一个目标时，不管自己的目标是减肥、认真学习还是学一门乐器，我们都可以考虑挖掘自己完成这个目标的动力是什么，这样的动力可能会在遇到困难的时候支撑我们坚持下去，让我们变得更有韧性。我们可以一起来思考以下几个问题：

①如果坚持下去了，你会获得什么？你会变成什么样子？会获得更高的分数、更受人欢迎、变得更漂亮还是更健康？

②如果坚持下去了，你的生活会有什么改变？你愿意为了这些改变付出多大的努力？这些改变值不值得自己忍耐不适、再坚持一会儿？

③如果坚持下去了，有没有其他人会获益呢？你的行动会如何影响到你的家人、朋友和同学？

或许，当进行过这些思考之后，枯燥的坚持可能就被我们自己赋予了独一无二的意义。当我们发现这个最重要的动力能在我们脆弱时给我们力量和信念后，我们更能克服生活中大大小小的诱惑，最终成为更优秀的自己。

（四）从小事锻炼意志力

宏大的目标实现起来总是很困难，要想改变现有的行为模式也非一朝一夕就能做到，想要锻炼自己的意志力当然也要从可改变的小事开始入手。一些研究发现，在一些小事上持续自控会提升整体的意志力，比如说用左手刷牙（惯用手是右手），每天清理桌面和垃圾桶，记录自己今天的花销，等等，这些自控的“小事”看起来和我们的最终目标毫无关系，但是会让我们开始关注自己正在做的事情，大脑也会在小事的训练中逐渐接受更有难度的挑战，学会三思而后行，而非一直寻求最舒服的方式。当然，我们可以选择与我们的大目标相符的小事来锻炼意志力。或许你正惆怅于如何开始自己的计划，那么就从小事开始改变吧。当然，这些小事是自己确定能够完成的事情，否则改变的第一步可能对我们就过于艰难了，也容易挫伤我们改变的决心。其实，这些小的改变在让我们慢慢前进的时候也在悄悄地为我们积攒更多的意志力：如果想学好英语，我们可以每天睡前背 5 个单词；如果想更多地锻炼，我们可以饭后增加 5 分钟的散步时间；如果想健康饮食，我们可以多点一份蔬菜……相信我们会从这些小事中获得开始的勇气。

三、维持意志力的有效性

（一）设置目标

我们都对自己的未来有美好的幻想，但是要实现理想并不是一件容易的事。宏大的目标（学习优异、身体健康、成为受人欢迎的风云人物）看起来很美好，但是我们往往不知道该如何实现。没有明确的计划，想要变得更优秀就变成了空谈。因此，我们要学会设置目标，设置目标时要注意将目标分解为具体、可实现的目标。

很多时候，大学生会在开学时定下“要好好学习”这个比较模糊的目标，但怎样才算是好好学习呢？上课认真听讲、按时完成作业算好好学习，还是积极进行课后复习、学习课堂之外的知识算是好好学习呢？具体的目标有助于我们主动出击，更合理地分配自己的意志力，而非随大流被动地接受安排。设置可量化的目标就是一个不错的选择，像“1 小时内预习 5 页课本”“做 5 分钟卷腹运动”这样有具体时间或数量的目标就是可量化的目标，可量化的目标能够帮助我们评估自己的目标完成的情况。想象一下，如果你的目标是模糊的目标——“看 1 小时书”，那么在这 1 小时内你可能随便看看，走神一阵之后挨到了时间结束，你可能觉得自己付出了时间并没有收获什么，这样的坚持又累又没有意义。但如果你的目标是可量化的——“1 小时之内预习完第一节”，可能在一开始你就有一种完成任务的紧迫感，时间过去之后你会切实感觉到这 1 小时是充实的，我们能够看到自己的时间被实实在在地转化成了成果，也会极大地激励自己继续第二天的努力。

除此之外，目标的设置也应当是可实现的，我们需要根据以往的情况评估自己是否能完成这个小目标。假如一个人过去只能做 5 个引体向上，但是为了即将到来的体育测试，他把自己的小目标设置成每天做 20 个引体向上，这样的目标即便只坚持一天，对他来说可能都是特别困难的事情。这也反映了我们在设置目标时经常暴露的一个问题，即过于理想化。当我们还没有切实面对挑战的时候，往往会低估任务的难度，而理想化的目标在最初制定的时候看起来很美好，但只是套着精致而不实用的外壳，会给我们带来巨大的压力。当我们坚持不了的时候也会让我们感到非常挫败。所以我们需要牢记：很多时候，只要开始了，哪怕只进步了一点点，都是值得称颂的。

（二）监控完成效果

对一个减肥的人来说，是一个月称一次体重还是每天称体重更有助于坚持节食运动计划呢？成功减重的人都会明白每天监控的重要性。心理学的研究也告诉我们，仅仅只是记录当天完成目标的情况就能够激励一个人坚持下去，因为记录和监控每天的完成效果可以让我们直观地看到自己的微小进步，也会给我们每天的生活带来成就感，让我们能够坚持面对下一天的挑战。这也是为什么在朋友圈打卡背英文单词、在 keep（卡路里科技）社区完成每日打卡、用运动手环记录自己每天的步数这么受人追捧的原因。每个人都有惰性，疯狂消耗意志力会让我们感到疲惫，假如没有每天或每几天的记录和监督作为激励，我们的能量和热情会很容易消耗殆尽。

监控的过程中也可以请他人监督自己。当只有自己在努力时，我们更容易因为疲惫或是忙碌而放弃，而且放弃的成本很低，因为不会有人知道，而一想到有人在监督着自己，我们似乎又多了一个坚持下去的理由。监督的过程中同伴也会成为我们的社会支持系统，特别是有着类似经历的同伴，即使是同伴间简单地互相分享自己的经历并相互鼓励，也会让我们更有动力坚持下去。

（三）设置底线

当我们制定未来目标时，大都处于理想状态，那个时候的我们还没有真实地面对过外界信息的干扰和诱惑，所以常常会做出不切实际的安排。实际上，根据以往的经验，我们经常抵制不了电脑游戏、社交软件以及美食的诱惑，或者要花很大的意志力去抵制，以至于感到疲惫或是容易放弃。因此，保存意志力的策略之一是预设底线，这个策略的本质是把自己牢牢锁在正确的道路上，把偏离正道的可能性降低为零，或者偏离正道就需要付出巨大的代价。比如，在原定学习的时间跑去安静的图书馆，杜绝自己长时间地接触电脑和手机，这样就没有机会沉迷网络；拒绝踏入超市，这样就不会控制不住地买很多零食；和朋友打赌今天没有做运动就给他 100 块钱，这样就会因为心疼钱而督促自己动起来……可以采用的方法有很多，我们可以选择适合自己的底线，不给自己“破功”的机会，把自己被诱惑吸引的概率降到最低。当然，我们也必须像前文所述的那样考虑这个底线的可行程度，“不瘦 20 斤不换头像”可能就是一个过于严苛的底线，过于严苛的底线会让我们难以看到成功的希望，更容易产生放弃的念头，反而不利于我们坚持下来。

拓展训练

培养意志力的一周

活动目的：尝试在日常生活中培养意志力，观察这些方法对自己意志力的影响。

活动实施：

在接下来的一周中，可以选择本节培养意志力的方法中的一种或几种进行测试，感受其对自己生活的影响，注意选择的方法可以不用太多，但一定要在自己能坚持的范围内。可以尝试以下几个方面：

（1）确保自己摄入足够的食物，有足够的意志力能量来源，并增加健康食物的比例。

（2）保证夜间 8 小时睡眠，或在困倦的午间稍微打个盹儿。

（3）选择坚持一件小事来锻炼你的意志力，可以是睡前背 10 分钟单词或每天抽出十几分钟散步。

（4）在自己意志力缺乏、思维混乱的时候先暂停一下手头上的事情，尝试散个步或冥想 15 分钟。

（5）活动起来，时长和强度在自己能坚持的范围内即可。

第四节 “一寸光阴一寸金，寸金难买寸光阴”——时间管理

《礼记·中庸》有云：“凡事豫（预）则立，不豫（预）则废。言前定则不跲，事前定则不困，行前定则不疚，道前定则不穷。”意思就是做任何事情，事先有准备更容易成功，没有准备就容易失败。说话前先有准备，就不会辞穷理屈站不住脚；行事前先有准备，就不会遇到困难挫折；行动前先有准备，就不会出问题；实行中庸之道前先有准备，就不会陷入绝境。这一理念在千百年的实践中流传下来，对我们有十分重要的参考价值，那就是要善于管理自己的时间，让我们每天的学习和生活都能够准备得更充分，也更有秩序。

一、时间管理概述

（一）时间管理的含义

时间管理是在充分认识时间价值的基础上，采用一定的技巧、方法与工具，科学、合理、有效地利用时间资源，从而实现时间的最大化效益。人与人之间成就的区别多半源于对时间的管理，能够管理好自己时间的人，是时间的主人，能够更好地实现自己的人生目标。

（二）时间管理的目的

时间对于所有人都是公平的，每天都是 24 小时，不会多一分也会少一秒。而时间管理的目的就是根据每个人的目标、计划和期望来合理地分配有限的时间。时间管理从小的方面来说是合理地分配有限的 24 小时，从大的方面来说是合理地计划和安排自己的生活。我们在进行时间管理时也要具有一定的目的性，即有明确的目标，明确在什么时间内应该完成什么任务，而且任务或

工作应该是具体的、可完成的。

二、时间管理的方法

（一）明确目标和计划

明确的目标和计划是时间管理的第一步，如果没有明确的目标和计划，时间往往就会在生活的琐事中悄悄流逝。明确目标和计划可以从以下几方面入手。

1. 分层呈现目标计划

目标和计划可以按时间层次划分，推荐所有的大学生在入学后都对自己每学年、每学期需要达到什么目标有一个具体的掌握，并且根据目标的需要循序渐进地设立一系列计划。具体到日常生活中，大学生可以制定每月、每周、每天甚至每个小时需要完成的任务，以更好地分配自己的时间。在这个过程中，尽量将计划具体到更小的时间单位，如果我们面对的是以月为单位的计划，心里总会想“哦，还有一个月来做这件事，不需要太着急”，相比之下，周计划和日计划更容易让我们产生紧迫感并付诸行动。当然，计划的详略程度可以根据自己的情况制定。对有些人来说，制订周计划还是会让自己反复拖拉直到最后一天，日计划对他们来说更适合；而对另外一些人来说，制订日计划会让自己的生活安排太过僵硬，无法灵活处理自己的事务，因此对这部分人来说，可能周计划会更合适。这些都是实践中可能发生的，因此，每个人可以在实践中摸索适合自己的时间规划方式。

2. 目标计划要具体

在做计划时一定要设计“具体”的时间安排，也就是设置可以用数字来量化任务的计划。这样有助于后续计划的执行。假如计划是“今天上午看 1 小时书”，这个安排或许不是那么的具体，可能我们确实坐在书桌前，但因为没有任务的压力可能会漫不经心地翻看几页书，也算是完成了计划，但这样的完成并没有起到提升效率的效果。而如果计划是“今天上午看完第一章书”，那么这个计划就是一个可量化的计划，我们会非常直观地看到自己的成果，以及这个计划的进度。

3. 给计划变动留余地

在计划时一定要考虑自己的完成能力。要留有余地，不要把自己的时间安排得太满，我们需要考虑实际操作中自己拖延完成、失去意志力的情况，也要记住生活中总会有突发事件的出现，面对这些情况需要灵活地做好调整。可以在每天或每周留出几个小时的时间完成之前没有完成的任务，或者处理突发的事件，真正做到让计划成为监督我们前进的工具，而不是拖垮我们生活的障碍。一定要避免出现“每次都计划得很完美，但从来没实现过，反而让我很挫败”的现象。

4. 严格遵循计划实施

要坚定地执行自己的计划，不给自己找理由。有的时候，我们因为与同学、朋友一起玩游戏、聚会耽误了原本应该完成的计划，一次两次之后计划就逐渐变得形同虚设，失去了原本的意义，因此应当在完成计划方面严格要求自己。将休闲时间与学习时间划分清楚，在应该学习的时候好好学习，保证学习时间的效率，适当拒绝这段时间内的邀约和出游计划，完成计划之后没有负担地休闲娱乐，这样在娱乐的时候心里也能够踏实，不会因为任务没有完成而不安。如果真的因为特殊情况没能很好地执行时间表，也不用过分自责，接纳这样的不完美时刻并抽时间补上，从而保证计划的完整性。

5. 注重完成目标后的奖赏

需要对自己完成计划的行为做出奖励。如果每天都在忙忙碌碌地追逐自己的每日计划和每周计划，而不对自己进行一些能量的补充，意志力很快就会消耗殆尽，枯燥的坚持会变得更难实现。正如前文提到的，奖励系统的作用是强大的，它能够让我们调动自己所有的资源去实现目标。因此，在给自己定下宏伟计划、认真执行的同时也要记得自我关爱，给自己一些奖励。可以是每天完成学习目标之后开一包想吃的零食，点一杯想喝的奶茶，也可以是整周都执行完计划表之后周末的户外踏青，要清楚自我鼓励和努力拼搏同样重要，它会让你更能体会到完成计划的美好，并且享受到生活中的乐趣。

（二）掌握时间管理的策略

随着人们对时间管理的重视，各种管理策略相继出现，了解并学会其中一两种时间管理策略，并将其与自己的实际情况相结合，会更有助于自己灵活地运用时间。

1. 柯维的时间管理策略

著名管理学家史蒂芬·柯维在其《高效能人士的七个习惯》一书中提出了一种时间管理策略，即把学习和生活中的各项任务按照重要和紧急两个不同的维度进行划分，将所有的事情分成四个象限：重要又紧急，如明天要考试，不久之后要交期末作业等；重要但不紧急，如学期末才交的论文、对自己的职业生涯进行规划等；紧急但不重要，如接电话、帮室友下楼取快递等；既不紧急也不重要，如同学约自己出去玩、聚会、串门闲聊等。一旦将事情都分到四个象限之后，我们便有了处理事情轻重缓急的依据，既重要又紧急的事情马上去做，然后将自己主要的时间和精力用在重要但不紧急的事情上，这样可以做到未雨绸缪，准备充分才能发挥出自己最大的能力，而不是拖到最后草率上阵。对于紧急但不重要的事情可以有技巧地进行安排，如让他人帮忙、适当拒绝或推迟。而既不重要又不紧急的事情可排在计划的最末端，等有多余的时间和精力时再来处理。每个人的精力都是有限的，当我们行程太满时需要学会放弃一些事情。可以尝试用表格的形式（见表 3–1）将自己一周的事情按“重要不重要”“紧急不紧急”两个维度划分，并看看划分完之后你对自己的时间安排有什么新的发现，是不是在不重要的事情上花费了太多时间呢？

表 3–1　学会给生活中的事情排序

每周记事	重要的事	不重要的事
紧急的事		
不紧急的事		

2. 把握 20% 的关键时间完成 80% 的事情

在时间管理理论中有一个经典的二八原则，即我们每个人的精力都是有限的，每天有 20% 的时间是效率最高的。我们可以尝试找出自己每天中效率最高的这 20% 的时间去完成一天中 80% 的学习或重要事情，而对于那些不那么重要的事情可以选择适当放弃。这样一个人的学习和生活计划可以更有针对性，对时间的利用也可以起到事半功倍的效果。我们每个人都有一个自然的生物节奏，现在不妨想一想我们一天什么时候脑力最旺盛、体力最充沛、精力最集中，又在什么时候身体最疲惫、感到没精打采……或者也可以回忆一下以往自己在什么时间段最容易完成棘手的任务，从工作状态来判断你是早鸟型还是夜猫型……了解这些有助于我们找到那关键的 20% 时间。

3. 学会利用碎片化时间

阿兰·拉金在其《如何掌控自己的时间与生活》一书中提到了一种叫“瑞士奶酪法”的时间管理方法，就是使用“见缝插针”的方法，即利用碎片化时间，而非消极等待整块的时间段出现。这个方法的意义在于看重并利用任何一段微小时间的价值，如果某个目标需要 10 小时才能完成，并不意味着我们需要等到自己有连续 10 小时的空闲时间才去完成。生活中偶尔多出来的 15 分钟都是有价值的。如果你和朋友约着一起出去玩，但他突然有事情要晚半小时来，这半小时就变成了一段零碎时间；如果今天下课早了 10 分钟，食堂又没那么早开门，那么这 10 分钟也是可以利用的零碎时间。我们可以在每周的开始设计好适合短时间完成的事情，如用手机软件背单词、简易的健身运动或是听一小篇英语听力，当时机合适的时候提醒自己完成一些小任务，而且，由于碎片化时间非常短暂，坚持下来的难度也相对较小，因此对一些习惯拖延的学生来说是一个很好的启动自己状态的方式。

（三）使用有助于时间管理的工具

对自己的时间进行有效的监控可以帮助我们提高效率，直观地为我们呈现已完成和未完成的计划，激励我们坚持进行时间管理。下面列出了几种有利于进行时间管理的工具，我们可以根据自己的情况选择性地使用。

1. 番茄工作法

番茄工作法是一种将大段时间分块并对其高效利用的方法。番茄工作法首先要求我们规划当日需要完成的几项任务，并写在列表里。然后要求我们在一个番茄钟（25 分钟）的时间内排除一切影响因素，拿走其他会让你分心的东西（包括手机），全身心地投入这个任务中，直到 25 分钟结束。可以使用闹铃或下载番茄工作法软件的方式来进行计时。当 25 分钟结束后，在自己的列表里画一个“×”，代表高效地进行了一个番茄钟学习，之后休息 3~5 分钟，可以活动活动筋骨、喝水、上厕所等，但需要注意避免去做刷朋友圈、微博这些容易吸引注意力、让人花费大量时间的事情。休息完成之后再进行下一个“番茄钟”，继续任务—记录—休息这样的循环，每完成 4 个番茄钟可以休息 25 分钟。番茄工作法通过设置一个集中精神 25 分钟的小目标来让我们开始启动看似艰巨的任务，并且强调在这 25 分钟之内不去关注其他无关的信息，这有助于我们集中精力完成手头的任务。完成每个番茄钟之后画下的“×”也能让我们直观地看到自己当天做出的努力，给自己带来成就感，激励我们在任务进度不明确的情况下坚持下去，是一种适合大学生尝试的时间管理工具。

2. 日历清单

由于生活中事务繁多，我们可能无法记住生活中全部的待办事项，需要一个记录本来帮助我们进行规划，这个时候可以把你的事项全部按日期记录到日历中。日历的形式可以让我们更直观地看到还剩多少时间，以及有多少时间已经被占用了。我们可以在每周或每天开始的时候查看近期需要完成的事项，并根据所需的时间合理分配自己的计划和安排，可以通过设定闹钟的形式提醒自己“该发邮件了”“该和朋友出门了”“该开会了”，等等，便于自己更合理地分配时间。

总而言之，大学生要很好地适应大学生活，完成学习和社会实践工作，必须学会利用自己的时间。学习和工作是无限的，而时间是有限的，我们应该学会放弃一些不重要的事情，合理地利用有限的时间，提高自己的效率。时间管理的方法、策略和工具有很多，我们可以在不断尝试中找到适合自身情况的方法，并持续执行下去。

拓展训练

为自己制订一周计划

活动目的：在之后一周的时间内将时间管理的相关方法应用到生活中，包括进行重要和紧急事务的划分，设置具体的目标和计划，感受自己效率的变化等。

活动实施：

在接下来的一周中，我们可以根据自己的情况对生活中的时间进行管理，可以按照以下步骤操作：

（1）按照重要和紧急的原则将生活中需要做的事情分类，优先考虑重要、紧急的事情，其次是重要但不紧急的事情。

（2）将自己上课的时间、需要开会、有固定事项的时间在时间表上标出，查看自己可以利用的空闲时间，可以精确到小时。

（3）将你想做的事情分解成具体的小目标，安排在空闲的时间位置上，注意要根据实际情况进行安排，不要安排得难以实现或者太满，如果发觉自己的安排不合理可以在此次尝试的过程中及时调整。

（4）坚决地执行计划，杜绝一切环境因素可能产生的干扰，每天完成计划之后给自己一些奖励。

（5）一周之后回顾这一周的执行效果，感受这样的安排是否合理并积累设置目标的经验。记得周末的时候也需要留出时间处理可能的未完成的事务。

（6）周末适当给自己一些奖励。

推荐资料

1. 图书《拖延心理学》，简·博克、莱诺拉·袁著，蒋永强、陆正芳译。

拖延已经越来越成为影响当代大学生学业的一大难题。大学生们在焦虑和挣扎中一天又一天地接近截止日期，而后痛苦又草率地结束任务。拖延给大学生的心理健康、生活质量、学习效率造成了巨大的影响。本书根据大量的实例对产生拖延的根源进行了剖析，并根据作者多年研究拖延行为的经验提出了一些帮助人们采取行动的建议，让人们与自身和解，自己掌握取舍和得失，发展出更为成熟的心理和行为方式。

2. 电影《肖申克的救赎》，弗兰克·德拉邦特执导。

青年银行家安迪因涉嫌杀害妻子及她的情人而被判处终身监禁，被冤枉的安迪被关在肖申克监狱服刑。在狱中，安迪施展他的才华和专业知识，帮助犯人们理财，帮助监狱长逃税、洗黑钱。慢慢地，安迪也仿佛在鱼龙混杂、罪恶横生的监狱中找到了适合自己的生存道路。然而，一位新犯人的到来打破了平静，他知道案件的真相，有望为安迪翻案，但安迪的申诉被监狱长阻止了，知情人也被设计杀害，安迪又陷入黑暗的牢笼之中。虽然经历了诸多打击与不公正的待遇，安迪一直没有放弃对自由的渴望，他日复一日地使用小鹤嘴锄挖洞，终于在 19 年后重见光明，并且告发了监狱长罪恶的行径，使之受到了应有的惩罚。

参考文献

[1] 白羽，樊富珉．大学生网络依赖测量工具的修订与应用［J］．心理发展与教育，2005，21（4）：99–104.

[2] 博克，袁．拖延心理学［M］．蒋永强，陆正芳，译．北京：中国人民大学出版社，2009.

[3] 麦格尼格尔．自控力［M］．王岑卉，译．北京：文化发展出版社，2012.

[4] 库恩．心理学导论：思想与行为的认识之路［M］. 郑钢，译．北京：中国轻工业出版社，2004.

[5] 鲍迈斯特，蒂尔尼．意志力：关于自控、专注和效率的心理学［M］．丁丹，译．北京：中信出版集团，2017.

[6] 张革．大学生心理适应指南［M］．北京：北京工业大学出版社，2010.

[7] Ariely D，Wertenbroch K . Procrastination，Deadlines，and Performance：Self–Control by Precommitment［J］. Psychological Science. 2002，13（3）：219–224.

[8] Gailliot M T，Baumeister R F，Dewall C N，et al. Self–control relies on glucose as a limited energy source：willpower is more than a metaphor［J］. Journal of Personality and Social Psychology，2007，92（2）：325–336.

[9] Muraven M，Baumeister R F . Self–regulation and depletion of limited resources：does self–control resemble a muscle?［J］. Psychological Bulletin，2000，126（2）：247–259.

[10] Ridder D D，Lensveltmulders G，Finkenauer C，et al. Taking stock of self–control：a meta–analysis of how trait self–control relates to a wide range of behaviors［J］. Personality & Social Psychology Review，2012，16（1）：76.

第四章
“业精于勤，荒于嬉；行成于思，毁于随”——问题解决与创造性思维

名人名言

创造始于问题，有了问题才会思考，有了思考，才有解决问题的方法，才有找到独立思路的可能。

——陶行知

有勇气在自己生活中尝试解决人生新问题的人，正是那些使社会臻于伟大的人！那些仅仅循规蹈矩生活的人，并不是在使社会进步，只是在使社会得以维持下去。

——泰戈尔

◆ 案例导入

小明同学是学生会外联部的一名成员，社团举办活动时需要同学们在大厅高处悬挂赞助商的广告标语，因此在大厅放置了活动支架。使用时就将支架支上，不用时就将支架收起来。为了避免支架倒下砸到人，有人特意在支架旁挂上了提示条幅“请留意支架，注意安全”。但问题依然存在，还是会有人碰倒支架，砸到他人。

小明同学注意到这个问题之后进行了深入的思考，并向外联部部长提出了自己的建议：将提示条幅上的文字修改为“不用时，请将支架横放”。在之后的一年中，再也没有出现过支架碰到人的问题。虽然提示语都是9个字，却产生了非常不同的效果。

◆ 导言

每个人的一生中都会遇到各种各样的问题，所以解决问题也就贯穿于我们的一生。大学阶段遇到的问题也许会更多，因此，对学生解决自身问题的能力也提出了更高的要求。目前，高校教育改革中备受关注的问题之一就是培养大学生解决问题的能力，即促进思维发展，培养出有效的问题解决者。在解决问题这一过程中，思维及思维方式发挥着重要作用。本章将在介绍解决问题与思维关系的过程中，对解决问题及创造性思维展开探讨。

第一节　“运筹帷幄之中，决胜千里之外”——思维是什么

我们的每一天可能都会面对新的问题，对待这些新的问题，我们该如何解决呢？这取决于如何认知以及用怎样的思维方式看待问题。无论是孔子的“弗学何以行？弗思何以得”，还是“学而不思则罔，思而不学则殆”，都强调了思维的重要性。解决问题与思维方式息息相关，大学生处于不断地学习、思考并解决问题的重要阶段，培养良好的解决问题的思维十分重要。本节将重点阐述思维的产生过程、思维的种类以及有益于解决问题的思维模式，并结合心理学理论阐述思维对个体的意义。

一、思维的概述

（一）思维的定义

目前，对于思维的定义，不同时代的学者有着不同的探索和解释。

勒内·笛卡尔认为“思维是心灵的唯一功能”。思维概念接近于理性概念，处于高度抽象层面。现代西方心理学家对思维的定义各不相同，但这些理论中的核心观点为：思维是比较、判断、规划和想象的过程。目前普遍认同的思维定义为：思维是对客观事物间接的、概括的反应，它反映事物的本质以及事物之间的规律性特点。

（二）思维的过程

从具体到抽象，再从抽象到具体的过程就是思维过程，其目的是在思维中再现客观事物的属性，实现对客观事物的具体认识。思维活动的过程是借助一系列复杂的心理操作实现的，这些心理操作主要有以下几种。

1. 分析与综合

分析——把整体分解为各个部分的思维过程。

综合——把各个部分综合成一个整体的思维过程。

分析与综合作为思维的基本过程，具有相反的特点但又有密切的关系。分析可以实现对事物特征和属性的了解，综合是通过对各部分、各属性的分析实现的。这个过程就像我们要完成一篇课程论文，在确定选题的基础上，需要先分析整个论文包括哪几个部分，每个部分如何呈现，这个过程就是分析的过程。当我们将各个部分的内容考虑清楚之后，我们还需要一个内容综合的过程，考虑各个部分的衔接是否合适，逻辑是否合理。

2. 比较与分类

比较——明确事物之间共性和差异的心理操作。比较作为重要的思维过程之一，重要性在于可以实现辨别和选择，以做出合适判断。

分类——根据共性的部分和差异的部分，把对象分为不同种类的心理操作。例如，我们会说自己是个内向的人，某人是个外向的人。

3. 抽象与概括

抽象——从众多事物中抽取出相似、本质的特征，舍弃非本质特征的过程。

概括——把相同属性和本质特征结合起来。

4. 系统化与具体化

具体化——把抽象和概括出来的原理、概念、理论运用到某一对象上的思维过程。例如，在教学中适当地运用思维的具体化（如解答习题、课后练习题），可帮助学生真正掌握所学知识。

系统化——在头脑中提取事物的本质和一般特征的思维过程。如生物学家根据界、门、纲、目、科、属、种的顺序对生物进行分类，揭示多种生物之间的关系。我们在学习过程中，把一系列内容列成提纲，做成思维导图，也是一个系统化的思维过程。

二、思维大变身

适应于不同时代的生产力和实践水平，人类的思维发展表现为过程性，即伴随着不同时代呈现不同的思维方式和特点：由简单向复杂发展，由低级向高级发展，由形象向抽象发展，由抽象向具体发展。以下，将根据思维的发展水平、形式以及创造性程度对思维进行分类介绍。

（一）思维发展水平

1. 人的原始思维——动作思维

动作思维是一种借助于肢体动作，以人的直接感知为基本思维元素进行的思维，它是人最早发生的思维方式。

动作思维活动和具体事物密切相关，只能在具体事物中进行，离开具体事物动作思维活动就停止了。例如，原始人看到野兽跑过来，他们就会想到野兽要吃人，并拿起石块攻击野兽。当野兽离开后，他们对这一事物的思维活动也就停止了。

2. 以事物形象为支柱的思维过程——形象思维

形象思维也叫艺术思维，它依附于具体形象并一直伴随着形象，以表象和直观形象为支柱，离不开联想和想象。例如，画家要创作一幅画，需要先在头脑里构思出这个画面。形象思维可以脱离具体的事物，仅靠在头脑中再现或预演事物的形象进行思维。

3. 思维的高级形式——逻辑思维

逻辑思维是指个体运用概念、判断、推理，结合语言表达进行思维操作，从而对事物的本质和发展规律有所认识。它是人类最主要的思维方式，是创造性思维的基础。

（二）思维的形式

1. 创新思维最核心的范畴——发散思维

发散思维是指沿着不同方向，多角度寻找问题解决方法的思维方式。它能够为人们进行想象、联想以及灵感表达创造一种自由宽松的思维环境。学生用多种方法解一道题，厨师用同种食材做出不同菜式等，都是发散思维在具体学习和生活中的例证。

发散思维能力强的同学，视野开阔，思维活跃，一般都具有较强的分析和解决问题的能力。大学生若发散思维能力不强，则会对新知识的获取以及分析、解决问题的能力有所影响。

2. 有条理、有范围的收敛性思维方式——辐合思维

辐合思维即通过求同找到解决难题的方法。它的特点是具有程序性，即在解决问题的过程中，先做什么，然后做什么，有一定的顺序。同时辐合思维也具有求实性的特点，在思维过程中涉及的信息搜索、分析、论证必须根据客观真理进行，而不是随意想象出来的。

在日常工作生活中，许多情境涉及辐合思维。例如，学生考试时选出正确选项、医生根据病人的综合症状下诊断、科学家依据多种线索的共同作用发现规律等。

（三）思维的创造性

1. 人类思维的高级过程——创造性思维

创造性思维是指有新意的思维，如提出新思路、新方法等。创造性思维的特征包括思维形式反常、思维过程辩证、思维空间开放、思维成果独特。

思维形式反常主要体现为思维发展的跨越性，创造性思维依靠直觉、灵感或顿悟等非逻辑思维形式，而不是对现有概念、知识的逻辑推理的结果。

思维过程的辩证性是指它包含的思维方式既相互区别、对立，又相互补充、依存。比如逻辑思维、非逻辑思维，收敛思维、发散思维，求同思维、求异思维。

思维空间的开放性是指在思维过程中，思维空间并不是狭隘孤立的，而是全方位、多视角地进行思维运动。相比于传统的思维空间，其思维视野更加广阔，涉猎范围更加全面多元，思维呈现出多维发散的状态，由此推动思维空间更加开放，为创造性思维提供空间和平台。

思维成果的独创性是指不同个体的思维成果都各有其独特性，思维观点新颖，能够另辟蹊径，摆脱习惯思维的约束。

2. 常规思维

常规思维是指按照惯有的思维方式解决问题。就像我们小时候学会了如何用铅笔写字，之后拿到钢笔、中性笔的时候，就顺理成章地知道如何使用。这个过程能够减少新的学习和时间投入，比较快速地解决问题。但如果问题的性质不太一样，直接运用常规思维也会让问题无法顺利解决，就像我们采用习惯的握笔方式去写毛笔字一样。

逻辑推理

猜帽子

小兰、小丰、小明三位学生这学期在数学竞赛中获得并列第一，但学校每年只给一位同学颁发奖状，于是老师请他们再做一个测试，决定谁拿这个奖状。

老师让他们闭上眼，给他们每人戴了一顶帽子，再让他们睁开眼，说要看看他们的逻辑推理能力，并告诉他们帽子只有绿黄两种颜色，请看到绿色帽子的举手，谁先说出自己戴的帽子的颜色，就把奖状颁给谁。

三个人听后都举手了，过了一会儿，小兰说："我知道自己戴的是什么颜色的帽子了。"

请问小兰戴的是什么颜色的帽子？

三、思维对个体的意义

思维是最复杂的意识活动，它决定着个体的一切行为乃至人类未来的命运。基于思维是否有利于问题解决，有研究者将思维分为适应性思维和非适应性思维。

（一）适应性思维——合理的认知方式

适应性思维是可以解决现实问题的思维，也就是在各种限制条件下依旧有效的思维。人要进行适应性思维的原因在于：人通常面对的是现实世界，要解决的是特定情境中的现实问题。

合理的认知方式包括能够尽量摒弃主观色彩，不钻牛角尖，客观公正地看待和评价自己与他人，以符合现实世界的观点、信念去看待和解释所遇到的人和事。

（二）非适应性思维——不良认知方式

1. 追求完美

具有该认知方式的个体凡事追求尽善尽美，不允许有半点差错。拥有这种思维方式的人，观念里还伴有“应该”“必须”“一定”“不能”的信念，如“我应该获得第一名”“周末我必须看十小时的书”等。

著名的心理咨询专家杨凤池曾经这样描述追求完美：“追求完美等于追求失败。”因为追求完美的人往往看到的都是不完美的地方，同时一味地追求完美也不利于真正地做好事情。大学生的完美主义有两种情况：一种是指向自己的完美主义者，即总是对自己感到不满意，这样的个体有很强的自尊心，害怕失败，对自己的要求甚高，过度注重他人的评价，无休止地驱使自己去“努力”，很难有“轻松”可言。这样的完美要求会让个体的个性受到极度压抑，直接影响与同学正常的人际关系。另一种是指向他人的完美主义者，这样的人无论处于什么环境，总是倾向于对他人吹毛求疵，不允许别人犯错误，因而不可避免地导致同学关系紧张。

2. 以偏概全

以偏概全是指没有掌握全面的信息，仅根据某个细节或非核心的部分信息便对人或事件做总体评价，甚至下定论，犹如盲人摸象。

在大学生的日常生活和学习中，以偏概全的倾向往往不知不觉地影响个体对人的知觉和评价，给学生认知带来消极影响。其直接结果就是产生偏见。例如，有的同学只根据一次考试失误，就全面否定自己，认为自己是一个无能的人。这种以偏概全的思维方式容易产生偏执的逻辑错误，会对自己和他人缺乏正确认识，从而导致内心激烈的冲突和斗争。

3. 自我中心

自我中心是对自我的一种不良的认知和思维方式，这一点在自我意识的部分也有谈及，具体来说就是思维认知都是从“我”出发，认为他人也应该关注到“我”的需要和感受。具有这种认知特点的个体往往比较主观，难以理解别人为什么会跟自己有不一样的想法。以自我为中心的大学生往往局限于自己所熟悉的生活模式，在分清理想与现实、过去与现在等方面存在困难。因此也有很大可能面临适应障碍，产生于学习、生活、人际关系等诸多方面的不适应感。

4. 极端思维

极端思维是要么全对、要么全错，要么全好、要么全坏，把一切绝对化，视生活为非黑即白的单色世界，没有过渡地带。采用极端思维去认知世界的学生往往会做出不合逻辑的推理判断，从而歪曲事物的本来含义。

5. 负性思维

具有这种认知方式的个体，往往无法客观地看待外界事物，对人对事缺少全面的考虑和分析，内心世界充斥着各种负面暗示，并会用这种消极、悲观的态度看待自己、他人以及未来。例如，“我不会通过这次英语考试”，“没有人是真的爱我”等。同时，一个人在负性思维的驱使下，只关注能够验证自己消极假设的细节，会认为任何与这些负面思维相矛盾的证据或观点都是片面的、不可信的。

四、有利于解决问题的思维模式

思维是解决问题的基础，能够给一个人提供如何思考问题、看待问题、处理问题的空间。对不同的思维模式来说，逻辑思维、立体思维、创造性思维、成长型思维和逆向思维属于有利于解决问题的思维模式。

（一）逻辑思维

逻辑思维是一种理性活动，运用逻辑思维解决问题的过程就像是“剥洋葱”的过程，一步一步剥开表象，趋近问题的本质。就比如我们需要准备大学英语四级考试，首先我们要确定四级考试的题目类型，有多长的时间供我们准备考试。接下来，要明确在这些类型的题目中，哪些是自己比较擅长的，哪些是自己的短板，然后根据这些弱项和强项制订差异化的学习计划，确定每种类型的题目一周训练多长时间，采用什么样的习题进行训练，具体的准备时间如何根据自己的课表做调整。上面的这个过程其实就是运用逻辑思维帮助我们制订学习计划的过程。

（二）创造性思维

创造性思维具有动态、理性、突变、开放和多维的特点。创造性思维作为一种具有开创意义的思维活动，表现在新发明、新的思考方式的产生上。我们都知道“司马光砸缸”和“鲁班造锯”的故事。面对掉在缸里的同伴，常规性的思维是把同伴从缸口拉出，但是因为小孩子力气小而缸又太大，小孩子很难做到，所以司马光打破了固有的思考方式，搬起一块大石头向缸砸去，这就是典型的创造性思维解决实际生活中发生的问题。“鲁班造锯”的故事更接近于科学发明。鲁班联系被野草划破手的经历，观察蝗虫凭借牙上的小细齿割断草叶，从而创造了锯。其实很多科学上的发明创造和进步都离不开创造性思维，如苯环的发现、日心说的提出等。

（三）逆向思维

逆向思维是创造性的思维方式之一，是与正向思维相对应的解决问题的思维方式，往往能突破常规思维的束缚。正如我们日常所说的换一个角度思考问题，即从正面思考问题之外，也可以利用逆向思维思考问题。比如“塞翁失马，焉知非福”就体现了逆向思维。

逆向思维建立在对习惯性思维模式的反叛基础上，是对常规思维的否定和挑战，这种思维可以克服思维定式，打破由经验和习惯造成的僵化认知模式。运用逆向思维有利于突破思维束缚，找到解决问题的办法。

心灵故事

逆向思维

一位大爷到菜市场买菜，选了3个西红柿放上秤盘。摊主称了下：“一斤半，3块7毛。”

大爷：“做汤不用那么多。”于是去掉了最大的西红柿。

摊主：“一斤二两，3块。”

正当身边人想提醒大爷注意差价时，大爷从容地掏出了7毛钱，拿起刚刚去掉的那个大的西红柿，潇洒地走了。

所以，换种方法，另辟蹊径，你会发现解决问题的新方法。

（四）立体思维

立体思维是对认识对象从多角度、多层次进行考察研究，力图真实地反映认识对象的整体以及与其周围事物构成的立体画面的思维形式。

立体思维是一种宏观的思维模式，根据这一模式，通常意义上的具体思维对象不是单独存在的，而是与它的背景条件共同构成一个有机的整体思维对象。其实，在对一个人、一件事的看法上也往往会体现和运用立体思维，例如，我们看到一个人非常在意别人对自己的看法，我们可能会感到奇怪和不理解，但是，当把他的表现放到长久的成长环境中我们会发现，身边的很多重要他人对他都一直是苛责的状态，所以他也需要敏感于别人的看法，让自己比较安全地待在这样的环境中，通过这种立体思维的思考，我们对他可能会有更多的理解。其实很多时候在看待自己时，也可以使用这种立体思维，这样我们可能也会减少很多懊恼的情绪。

（五）成长型思维

成长型思维，是一种以智力可塑为核心信念的系统思维模式。斯坦福大学心理学教授卡罗尔·德伟克在其专著《思维模式：全新的成功心理学》中指出，一个人的智力具有可锻造的品质，通过坚持、努力以及专心致志地学习，可以得到成长或发展。

提到成长型思维，我们可能会想到很多大型企业强调成长型思维对于企业和团队的重要性。其实，培养成长型思维对于大学生自身的发展也十分重要，它能让学生正确认识自己，增强自信心，正确对待他人的评价，从而树立乐观向上的人生态度，在学习和生活中也有助于提高学生的人际交往能力，建立较好的人际关系，促进自身成长成才。同时，成长型思维也有助于学生不断迎接挑战、不断创新，以更好地适应未来社会的需要。

在日常生活中，我们不仅要重视成长型思维对我们的影响，还要通过各种方法训练和强化成长型思维。我们要在已有知识和技能的基础上，不断学习新的知识、接受新的挑战，不断改进自己的固有思维，要勇于走出个人成长发展的舒适圈，从而促进成长型思维的发展。同时，要看淡结果，关注过程。比如平时你是一个不愿意锻炼的人，但你为了挑战自己，报名了三个月后的半程马拉松并且每天坚持训练，三个月后即使你没有在比赛中取得名次，但这个努力迎接挑战的过程也使你获得了成长。因此，我们不能单纯地用事情结果来判定自己是否努力，要从多个角度看待问题，促进过程的优化和改善，享受自己在过程中的体验和成长，培养自己的成长型思维，从而促进自身发展。

拓展训练

思维训练

活动分组：6人一组。

活动目的：训练学生的创造性思维能力，提高其发散思维的变通性。

活动实施：

（1）展示规则：仅使用给定的工具（一盒火柴、一盒图钉、一根蜡烛，如右图），将蜡烛固定在墙壁上。要求点燃蜡烛后，蜡油不能滴落在地面上。

（2）比速度，讨论出解决办法的小组到前面展示。

（3）小组讨论、活动展示。想一想解决这个问题的关键是什么。

仔细思考不难发现，解决这个游戏的关键是盒子的使用。一开始，盒子是作为装东西的工具发给大家的，它的用途似乎固定了，就是装东西。但如果我们能够变通地看待盒子的用途，就会发现它可以做蜡烛台使用，问题自然也就迎刃而解。

第二节 “山重水复疑无路，柳暗花明又一村”——问题解决

无论是诗词中“长风破浪会有时，直挂云帆济沧海”，还是“愿你披荆斩棘，无畏远方”，都体现了成长路上每个人可能遇到很多问题，也体现了在解决问题时要勇敢地面对且不畏艰难的豪迈之情。大学时期作为一个重要的成长阶段，大学生会面临很多的新问题和新任务，问题解决得是否顺利，与大学生心理健康发展有很大的关系。本节将重点介绍大学生的常见问题及应对策略。

一、问题它悄悄地来了

（一）大学生心理断乳期的概念

一个人的成长发展过程中需经历两次断乳期。第一次被称为生理断乳，是身体的独立化过程；第二次是心理断乳，是心理的独立化过程。大学新生心理断乳是指摆脱依赖于父母的心理状态，感知到自己是一名独立的社会成员。

在这一社会化时期，大学生的发展呈现出不稳定、不均衡、具有可塑性的特点，极易受到周围环境和外界因素的影响。

（二）大学生心理断乳期常见的问题

很多大学生来自异地，平生第一次离开父母的监护，割断个人与家庭在心理上联系的“脐带”，摆脱对家庭的依赖，成为独立的个体，在这个由依附父母向追求独立的转变过程中，大学生将面临很多的挑战。在面对陌生的环境、不熟悉的人际关系、新的学业内容时，大学生心理层面容易产生理想与现实、感性与理性、强烈的求知欲与相对较弱的意志力之间的矛盾，陷入埃里克森提到的“阶段性危机”。

（三）心理断乳期问题成因

个体在早年的成长过程中，通常会获得理想化的自我概念。当个体进入心理断乳期，开始尝试接触真实的环境，尝试以独立的姿态面对外部世界时，可能会发现个体获得的理想自我概念与现实自我存在差距，这就造成了新的心理问题。假如个体早期所受的教育告诉他“生活是幸福的”“爱情是甜蜜的”，然而在未来的现实生活中，这一信念总是遭到冲击或否定，个体就容易产生焦虑或困惑，这实际上是许多青年人都会面对的一个问题。反之，如果个体的理想自我概念是成熟而实际的，他对真实的社会生活更了解，那么他在未来的社会实践中，就能够较好地适应现实社会。

当然在这个过程中，我们也可以试着提升自己抵抗挫折的能力，即便有些事情没有像自己之前想的那么美好，但这不代表所有的事情都是不美好的，还是有美好的一面存在的。拥抱一颗赤子之心的同时，也相信自己有能力抵抗一些变数，即“出走半生，归来仍是少年”。

二、学会问题解决

（一）问题解决如何发生

问题解决发生在问题解决者克服某一问题的认知活动过程中，是按照一定的目标，应用各种认知活动、技能等，经过一系列思维操作，使问题得以解决的过程。

对我们来说，常面临的是认知问题的解决和实践问题的解决。但是解决问题的过程往往并不是一帆风顺的，可能有各种的羁绊和阻力。

（二）影响问题解决的因素

1. 思维中的僵化

在问题解决的情境中，问题解决者必须以全新的方式运用某一对象，如上一节的拓展训练中，要让蜡烛固定在墙上，同时不让蜡油落到地面上，可以打破盒子只能装物体的僵化思维，把它作为一个支架或托盘托住蜡烛。如果问题解决者只能以最常规的方式来思考工具的用途，那么问题就难以得到解决。

2. 自动化思维

自动化思维是指无意识的、自然而然发生的，不需要耗费认知资源的思维。面对熟悉的任务或信息时，个体通常采用自动化思维来解决问题。但自动化思维很多时候不够准确，容易忽略问题的一些细节，甚至把问题解决引向了错误方向，就像“刻舟求剑”的故事，记住物体在哪个地方掉落无疑能够帮助我们快速找到物体，这就是一种自动化思维，但是如果忽略了事情是发生在一条行驶的船上，这种方法肯定对找到丢失的物品无济于事。

3. 心境与情绪

感知问题在解决问题过程中是首要的，人们如何感知面对的问题，对自己来说是机会还是威胁与个体当时的心境有关。积极心境可能促使个体把问题知觉为机会，消极心境则可能促使个体把问题知觉为威胁。

问题解决是思维的认知过程，而“认知资源假说”认为，情绪是通过占用认知资源来实现对认知过程的影响的，而人的认知资源有限，因此情绪若占用的认知资源过多，则会导致认知活动资源不足，认知效率下降。

4. 自立人格水平

自立人格是指个体在自己解决所遇到的基本生存与发展问题的过程中，形成的包括个人与人际两个方面的具有独立性、主动性、责任性、灵活性和开放性等特质的一种综合性的人格因素，可以从理论上划分为“人际自立”和“个人自立”两个方面。人际自立是个体在自己解决所遇到的基本人际交往问题中形成的综合性的人际性的人格特征。个人自立是个体在自己解决所遇到的基本个人生活问题中形成的综合性的非人际性的人格特征。

自立人格被视为健全人格的重要内容。自立人格是心理健康的保护性人格因素，具有维护心理健康的功能。研究表明，个体的自立人格水平会影响个体解决现实生活问题的质量。

5. 知识经验

知识经验的多少也是影响问题解决的重要因素。根据某个领域知识经验的多寡可以有专家和新手的差别，专家在自己的领域有丰富的积累，看到问题能够比较快速地想到解决方案，对问题的表征也更加高效、准确，而新手在解决问题时需要花费更多的精力。因此，作为大学生来说，要不断积累知识，生活中如遇到一些自己无法解决的问题，可以积极求助经验丰富的老师或朋友，以获得有效的问题解决方法。

（三）问题解决有策略

1. 认知层面的问题解决策略

问题解决策略是指解决问题的一般途径和方法。一个问题应该用哪种策略来解决，既依赖于问题的性质和内容，也依赖于人的知识和经验。研究表明，人的问题解决能力是伴随一系列策略的运用而发展和提高的。现代认知心理学认为，人所运用的问题解决的基本策略有“算法”和“启发”两类。

算法策略是指逐个尝试问题的各种可能性，最终找到问题答案的方式。如果一个问题有算法，那么只要按照其规则进行操作，就能保证获得问题的正确答案。比如解密码锁，根据密码的各种可能，逐一去尝试，最终找到正确的密码，并打开密码锁。

启发策略是指人们根据规律或根据已有的知识和经验解决问题的方式。它是一种凭借经验的解题方法，因而也称为经验规则。与算法策略不同，启发策略不能保证问题一定能够得到解决，但可以凭借经验减少解决问题的尝试次数，从而有效地解决问题。依然以解密码锁为例，根据规律和推测，从多种可能性中推算出几种，这几个答案可能是对的，也可能是不对的，若对了就减少了尝试的次数，从而有效地解决了问题。

知识窗

柯勒的黑猩猩实验

柯勒将饥饿的黑猩猩关在笼中，笼外远处放置香蕉，并在笼与香蕉之间放置数条长短不同的竹竿，每条竹竿的长度，均不能单独用来取到香蕉。

猩猩必须解决的问题是：如何将两只木箱摞在一起，以取到香蕉。

结果发现：黑猩猩面对这种情境时，动作并不紊乱，在几次尝试用单只木箱取香蕉失败后，突然露出领悟的样子，于是将两只木箱摞在一起，从而达到了取香蕉的目的。柯勒称此种学习现象为顿悟学习。顿悟是指突然察觉到问题的解决方法，是通过学习者重新组织或重新构建有关事物的形式而实现的。他认为学习不必靠盲目尝试和重复练习，只要个体理解整个情境中各刺激之间的关系，顿悟就会自然发生。这就是柯勒的顿悟学习理论。

柯勒深入研究了猩猩解决问题的行为，其中“取香蕉”的实验是最有名的。（见下图）。

2. 实践层面的问题解决策略

（1）自由产生策略

自由产生策略是指在解决问题时，想出尽可能多的方法，方法越多，其中至少有一个可用的可能性就越大。根据这种策略的定义，头脑风暴法可能会被认为是自由产生策略的原型，头脑风暴法旨在获得最多的问题解决办法。

（2）逐步分析策略

逐步分析策略是假设在解决问题过程中需要几步，在每一步又面临几种选择。该策略是指先完成一步，再继续解决后边的几步，以减少问题解决中的盲目性，减少非必要的步骤。

（3）类推策略

类推策略是指将过去成功的问题解决方法迁移到新的问题中来。该策略强调寻找当前问题和其他问题的相似性。

（4）表象化策略

表象化策略来源于格式塔的观点，是指以心理想象的方式来表征问题。该策略强调从整体上思考问题，从其他角度看待问题。该策略也适用于重新建构问题，以促进问题解决。

（5）整合策略

整合策略是指将问题的各个方面、线索联系起来，以促进问题解决。

以上五种策略中，较多使用的是类推策略。以上几个问题解决策略并不适合人际交往问题，尤其是逐步分析和整合的方法最不适合。

拓展训练

不同的问题解决策略

活动分组：每小组分成两个亚组，即A组和B组。

活动目的：提高学生对不同问题解决策略的认识。

活动实施：

（1）小组共有10支签字笔，其中有1支比其他9支的重量都轻一点，请大家找出这支签字笔。

（2）A组使用算法解决策略，一支一支去称掂重量，找出最轻的那支。

B组使用启发策略，先根据以往经验进行观察，筛选出2~3支可能的目标，然后再从这2~3支里边找出最轻的那支。

（3）两组同学分别分享这两种解决策略所带来的不同，比如哪种解决问题的策略更快速，哪种更准确。

（4）想一想，如果这里的笔变成了100支，应该怎样选取合适的策略？

（5）上述发现对自己有什么样的启发？在日常生活中是不是找到更合适的问题解决策略才能事半功倍？

第三节　“穷则变，变则通，通则久”——创造性思维

不同的思维方式或认知方式可能给问题解决带来不一样的结果，同时，固有的惯性思维有时候并不能帮我们解决新的问题，此时需要我们打破固有的思维模式，创造性地去思考。不论是刘禹锡的“沉舟侧畔千帆过，病树前头万木春”，还是郑板桥的“删繁就简三秋树，领异标新二月花”，都强调了新事物所带来的生机。从固有的思路中走出来，创造性思维有利于事物的发展和问题的解决。本节将重点阐述创造性思维从哪里来，到哪里去，并介绍培养创造性思维的途径。

一、创造性思维从哪里来

（一）如何认识创造性思维

创造过程中的思维活动，具有一般思维活动（解决问题）的特点，但又

不同于一般的解决问题。因为它不只是依靠现成的表象或有关条件的描述，而是在现成资料的基础上进行想象、加以构思，才能解决前人所未解决的问题。因此，创造活动与想象和创造思维有着极其密切的联系。创造性思维的定义主要从三个方面体现，即将创造性思维看成一个过程、一种状态和一种结果。比较有代表性的界定如下。

一是认为创造性思维是以感知、记忆、思考、联想、理解等能力为基础，以综合性、探索性和求新性为特点的心智活动。

二是认为创造性思维是指人们在最佳的心理构成和心理合力作用下的种种思维状态，如直觉、灵感及创造想象等。

三是认为创造性思维的关键是对“创造”本身的理解，无论是把“创造”作为一个过程还是作为一种成果看，都可以分为发现、发明、发展三种，即发现尚未被认识的事物、创造出不存在的新事物和对已有成果进行创新。

（二）创造性思维的维度

1. 流畅性

创造性思维的流畅性是指在一定时间内产生观念数量的多少，它与思维的灵活性有关，又是思维独创性的前提条件。

2. 变通性

创造性思维的变通性是指进行创造性思维活动的人可以在知识的海洋里纵横驰骋，可以在想象的天空里自由翱翔，可以根据事物发展变化的具体情况，迅速从一种意境进入另一种意境，多层次、多方位地试探解决问题的办法。

3. 独特性

创造性思维的独特性是指思维方法新颖、奇特，能够突破常规思维，带给个体不一样的问题解决思路。如同前面拓展训练中，图钉盒不再只是装东西的工具，而是可以作为一个支架支撑蜡烛，这种打破常规的思维方式就是独特性的体现。

（三）创造性思维的桎梏——思维定式

当我们面临所要解决的问题时，思维主体可以不假思索地把问题纳入特定的思维框架并沿着特定的思路和路径对其思考和处理，而不善于另辟新路。这种特定的思维框架就是思维定式。

思维定式的主要特征是它稳固的形式化结构和强大的惯性。这种特征便构成了创造性思维的障碍。创造性思维依靠的主要是发散性的求异思维，而思维定式是与其完全相反的思维模式。从人类认知活动的整体来看，认知过程中思维定式不断被建构，通过连续的建构，人们获得了新的内容。

固守原有的思维定式不利于创造性思维的发生，一定程度上使人们在面对新问题时固守以往的经验。培养创新思维，必先打破“心理固着效果”，以全新的思路来应对出现的问题，获得新的突破。

二、创造性思维到哪里去

创造性思维的四阶段理论，把与创造活动相联系的创造性思维过程分为准备阶段、酝酿阶段、阐明阶段和验证阶段。准备和验证阶段属于意识思维，酝酿和阐明阶段属于潜意识思维。

（一）创新总是来源于有准备的人——准备期

在创造性思维中，准备是第一个阶段。比如你会听到某个正在深思的人对自己说：“我想弄清楚这个问题背后的机制。”这就是这个阶段大脑思维活动的典型例子。为了解决问题，思考者忙于尽可能多地收集关于那个问题的信息。在这个阶段，由于材料的汇集和增加，思维会快速转动，头脑中的想法并不会局限于限定的注意和规划（原来的问题）。阅读目标领域的相关文献是收集信息的重要方法。个人以前在相关领域的经验积累及对身边环境的仔细观察，都是可用的有利资源。美国教育家、心理学家杜威说：“面临难题时，除非此前曾沉浸在准备阶段，否则，任何关于它们的发明、解决方案、发现都不会偶然出现。”在解决问题的过程中，个人在创造性思维的第一个阶段收集的各种各样的信息起着桥梁的作用。

数学家庞加莱描述了工作中自己解决难题的第一步：“我已经用了两周的时间来证明，以前我所谓的那些函数也许并不存在。半个月来，我每一天都用一两个小时去思考那个问题，最终却一无所获。”他尝试了很多新的数据组合。他继续说道：“偶然的灵感从来不会出现，除非你付出了无数次没有收获的歇斯底里的尝试。通常，一个人在解决十分棘手的难题时，最初的付出常常是不见成效的。在重新投入工作之前，他需要或多或少地休息一段时间。”

这一阶段给人的都是不愉快的感觉，个人在这一阶段也常会充满疑问并感到困惑，这一阶段有很多地方会让人受挫。写一首抒情诗，可能需要几分钟去准备；一项发明或一场重要的实验，可能需要数月或数年去准备。紧随准备工作之后的是酝酿期。

（二）好酒总需要陈酿——酝酿期

在创造性思维的过程中，酝酿期是第二个阶段。在准备阶段，个人解决问题的尝试失败后，通常会暂时停下来。他一般会做点儿其他的事情调节一下，如睡觉、锻炼身体或其他方面的工作。当他忙于其他的事情时，或许发现自己会偶然地冒出一个想法，而这个想法最终能引导他解决自己面临的难题。在其头脑中，这个想法会不停出现，且逐渐被修改完善。直到酝酿阶段的结尾，这些想法才会清晰并定下来。酝酿阶段有一个显著的特征，就是思考者在暂停处理难题后会从事锻炼、休息、放松、娱乐或其他非脑力工作。

杜威提出：“大脑不再急切地关注一个问题后，人的意识就卸下了之前的负担，这个时候就是新思维的酝酿期；头脑中的那些材料调整着自己，事实和规则也各就其位；那些困扰变得明朗和清晰起来，混杂的思维逐渐井然有序。通常到了这种程度，那些问题在本质上已经被解决了。”

在酝酿阶段，虽然一个人会尝试用不同的方法努力解决问题，但是，一个想法会逐渐成长、兼并或利用其他思想，这个想法解决问题的目的会越来越明确，而且不可动摇。最终，灵感会在创造性思维中应运而生。

美国心理学家伍德沃斯认为，“酝酿”这个词，意味着我们从目标问题上转移了注意力，我们的思维是在无意识中思考解决问题的方法。在准备期之后、阐明期之前，我们通常会思维混乱、注意力分散，因为我们在准备阶段做了大量的工作，所以在酝酿期，我们不需要对目标问题做太多的工作就能获得部分解决方案。因此在学习和生活中，如果面对的是一个需要打持久战的难题，就需要做一些其他事情让自己进入酝酿期，当然，这也是因为一个人还必须处理其他生活中的事情，尽管无非是些吃饭、喝水、睡觉之类的事务。如果一个人面对的是比较急切的任务，酝酿期或许就用不上了，但是在大多数创意工作方面，准备期的大量工作可能会让我们效率低下。为了激发创造性思维，酝酿期的主要作用就是让我们放空心灵并重拾信心。

在创造性思维过程中，酝酿期紧随着准备期，酝酿期的特征是主要思想反复出现，这个思想往往在最后能成为解决问题的办法，或者在阐明阶段成为主要的思想成果。通常，这个想法会不停地自我修正，一次又一次不自觉地重复出现。在酝酿期的末期，一直被酝酿的想法会比开始时更加清晰和明确。这个阶段的时长可能是几分钟、几小时，也可能是几个月甚至几年。有时，在写一首抒情诗或者画一幅画的时候，酝酿期可能会持续几分钟或者几天，但是，在制定一项发明、计划一项科学实验或写一本书的时候，这个阶段就需要耗费数月甚至数年的时间。

（三）创新的顿悟——阐明期

阐明期也称为顿悟期，出现在酝酿期后，在此期间，那些经过酝酿的结论会明确下来。在画一幅画时，动笔写下初稿或勾勒出绘画轮廓就是阐明阶段；在创作音乐时，旋律在阐明期被第一次写下来。顿悟的想法会在突然之间，不由自主地闪现出来，可能发生在任何种类问题的解决过程中。在处理复杂问题时，创造性思维会被启动，顿悟会在准备期和酝酿期之后的某个短暂时期出现。阐明期的特点之一是偶然性，在偶然之中，直觉让我们得到正确的想法。另一个特点是"预感"或正确的想法一般会自然而然地出现。还有一个特征是，这个阶段的人会有一种确信无疑和无比自信的感觉，这种感觉伴随着直觉或答案出现的过程。

大多数情况下，我们的情绪化反应会伴随这个阶段，我们的情绪可能会经历从使人愉快的满足感到强烈的兴奋感的变化。阐明阶段持续的时间比较短暂，仅仅只是一瞬间，但是很多核心发现都会在此时产生。达到这一步后，主要工作事实上已经结束了。在此之后会发生的，是"灵思妙想的突然涌现"。

不论是解决简单问题还是复杂问题，我们都在一定程度上希望问题被解决，我们会在突然醒悟中获得解决问题的关键要素，当然，顿悟常常能启发个人的创造性思维，在解决比较简单的问题时，思维中闪现的正确意识能很快被拦截下来作为解决方案。在面对比较复杂的问题时，头脑中出现的正确想法会一时让人难以理解。创造性思维出现在更复杂的问题中时，酝酿期会紧随准备期，尽管二者可能会重叠。一个想法会在思维中被不停地修正，并且一次又一次地重复出现，直到其在阐明期或顿悟之中被意识到是正确的解决方案。

虽然阐明期可能持续几个小时，但是它通常只是几个短暂的瞬间。准备期、酝酿期通常会经历数天、数月甚至数年，两者经历的时长与阐明期形成了鲜明的对比。

（四）积极思维，谨慎求证——验证（或修订）期

在创造性思维中，验证（或修订）是最后一个阶段。在阐明期出现的核心思想或结构在此阶段获得验证或修订。音乐家可能会在合适的音乐器材上演奏出自己创作的乐曲，然后看看哪些旋律和乐调还需要修改。修订工作有时候轻而易举，有时艰难异常。根据所面对问题的性质和难度，这一阶段的持续时长，可能是几分钟、数月甚至数年。

三、抓住创造性思维

（一）提升创造性思维的途径

1. 主动思考，多提问

古人早有"勤学好问"的训导，若头脑中没有问号，自然也就不会有创

造性。因此，大学生在日常生活中尝试对事物多一些好奇，有意识地提醒自己思考事物背后的原因，多问一些为什么。在日常生活中可以锻炼自己养成一种习惯，对于自己感兴趣又不太了解的事物可以多提问，尽可能多地问自己不同的问题，然后试着自己去回答。如果做不到，可以查阅他人的作品或其他的参考文献。例如，牛顿问了一个平常的问题：“为什么苹果会落地？”虽然成千上万的人看到过苹果落地，但是没有人去问为什么。

2. 培养兴趣、耐心和好奇心

对问题的兴趣会使思考者在问题解决之前，对正确解决方法的渴望越来越强烈。同时，创造性思维的发挥也离不开耐心，为了能获得最佳结果，思考者必须尝试以不同的方式解决问题，尽管会受挫，这一点在创造高质量原创作品时表现得尤为明显。另外，对世界持有普遍的好奇心也有利于思考者培养创造性思维。最高级的科学思维根植于我们对自己居住的世界充满好奇心。同样地，对自己生活环境的好奇心，能让艺术家或作家以一种媒介记录下自己的所见所闻、所思所想。在培养或发挥创造性思维时，对外界充满好奇心是十分必要的。

3. 培养幽默感

在运用创造性思维的过程中，个体常会体现出一个非常重要的人格品质，即幽默感。寻求娱乐的精神能够让一个人有机会获得更多新想法，面对问题时，幽默感能让个体想出很多不同的可能性解决方案。此外，幽默感能使个体更客观地看待自己，不会让其对自己的错误太过于惊讶。幽默感能够促进个体更加客观地看待自己，那些创造出最佳原创性作品的人通常都有着非凡的幽默感或娱乐精神。作为大学生，如果想提高自己运用创造性思维的能力，也要有意识地培养自己的幽默感。

（二）有利于创造性思维的条件

创造性思维的能力不是少数人特有的，从某种程度上来说，所有人都具备这种能力。普通人的创造性思维和诗人、画家、科学家的创造性思维展现出相同的基本阶段。既然我们都能进行创造性思维，那么如何做才能获得更好的结果呢?

1. 有足够的时间

解决问题时，如果被要求在一定时间内，那么问题解决者就会倾向于从过去的经验中寻找解决方法，而没有精力去寻找创意的新方法。时间有限的情况下，问题可能被匆忙地处理。因此，充足的时间可以为创造性思维提供条件。

2. 问题足够难

当个体在面对一个比较困难的问题而用过往的经验无法解决时，才有可能触发问题解决者从新的角度去深入地思考。若问题比较容易，那么可能经过简单的推理过程就能解决，那创造性思维就不会出现。因此，问题足够难是创造性思维出现的必要条件之一。

3. 积极的情绪和态度

高动机、热情和愉快的投入为积极情绪，它们会导致更高的认知流畅性，在更广泛的环境下培养创造性问题解决。积极情绪可以促进个体的注意范围和认知范围，使个体的思维方式更灵活，行为更具有创造性。比如贝纳姆曾说：“个人在创作之前处于一种什么样的情绪和情感状态，明显会影响其作品的内容和质量。”

4. 适度休息和抽离

一个人在休息时或在做与工作或学习无关的活动时，通常会获得新颖的想法，而在疲惫时很难想到有新意的想法。杜威曾说：“长时间全神贯注于一个智力题目，个人的思维会很容易变得麻木和迟钝。这时，如果个人将注意力放在其他的事情上，之前麻木的意识就会放松下来，新的酝酿开始产生，解决方案就不远了。”美国心理学家卡尔说：“很多时候，睡一觉之后你会得到有用的灵感。”戴门特建议：“在日常生活中，勇往直前是很有必要的，不过也要懂得暂时退却。”当人们为创造性保留一分空闲时，会让自己回到神采焕发的状态，因此，我们在日常学习生活中，当遇到难题时，不妨停下来离开这件事，然后再开始。

四、测测你的创造力倾向

威廉斯创造力倾向量表，是心理学家威廉斯总结了不同专家从人格角度研究创造力的结果而编制的，是一份帮助个体了解自己创造能力的测试。请你阅读下面每句话，如果你发现表中某些句子所描述的情形很适合自己，则请在题后的表格中“完全符合”的选项内打钩；如果有些句子对你来说只是部分适合，则在“部分符合”的选项内打钩；如果有些句子对你来说根本不可能发生，则在“完全不符合”的选项内打钩。

注意：

（1）每一题都要做，不要花太多时间去想。

（2）所有题目都没有“正确答案”，凭你读完每一句后的第一印象填写。

（3）虽然没有时间限制，但尽可能以较快的速度完成，越快越好。

（4）切记：凭你自己的真实感觉作答，每一题只能选择一个答案。

表 4–1 威廉斯创造力倾向量表

题 目	完全不符合	部分符合	完全符合
1. 学校里，我喜欢试着对事情或问题做猜测，即使不一定都猜对也无所谓。	1	2	3
2. 我喜欢仔细观察我没有见过的东西，以了解详细的情形。	1	2	3
3. 我喜欢变化多端和富有想象力的故事。	1	2	3
4. 画图时我喜欢临摹别人的作品。	1	2	3
5. 我喜欢利用旧报纸、旧日历及旧罐头等废物来做成各种好玩的东西。	1	2	3
6. 我喜欢幻想一些我想知道或想做的事。	1	2	3
7. 如果事情不能一次完成，我会继续尝试，直到成功为止。	1	2	3
8. 做功课时我喜欢参考各种不同的资料，以便得到多方面的了解。	1	2	3
9. 我喜欢用相同的方法做事情，不喜欢去找其他新的方法。	1	2	3
10. 我喜欢探究事情的真假。	1	2	3
11. 我喜欢做许多新鲜的事。	1	2	3
12. 我不喜欢交新朋友。	3	2	1
13. 我喜欢想一些不会在我身上发生的事。	1	2	3
14. 我喜欢想象有一天能成为艺术家、音乐家或诗人。	1	2	3
15. 我会因为一些令人兴奋的念头而忘记其他的事。	1	2	3
16. 我宁愿生活在太空站，也不喜欢住在地球上。	1	2	3
17. 我认为所有的问题都有固定答案。	1	2	3
18. 我喜欢与众不同的事情。	1	2	3
19. 我常想要知道别人正在想什么。	1	2	3
20. 我喜欢故事或电视节目所描写的事。	1	2	3
21. 我喜欢和朋友在一起，和他们分享我的想法。	1	2	3
22. 如果一本故事书的最后一页被撕掉了，我就自己编造一个故事，把结果补上去。	1	2	3
23. 我长大后，想做一些别人从没想过的事情。	1	2	3
24. 尝试新的游戏和活动，是一件有趣的事。	1	2	3

续表

题　目	完全不符合	部分符合	完全符合
25. 我不喜欢太多的规则限制。	1	2	3
26. 我喜欢解决问题，即使没有正确答案也没关系。	1	2	3
27. 有许多事情我都很想亲自去尝试。	1	2	3
28. 我喜欢唱没有人知道的新歌。	1	2	3
29. 我不喜欢在班上同学面前发表意见。	3	2	1
30. 当我读小说或看电视时，我喜欢把自己想成故事中的人物。	1	2	3
31. 我喜欢幻想 200 年前人类生活的情形。	1	2	3
32. 我常想自己编一首新歌。	1	2	3
33. 我喜欢翻箱倒柜，看看有些什么东西在里面。	1	2	3
34. 画图时，我很喜欢改变各种东西的颜色和形状。	1	2	3
35. 我不敢确定我对事情的看法都是对的。	3	2	1
36. 对于一件事情先猜猜看，然后再看是不是猜对了，这种方法很有趣。	1	2	3
37. 玩猜谜之类的游戏很有趣，因为我想知道结果如何。	1	2	3
38. 我对机器有兴趣，也很想知道它里面是什么样子，以及它是怎样转动的。	1	2	3
39. 我喜欢可以拆开的玩具。	1	2	3
40. 我喜欢想一些新点子，即使用不着也无所谓。	1	2	3
41. 一篇好的文章应该包含许多不同的意见或观点。	1	2	3
42. 为将来可能发生的问题找答案，是一件令人兴奋的事。	1	2	3
43. 我喜欢尝试新的事情，目的只是为了想知道会有什么结果。	1	2	3
44. 玩游戏时，我通常是有兴趣参加，而不在乎输赢。	1	2	3
45. 我喜欢想一些别人常常谈过的事情。	3	2	1
46. 当我看到一张陌生人的照片时，我喜欢去猜测他是怎样一个人。	1	2	3
47. 我喜欢翻阅书籍及杂志，但只想知道它的内容是什么。	1	2	3
48. 我不喜欢探寻事情发生的各种原因。	3	2	1
49. 我喜欢问一些别人没有想到的问题。	1	2	3
50. 无论在家里或在学校，我总是喜欢做许多有趣的事。	1	2	3

评分方法：本量表共50题，包括冒险性、好奇性、想象力、挑战性4个维度；测验后可得4个维度的分数，总分为4个维度分数的和。分数越高，创造力水平越高。

正向题目：完全符合3分，部分符合2分，完全不符合1分；

反向题目：完全符合1分，部分符合2分，完全不符合3分。

表4-2　评分表

项　目	题　目		计　分
	正　向	反　向	
冒险性	1、5、21、24、25、28、36、43、44	29、35	>22
好奇性	2、8、11、19、27、32、34、37、38、39、47、49	12、48	>28
想象力	6、13、14、16、20、22、23、30、31、32、40、46	45	>26
挑战性	3、4、7、9、10、15、17、18、26、41、42、50	无	>24
总　分			

拓展训练

物品的非传统用途

活动分组：6人一组。

活动目的：训练学生创造性思维能力，提高其发散思维的流畅性。

活动实施：

（1）请思考一把勺子有多少种用途。2分钟时间，开始！

a. 计时2分钟；

b. 把你能想到的用途写在纸上；

c. 写的用途越多越好。

（2）小组分享：哪位同学写出来的功能最多？分享自己的思考过程。

（3）思考在自己生活和学习的哪些方面会用到这样的发散思维方式，如何训练自己的思维流畅性。

推荐资料

1. 图书《创新力+：创造性解决问题的12种思维工具》，伊恩·阿特金森著，徐诚等译。

作者介绍了12种创造性思维工具的使用方法与适用场景，从中不仅能获得解决各种问题的方法，而且能将自己的思维层次提升到一个新的水平。并且，围绕如何在头脑风暴会议中有效运用这些创新思维工具，作者也给出了翔实全面的探讨，极具实操价值。

2. 电影《盗梦空间》，克里斯托弗·诺兰执导。

影片讲述由造梦师多姆·柯布带领特工团队进入他人梦境，从他人的潜意识中盗取机密，并重塑他人梦境的故事。多姆·柯布是一位经验老到的窃贼，他能够潜入人们精神最为脆弱的梦境中，窃取潜意识中有价值的秘密。柯布这一罕见的技能使他成为危险的企业间谍活动中最令人垂涎的对象，但这也让他成了一名国际逃犯。如今柯布有了一个赎罪的机会，与以往不同的是，柯布和他的团队这一次的任务不是窃取思想，而是植入思想。如果他们成功，这就是一次完美犯罪。这部电影可以看成一次复杂的问题解决过程，既带人们领略了思维的深邃，也一起探索了一项关于问题解决的挑战。

参考文献

［1］曹荣誉．问题解决策略及其在教学中的应用［J］．北华大学学报（社会科学版），2004（4）：62–66.

［2］邓铸．思维的本质与定义新论［J］．徐州师范大学学报（哲学社会科学版），2010，36（4）：139–144.

［3］宁莹莹．学生成长型思维模式培养探析［J］．福建基础教育研究，2020，（2）：10–12.

［4］苟志效．论动作思维的特征及其认识论价值［J］．晋阳学刊，1994（2）：45–49.

［5］付俊英．论思维定式与创造性思维［J］．科学技术与辩证法，2000，17（5）：19–22.

［6］韩俊尧．培养创造性思维的几个方法［J］．职教论坛，2002（12）：18.

［7］贺壮．走向思维新大陆 立体思维训练［M］．北京：中央编译出版社，2005.

［8］吉仁泽．适应性思维：现实世界中的理性［M］．上海：上海教育出版社，2006.

［9］荆雷．设计艺术原理［M］．济南：山东教育出版社，2002.

［10］李剑锋，王菲．创造性思维与思维定式［J］．唐山学院学报,2004（1）：3–5.

［11］李赟．创造性思维的特征、方法与创造力培养研究［D］．西安：西安建筑科技大学，2007.

［12］梁晶．大学生自动化思维、自卑及应对方式的关系研究［D］. 石家庄：河北师范大学，2010.

［13］梁静．大学生常见的不良认知方式及矫正［J］．科学咨询，2009（15）：83.

［14］刘丹．大学新生常见的适应问题及解决对策［J］．边疆经济与文化，2010（4）：142–143.

［15］刘迪，林楠．情绪对问题解决过程影响的简要分析［J］．华章，2011（2）：3–4.

［16］刘汉民．论大学生发散思维能力的培养［J］．教育与职业，2006（32）：173–174.

[17] 刘汉民．论逆向思维［J］．重庆理工大学学报，2005，19（9）：96–100.
[18] 柳洲，李祖扬．思维类型探析［J］．安徽工业大学学报（社会科学版），2005，22(6)：12–14.
[19] 彭聃龄．普通心理学［M］．北京：北京师范大学出版社，2012.
[20] 陆惠英．谈心理断乳期障碍［J］．合肥师范学院学报，1996（2）：96–96.
[21] 帕特里克．创造性思维十一讲［M］．童仁川，译．北京：新世界出版社，2016.
[22] 孙双金．诗歌与形象思维［J］．教育视界，2016（2）：4–9.
[23] 田运．思维是什么［J］．北京理工大学学报（社会科学版），2000（2）：31–34.
[24] 王纪录．市场营销创意策划［M］．北京：煤炭工业出版社，2018.
[25] 王如平．创造性思维的开发与培养［M］．北京：光明日报出版社，2012.
[26] 问道，王非．思维影响人生［M］．北京：华文出版社，2008.
[27] 吴甘霖．创造性思维的生理机制［J］．生物学杂志，2003，20（3）：59–60.
[28] 夏凌翔，黄希庭，万黎．大学生的自立人格与现实问题解决［J］．心理发展与教育，2011（1）：54–60.
[29] 夏艳霞．大学新生心理断乳期研究［J］．边疆经济与文化，2013（6）：100–101.
[30] 肖云，周卓华，蒲清平．论大学生适应能力的培养［J］．当代青年研究，2006（4）：29–33.
[31] 徐燕．积极心理学引领下发展学生和家长的成长型思维［J］．启迪与智慧（中），2020（3）：89–90.
[32] 杨冬梅．认知心理逻辑视野下大学生心理与行为问题的分析［J］．教育与职业，2013（11）：84–85.
[33] 杨文圣，李振云．试析发散思维是创新思维的核心［J］．衡水学院学报，2003（4）：64–66.
[34] 尹丽洁．浅谈大学生“心理断乳期”：以一个应届毕业生为例［J］．学周刊（A），2012（3）：14.
[35] 张丽华，白学军．创造性思维研究概述［J］．教育科学，2006，22（5）：86–89.
[36] 杨清．心理学概论［M］．长春：吉林人民出版社，1981.
[37] 曾旭睿．浅论学生成长型思维模式培养［J］．文教资料，2020，(24)：157–158，54.
[38] 张庆林．大学生心理健康导引［M］．重庆：重庆出版社，2007.
[39] 郑慎德．思维、创造性思维及其理论［J］．武汉金融高等专科学校学报，2002（4）：3–7.
[40] 朱先强，丁兆云，朱承，等．创新型人才培养中的成长型思维教学方式［J］．高等教育研究学报，2020，43（1）：104–109.

第五章
“行到水穷处，坐看云起时”
——压力应对与情绪管理

名人名言

岁寒，然后知松柏之后凋也。

——《论语》

理想使痛苦光辉。

——舒婷

◆ 案例导入

小周是一名大三男生，每天都感到紧张不安，无法安心学习，常常心情烦躁，有时还伴有头疼、心慌和胸闷等情况，但去医院检查后医生说身体没有问题。于是小周想到了寻求心理咨询的帮助。原来，小周非常希望跨专业考研能够成功，但本专业的课程学习任务本身就比较繁重，小周同时还担任了院学生会的重要职务，所以发现自己在完成本专业的学习任务方面都存在困难，更无法按照计划来完成考研复习的任务。

小周每次一想到自己可能实现不了考研成功的目标，就立马不敢再想下去，否认自己会考研失败，觉得这样的结果是自己无法接受的，为此感到很担心和着急。这导致小周根本无法集中注意力学习，学习效果也不好，这些反过来又加重了害怕和紧张的情绪。甚至在睡觉时也不由自主地想这些事情，无法放松休息，第二天的状态则更不好。经过咨询，小周明白了，原来自己制订了过于严苛的考研目标及复习计划（比如，必须一次考研成功，每天必须按计划复习 100 页等），这样的目标带给了自己很大的压力，导致自己出现焦虑、恐惧、抑郁等情绪反应，影响了实际的学习——尤其是负面的情绪和不理想的结果之间形成了恶性循环，所以情绪和复习效果都越来越不好。

小周通过积极调整对考试目标及复习进度的期待，同时坚持进行不良情绪的主动调节（如放松、自我认知对话、劳逸结合的作息安排等），使焦虑、恐惧、抑郁等情绪得以明显缓解，能够有条不紊地推进阶段性的学习目标，虽然有时仍能感到考研的压力，但可以把这种压力视为自己努力的动力，睡眠也不再是困扰，这些都让小周对来年的研究生考试充满信心。

◆ 导言

小周遇到的困扰具有普遍性。朝气蓬勃的青年，带着雄心壮志走进大学校园，期待凭借自己的才华与努力，在学业、实践、生活等方面的全面发展，成长为一个卓越出众的人。这样的愿望是非常美好的，但既然是成长，过程就不可能是毫无阻碍。我们不可避免地会遇到各种困难，带给我们压力，如果我们能够把压力转变成积极努力的动力，推动我们不断朝着目标进步，最终这些压力就会帮助我们学有所成、志得意满。

因为我们对自己和未来的期待过于完美，所以容易给自己造成过大的压力，很容易产生紧张、恐惧、抑郁、自卑等情绪。这些负性情绪严重时甚至可能达到精神疾病的程度，需要吃药或住院治疗，甚至休学。因此，我们不能小瞧大学生活中的各种压力以及这些压力带给我们的影响。如果我们充分了解压力及情绪的相关知识，积极学习和应用压力应对与情绪调节的方法，减小压力和情绪对我们的负面影响，就可以帮助我们化压力为动力。

第一节　“任尔东西南北风”——压力应对

“千磨万击还坚劲，任尔东西南北风。”清代文学家郑板桥的这两句诗把竹子外形纤弱、实则抗压力很强的形象生动地描绘了出来。由竹子不禁联想到生活中的我们——当我们面对各种各样的挑战与困难时，内心会产生压力，这要求我们充分调动内在的坚强意志与外在的应对能力，积极面对压力，不被压力击倒，要成为压力的驾驭者。

一、认识压力

（一）压力与压力反应

压力（stress），可以说是现代人使用频率最高的词汇之一。当我们面对一项困难较大的任务时，当我们面对内心不愿意接受的要求时，当我们期待自己表现完美又担心结果不尽如人意时，总会有一个声音在心里响起来：“唉，压力好大！”“鸭梨山大”（压力山大）便是对这种情况的一种调侃。压力究竟是什么呢？

国内学界这样定义压力：指在适应生活的过程中，当环境的需求和自身的应对能力不匹配时，个体感受到的一种身心紧张状态。更详细划分的话，压力包含三个部分：第一部分指现实存在的具有威胁性的刺激，即压力源（压力的来源）；第二部分指人面对压力源时产生的生理和心理的一系列反应，即压力反应，如暴跳如雷、伤心哭泣、冲动头痛等；第三部分指压力源所带来的一种被压迫的主观感受，即压力感，“我感觉我被一块石头压着”“我感觉我要疯了，我无法完成”。一言以蔽之，当遇到压力源的时候，我们在意识上会产生一种压力感，同时我们的身体及心理均出现一定的压力反应。

1. 山雨欲来风满楼——压力来源

压力源指引起压力反应或压力状态的具体的人或事。其可以分为非人为的压力源和人为的压力源，也可以分为外部压力源和内部压力源。

（1）非人为的压力源与人为的压力源

非人为的压力源又称自然逆境，如地理环境变化造成的各种自然灾害、生存环境的破坏、流行性瘟疫等。人为的压力源又称社会逆境，如近年来愈演愈烈的人际竞争、“内卷”等。

（2）外部压力源与内部压力源

外部压力源指由学习、就业、失恋、灾难等引发的个体经历的事件。内部压力源与个体内部对压力事件的看法有关，按照个体对事件看法的积极与否，内部压力源又分为挑战性压力源与阻碍性压力源。如果我们认为自己可以克服事件所带来的压力，认为压力对完成工作或者成长具有积极作用，那么这种压力源被定义为挑战性压力源；反之，则被定义为阻碍性压力源。举例来说，老师布置了一项任务，一个学生认为自己可以克服困难完成这项任务，并且完成后会帮助自己学习到新的技能、拓展自己的知识范围及经验，那么，这项任务就是挑战性压力源。另一个学生认为这项任务毫无价值或者自己根本无法完成，只会浪费自己的时间与精力，对自己的成长进步无益，那么，同样的任务就成了阻碍性压力源。

可以看出，一个事件是否会成为压力源，以及随之产生的压力大小，是由压力源的客观存在与个体对压力感的主观感受两种因素共同决定的，其中起主导作用的是人的主观感受。不同的个体面对同样的事物，可能产生完全不同的压力感与压力反应。就像参加学生会干部的竞选，对特别想要成功获选的同学来说，竞选可能是一个非常大的压力源，而对那些重在参与，对竞选结果抱着“尽力而为，顺其自然”态度的同学来说，压力的感觉就会小很多。“案例导入”中提到的小周的例子也说明了这一点。

2. 从热血沸腾到身心俱疲——压力反应

我们在压力状态下，会出现生理与心理两方面的压力反应，这些压力反应如果长时间积累，有可能导致身心方面的疾病。

（1）压力的生理反应

压力对生理的影响主要作用在我们身体的自主神经系统、内分泌系统和免疫系统等方面。应激状态（应对压力的状态）下个体表现出的生理反应常常有心率加快、血压升高、呼吸急促、食欲下降、出汗等，如果做激素检测，还可能会发现肾上腺素等内分泌激素分泌增加。随着应激时间的延长，身体对压力的生理反应往往经历警觉、抗拒和衰竭三个阶段的演变。最初的应激状态发生后，身体会抗拒持续应激带给身体的损伤，产生大量激素尝试调节复原身体，这些补偿性的激素分泌也可能给身体带来副作用；当压力存在太久，应激能力会逐渐耗竭直至丧失，身体机能就会缓慢下来，整个过程和“一鼓作气，再而衰，三而竭”的情况类似。

（2）压力的心理反应

压力的心理反应分别表现在认知、情绪及行为三个方面。

认知反应：当压力产生时，我们可能在注意力、工作能力和逻辑思维能力等方面出现提高或降低的现象，即压力适度时提高，压力不足或过大时降低。

情绪反应：当压力产生时，我们可能会出现激动、欣喜、兴奋甚至喜出望外等积极情绪，同时也可能会产生焦虑、恐惧、无助、烦躁、抑郁、挫折感、内疚感或羞耻感等消极情绪。

行为反应：行为表现比认知和情绪两个方面更容易被观察到，包括直接行为反应和间接行为反应。直接行为反应指与压力直接相关的行为，包括冲动行为、语速变快或结巴、语言攻击、不能静坐、行为慌乱、难以长时间集中注意力工作等。间接行为反应指可以推测出个体处于压力较大状态的行为，如抽烟增多、喝酒增多，对咖啡、茶、巧克力等消费增加，使用非法药品等，间接行为反应多与个体试图缓解压力这一目的有关。

“惶惶不可终日”即是对压力心理反应的一个形象的描述，我们可以感受到自己，或者看到他人有类似的表现，如终日紧张不安，担心悲戚，无法安心、专注地做事情，甚至暴躁易怒、行为慌乱，有时需要通过吸烟喝酒才能勉强镇静下来。

值得注意的一点是，不同性别之间的压力反应有着明显的差异性。有研究显示，男性面对压力时多表现为生理方面的反应，长期压力的积累容易出现生理性疾病，如胃溃疡、心脑血管疾病等。而女性面对压力多表现为心理方面的反应，容易出现焦虑、恐惧、沮丧等情绪。

（二）消除对压力的偏见——舞好压力这把“双刃剑”

有压力就完全是不好的吗？减压就是要把压力消除得无影无踪吗？其实，压力对我们的生存与健康来说，就像一把“双刃剑”，适当的压力促使人进步，不当的压力才会使人陷于不利或者生病。

1. 压力的益处

适度的压力可以激发人的潜能、热情、敏锐度，让人充满干劲，以最佳的状态调动身心的各项机能，更高效率地完成任务。同时，克服压力的成功经验也会反过来带给我们愉悦的感受。所以，保持适度的压力可以促进自我发展与身心健康的良性循环。

2. 压力的危害

压力状态下我们会出现生理和心理方面的压力反应，如果程度过大，持续时间过长，可能给我们的身心带来不利的影响。比如，在过大的压力状态下，我们很容易感冒生病，还可能出现睡眠障碍、饮食失调、月经不调（女性）、胃溃疡、高血压等躯体反应。压力过大时，我们感受到的大都是焦虑、抑郁、害怕、沮丧等负面情绪，严重的可能达到焦虑症、恐惧症、抑郁症等疾病状态。

值得注意的是，压力带给我们的影响也与我们主观上对压力的认知积极与否有关，新的研究显示，我们认为压力的影响是积极的还是消极的更关乎我们面对压力时的身体健康。相信压力有促进作用的人，比那些认为压力有害的人更少出现抑郁，更容易感受到快乐和有活力，工作更高效，身心更健康。由此可见，有时候真正带给我们危害的可能不是压力本身，而是我们认为“压力有害”的想法，因为觉得压力有害，所以在感觉到压力的时候就很容易产生过度害怕、焦虑等负面情绪，进而影响到应对压力的行为，导致受挫及身心疾病。因此，面对压力，首先我们要做的应该是从相对积极的角度去看待压力，促使压力的有益作用得以充分发挥，并使有害的部分能够尽量避免与减轻，这样我们才能舞好压力这把“双刃剑”。

知识窗

解锁压力有害的密码

美国斯坦福大学心理学教授凯利·麦格尼格尔做过一项持续8年的追踪调查。她追踪了3万名美国成年人，分析这些人在8年中经受的各种生活压力和8年后的健康状况。

调查开始时，问了这些人两个问题：

“在过去的一年里，你感受到了多大压力？”

“你认为压力对健康有害吗？”

8年后，收集这些人的健康状况信息，结果发现：那些认为压力对健康有害的人，会表现出失眠、内分泌失调的症状，并可能诱发癌症或心脏病，最终死亡风险增加了43%。相反，同样承受着极大压力、但不认为压力有害的人，死亡的风险非但没有升高，甚至比那些压力更小的人的死亡风险还低。团队由此得出结论：真正有害的，并不是压力本身，而是我们认为“压力有害”的想法。

面对压力，人的身体确实会有真切的生理反应，那对于这些对压力是否有害健康抱有不同想法的人，他们在压力面前的生理反应是怎样的呢？为了探究这个问题，哈佛大学心理学教授马修·诺克检测了被研究群体的心脏和血管功能。他发现尽管所有人在面对压力的情况下心跳会加快，但是心血管机能差别巨大。认为压力对健康有害的人，感受到压力之后心血管开始收缩，也恰恰是这种反应容易让心血管出现问题。而那些认为压力并不会对健康造成损害的人，面对压力同样会心跳加速，但是血管保持松弛，这样的状态与一个人在兴奋、充满信心、受到鼓舞时的生理状态类似。

二、大学生常见的压力来源

（一）环境适应问题

心理案例

如何与压力做朋友

小王刚上大一时神采奕奕，对崭新的大学生活充满期待。但没过两个月，就变得愁眉苦脸，经常忍不住抱怨：“我觉得上大学好累啊！科目那么多，课本那么厚，真不知道怎么能够把每科都学好。宿舍里几个人的作息时间不一致，我的睡眠常常被打扰。晚上睡不好觉，白天精神也不好。还有那么多的手续得去办，我有时候不懂也没有人可以帮我。感觉自己整天像个无头苍蝇一样忙乱不堪，还总是丢三落四的，感觉特别难受。我怎么这么糟糕！”

小王遇到的问题是大一新生普遍遇到的适应问题。环境适应问题引起的压力不容忽视，这一点在目前国内中学与大学设置存在较大差异的现状中表现得尤为明显。大学生进入大学校园后，面对丰富多样的学习内容，不再有统一规划的学习目标，没有严格统一的作息时间表，也不再是熟悉的生活方式与熟悉的人。大学生需要学习独自规划自己的发展方向及学习安排，同时也要学习独自应对生活中的各种琐碎小事，还需要学习如何与室友和平共处。对于在中学及之前阶段很少有机会得到锻炼的学生，对一切需要从头学习，不再有父母或老师来手把手教自己，所以容易产生不适应或受挫的情况。这往往会导致较大的压力，容易使大学生产生焦虑等情绪，这些不良情绪又会反过来进一步影响大学生对新环境的适应。

（二）专业适应问题

常有学习了大半年的大一年级的同学讲述自己对于所选专业学习的困难。比如有的同学选择建筑类专业，但学习后发现自己并不擅长画画和设计，学习成绩总是不理想，也没有什么兴趣和动力，对于未来的职业也失去了信心。这些同学经过梳理清楚自己的特点与兴趣，申请转专业，或者在主专业之余选择了自己感兴趣的第二专业去学习，对于未来的迷茫也随之散去。

大学生入学时的专业志愿是在高考时填报的，一般是从各类资料或别人的经验中获得对专业的理解，进而预估自身兴趣及能力与该专业的匹配度。这就导致当大学生真正进入专业学习后，往往需要重新评估该专业与自己是否匹配，有的同学确实会遇到所选专业与自己预想相差甚远的情况。因此，如何评估与权衡理想与现实的差异，如何调整自我对专业的认知和再选择，如何克服专业学习适应中存在的困难，等等，都会带来相应的压力，需要学生认真思考与解决。

（三）学业问题

学业是大学生在大学阶段面临的核心主题，由于学习压力而产生情绪上的紧张也不在少数。有的人因为科目太难，不知道该怎样提高自己的学习效果和成绩；有的人因为想要一直保持成绩前列，所以整天都无法放松和休息；有的人因为管理不好时间，导致学习不充分、学习效果不理想；有的人平时状态较好，但一遇到考试就特别焦虑；等等。

学业问题主要指具体学习过程中遇到的问题，这会是贯穿整个大学阶段的主要压力来源之一。我们需要找到合适的学习方法，克服学习过程中遇到的实际困难；还要学会良好的时间管理，既兼顾不同学习内容，更要兼顾大学生活的其他方面，为争取满意的工作、保研、考研或出国深造等未来的规划打好坚实的基础。虽然不同的大学生个体，面对的具体学业压力的内容及程度不同，但经过适度的梳理和调整后，个体一般都能清楚自己焦虑的原因，找到解决问题的办法。

（四）人际交往问题

一方面，大学生离开家人与朋友，进入陌生群体中，客观上需要重新建立人际关系；另一方面，随着大学生自我探索的增强，人际孤独的主题逐渐凸显，渴望与身边的人建立良好的人际关系，渴望被各类群体所喜欢与接纳，也成为大学生的内在强烈需要。大学生如果处理不好人际关系，往往容易形成较大的内心压力，引发焦虑、抑郁等不良情绪，对自我的认知产生影响。

有这样一个案例：宿舍四个人中有三个人的生活习惯比较一致，另外一个人总和大家格格不入，比如睡得很晚，还不注意自己活动时的声音；或者预设了很早的闹铃，但闹铃响了以后自己又不起，把其他不用早起的同学都吵醒。被影响到的同学心里不舒服，但又不知道该如何与这位同学沟通他的问题，担心对方不高兴，害怕引起激烈的冲突。经过学习和实践人际关系沟通的态度和技巧，这样的问题是可以得到妥善解决的，同学们既能和谐共处，又能真正共同成长。

（五）情感恋爱问题

心理案例

爱情的咸滋味

小明失恋了，感到非常难过，同时，他也始终想不明白：自己和前女友明明都很喜欢对方，为什么就是不能心平气和地相处。两个人总是因为鸡毛蒜皮的事情吵架，吵完架双方就开始冷战。吵架的次数越来越多，双方提出了分手。经过对双方吵架经过和双方可能存在问题的梳理，小明明白了导致两人分手的可能原因，总结了从中收获的感悟。这一方面缓解了小明沮丧自责的情绪；另一方面也让小明对未来更健康、更美好的感情生活重燃了希望。

大学生在大学阶段可以培养爱的能力，建立稳定的亲密关系。恋爱是涉及两个个体之间，建立在依恋与性的渴求基础之上的亲密联结，恋爱关系发展是否顺利，与关系中双方的成长经历、原生家庭依恋模式、既往恋爱经验及对恋爱的态度等都有着相关性。大学生虽然相比中学生来说，心智层面有了更成熟的发展，但毕竟仍处于不断自我探索及调整适应的过程之中，因而在恋爱关系里难免遇到很多问题。如果情感恋爱问题处理不好，往往给个体带来较大的打击，影响自我评价与自信，引发明显的情绪问题，对于正常的学习和生活也会带来明显的影响，甚至酿成悲剧。

（六）生涯规划问题

大学生在生涯发展上主要存在两方面的问题：一方面是对自我了解太少，不了解自己的个性与特长，不敢做出选择；另一方面则在于对可能职业方向的了解与尝试都太少，部分大学生依然很容易依赖长辈的意见，对目标存在过高的理想化，很容易在过程中失去试错和成长的机会。面对这些可能的选择与错过，纠结、错乱、焦虑的情绪就可能在大学生心中蔓延。

此外，社会环境也加重了大学生职业规划时的心理负担。在竞争异常激烈的现代社会，如何在高手如云的竞争对手中脱颖而出，获得较满意的求学和工作机会？往往需要大学生在入学的初期就开始思考、准备与实践，并在实践过程中根据情况的变化做出相应的调整。如果相关问题没有处理好，就可能在职业规划实施过程中遇到明显的阻碍与挫折，这同时也会带来很大的压力及情绪问题。

三、知者不惑，仁者不忧，勇者不惧——压力的有效应对

（一）压力管理的核心原则

我们已经知道压力是一把“双刃剑”，那么我们在现实的学习和生活中，该如何与压力状态相处呢？既然压力状态包括压力源、压力反应及压力感这三个方面，那么我们应对压力的策略也包括这三个方面的有效调节，综合起来改善压力带给我们的影响。

1. 压力源适度

如果我们面对的挑战过大，超出了我们现阶段能力所能努力实现的范围，那么就可能带来很大的压力感及压力反应。就好比一个刚毕业的医学生就期待着自己马上能够独立完成心脏移植手术一样，成功完成目标的可能性极小，当事人一定会感受到巨大的压力。所以，每个人首先要评估好自己应对的挑战是否合理，要把目标定在自己“跳一跳能够得到的地方”，这样压力就可能会最

大限度地转化为动力。

另外，当我们缺乏解决问题的能力时，问题本身就是最大的压力源，这在学习上遇到困难时表现得尤为明显。在这种情况下，我们需要寻求有效的途径（包括请教老师或同学）来帮助我们改进学习的方法，解决学习中遇到的具体问题，即把原来的压力源“自己独立完成这项任务”调整为“在有效的帮助下完成这项任务”——这样压力源带来的压力就减小了。

2. 积极调节压力反应

比较常用的压力调节方法包括放松训练、正念减压、运动、合理情绪疗法等。

（1）放松训练

放松是指我们的身体和精神由紧张状态转向松弛状态的一个过程。当压力事件出现时，我们身体和精神的紧张不断积累，压力感也会逐渐增强。通过放松的方式，我们可以把身体和精神的紧张状态调整到相对松弛的状态。放松可以通过呼吸放松、想象放松、渐进性肌肉放松等方式进行，其中最容易练习和应用的是呼吸放松法。具体做法就是在自己感到紧张时，暂停一下正在做的事情，选择一个自己觉得舒服的姿势，双肩自然下垂，闭上双眼，然后缓慢深吸气，吸到足够多时，憋气 2 秒钟，再把吸进去的气缓慢呼出。重复这样的呼吸，直到自己感觉放松下来。

更好的做法是，在平时不感到紧张时也规律地进行放松练习，比如每天练习呼吸放松两次，每次重复深长呼吸 20 次；或者在规范的放松指导语指导下，每天睡前练习一次想象放松或渐进性肌肉放松等，这样有利于我们养成放松的好习惯。

（2）正念减压

在第一章我们简单介绍过“正念”。正念就是有目的、有意识地关注、觉察当下发生在自己身上的一切（如身体的状态、感觉，头脑中的想法、感受等），而对当下的一切又都不做任何判断、分析、反应，只是单纯地觉察它、注意它。正念减压正是通过这样的练习，帮助我们逐渐减轻身体及情绪上对压力的反应。

（3）运动

适当的运动对身心健康大有裨益，运动能促使人体分泌内啡肽，即被科学家称为“快乐激素”的物质，这一物质能使人产生愉快的感觉。运动能够帮助我们很好地舒缓身体及情绪上的紧张，减轻压力反应，促进身体的健康与快乐。慢跑、健身操、瑜伽、太极等都是很好的减压运动。需要提醒一点，我们需要根据我们自身的身体特点及身体状态，选择合适的运动方式及运动强度，科学地调节身心状态。

（4）合理情绪疗法

情绪反应常常取决于我们对于事物的认知，面对一项任务时，如果我们的想法是“只许成功，不许失败”“如果失败了，说明我是糟糕的、一无是处的”等，相对比较偏激不合理，那么我们在应对压力的过程中就可能产生较大的焦虑情绪，结果反而不理想，然后进一步产生更加焦虑、沮丧、抑郁甚至绝望等情绪，形成一个恶性循环。如果尝试转换我们的认知角度，更加理性客观地看待任务本身和完成任务过程中的方方面面，从而得出相对合理的评价和期待，那么我们的情绪就会平缓很多。所以，当我们感到有很大的压力时，一方面要主动通过放松等方法来缓解紧张的情绪；另一方面也要积极开展自我对话，看看自己是不是存在一些不合理的认知在干扰自己，及时调整认知，改善情绪，降低压力反应，从而更好地完成任务。

（5）其他方法

还有很多方法可以用来帮助我们有效缓解压力反应，比如暂时停下手中的工作，做一些自己感兴趣的事情（最好是能够带给我们轻松及愉悦感觉的事情），这样可以帮助我们转移注意力，让身心得到放松和愉悦，然后再回来继续工作。听首音乐、跳支舞、洗个热水澡、喝杯热牛奶，等等，都可以带给我们身体的放松和心情的愉悦。每个人的有效应对方式是不一样的，所以我们可以选择对自己来说比较容易实施且效果不错的方法。

有些人倾向于在压力很大时通过暴饮暴食来减压，这种方式可能起到暂时发泄压力的作用，但长时间如此可能对身体会造成伤害。事实上，我们在压力大的时期，进行合理的饮食调整是可以帮助减轻压力的，如多吃膳食纤维，少吃油腻食品，减少饮用含咖啡因的饮料，减少糖分摄入，多吃新鲜蔬果，等等，都有利于我们保持良好的身体状态去应对压力。

在感到压力很大时，我们也可以找知心的亲人朋友倾诉，或者寻求专业心理咨询师的帮助。如果压力反应过大，已经出现了较严重的焦虑情绪、抑郁情绪等，建议及时到医生处就诊，在医生的诊断与指导下，接受合适的药物治疗。

3. 调整对压力的认知及感受

积极调整我们对待压力本身的认知，保持一种积极的压力感，会更好地将压力转换为动力。

从积极的角度认知压力，有一个重要的方面是认知到压力是我们可以控制的，我们对压力的控制具体表现在面对、处理、接纳和放下四个环节中。

①面对：理性面对压力源及压力反应。

②处理：合理调节压力反应，理智思考有效的解决办法。

③接纳：接纳我们的压力状态，接纳任务完成的可能结果。

④放下：放下对自己应对压力表现及结果的完美期待。

如果能够做到上述四步，压力是可以被我们控制与应对的，这样的可控感有利于增强我们应对压力的信心，减少紧张、焦虑等情绪。

综上所述，我们可以通过将压力源调节到合适的程度、主动调节压力反应以及积极改善对待压力的态度三种方法，来帮助我们有效地应对压力。需要强调的是，这些方面需要我们在实际中坚持练习，这样才能形成一种良好的习惯性反应，从而真正达到有效应对压力的目的。

（二）增强应对挫折和压力的能力

我们每进入一个新的成长阶段，都会遇到很多新的挑战与困难，经历很多新的压力与挫折。我们在应对这些压力和挫折时的表现如何，与我们自身所具备的一种叫“心理韧性”的综合能力有关。心理韧性指一个人面对危机或困难时的适应能力，即当个体遭遇挫折时，能积极自主地摆脱困境并使自己的心理状态和行为表现免于失常的能力。心理韧性的核心因素在于复原，即能够重新回到压力事件发生前所具有的适应并能胜任的行为模式上。具有较强心理韧性的人通常具有较高的耐挫力，能较好地进行压力管理。每个人天生具有一定的心理韧性，只有当遇到危机或困难的时候，心理韧性被激活，帮助我们面对危难、积聚力量、克服困难、解决问题、疗愈复原，最终渡过难关。研究也证明，经过后天的培养与练习，心理韧性是可以得到增强与提升的，这与近年来越来越多被研究的“创伤后成长”有相似之处。

每个同学在大学阶段有意识地培养自己的心理韧性，将会帮助自己更好地完成大学时期的各项学习成长任务，也为进入社会迎接更多风雨做好强大的能力储备。具体来说，增强心理韧性可以从以下两个方面入手。

1. 改变认知

改变对自我、挫折和压力的错误认知，建立合理的自信，合理看待挫折及困难对于我们的意义。改变对自我完美的苛求，能够客观评价自己的优缺点，宽容与接纳自己的不足，接纳自己可能的失败，对自己能够耐受挫折和克服困难有足够的自信。

认知层面的另一个重要改变，是认真学习和掌握应对压力和挫折的知识与方法，即我们在前文中所学习的那些关于压力及压力应对的相关知识，并且在实践中坚持练习运用。

2. 积极寻求社会支持

拥有良好的寻求帮助的能力，也是心理韧性的一个重要组成成分。我们需要学习在遇到困难时积极寻求家人、朋友、同学、老师、专业人员（包括心理咨询师、精神科医师等）的支持与帮助，帮助我们更好地疏解情绪、厘清思路、讨论对策、解决问题。

《论语》中有句话，“知者不惑，仁者不忧，勇者不惧”，鼓励我们努力培养自己成为一个同时具有智、仁、勇三方面特质的人，其中涵括了我们能够良好应对压力的能力与方法。当我们有充分的知识及技能，有积极主动的情绪调节，把注意力多投注到自身以外的问题处理上面，鼓足勇气，迎难而上，做到“有智慧、有仁心、有勇敢”，便可达到“不惑、不忧、不惧”的状态。

拓展训练

深度呼吸放松训练

活动目的：通过体验深度呼吸放松训练，了解缓解压力、调节情绪的经典办法。

活动要点：活动时注意呼吸方式，练习活动过程中使自己注意力集中。

活动实施：

（1）选择舒服的姿势，坐、躺、立都可以，尽量让自己感觉舒服一些，去除身体上可能的束缚，如松开领扣、摘掉眼镜等。

（2）闭上眼睛。

（3）鼻吸口吐呼吸练习：用鼻深而慢地吸气，用口缓缓地吐气。首先用鼻吸气（默默从 1 数到 4）；然后轻轻憋气（默默从 1 数到 4）；再用口吐气（默默从 1 数到 6）。反复练习 8~10 次。

（4）腹式呼吸练习：吸气时腹部向外隆起，呼气时腹部向内收缩。练习时可把手平放在脐部，感觉腹部的起伏运动。反复练习 8~10 次。

（5）深呼吸放松训练：练习腹部的运动配合鼻吸口吐呼吸。首先在鼻深而慢地吸气时配合腹部向外运动（默默从 1 数到 4）；然后憋气时保持腹部不动（默默从 1 数到 4）；再用口缓慢地把气吐出，同时腹部向内运动（默默从 1 数到 6）。反复练习 5~10 分钟。

第二节　“心有猛虎，细嗅蔷薇”——管理情绪

从小到大，我们从自己的经历中体验感受，也从别人的描述中，逐渐懂得，原来生活中充满了酸甜苦辣咸的味道——这就是我们的情绪。丰富而恰当的情绪带给我们身体的健康与生活的精彩，而当某些情绪超过了合适的度，则可能给我们的身心健康以及生活带来负面的影响。所以我们需要了解情绪是怎么一回事，学习做好情绪的调节。“喜怒哀乐之未发，谓之中；发而皆中节，谓之和。……致中和，天地位焉，万物育焉。”“乐以忘忧”，这些都是中国古代思想家为我们提出的情绪调节之道，皆是提倡我们把各种情绪相互调和，保持在一个中和平衡的度。

一、认识情绪——“少年情绪”几何？

（一）情绪的概念与分类

1. 情绪的概念

一提到情绪，我们头脑中可能会想到“快乐”“悲伤”这样的词汇，那么，情绪是否就单指这样的一种感受呢？当代心理学家将情绪定义为一种躯体和精神上的复杂变化模式，包含生理唤醒、感觉、认知过程及行为反应等多种因素。

举例来说，在一个让人愉悦的场景下，我们的生理唤醒可能是平缓的心跳，感觉上是积极的，认知中会将该场景界定为快乐，行为上会出现表情上的微笑或动作上的拥抱。

由此可见，情绪包括三种成分：在认知层面上的主观体验，在生理层面上的生理唤醒，以及在表达层面上的外显行为表现。

①情绪的主观体验：属于大脑的认知功能，是人的一种自我觉察，我们通常用喜、怒、哀、乐、爱、惧、恨等来定义这些体验。

②情绪的生理唤醒：不同的情绪反应常有不同的生理反应，比如在紧张时会出现脉搏加快、手心出汗等，在愤怒时可能出现肌肉紧张、血压升高等。

③情绪的外部表现：我们产生某种情绪时，也会表现出相应的非言语行为，也就是我们常说的“表情”，它是可以被他人看出来的外部情绪表现，包括面部表情、姿态表情和语调表情三类，但要注意的是，由于人的心理活动具有复杂性，有时也会出现表里不一的情况，如表面很冷静，但内心感受很愤怒。

2. 情绪的分类

情绪可以从来源和性质两个角度进行分类。

从来源的角度，情绪可以分为基本情绪和复合情绪。

基本情绪指人天生就具有的情绪，一般认为快乐、愤怒、恐惧、悲哀是人的四种基本情绪。基本情绪不具有文化差异性。

①快乐：指个体盼望与追求的目的达到后产生的情绪体验。对应不同愿望的大小，愿望满足对我们意义的轻重不同，快乐也分为愉悦、欣喜、狂喜等不同的程度。

②愤怒：指个体所追求的目的受到阻碍、愿望无法实现时产生的情绪体验。我们在愤怒时会增加紧张感，有时可能会失控，甚至出现攻击行为。

③恐惧：指个体企图摆脱和逃避某种危险情境又无力应对时产生的情绪体验。恐惧的产生不仅因为我们能够认知到危险情境的存在，还与我们个人排除危险的能力不足有关。比如一个刚拿到驾照的人在开车遇到突发路况时会感到恐惧无比，而一个经验丰富的司机可以做到泰然自若地应对。

④悲哀：指个体失去心爱的事物时，或者理想或愿望破灭时产生的情绪体验。悲哀的程度取决于失去的事物对个体的重要性，越是意义重大、珍视无比的事物，我们在失去时越是感到悲恸难过。

复合情绪是由上述基本情绪组合派生出来的情绪，是个体在后天生活环境中习来的情绪，比如喜欢、厌恶、同情、羞耻、妒忌等。不同文化环境中所产生的复合情绪，其内涵也存在明显的文化差异性。比如在中国传统文化中，非常重视集体主义，重视个体对集体的贡献与成就，因此个体常常因为无法在集体中获得一定的地位与认可而感到沮丧或羞耻。而在更重视个人主义的西方文化中，个体更可能因为屈从于集体的要求和利益而感到愤怒。

从性质的角度，情绪可以分为积极情绪（又称正面情绪、良好情绪）和消极情绪（又称负面情绪、不良情绪）两大类。积极情绪指那些让我们感觉快乐、放松，可以促进身心健康良性循环的情绪，比如喜悦、宁静、感激、爱、满意、满足等；而消极情绪就是那些让我们感觉压抑、失望、没有动力，长期积累会给身心健康带来损害的情绪，比如焦虑、抑郁、恐惧、悲伤、愤怒、羞耻、厌烦、绝望等。

（二）情绪对身心状况的影响

面对各种情境，我们都会产生相应的情绪反应；反过来，情绪对我们的身心状态也有着重要的影响，主要表现在适应、调控、激励这三个方面的功能上。

1. **情绪的适应功能**

情绪是有机体适应生存和发展的一种重要手段。动物在遇到危险时，因为产生害怕的情绪才会发出求助信号。当婴儿还不会用语言表达需求时，父母也是通过其情绪的表现来判断婴儿的状态、满足其需求的。情绪可以帮助我们了解自己和他人所处的状态，进而做出应对和调整，帮助我们更好地适应社会。

2. **情绪的调控功能**

情绪的调控功能体现在对我们大脑认知功能与身体健康的调节上。

情绪强度与认知活动表现的相关性呈一种倒“U”形的曲线，即在一个适度的情绪状态（不过低也不过高）下，我们的认知活动表现最佳。以考试焦虑为例，当我们的情绪过于放松时，我们的考试成绩不会很理想；当我们的情绪适度紧张（有一些紧张但又不过分紧张）时，我们的考试成绩最佳；而当我们进一步紧张，完全无法静心复习和参加考试，成绩也肯定不会理想。

不同性质的情绪对身体健康也会产生明显不同的影响。愉快的情绪能使机体的免疫系统处于功能良好状态，增强我们对疾病的抵抗能力，而消极的情绪则可能引起身体机能的异常，严重的会导致身心疾病，如高血压、偏头痛、胃溃疡、哮喘、月经失调（女性）等，长期的心情压抑甚至可能导致癌症。中医里有“怒伤肝、喜伤心、思伤脾、忧伤肺、恐伤肾”的理论，具体描述了特定情绪对特定身体机能的影响。有调查发现，几乎所有长寿老人平时都非常容易感到心情愉快，长期生活在一个家庭关系亲密、感情融洽、精神上没有过大压力的环境中。

3. **情绪的激励功能**

情绪对我们的行为具有动机作用，积极的情绪，如自信、热爱和快乐等，会提高我们的活动能力，提高我们的学习效率，促进人际交往等。而恐惧、痛苦、自卑等消极情绪，则会降低我们的活动能力，导致学习变糟，人际交往受阻。

（三）情绪智力

既然情绪对我们的身心很重要，我们如何判断自己控制情绪的能力呢？人类发明了一个概念——情绪智力，即我们通俗说的情商（Emotional Intelligence Quotient，EQ，情绪商数），用来综合衡量我们情绪自我控制能力的高低，情商不仅有父母遗传的基础，还可以通过后天的学习和练习而改善。情商主要包含了五方面内容的综合。

①了解自我：主要指对自我情绪的了解，能够观察和审视自己的内心体

验，能够察觉情绪的出现，并且能够监测情绪的变化。这是情商的核心。

②自我管理：能够调控自己的情绪，使情绪适时适度地表现出来。

③自我激励：能够依据自我发展的目标，调动和指挥情绪，主要是增加积极情绪的能力。自我激励能够帮助我们走出低谷，重新出发。

④识别他人的情绪：能够敏锐地感受和认知到他人可能的情绪与需求，即我们常说的共情能力。这是与他人正常交往、顺利沟通的基础。

⑤处理人际关系：在人际交往过程中学会调控自己的情绪，以及准确理解他人的情绪反应，促进人际交往和谐顺利。

二、大学生常见的情绪问题

（一）大学生情绪的特点

大学生正处于从青春期逐步走向成熟的时期，无论身体还是精神，都是发展最活跃、能量最旺盛的时期，情绪呈现出多样性、冲动性、不稳定性、调节能力增强等特点。

①多样性：随着环境的变化、自身机体神经系统的成熟以及自我意识的迅速发展，大学生的情感体验愈加丰富，时而兴高采烈，时而悲伤沮丧，时而暴跳如雷，时而安静甜蜜。

②冲动性：大学生处于内分泌激素分泌旺盛的时期，很容易受到环境氛围或他人暗示的影响，有时伴有冲动性的行为，比如，可能因为受到一个微小的刺激就怒发冲冠、言行过激。

③不稳定性：虽然大学生相较高中阶段而言，情绪已日趋稳定，但相较成年人来说，仍容易表现出大起大落的特点，甚至在短时间内就经历积极情绪和消极情绪之间的快速摆动。

④调节能力增强：随着年龄的增长，大学生的情绪自我调节能力是逐步提高的，可以根据不同情境表现出不同的情感，可以尝试应用合理的认知来调节自己不合理的情绪反应。但大学生自身状态的不成熟，可能导致其情绪的调节方式也不够成熟与灵活，情绪调节可能会带有掩饰性与压抑性的特点，也会有外在表现和内在体验不一致的情况，比如面带微笑，内心却委屈难过。

（二）大学生常见不良情绪表现

由于大学生的生理发展特点，控制情绪的额叶还没有完全发育成熟，所以容易出现情绪问题并且容易受到情绪的影响，这是很正常的事情。对我们而言，更重要的是能够认识到自己的这一特点，学习觉察和调控我们情绪的变化。

大学生最常见的不良情绪包括有焦虑、抑郁、恐惧、愤怒、自卑等，出现了这些情绪，需要积极寻求合适的方式去调节，如果调节不当，长时间积累，不良情绪的程度可能会加重，甚至达到情绪障碍的临床疾病诊断的标准，需要介入药物的规范治疗。

1. 焦虑

焦虑是个人主观预料将会出现某种不良后果时产生的不安感，是紧张、害怕、担忧混合的情绪体验。除了对自身健康的焦虑外，大学生常见的焦虑还有自我形象焦虑、人际焦虑、学习焦虑和情感焦虑等。焦虑情绪的影响是双向的，适度的焦虑可以成为我们更好发展的动力，但过度的焦虑则会成为我们成长的阻碍，尤其当我们的焦虑情绪伴有一定的症状表现，达到一定的强度，持续一定的时间，就可能达到焦虑症的程度，需要及时到精神专科医生那里去评估诊断，规范应用抗焦虑药物。

2. 抑郁

心理案例

抑郁情绪

2020年新冠疫情期间，小李居家生活了三个月，时间越长感觉情绪越低落、压抑，每天没有什么感到开心的事情，早上醒来不想起床，对于学习和爱好都提不起兴趣。小李其实是进入了一种抑郁情绪中，细细分析其原因，主要与家人之间的问题有关。父母之间常常出现矛盾和争执，因为长时间在家里相处矛盾有时明显激化，小李想要从中调节，但是没有什么好的方法和效果，因此产生了明显的挫败感，加上长时间处于紧张压抑的家庭氛围中，小李也很难感觉到轻松愉快的情绪。通过改变生活环境（小李暂时搬到乡下房子去），与咨询老师积极探讨，调整面对和处理父母问题的态度和方法，同时积极转换自身情绪等，小李逐渐走出低落情绪的阴影，恢复了自身的自信和愉悦感。

抑郁是一种指向自身的，以情绪低落为主要表现的不良情绪，常常发生在具有性格内向、孤僻、不爱交际、依赖性强、敏感多疑、遭遇挫折、现实与理想差距过大、长期努力得不到回报、对现实不满意等情况的个体身上。抑郁情绪最明显的表现是压抑的心情，伴有认知功能的负性改变。这些认知功能的改变可以是对认知活动状态的影响，比如注意力难以集中、记忆力减退或者做决定困难等；也有可能是对认知内容的影响，以及整个心境上的转变，变得消极地看待自我、世界和未来。同时，抑郁情绪还可能伴有一些身体的症状，如感到乏力、睡眠不好、饮食吃得过多或过少，伴随体重的激增或剧减。

需要说明的是，抑郁症是一种明确的疾病，成因复杂，是生物学因素与其他多种因素综合作用的结果，与抑郁情绪是两个不同的概念范畴，所以并不是说只要出现抑郁情绪，就意味着得了抑郁症。但要重视的是，抑郁症一定会伴随着严重的抑郁情绪，有时甚至会产生危及生命的后果，需要引起足够的警惕并认真鉴别。

3. 恐惧

在2020年上半年新冠肺炎病毒流行期间，很多人都担心自己会被传染上病毒，担心自己的生命安危。因为时刻留意危险的发生，所以可能出现反复担心生病、害怕悲惨结局的想法，出现睡眠困难、心慌憋气等身体不适，这就是一种典型的突发事件引发的恐慌情绪。

恐惧是我们对于客观存在的外部危险（如遭遇自然灾害、遭遇抢劫等）的一种反应，这种情绪能促使我们逃跑或发起以自我防御为目的的攻击，但是如果我们持续地、非理性地害怕某一特定物体、活动或情境，产生夸大的、非理性的恐惧情绪，则可能达到了恐惧症的程度。身患恐惧症会使我们产生明显的痛苦感受，使自己的一些必要活动受到限制，需要到精神专科医生处寻求诊断和治疗。

4. 愤怒

心理案例

愤怒的拳头

小方受不了同宿舍一个同学的言行，曾经尝试与该室友沟通，但沟通后小方发现对方并没有按照自己期待的那样去改变，因此感到很生气。在一次冲突发生时，小方十分生气，出拳打了那个同学，事后又对自己的行为感到很后悔，之后通过积极调整认知，以及学习和实践情绪调节的方法，不再那么容易生气，也未再出现愤怒伤人的情况。

如前所述，愤怒是由于客观事物与人的主观愿望相违背或因愿望无法实现时，人们内心产生的一种激烈的情绪反应。当愤怒的情绪过于强烈，或持续时间过长，可能导致我们出现心慌、晕厥等，甚至出现高血压、心脑血管疾病等躯体性症状。所以学习如何去调和愤怒的情绪，做到不伤人也不伤己，是大学生需要面对的问题。

5. 自卑与自恋

自卑也是大学生常见的情绪，它与我们对自我的认同有关。自卑就是觉得自己比不上别人，觉得自己达不到自己理想的状态，因此对自己感到羞愧、沮丧，甚至嫌弃。有的人因为某个方面不如别人或达不到自己的理想而自卑，在其他方面可以客观看到自己的优点，可以有足够的自信；而有的人则可能因为自己在某些方面不够理想而否定了自己的全部，看不到自己的优点以及自己可以发展的潜能，觉得自己整体都不行。严重的自卑情绪，可能引起明显的焦虑、抑郁情绪，甚至影响到生活中与人交往，以及在学习中的表现。

有一种表现与自卑相对的情绪，即自恋。自恋的人常常表现出一种以自我为中心的状态，特别关注别人是否喜欢自己，对于负面评价表现得很敏感且持拒绝态度，经常挑剔别人的言行，尤其是与自己有关的言行，但并不真正关心别人的想法与感受。从精神动力学角度来看，自恋的形成可能源于深层次的自卑，因为对自己缺乏足够的自信，又迫切地想要维持一种自尊的假象，因此倾向于从别人对自己的态度中来确定自己是足够好的，是值得大家欣赏与喜爱的，所以会对别人的评价非常敏感与挑剔。

无论是自卑还是自恋，都与我们没有对自己形成合理的认知及自我评价有关，所以我们要学习如何综合了解自己的优势与劣势，客观全面地评价自己，培养理性的自我认知，建立足够的自信。

三、整理情绪——我的情绪我做主

我们已经了解了情绪是怎么一回事，当我们出现这些情绪问题时，我们该怎么办？核心原则是：让我们做自己情绪的主人。

（一）握住情绪马车的缰绳：做好调节情绪的准备

如果把我们的情绪比喻为一辆马车，那么要想控制好这辆马车的行进状态，首先要保证马车两边配好了缰绳，一边的缰绳是我们对情绪及情绪调节相关知识和技能的掌握，另一边的缰绳是我们积极进行情绪调节的态度，以及拥有能够良好控制情绪的充分自信。

要想调节好自己的情绪，首先，我们要能够对情绪的概念，以及情绪对我们身心及生活的重要影响有充分的了解；其次，我们要有足够的信心，我们是能够应用科学有效的方法做到良好情绪调节的，并且在不断的情绪调节实践中可以积累经验，并达到熟能生巧的程度。

心灵故事

塞翁失马，焉知非福

《淮南子·人间训》载：“近塞上之人有善术者，马无故亡而入胡。人皆吊之。其父曰：‘此何遽不为福乎？’居数月，其马将胡骏马而归。人皆贺之，其父曰：‘此何遽不为祸乎？’家富良马，其子好骑，堕而折其髀。人皆吊之，其父曰：‘此何遽不为福乎？’居一年，胡人入大塞，丁壮者引弦而战。近塞之人，死者十九。此独以跛之故，父子相保。”

《塞翁失马》是一则大家都熟知的寓言故事，它提醒我们要以一种乐观的心态来看待我们的经历与处境，因为任何事情都有两面性，而且利与不利之间也存在相互转化的可能，眼前以为的损失，在未来却可能会带来好处。所以保持一种理性积极的心态看待我们一时的得失，可以帮助我们避免或调节过度的情绪，尤其是失落、悲伤、抑郁等不良情绪。

（二）有效调节缰绳，稳住马车前进的方向：积极调节不良情绪

当出现情绪问题时，我们需要应用具体调节情绪的方法，比如合理情绪疗法、音乐疗法、舞动疗法、正念疗法等，这里重点介绍最经典的合理情绪疗法。

合理情绪疗法是由美国心理学家艾里斯提出的，其核心原理是：生活中的事件（activating，诱发性事件，缩写为 A）本身并不会引发个体的情绪或行为反应（consequences，行为结果，缩写为 C），而是个体对这一事件的态度和理念（beliefs，信念，缩写为 B）才会引发最终反应，即 A 不会直接导致 C，而是 A 产生了 B 进而导致了 C。如果我们产生的想法是不合理的，相应产生的情绪反应就可能是不合理的，因此，要想调节我们出现的情绪问题，就需要找出导致这些情绪产生的那些不合理想法，通过把不合理想法调整为合理的想法，不合理情绪反应才能被调整为更合理的情绪反应。所以这个疗法被称为合理情绪疗法，又简称为 ABC 疗法。容易引起我们产生不良情绪的不合理想法，概括起来有以下几种。

①随意推论：没有充足的证据便任意下结论，常常倾向于一些“大难临头”的消极结论，对于某个情境直接想到最糟的情况，表现出“灾难化”的特点。比如，“我知道我的心情再也好不起来了”。

②断章取义：根据事件中的部分细节下结论，不顾事件整体的意义。比如听见别人指出自己的一点问题，就会觉得自己一无是处。

③过分概括：指将由某件具体事情引发的不合理信念，不恰当地应用在其他不相干的事件或情况中，或者在没有具体统计事件发生的真实情况的前提下，以自己的主观感受和反逻辑的方式，用“总是”或“从不”来定义一类事件，比如，有几次出门碰巧遇到下雨就得出结论“真倒霉，每次出门总是要下雨”。

④夸大或贬低：过度强调或轻视某件事情或情况对自己的重要性。比如，一次月考失利就觉得自己的能力很糟糕。

⑤个人化：指一种总是将外在事件与自己发生关联的倾向，即使没有任何客观理由也要这样做。比如，一群人中有人表现出不高兴，在没有向对方确认的前提下，就直接认为是自己让那个人不高兴的。

⑥乱贴标签：指因为一些具体的事件来标签化认同自己和他人，且常常是消极负面的标签。比如，自己不小心犯了一个错误，就说自己“我真是个傻瓜”。

⑦极端思考：绝对化，只用“好或坏”这样的二分法去看待事物，不能客观看待事物具有多维的特点。比如，有 1% 的瑕疵就不叫成功；如果不能考第一，那么自己就是个失败者。

⑧虚拟陈述：用很多“必须”“应该”“务必”“不得不”等字眼，来对自己将做的行为提出不合理的要求。比如，要求自己“这次考试必须考第一”，而不是“这次考试努力争取考第一”。

综上可见，导致我们产生不良情绪的不合理信念，往往具有片面化、绝对化、灾难化、个人化等特点，要求这个世界“应该”“必须”“最好”如何等。由于期待是不合理的，所以现实的结果往往就是不理想的，因而拥有这样信念的个体就容易产生挫败、失望、沮丧、恐惧、回避等情绪行为反应。

根据 ABC 理论，进行情绪调节的方法就可以分为以下三个步骤。

（1）觉察情绪——了解发生了什么（what）

在学习了有关情绪的知识之后，还需要常常练习有意识地觉察自己在当下的情绪状态，分辨与判断自己处于什么样的情绪之中。准确地觉察情绪也是一件需要勇气的事情，我们可以试着让自己平静下来，感受当下自身的情绪状态，有时候也可以借助一些身体的信号，如鼻子发酸、声音哽咽等，给予我们对情绪更准确的觉察和佐证。

（2）寻根溯源——了解情绪产生的原因（why）

在觉察到自己的情绪状态之后，体会自己在这种情绪下，伴随什么样的想法，探寻导致自己产生这种情绪的可能原因。可以询问自己：到底发生了什么，会让我产生这样的情绪？这种情绪是因为我想到了什么？比如，在有人批评自己这项事情做得没有那么好的时候，自己会感觉特别委屈，这个时候就可以想一想为什么自己会有这么强烈的委屈的感觉，好像在对方批评自己的时候，自己的脑子里一直在想：为什么别人总是不能看到我做得好的地方？这个想法就是导致现在情绪的直接诱因，也就是所谓的不合理信念。

（3）处理情绪——通过具体的方法调节不良情绪（how）

当觉察到了自己的情绪，也发现了自己的不合理信念后，接下来我们可以做一些调整，帮助自己从不良情绪中得到缓解。具体的调整方法可以分为认知调整与行为调整两个部分。

认知调整：包括把不合理认知调整为合理认知、积极认知（包括积极的自我暗示）等，如告诉自己："我可以的，这个事情没有我想的那么糟糕。"或者在心里默念："给自己一次相信自己的机会，我可以尽力把这件事情处理得很好。"

行为调整：包括自我放松（深呼吸放松法、渐进性肌肉放松法、想象放松法等）、合理宣泄（向他人倾诉、在适合的场合哭喊发泄、写日记等）、转移注意力（主动选择做一些自己感兴趣、可以给自己带来愉悦感的事情，如运动、听音乐、唱歌、看电视剧、旅游等，可以帮助我们将不良情绪释放出去，代之产生积极良好的情绪），等等。

无论我们采用什么样的方式帮助自己调节情绪，都需要经历一个学习练习的过程。因此我们要遵循学习的规律，相信熟能生巧，保持足够的耐性，坚持练习，经历由生手到熟手的全过程，逐渐增加情绪调节的成效与经验，最终形成一个新的认知情绪行为反应习惯（把过去不合理的 ABC 模式，逐渐转变为更合理的 ABC 模式）。这样我们在未来的生活中，才能真正减少不良情绪对我们的困扰。

（三）表达自己的情感，造就积极的自己——走上幸福之路

我们个人心理健康发展的方向不仅仅是免受不良情绪的困扰，而且也要拥有积极的情绪反应，实现我们对于"幸福"的追求。"积极心理学之父"马丁·塞利格曼提出幸福有五个元素：积极情绪（positive emotions）、身心的投入（engagement）、人际关系（relationship）、有意义的工作（meaning and purpose）、成就（achievement），简称 PERMA 理论。其中，积极情绪是快乐（或愉悦）的元素，包含了我们主观幸福感的所有常见因素：喜欢、愉悦、舒适、温暖等。积极的情绪能够强化我们对于投入的主观感受，能够帮助我们更

好地体验人生的意义，加强对意义的深入理解；同时积极的情绪也有利于我们在生活中获得成就感，建立良好的人际关系，进而提升我们的主观幸福感。这部分内容在第七章还会具体展开讲述。

如何造就积极的心态呢？综合起来包括三个方面的练习。

①不断提高觉察和表达情绪状态的能力，这样才能对自己的情绪保持足够敏感、可以灵活反应的状态。觉察到我们的情绪状态，还要以适当的方式表达出来，语言（与人交流、文字表达等）、非语言的方式（音乐、舞蹈、运动等）都可以帮助我们充分表达情绪。

②积极调适不良情绪，减少不良情绪的产生，及时调整不良情绪对我们的影响，以更好地恢复到比较积极的状态里来。

③培养积极情绪，保持积极进取的精神，找到自己生命的意义，梦想未来，对自己充满积极的期待，从积极的角度看待自己和事物，更多发现与发挥自己的优势。

“谁无暴风劲雨时，守得云开见月明。”在我们成长的道路上，总会遇到大大小小的挑战与困难，但是只要我们保持良好的心态看待这些经历与处境，积极学习和练习应对压力及调节情绪的方法，不断磨炼和提升我们的情商与心理韧性，培养积极的情绪，勇往直前，我们就能够朝着实现幸福生活的理想不断前进。

拓展训练

情绪日志

活动分组：10人一组，围成一圈进行活动和分享。

活动目的：通过分析情绪，发现自己的不合理认知，并试着进行纠正。

活动实施：

（1）请尝试在下表中填写你感受到的负面情绪、该情绪背后的负面思维、认知扭曲特点，以及可能调整为正面的思维。

表 5–1　情绪记录表

负面情绪	负面思维	认知扭曲特点	正面思维
写下你感受到的负面情绪	写下令你产生负面情绪的具体负面想法，并估算你相信这个想法的程度（0~100%）	尝试评估这个负面想法具有的认知扭曲特点	尝试用更正面、更客观的想法来取代自动产生的负面想法，并估算你相信它的程度（0~100%）
示例： 悲伤	示例： 我注定会孤独终老（100%）	示例： 过分概括	示例： 我暂时没有遇到亲密的爱人，但是没有证据显示我未来也一定不会遇到（80%）

（2）小组成员全部完成后，大家轮流分享自己的表单，其他成员说说自己在对方分享时的想法和感受，自己有没有类似的负面情绪，在这样的负面情绪下自己是如何想的，还有什么样的正面思维可以补充进表单。

推荐资料

1. 图书《伯恩斯新情绪疗法》《伯恩斯新情绪疗法Ⅱ》《伯恩斯新情绪疗法Ⅲ》，戴维·伯恩斯著，李亚萍译。

戴维·伯恩斯是认知疗法最重要的发展者之一，他的著作《伯恩斯新情绪疗法》系列是精神科医师和心理学家最常“开药方”给抑郁症患者的书籍。本书提供了整套的实践工具，系统、具体地教授读者抑郁治疗技术，帮助读者掌握快速、有效克服日常不良情绪的方法。

2. 电影《心灵捕手》，格斯·范·桑特执导。

影片的主角威尔是麻省理工学院的一名清洁工，他在数学方面有着过人的天赋，能够轻松解开数学系教授写在教室外面黑板上的数学难题。但是由于童年时的悲惨遭遇，致使他从小就压抑自己的内心，对人充满敌意，常常通过暴力的方式宣泄自己不能被表达和理解的情绪，成了别人眼中的叛逆少年、问题少年。影片中，在教授蓝勃、心理学家桑恩和朋友查克的帮助下，通过一次次的深入交谈，威尔心中的伤痛得到了疗愈。

参考文献

[1] 伯恩斯．伯恩斯新情绪疗法Ⅲ［M］．李亚萍，译．北京：科学技术文献出版社，2018.
[2] 斯特里查吉克，克劳夫．心理韧性［M］．周义斌，蒋苾菁，陈霖婷，译．北京：北京理工大学出版社，2017.
[3] 希尔奥尔德．抗压有术：从逆境与挫折中恢复的心理学技巧［M］．刘文，译．长沙：湖南文艺出版社，2019.
[4] 胡谊，张亚，朱虹．大学生心理健康教育［M］．上海：华东师范大学出版社，2019.
[5] 格里格，津巴多．心理学与生活［M］．王垒，王甦，译．北京：人民邮电出版社，2003.
[6] 塞利格曼．真实的幸福［M］．洪兰，译．北京：北京联合出版传媒（集团）股份有限公司万卷出版公司，2010.
[7] 美国精神医学学会．精神障碍诊断与统计手册（5版）［M］．张道龙，译．北京：北京大学出版社，北京大学医学出版社，2016.
[8] 夏翠翠．大学生心理健康教育（慕课版）［M］．北京：人民邮电出版社，2019.

第六章
“人生天地间，忽如远行客”
——生命的旅程

名人名言

天地之大德曰生。

——《周易》

活在这珍贵的人间，太阳强烈，水波温柔。

——海子

◆ 案例导入

必有一天，我会听见喊我回去。

那时您可以想象一个孩子，他玩累了可他还没玩够呢。心里好些新奇的念头甚至等不及到明天。也可以想象是一个老人，无可质疑地走向他的安息地，走得任劳任怨。还可以想象一对热恋中的情人，互相一次次说“我一刻也不想离开你”，又互相一次次说“时间已经不早了”，时间不早了可我一刻也不想离开你，一刻也不想离开你可时间毕竟是不早了。

我说不好我想不想回去。我说不好是想还是不想，还是无所谓。我说不好我是像那个孩子，还是像那个老人，还是像一个热恋中的情人。很可能是这样：我同时是他们三个。我来的时候是个孩子，他有那么多孩子气的念头所以才哭着喊着闹着要来，他一来一见到这个世界便立刻成了不要命的情人，而对一个情人来说，不管多么漫长的时光也是稍纵即逝，那时他便明白，每一步每一步，其实一步步都是走在回去的路上。当牵牛花初开的时节，葬礼的号角就已吹响。

但是太阳，他每时每刻都是夕阳也都是旭日。当他熄灭着走下山去收尽苍凉残照之际，正是他在另一面燃烧着爬上山巅布散烈烈朝晖之时。那一天，我也将沉静着走下山去，扶着我的拐杖。

有一天，在某一处山洼里，势必会跑上来一个欢蹦的孩子，抱着他的玩具。当然，那不是我。

但是，那不是我吗？宇宙以其不息的欲望将一个歌舞炼为永恒。这欲望有怎样一个人间的姓名，大可忽略不计。

——节选自史铁生《我与地坛》

◆ 导言

《我与地坛》是中国当代作家史铁生所著的一篇抒情散文。节选部分是他在地坛静思时听到唢呐的吹奏而引发的对死亡的思考，展现了自己对生与死充满哲思又极为人性化的认识，通篇包含着“天行有常，不为尧存，不为桀亡”这种对生命和自然本质的认识和对生死的思考。一个生命的消亡也同时意味着另一个新的生命的诞生：旭日与夕阳不再是此时与彼时的两面，而是生命的同一面。生生不息的循环往复正是生命的伟大之处。这是史铁生对于生命大爱的终极了悟，也是我们可以静心沉思的话题——生命是什么？

第一节　“未知生，焉知死”——认识生命

马王堆出土的最早医学指南《十问》中记载，尧问于舜曰：“天下孰最贵？”舜曰：“生最贵。”生命对地球而言是最惊艳的偶得，生命对人而言是世间最宝贵的财富。而我们对于生命，可以从生命的起源和历程去认识，也可以透过关系层面理解生命的存在，这都体现了生命的价值。

一、从发展视角认识生命

（一）生命的起源

大约距今 38 亿多年前，生命第一次出现在地球上，其起源于氨基酸——最简单的蛋白质。而这些氨基酸，在常温常压下的局部浓缩，会进一步演化成蛋白质和其他多糖类、高分子脂类。如果地球上辽阔的原始海洋承纳了这些蛋白质，在某一时刻就有可能孕育生命。这是 1953 年美国学者米勒首先提出的生命的起源进化过程。生命的出现使地球上从此开始了漫长的物种演化，然后出现了最早的类人猿，又经过长达 200 多万年的进化，即大约距今 160 万～180 万年前，智人出现了。

无论是最初的细胞形态，还是类人猿，甚至是之后的智人，但凡生命，都有着相同的特征。

①它能从环境中吸收自己生存需要的物质，并排放出不需要的物质。这一过程即为新陈代谢。

②它能繁殖后代。凡是生命个体，都具备孕育新个体的能力和特性。

③它具备遗传能力。上一代的生命个体通过繁殖把特性传给下一代生命个体。如果子代出现了与母代不一样的特点，这就是发生了变异。生物体经年累月，不断地变异和遗传，使得生物体一代又一代由简单到复杂，最终构成了生物体的系统演化。

从生命起源的角度可以看到生命有吸收、有繁衍、有优化，我们平常看到的每一个非常简单的生命体，都是经历了数百万甚至数千万年的传承和演化才有了它现在的样貌，一个简单生命的背后蕴含着不断的传承和进化，所有当前的生命体都是最优解。

（二）生命的历程

1. 广义的生命历程

生物的进化遵循着由简单到复杂、由低等到高等的原则。纵观地球生命史，从最简单的生命起源至人类文明，大致可经历了 3 个阶段。

（1）前生命的化学进化阶段

从澳大利亚、南非发现的太古宙时期的化石和稳定同位素分析结果表明：地球生命的历史和地球上最古老的岩石一样悠长，在太古宙早期（约 38 亿 ~35 亿年前），地球表面就已经出现了细胞形式的生命。

（2）生物学进化阶段

地球上最早的细胞生命（具有与外界分隔的生物膜，同时又具有内部膜分隔，有形态学特征的、有个性的生命）的诞生，标志着前生命的化学进化的完成和生物学进化的开始。从最早的细胞生命出现开始的生物学进化，经历了太古宙（38 亿年前 ~25 亿年前）、元古宙（25 亿年前 ~6 亿年前）、显生宙（6 亿年前至今）3 个地质时代，历时 38 亿年之久。

（3）文化进化与生物学进化并行和相互制约阶段

在显生宙距今最近的七八千年前，地球上的人类进入了文明阶段。从此，生物圈的进化越来越受到人类活动的影响和控制，人类文化与生物的进化相互作用、相互制约，成为地球生命史最后一个阶段的特征。

可见，在广阔的生命进化历程中，人类的生命历程很短，而作为单个人的生命长度更是短到不值一提，完全淹没在生命的历史长河中。但同时恰恰是这个较短的人类生命创造了生命史上前所未有的辉煌。

知识窗

二十四小时之地球生命

如果把地球 45 亿年的历史压缩成普通的一天，那么生命的 24 小时是这样的：

4：00　出现第一批最简单的单细胞生物。

20：30　经历了长时间的等待后，微生物开始登场。然后，地球上终于出现了第一批海生植物。

20：50　出现了水母以及澳大利亚埃迪卡拉多细胞无脊椎软体动物群。

21：04　简单的三叶虫登上了生命进化史的舞台，紧接着出场的是生活在加拿大布尔吉斯深海的动物群。

22：00 前夕　植物开始出现在大地上。

22：10　第一批陆生动物陆续出现了。

22：24　地球上已经覆盖上了石炭纪的大森林，它们的残留物变成了我们今天可以挖掘到的煤。第一批有翼的昆虫亮了相。

23：00 前夕　恐龙迈着缓慢的脚步登上了舞台，支配世界达 3 刻钟左右。

23：40　恐龙消失了，哺乳动物的时代开始了。

23：59　人类在午夜前 1 分钟 17 秒出现。

---

2. 个体的生命历程

人作为个体，其发展的生命历程也与广义的生命有着相似之处，它同样起源于一个细胞，并随着这个生命原初形态的不断发展让这个生命体变得越来越复杂和精细。

生命开始于一颗受精卵。受精卵的形成开始于 1~3 亿个精子逆流而上寻找卵子，但是最终能够达到终点的精子只有几十到 200 个左右。游得最快、生命力最旺盛的精子才有可能跟卵子结合，而卵子能够有效受精的时间主要是排卵之后的 24 小时内。因此，这枚受精卵承载着亿分之一的概率，任何的错过和意外都会让这几亿分之一的概率化为乌有。

带有父母遗传基因的这枚珍贵的胚胎在母体子宫内着床后就开始了孕育。受精卵从形成到分娩，要在母亲的体内生活大约 40 周的时间。在这段时间里，生命成长的速度令人惊叹。第 6 周，胚胎的心脏开始分出了心室，并有规律地开始跳动；从最早的胚胎到胎儿的成形仅需要 9 周的时间；20 周后，小可爱在羊水中怡然自得，一天天地长大；直到 40 周，一个新的生命终于诞生。

婴儿从母体外开始了自己的生命过程和成长过程。发展心理学上根据一个人发展的特点和任务、面临的挑战，将人的一生划分为 7 个阶段。

婴儿期：0~3 岁，此时主要的发展过程是语言的获得和动作的发展。

幼儿期：4~6 岁，个体开始通过游戏的方式来增加自己的探索和社交。

童年期：7~12 岁，学习变为生活的主旋律，此时也开始探索友谊。

青春期：13~16 岁，开始性发育和心理发育，也会出现身心发育的矛盾。

青年期：17~35 岁，步入社会，也会形成稳定的亲密关系。

中年期：36~60，身体各项机能开始下降，出现中年危机，经历更年期。

老年期：60 岁以上，开始承受和接纳丧失，完成毕生的发展过程。

由此可见，从受精卵开始，生命就已经以获胜者的姿态开始了一段旅程，在每一个发展阶段，路途中的风景都会不一样。每一个阶段有每一个阶段的发展任务，完成了任务就能够收获一份成长，这或许也是生命的伟大之处。

二、从关系视角看生命——人类文明的赋予

生命在人类文明中的意义举足轻重。地球上最早的生命是微生物，在生命进化的历程中创造了文明、拓展了生命意义的却只有人类。文明的产生，使生命超越了包括遗传在内的生物属性，具有了更深层次的意义。

（一）生命定义了亲情

每个人的生命里都会有亲情。从我们呱呱坠地那刻起，亲情也就产生了，即使生命走到尽头，亲情也依然会延续下去。生命与亲情，既有遗传基因上的传承，也有心理上的归依。因为生物特性上的相关，使得生命与亲情密不可分，俗话说“血浓于水”“一脉相承”，皆说明了因为生命具有相同的生物性而产生的情感上的密切关系。

亲情更是生命的支持系统。不论是生命初期对胎儿的呵护，还是幼年时期对幼儿的照顾和引导，哪怕是在成年后，亲情依然可以是一个人脱下伪装，以最真实、最脆弱的面貌呈现自我的有力依托。

亲情是什么？很多人认为那是人心中最安然的所在。原生家庭中的每一个人都因为生命而联结成了一个整体，父母、兄弟姐妹构成的家庭是社会最小的单元。随着生命的不断成长，亲情也日益丰富，几代人因为生命而绵延的亲情，成为一个家庭乃至家族的血脉相传。亲情让生命有了更多温馨的时刻，也

为生命增添了更多的色彩和意义。

亲情除了在生命一开始被赋予之外，也能够在后天的成长过程中被建立，例如，与家人关系的修复，与恋人变成家人的过程等，都是亲情在后天的获得。生命定义了亲情，也同时被亲情所滋养，让我们能够在一生中因亲情的存在而不感到孤独，也让人类从此有了更强大的纽带而坚定前行。

（二）生命涵容了关系

因为有了生命，才有了人类群体，人与人之间由此建立了关系。生命的共同性使早期人类主动寻找除亲情之外与自己有相同利益的他人组成群落，以此来共同对抗大自然中的危险。怜悯与同情的本能，也在长期的劳作与生活中沉积到人的潜意识中，使彼此间的关系增加了情感色彩，填充了人性中向善的需要。

社会是由人组成的，人们共生于这个社会，互相需要、互相依存。生命在焕发自己独有光芒的同时，也在照亮他人。当我们拥有了这种关系，我们才能建立并生活在和谐平安的社会，才能够跨越种族隔阂，抛弃狭隘和自私，尊重文化的差异，达到共同的成长和进步，也才能践行以应对人类共同挑战为目的的全球价值观——人类命运共同体。这是生命智慧对人类关系的塑造，也是人类关系对生命内涵的发展。

三、生命的价值

（一）生命的神圣性

生命具有神圣性，这在古代对世界各民族而言都是无可替代的信仰。远古人类一般都认为人的生命源于某种神秘而不可预知的过程，或者是由伟大的高于人类的造物主所赐予的，因而具有神圣不可轻视的属性。这一点在中国的文化中也体现得淋漓尽致，如中国古代“女娲造人”的传说就被赋予了生命神奇的色彩。

从最直观的角度来看，生命的神奇与特殊也可以被人们感知到：一个人的生命从生理属性的角度其来自父母，从文明进化的角度其源自天地自然。男女之间为何有如此奇妙的性（爱情）与繁殖（生育）的功能？为何只有人类从地球亿万种生物的演变中脱颖而出，成为最耀眼的生命？截至目前，从科学的角度对这些问题给以完整和精确的回答仍然是困难的，人类的起源依旧是个巨大的谜题。我们的文化认为：人在生命的层面是偶然中的必然，人的生命先验性地具备神圣性。

（二）生命的独特性

“一花一世界”，世界上没有两片完全相同的叶子，同样也没有两个完全相同的人。更重要的是，人的精神世界也在先天和后天的合力下，呈现出独一无二的特点。《活出生命的意义》的作者维克多·弗兰克尔曾说：“一个人不能去寻找抽象的人生意义，每个人都有他自己的特殊天职或使命，而此使命是需要具体去实现的。他的生命无法重复，也不可取代。所以每一个人都是独特的，也只有他具有特殊的机遇才能完成其独特的天赋使命。”

（三）生命的可延续性

作为人类，生命的发展并不仅仅是“子子孙孙无穷尽也”的绵延和存在，更是作为认识世界和改造世界的传承。意识的存在，使人不仅能够意识到自然生命的存在，更使人成了具有精神生命的主体，实现了对有限的自然生命的支配和超越。生命是不断向上的，精神生命的丰硕成了文明的重要标志，使得它在自然生命终止后依然能够留存于世间，为人类社会留下宝贵的财富，也使人类拥有超越自然生命的可延续性。

（四）生命的自由性

自由是指一个人自己的意志得到充分的发挥和施展。黑格尔将精神看作人的本质，认为“‘精神’的一切属性都是从自由而得成立；一切都是取得‘自由’的手段，一切都是在追求‘自由’和产生‘自由’”。具有主体自觉性的人，其生命、精神和自由是同一的，如果说精神是生命的点火剂，那么自由就是精神的动力源。

生命的自由作为人性中最宝贵的特性，从古至今都备受人们的赞美和追寻，“不自由，毋宁死”是发自内心的呼喊。但真正的自由绝不是完全不受限制，马克思这样定义自由：“不是主体的随心所欲、为所欲为，而是主体与客体的统一，是权利与义务的统一，是自由和责任的统一。”人类在一定条件下遵从自由意志行动的同时也必须要对自我的行为负责，孔子教育弟子“七十而从心所欲，不逾矩”便是对自由很好的诠释。自由是相对的，是与秩序和规则同在的，没有制约的自由只能是疯狂，是强权控制强权，也将最终走向不自由。

（五）生命的有限性

有限性是生命的固有特性，无一例外，每个人生命的差别只在于这个期限存在时间的长短和内涵的差异而已。因为生命的有限性，所以追寻生命的意义就显得尤为重要。孔子曰：“我欲仁，斯仁至矣。”在主观意愿的助力下，通过有序的生命进阶走上生命实践和人格完善的道路，是人对有限生命的价值寻求。考虑到生命的有限性，法国文学家托马斯·布朗曾说：“你无法延长生命的长度，却可以把握它的宽度；无法预知生命的外延，却可以丰富它的内涵；无法把握生命的量，却可以提升它的质。”而要活出生命的精彩，也需要我们克制自己的好奇，避免做出有损生命长度的事情。

知识窗

毒品的危害

猎奇心理是一种要求获得有关新奇事物或新奇现象的心理状态，猎奇心理本身并没有什么消极作用，但是一味地寻求猎奇有可能会对我们的生命产生极大威胁，其中对毒品的好奇就是一个鲜活的例子。

毒品对人的危害不言而喻。首先，毒品是人生命健康的极大威胁。毒品导致的一个直接结果是免疫力下降、出现幻觉和思维障碍，其中静脉注射的毒品还会引发感染性合并症，如艾滋病等。其次，吸食毒品对家庭会造成严重打击。一些人吸毒成瘾后，人格丧失，为购买毒品不计后果，给家人造成经济和情感上的巨大伤害。另外，吸食毒品会严重危害社会。一个人在毒品成瘾后，自制力下降，同时又需要通过各种途径获得毒品，这个时候很容易铤而走险，走上违法犯罪的道路。

拓展训练

游船沉没前的逃生选择

活动分组：8~10 人为一组，围坐一圈。

活动目的：澄清个人价值观，学习尊重不同价值观。

活动实施：

（1）故事如下：在一次旅行中，我们乘坐的游船不幸撞上海底暗礁，即将沉没。如果由你做决定，你认为谁应该是优先救出的 5 个人？

（2）请根据下表所示，确定被救人员的优先顺序和被救理由。

表 6-1 待救助的 14 位乘客排序表

乘客	优先顺序	被救理由
自己：请简单描述自己的最主要特征		
孕妇：28 岁，怀孕 5 个月		
大法官：男，45 岁，已婚，精通法律		
运动员：男，20 岁，未婚，奥运国手		

续表

乘客	优先顺序	被救理由
某副局长：女，44 岁，已婚，有远见与魄力		
老人：75 岁，行有不便，退休前为救生专家		
股市大亨：男，40 岁，已婚，对股市有很大影响		
记者：女，35 岁，已婚，资深当家主播		
电脑工程师：男，27 岁，未婚，科技新贵		
医生：女，40 岁，未婚，内科权威		
小孩：女，8 岁，小学二年级，聪明伶俐		
中学老师：男，43 岁，已婚，优秀教师		
导演：男，37 岁，已婚，多次获国际大奖		
歌手：女，23 岁，未婚，国内人气青春偶像		

（3）请各成员将自己选择的 5 人优先获救理由与大家分享，每人不超过 3 分钟。待所有人分享完毕，小组讨论自己分享和听其他成员分享时的感受。

注意事项：在一人分享过程中，其他人只能听，不能中途打断。整个过程只能阐述自己的理由，不能指责他人。

第二节 “人人得一生，不得再生”——生命的困境

林花谢了春红，太匆匆，无奈朝来寒雨晚来风。
胭脂泪，相留醉，几时重？自是人生长恨水长东。

——《相见欢 · 林花谢了春红》

这首出自南唐诗人李煜的词，描写了红花凋谢的衰败，而这背后更多的是透过落红投射诗人自己的心境。其实在每个人的生命中，都有可能遇到这样或那样无奈又无助的事情，经历这样或那样突然又沉重的打击。而这样的时刻，就会让人的生命陷入困境，也往往会引发心理危机。

一、大学生心理危机的表现

1. 心理危机的定义

美国心理学家卡普兰将“心理危机”定义为：当一个人面对困难情境，

而他先前处理问题的方式及其惯常的支持系统不足以应对眼前的处境，即他必须面对的困难情境超过了他的能力时，这个人就会产生暂时的心理困扰，这种暂时性的心理失衡状态就是心理危机。它包含两层含义：一是指产生了突发事件；二是指人正处于一个紧急状态中。

心理危机可以分为发展性心理危机、境遇性心理危机和存在性心理危机三类。

发展性心理危机主要是指在一个人发展的必经阶段涉及的生理、心理发展变化方面的危机。正如前面章节所述，心理学家埃里克森把人的一生划分为一些连续的发展阶段，每个阶段都有特定的身心发展任务，当一个人的能力不足以完成新的发展任务，而需要其具备的新能力还没有获得时，此时就可能出现危机。

境遇性心理危机是由外部罕见或超常的事件引起的危机，如地震、战争、事故、重大疾病等。

存在性心理危机可以是基于现实的，也可以是基于后悔的，还可以是一种压倒性的持续的空虚感、生活无意义感。例如，一个中年人觉得自己没有工作上的收获，也没有感受到家庭的温馨和包容，这时存在性心理危机就可能在其身上出现。

当然，每个人都会有发展性、境遇性和存在性上的问题，但是只有这种问题严重到一定程度，足够困扰一个人的时候才会转化为危机。

2. 心理危机的表现

当个体面对危机时，通常会产生一系列的身心反应，主要表现在生理、情绪、认知和行为上。

生理方面：肠胃不适、没有食欲、腹泻、头疼、疲乏、失眠、做噩梦、易惊吓，感觉呼吸困难或有窒息感，如鲠在喉，肌肉紧张等。

情绪方面：担心、焦虑、恐惧、怀疑、沮丧、忧郁、悲伤、绝望、无助、麻木、紧张、不安、愤怒、烦躁，过分敏感或警觉，无法放松，担心家人安全，害怕死去等。

认知方面：注意力无法集中、缺乏自信、犹豫不决、健忘、效能低下，反复挣扎在危机事件的思考中不能阻断等。

行为方面：出现社交退缩，喜欢逃避与疏离他人，不敢出门，容易自责或怪罪他人，不易信任他人等。

出现这些表现时，我们要警觉自己是否已经出现了心理危机，多给自己一些关注，并寻找一些可行的调节手段或帮助。而当我们发现身边的人出现了上述异于平常的表现，并且了解到他可能存在一些危机的境遇时，也需要引起重视，寻求可以起到保护作用的资源。

3. 产生心理危机的原因

前面把心理危机分为三类，分别为发展性心理危机、境遇性心理危机和存在性心理危机，而在大学生涯中更可能遇到的是境遇性心理危机以及发展性心理危机，而引发这两种心理危机的原因也各不相同。

（1）境遇性心理危机产生的原因

境遇性心理危机在大学生中主要的引发原因包括家庭的重大变故和个人的健康威胁等。

家庭的重大变故。当家庭发生重大变故时（如亲人去世、家庭财政状况不佳，甚至破产），已经是成年人的大学生往往希望能为家庭做些什么以渡过难关。但对于刚刚成年不久的大学生，能为家人提供的帮助也是有限的，这样的无力感也许会让自己产生难以排解的负面情绪；与此同时，当变故发生的时候，大学生也许会因为突然改变的生活而丧失对未来的掌控感，可能一时间不知道自己该怎样面对接下来的生活。如果这样的情绪没能及时改善，也许会成为引发心理危机的导火索。

个人的健康威胁。身体的健康与每个人的心理状态息息相关。在自己的健康出现危机的情况下，任何人都有可能产生巨大的心理压力，当然也包括大学生。如果这样的压力处理不得当，造成的心理危机有可能进一步加深已经存在的生理疾病。

（2）发展性心理危机产生的原因

通常来说，发展性心理危机产生的原因包括以下方面。

严重的学业困难。在进入大学后，学习节奏变得和高中时十分不同。大学的学习生活往往更需要独立自主地思考，以及积极主动地安排学习计划；与此同时，大学生失去了高中时期父母、老师长时间的陪伴和鞭策。在这样的情况下，许多大学生发现学习成了一件特别困难的事。尽管出现这样的情况是非常正常的，也不代表自己比其他同学更差，但持续一段时间的学业上的失败经历也许会让一名大学生逐渐丧失在学习上的自信心，甚至产生厌学的心理。

频繁的就业壁垒。大学也许是一些同学学生生涯的尾声，在短暂的四五年过后，就业这一新的阶段就会出现在大学生面前。每个人都期待着找到一份称心如意的工作，但现实并不一定会在一开始就把你最喜欢的那份工作交给你。大学生们还处在寻求就业的开始阶段，这样的阶段对大学生来说也是全新的，仍需要学习和探索，而在探索的过程中遇到的困境则有可能成为大学生巨大心理压力的来源。

糟糕的人际关系。踏入大学校园之后，全新的集体居住环境以及全新的人际圈子推动着大学生去尝试与高中时期完全不同的社交模式。而在尝试的过程中，摩擦或者矛盾会常常出现。这些不好的社交体验可能会让大学生对于社交感到失望，甚至害怕。对于社交的负面情绪的体验还可能导致大学生回避与人的交往，而这可能又会成为一种恶性循环，导致大学生在需要陪伴的时候却找不到足够的人际支持，很多内心的困扰长久的自我压抑，从而引发危机。

突然的情感危机。大学生在进入校园后，也许都会憧憬着一段美好的恋爱关系，与此同时，刚刚开始自我同一性任务的大学生对自己的了解还有待加深，因此可能会迷茫于对另一半的追寻和对亲密关系的处理。在面对恋爱关系出现问题的时候，由于部分大学生不稳定的自我状态以及大量的情感投入，容易在亲密关系不顺利时出现心理危机。

二、挣扎的困境——大学生常见的心理危机症状

前面提到了可能引发大学生心理危机的原因，当重大事件及其困扰不断在内心堆积时，就有可能引发一些严重的身心疾病。

（一）严重的身心疾病表现

1. 焦虑症

焦虑是由紧张、忧虑、担心和恐惧等交织而成的一种复杂的情绪反应，是一种缺乏明显客观原因的内心不安或无根据的恐惧。通常情况下，在人们遭遇到精神上的打击或者预感到即将来临的事件对自己产生威胁或危险时，主观上就会感觉到紧张、不安，甚至痛苦到难以自控，严重时还会伴有植物性神经系统功能的变化或失调，出现如失眠、食欲下降、头晕等身体症状。

焦虑本身是一种常见的情绪状态，一般情况下适度的生理性焦虑是个体在遇到压力事件时正常的反应，有利于促进任务的完成，但是当个体的焦虑程度远远超出客观事件的严重程度，或者焦虑体验持续的时间过长时，就有可能转变成病理性焦虑。如若符合相关医学上的诊断标准，就是焦虑症。

2. 抑郁症

抑郁症是目前世界上最容易致残的疾病之一，也是所有疾病中自杀率最高的。世界卫生组织已将癌症、艾滋病、抑郁症列为 21 世纪人类三大疾病。

抑郁症对患者的身体和精神方面都有影响，假如出现下列症状，并持续两周，需要立刻前往医院进行诊断：

①睡眠障碍，失眠、早醒或极度嗜睡。

②食欲下降，体重减轻。

③躯体不适，精力丧失，不愿动。

④性欲减退。

⑤认知扭曲，思考能力下降。

⑥自责自罪，焦虑。

⑦有自杀观念或行为。

而最核心的表现就是明显的“三低”：

⑧情绪低落，或者心情不愉快。

⑨兴趣缺乏。对自己以前感兴趣的事情失去了兴趣。

⑩乐趣丧失，或者快感缺失。

3. 双相情感障碍

双相情感障碍又称躁郁症，是指一个人既有躁狂或轻躁狂发作，又有抑郁发作的一类情感障碍（心境障碍）。双相障碍是一种常见的精神障碍，随着不同状态的交替发作，表现为个体状态在抑郁和躁狂两端起伏出现。

患双相情感障碍的人其在抑郁期的表现就是抑郁症所具有的症状；而在躁狂期，会出现与抑郁症相反的表现，如心境高涨、思维奔逸和精神运动性兴奋等，具体来说可以有以下情况出现。

（1）心境高涨

心境高涨表现为轻松、愉快、兴高采烈、洋洋自得。这样的心境也具有感染力，看起来像个“乐天派”。但同时患者的情绪反应又是不稳定的，非常易激惹。

（2）思维奔逸

思维奔逸时思维的联想过程明显加快，说话音调高、话语密，甚至和这个人一贯的说话方式非常不一样，而且时常转移话题。这是因为其注意力无法聚焦，也会出现观念的飘忽不定。

（3）自我评价过高

自我评价过高时自我感觉良好，觉得自己精力充沛，才思敏捷。往往过高评价自己的才智、地位，自命不凡，可出现夸大观念，但是这些想法在别人看来常常是比较荒谬的。

（4）精神运动性兴奋

精神运动性兴奋是指处于躁狂期的人表现得兴趣广泛，热爱社交，喜欢热闹。也会有一些冲动性的行为，如冲动消费，可能会把一个月的生活费一天花光。

（5）睡眠需求减少

睡眠需求减少是指一个人可能一天只睡两三个小时，甚至一天不睡，但是依然觉得自己不需要睡眠，还有很多事情要做，这时候食欲和性欲一般也是增强的。

4. 精神分裂

精神分裂是一种常见的病因未明的精神疾病，多在青壮年时期初次发病，往往是随着年龄的增长一点点缓慢发起的。其症状表现为在思维、情感、行为等多方面出现障碍，以及精神活动不协调，脱离现实，有可能出现错觉、幻觉或妄想体验。

（二）心理危机导致自杀的信号

心理危机最大的风险是导致自杀行为出现。研究发现，几乎所有的自杀者在自杀前一年都经历过负性生活事件。也就是说，负性生活事件与自杀的关系非常密切。但遭遇负性生活事件并非一定导致自杀行为，由于每个人的调适能力不同，最终导致的结果也差别较大。

自杀者采取行动前或多或少会出现一些信号，及时捕捉到这些信号，是有效预防自杀的关键。这些信号大致包括以下方面。

（1）外表上

①表情冷漠、注意力不集中。

②不注重社交形象，如衣着随意、长期不注意个人卫生等。

（2）言语上

①直接对他人说出“我希望我已经死了”“我再也不想活了”。

②间接说出“我所有的问题马上就要结束了”“现在没人能帮得了我”“没有我，别人会生活得更好”。

③谈论与自杀有关的事情或拿自杀当作玩笑来引起话题。

④谈论与自杀有关的计划，包括方法、时间、地点。

⑤结束重要的人际关系，跟亲朋好友告别或把未完成的事进行嘱咐。

⑥谈论自己现有的自杀工具。

（3）行为上

①出现突然的、明显的行为改变。

②抑郁的表现。

③有条理地安排后事。

④频繁出现意外事故。

⑤饮酒或吸毒量增加。

（4）情绪上

①流露出无助、无望的情感。

②长时间的抑郁情绪突然好转。

有自杀风险的人可能出现情绪上的突然好转，然而这种突然好转的信号，最容易被人们误解和忽视。因为情绪好转往往被认为是一种走出危险的表现，使周围的人觉得对方“想通了”而放松警惕。但事实是，当有自杀意念的人不再对生死犹豫不决并下定决心要采取自杀行为时，他会因为找到了所谓的解脱办法而表现得放松。所以，自杀风险下的情绪好转，反而暗示自杀的可能性很大，需要更加警惕，认真辨别。

三、遇到心理危机该怎么办

如果个人出现心理危机，最重要的是懂得求助。求助于亲人、老师、学校心理咨询中心，都能得到及时有效的帮助。拖延只能将困难放大，使自己陷入困境中。在安全的环境下，采用安全的方式求助就是对自己最大的爱护。求助不是在示弱，反而永远都是“强者的行为”，因为求助代表着自己有勇气面对最真实的自己，也愿意为了更好的状态去主动做些什么。

对出现心理危机的同学，除了关心之外，要及早采取合理的方式帮助他们尽快得到有针对性的应对。调查发现，在得知自己朋友有自杀想法的人当中，只有 1/4 的人会将此情况告知成年人。不愿告知的原因一部分是顾虑朋友间的保密和信任，另一部分是担心成年人的反应。但是选择为朋友保密，一方面会让朋友的生命几乎完全依托在自己身上；另一方面也会让朋友的求救信号没能传递给可以起到更好的保护作用的人。因此，作为同学或同龄人，面对自杀的危机，我们需要懂得以下常识，做好生命安全的“吹哨人”。

（一）及时识别——跳出自杀的认识误区

有自杀认识误区的人一般持有以下观点：

①自杀前没有任何自杀的征兆，无规律可循。

②一般人不会有自杀念头。

③威胁说要自杀的人不会真的采取行动。

④所有自杀的人都是精神明显不正常的。

⑤和当事人谈论自杀会加速他产生自杀念头。

⑥自杀危机改善后就不会再有问题。

⑦大多数的自杀是缘于一个突发的创伤事件。

⑧自杀的人，一心求死。

⑨非致命性的自杀行为只是为了引起他人的注意。

⑩如果一个人的抑郁情绪突然好转，就不会有自杀危险了。

⑪大多数自杀者是穷人。

知识窗

对有自杀危险的人不能提及自杀吗？

可以说，这是关于自杀的认识中最大的误区。为什么大多数人会存在这样的认识误区呢？

这是因为，出于趋利避害的本能，大家往往觉得自杀是一件可怕的事，应该尽量避免触及。而跟想要自杀的人直接谈论这个问题，不就等于提醒他了吗？事实上，了解当事人是否存在自杀的想法、是否有计划、采取什么方式等是自杀预防过程中最为核心的信息，也是自杀预防成功的关键，而关于自杀方法的探索是应该尽量回避的。同时，通过谈话能让当事人认识到这些一直藏在自己内心的话题和秘密是可以聊的，也能让他感受到他人对自己的关注和理解。

（二）风险预警——发现谁有自杀的危险

一个人在同一时间内有以下几种表现时，他自杀的危险性就比较高：

①心情忧郁或焦虑。

②近期，特别是最近两天，有严重的负性生活事件。

③近一个月生活质量很差。

④长期的学习、生活、工作或心理压力。

⑤既往有过自杀行为。

⑥亲友或熟人有过自杀行为。

（三）立刻行动——启动危机干预

在学校，一旦发现身边人有心理危机的信号，甚至有自杀倾向或企图实施自杀行为，可以从我们能做的工作出发，对他进行紧急的危机干预。

1. 重视倾听，走进他的内心

很多处于心理危机状态的同学，拥有的社会支持力量也会比较薄弱。当他们遇到心理困扰时，苦于没有对象可以倾诉，这些困惑就会越积越多，终将把一个人压垮。而倾诉能够让我们的内心打开一条缝隙，让内心澎湃的情绪渐渐平和。所以不论是自己还是发现身边人有类似的情况，都可以试着用倾诉和倾听去缓解内心的焦灼状态。

倾听还有一个重要的作用：可以帮助我们判断对方目前正处于什么样的状态，有什么样的事情让他产生困扰，这件事有多严重，以及他目前的风险程度如何。当然，想要让我们的倾听变得更有效，也需要注意一些原则，比如“多听少说”“听的过程不要进行评判”“给出一些信号让对方知道你在听”，等等。

2. 关心与支持，提供心理能量

处于心理危机状态下的个体可能会自己关上那扇求助的大门，这个时候主动的关心和支持就会显得非常必要。一个人不去求助，往往是因为自己很渴望得到别人的帮助，很希望能够有人给予自己支持，而以往的经验又让自己觉得没有人是真正乐意帮助自己的，导致自己把这种需求压抑在心底，外表看起来甚至有点冷漠或疏离。

或许这个时候，一句“你吃午饭了吗？要不要给你带饭？”这种平常的关心和问候，都有可能变成一股暖流流到他的心里，给这个正处于煎熬状态的人以心理安慰。有时候我们的关心可能会碰壁，比如迎来对方的无视或者冷漠，或许这并不是拒绝的信号，而是因为他可能不相信有人真的会对自己好。

3. 稳住情绪，探寻积极的力量

处于心理危机状态的人往往情绪会比较强烈，尤其是一些突发性心理危机更容易让人陷入激荡的情绪。当我们发现身边的人陷入这种情绪无法自拔时，首先可以做到的是陪伴，陪着对方既能让他 / 她感受到你的关心和担心，又能够起到必要的监控作用，避免对方做出不可挽回的事情。

或许你也可以试着问一下对方，对于自己目前的情绪状态，做些什么是有可能起到缓解作用的，比如去操场散散步，或者调大音量听音乐。和他一起探寻这些可以帮助缓和、纾解情绪的方法，也是在通过他自身的努力去掌控自己的过程，是一种力量的探寻。

4. 及时报告，启动生命的保护

如果发现身边的人有心理危机，应该立即报告辅导员老师，并在老师的指导下启动紧急心理危机干预。有时候我们可能会对报告辅导员有着这样或那样的担忧。

首先，我们应该知道的是，当一个人把很个人、很私密的话题告诉别人时，他就有可能已经处于崩溃的状态，即便诉说的对象是自己的好朋友。诉说本身可能就是在求救，这个时候我们应该做到的就是要看到他的求救，并抓住这个信号。

其次，在一个人的健康和生命面前，关系层面的考虑不是最重要的。或许对方在那个当下真的会有点生气你把这个告诉了老师，但是当他发现这个过程让自己受到了保护的时候，他也会真的看到你真诚的关心。

或许我们还会担心：辅导员就一定能提供有效帮助吗？这个问题的答案是肯定的。每个学校都有自己成体系的危机干预方案，辅导员是这个危机干预方案的主要执行者之一，他们会联合学校的其他资源共同保障学生的安全，所以，及时报告才能够真正化解危机，也是我们能够为对方提供的最安全的屏障。

拓展训练

愿望清单

活动分组：10人一组，围坐一圈。

活动目的：珍惜时间的可贵，把握生命的有限。

活动实施：

（1）组织者介绍电影《遗愿清单》的故事梗概。

（2）参与者每人按照句式：Before I die，I want to（在死之前，我想……）________，填写一份愿望清单，在这份清单上列出5件最希望做的事情，以愿望强烈程度排序写在纸上。

（3）思考一下自己为什么会有上述愿望，哪个愿望最特别。

（4）如果排在最前面的愿望没有来得及实现，自己会有什么感觉。

（5）两人一组针对上述思考进行分享，之后在小组内进行分享。

第三节 “人生天地之间，若白驹过隙，忽然而已”——生命的意义

子在川上曰：“逝者如斯夫，不舍昼夜。”两千多年前的孔子，站在河流的源头，抚今追昔，满怀感慨地说出了这句让后人百般体会、耐人寻味的话语。这是对于时间的追思，也是对于生命的感叹。如何在有限的时间里追寻生命的意义，或许是我们每个人都有的疑惑。

一、生命的内涵

（一）直视骄阳——面对死亡恐惧

对死亡的恐惧是人的终极恐惧，它伴随生命展开，又随同生命而逝。有

时候对死亡的恐惧可能会以比较隐晦的方式出现，例如，一个人会“怕黑”“怕鬼”，在这个恐惧背后掩藏的其实是对于自己被湮灭的死亡恐惧。

1. 如影随形的死亡恐惧

（1）“死”在汉语里的避讳

在中国传统文化中，孔子“未知生，焉知死”的态度使人们相信，做好活着的事情就可以了，不用去管死亡以及死后的事情，因此，死亡一直是中国人讳莫如深的话题。人们在日常生活中总是避免涉及有关死的问题，小心地避开“死”这个字。对死亡的忌讳和回避，也反映出大众对死亡不可名状的恐惧。

（2）死亡恐惧的表现

存在主义治疗的代表人物之一——欧文·亚隆在其著作中指出，死亡很少能通过一个人的自我省察认识到，因为意识会将其精心隐藏。更普遍的情况是，死亡恐惧不是直接出现的，它要么乔装打扮，骗过意识，转化成心理疾病出现；要么表现为内心弥漫的焦虑感。事实上，没有明显指向的焦虑就是一种对死亡的恐惧，但是为了更好地隐藏，它往往会转换成对某件事情的过分焦虑，从而让人忽略其真正的核心，因为“没有确定对象的焦虑会立刻寻找明确的目标”。我们所体验到的内心冲突、困扰和压力的源头其实也来自死亡恐惧。

2. 死亡恐惧因何而来

欧文·亚隆总结他多年的临床工作和个人体验，告诉我们死亡的恐惧会伴随人的一生。儿童时期，各种死亡的痕迹——落叶、死去的昆虫或小动物、家里去世的长辈亲人等都会将死亡展现在孩子面前，即便是不明白死亡的真实意义，但分离焦虑已经开始萌芽。从 6 岁到青春期之前，大多数孩子的死亡恐惧都还深埋在无意识深处。

进入青春期后，死亡恐惧开始显现，青少年通常会思考死亡这个问题，少数还会因为种种原因产生自杀的想法。根据美国疾病预防控制中心 2013 年春季对上万名 9~12 年级的学生的调查数据，在初高中阶段，10%~15% 的孩子曾有过自杀的念头。随着年龄的增长，青少年步入成年早期，对死亡的关注被两项重要的人生任务——成家和立业所分散。但是，等一个人真正独立，离开原生家庭，自己的职业生涯达到一个顶点时，中年危机便开始产生。这个时候个体会体验到人生已然开始在“走下坡路”，对死亡的焦虑和恐惧也会卷土重来。

（二）未知死，焉知生——接纳生命的归宿

无论是直接面对还是回避不谈，对死亡的恐惧都会引发焦虑，这是人类本能的反应，没有谁能够先天免疫。唯有真正懂得生与死的人，才能以正确的态度对待生命，去直面死亡带给人的所有恐惧与不安，思考我们正在体验的人生之旅。

1.“安时处顺”的道家生死观

在庄子看来，生死就像是白天黑夜的交替，是自然而然的，“死生，命也，其有夜旦之常，天也”。“生”和“死”构成了生命的完整过程，缺一不可，此之谓“齐生死”。庄子站在道的视角上看待死亡，提倡从现世人生中超越死亡，尤其需要注意的是，道家超凡脱俗、顺其自然的生死观，不只是以这种态度看待死亡，同时更是以这种态度在看待生命，所以，道家学派的人一般会较为洒脱。

心灵故事

道家生死观

《庄子·大宗师》中讲述了这样一个小故事：子祀、子舆、子犁、子来四人相与语曰：“孰能以无为首，以生为脊，以死为尻；孰知死生存亡之一体者，吾与之友矣！”四人相视而笑，莫逆于心，遂相与为友。翻译过来就是：子祀、子舆、子犁、子来四个人在聊天：“如果有人能以无为头，以生为脊梁，以死为大腿，知道生死存亡本来就是浑然一体的，那么我们愿意与他做朋友。”说着这里，四个人都会心地相视而笑，心心相契却不说话，于是交为朋友。这一段文字体现了庄子死生一体的思想。

2.“向死而生”的存在主义观点

20世纪存在主义哲学的创始人和主要代表之一，德国哲学家马丁·海德格尔将死亡称为“此在”，认为死亡是极其偶然、无法预料的事情。“死”是“生”的终点，是一种绝对存在的形式。他从存在主义的角度论证了“‘死’是人的存在方式，人的存在就是‘向死而生’”。人从出生就意味着死亡，人是在走向死亡的途中存在着的，活着就是向死亡行进的过程中真实感受自己的存在。

“方生方死，方死方生”，中西方文化中对生死的辩证解析及对待死亡理性和客观的态度，都告诉我们万物万事正在不断地出生成长，也在不断地死亡消失。“安时而处顺”，让生命在有限的时间里获得丰富的体验，就会极大地丰富你的整个人生。

二、做自己生命的主人

死亡在大多数人看来是一种威胁，但我们可以把它看作一种挑战，客观辩证地去认识和理解死亡，在有限的生命中找到生活的意义和价值，让生命过程完整而生动。弗兰克尔说过，承认我们都将走向死亡，并不是把大家带入忧郁和绝望之中，人对死亡永恒存在的意识是有益的贡献，只有面临死亡，人们才能感到行动更有意义，才会不断寻找探求生命的意义。

（一）来世不可待，往事不可追——活在当下的意义

佛教对于生命的理解是“只在呼吸间”。同样地，格式塔心理疗法的创始人皮尔斯主张，健康的人是生活在眼前、当下的，也就是此时此地。就像是对幸福的追求，假如认为幸福是一个目标，只有实现了之后才能够感受到，而不是在追寻幸福的过程中去体验，那么即便有一天实现了目标，幸福感也不会长久保持，并且很快就会被新的渴望和欲求所取代。

幸福一日——致秋天的花楸树

海子

我无限地热爱着新的一日
今天的太阳 今天的马 今天的花楸树
使我健康 富足 拥有一生
从黎明到黄昏
阳光充足
胜过一切过去的诗
幸福找到我
幸福说：“瞧 这个诗人，
他比我本人还要幸福”

人生是一个过程，如果我们不懂得享受过程，不明白幸福存在于当下，存在于每天的生活中等着我们去发现，就不会有真正的幸福感。只有懂得体验并且珍惜眼前哪怕是微小的快乐，才会经常有幸福的体验，也才能更好地感受生的滋味。如果我们能够做到体验当下、活在当下，即使人生的所有目标未能全部实现，也不会失去幸福感，否则，再宏大的人生目标在实现了以后也只是带给我们转瞬即逝的快乐。

那么，如何成为一个拥有此时此地健康心态的人，在当下的每一天都能生活得安然快乐呢?

1. 了解并承认自己的内在欲望

从小到大，在家庭和社会的影响下，我们学会了压抑自己的冲动。然而，被压抑的愿望并不会消失，而是转换成另一种方式表达出来。了解自己内在的冲动和种种渴望，并承认这些欲望的存在，接受它们是自己生命本来的一部分，是对自我的接纳。只有接受真实的自我才能让自己成为完整的人，也才能学会更包容地看待现实生活。

2. 学习进行自我调节

自我调节发生在对自我的客观认识之后，是了解自己的冲动和欲望后进行的内心平复和现状改变。德国心理学家帕尔斯坚信，每个人都具有追求完整和平衡的先天倾向，只要具备充分的自我意识，即有自我调节的愿望和决心，就能实现人格完善的自我调节。最重要的是，一个人在了解并承认自己的冲动和欲望之后，学会对事不对人，公开、坦然地表达出来，那么机体的自我调节就会自动发生作用。所以，自我调节并非是一整套法则，更可能发生在一点点小的细节和变化上。我们平时的一个思考，在一件小事上的行为和看法的变化，都可能是自我调节的过程。

3. 拥抱当下，承担责任

更好地感受当下，需要我们对失落与怨念学会释怀。一个人要想健康成长，就必须懂得记忆不是现实，过去不是现在，当下的状况即便是由过去的自己或他人造成的，也已经如此，责备和抱怨无法让事情变好，也不能改变现状。只有直面现实，主动承担责任，对自己负责，努力去解决当前面对的问题，才能过好当下的生活。当然，如果我们盲目期待未来，相信一定会有人让我们变得更好，而不是通过自己现在的努力，那也同样是没有承担起自己的责任的表现。帕尔斯主张，聚焦当前我们具有的唯一现实，努力去体验当下的存在，并对当前负起责任，才能够拥有健康的人格。

4. 直面现实存在的问题，实现自立

感受当下的关键就是能否直面当下存在的问题。一个人能正视问题，并且想办法以恰当的方式解决，就能不断积累有益的经验，增强自信和自立性。有些时候，我们的成长受到阻碍，其根源往往在于自身缺乏应对问题的动力、决心或能力。但是无论是动力、决心还是能力，我们都能够从生活的经验中、从对自我的认知中得到提升。缺乏动力与决心有可能是因为受到了过去的负面影响，损害了自己解决当下问题的表现。从另一个方面来讲，过去的失败经验恰恰给我们提供了借鉴，既让我们对这个问题不陌生，也让我们能够避免一些可能的阻碍。缺乏能力，或者说认为自己缺乏能力是会错过当下的，因为能力完全可以通过当下的一举一动得到加强。每直面一次当下的问题，就是我们实现自立的又一次契机。

5. 以自我支持取代环境支持

在社会生活中，我们经常需要别人的赞扬、鼓励和关爱来满足自己的精神需求，为了得到这些，我们往往会在内心想象出别人期待的样子来作为自己的行为参照，并按照这个进行角色扮演。时间一长，我们就会逐渐脱离自己，期待并且依赖别人提供给我们支持，而忘记了这应该是自己提供给自己的。但完全依赖外界给予的支持不是健康自我的发展路径，想要拥有健康的自我，可以尝试用自我支持取代环境支持，按照自我真实的本性表现自己、实现自己，使自己得到充分的发展。一个人自我的定力越强，他对外在环境的依赖就越小，也越容易做到以自我支持取代环境支持，同时越是如此，反而越能从环境中得到更多的支持。

6. 克服挫折，挖掘潜能

帕尔斯深信人具有无限发展的潜能，只是没有被发掘出来。他说："不幸的是，我们的时代，平均每个人只用了他的潜能的 10%~15%，而所谓的天才就是用自身潜能更多的人，但也只是开发了自身 25% 的潜能。要调动自己的潜能并确保成熟，一个人就不得不克服许多挫折。"这说明，我们本身是拥有无限发展的可能性的，只要我们调动自己的主观能动性，就能多次地提升自己和完善自己。所以我们要认识到，我们看到的自己并不是自己的全部，我们有巨大的能力和潜能还埋藏在未知的自我当中，暂时的失败和面临的挫折都是开发自身潜能的机会，而不是生命的屏障。

（二）"我命由我不由天"——拥有一个自己说了算的人生

国产动画片《哪吒之魔童降世》里面有很多经典的台词让人不能忘怀，其中被引用了无数遍的那句"我命由我不由天，是魔是仙，我是谁只有我自己说了算"已然获得了无数人的共鸣。拥有一个自己说了算的人生既是每个人的理想，也是对生命最完美的展示。对于生死问题的超越，使得人们不必仅仅局限于生或死，而是去思考如何才能让生更有意义，让死无所遗憾。

美国存在—人本主义心理学奠基者之一，心理学家罗洛·梅，基于自己心理治疗中的实践所得坚信每个人都具有内在的力量，他给健康人格的建立提出的解决方案和建议是：寻找自己，重建自己，创造自己存在的意义。他认为在这些方面进行思考和实践，能够帮助我们拥有"自己说了算"的人生。

1. 寻找真正的自我

一个拥有自我的人，可以对自己的存在负责，为自己的存在状态做选择。存在状态可以分为两种：一是充满活力、积极的生活状态；二是消极地、倦怠地活着的生存态度。这两种存在状态也可以被理解为是有价值、有意义的生活还是无价值、无意义的生活。

找到真正的自我，能够让自己以积极的态度生活，让自己拥有一种内在的心灵自由。这里所说的自由，是一种思想上的自由，是勇于正视自己，能够与自己成长过程中所遇到的种种问题与情绪同行，敢于正视成长中的烦恼，为实现自我而做种种努力的自由。这样的自由，是一种精神状态，是一个人懂得在个人与社会的限度内，如何最大限度地塑造自己、创造自己，使自己成为“真正的自己”的一种能力。

2. 坚持做自己

要成为真正的自己，最重要的就是要坚持做自己，有勇气认可自我成长过程中需要付出的努力和代价。坚持做自己，首先要敢于承认自身的局限性，敢于面对自己的不足与缺憾，接受不完美的自己。对自己的认识和接纳，是坚持做自己的前提。其次要发扬自己的特点和优势，扬长避短，既不被自身的局限所困，又能在主客观条件下发挥并且发掘自己的长处，这都是坚持做自己的核心。

3. 拥有承担责任的勇气

在罗洛·梅看来，只有勇于正视自己成长中的焦虑，敢于不断追求自我认识和追寻自我实现才是勇气的体现。在这里，有没有勇气不在于是否敢于跟天地和他人抗争，而是是否敢于坚持真正的自我。具体来说，是否敢于深入认识自己，是否能够在必要时维护并坚守自己的主张和立场，是否能够客观地看待自己并肯定自己的坚持，乃至是否能够在必要时奉献甚至牺牲自己以成就一种更高的价值。

勇于承担自我成长需要担负的责任，为自己的生活负责，不畏挫折，坚持信仰，成为自己想成为的人，就是对生命的责任。

（三）大写的人生价值——寻求生命的意义

属于我们的生命只有一次，所以寻求生命的意义看起来尤为重要。奥地利心理治疗家弗兰克尔在经历了纳粹集中营的数年折磨，但凭着对生的渴望和顽强意志生存下来之后，回顾了这段苦难岁月，进行了深刻的思考，提出了自己的理论，系统阐述了“意义治疗说”，他强调，“无论生活在多么恶劣的环境中，即使像集中营那样极端悲剧性的环境，人都能为自己的存在寻找出意义。

而人一旦具有了生存的意义，就能健康地生活”。

所谓寻求生活的意义，在弗兰克尔看来，指的是跳出自我中心，超越自我现有的框架，让自己专注于追寻生命的意义，并努力去实现。在这一观念下，人不是一成不变的，是处于自己想成为的人的不断变化过程中的，每个人从根本上来看，都需要不断对自己是谁和将要做什么负责，能够做到在人生的过程中寻求生活意义的人具有以下特点：

（1）具有选择自己态度的自由。

（2）能负责任地对待自己的生活。

（3）能有意识地把握自己的生活，不受外在力量左右。

（4）超越了对当下自我的关注，把生活目标指向未来。

（5）对工作具有献身精神。

（6）具备给予爱和接受爱的能力。

（7）为自己缔造了有意义的生活。

弗兰克尔有一句名言一直被人们所传诵，“一个人所有的东西都可以被夺走，唯独人类最后的自由——在任何特定情况下可以选择自己的态度，选择面对生活的方式——不能被剥夺”。由此可见，寻找自己生存的意义是每一个人的责任，也是让生命有价值的重要途径。

心灵故事

从生命的守护中感受生命的意义

2020 年年初，在武汉暴发新冠疫情的危急关头，84 岁高龄的钟南山院士自 2003 年“非典”后再度挺身而出，第一时间奔赴一线战“疫”，以医者的仁爱、智者的坦诚、勇者的担当被所有中国人所崇敬，堪称国士无双。更有众多的医务工作者，他们逆流而上，在武汉最高危的环境里，救死扶伤、不言退缩。虽然这是医生的职业与使命，但这同时更是用生命来救治生命，用生命来唤醒生命，用生命来守卫生命。当然，还有不计其数的广大志愿者和所有为这场疫情无私奉献的普通人，他们同样选择在此刻迎难而上，尽己所能，用生命之光照亮了他人。有这样一句话特别令人动容——“哪里有什么从天而降的英雄，在这场疫情国难里，有的都是挺身而出的普通凡人”。这就是生命的价值，是超越了自我的最有意义的人生的选择。

我们的生命不是一场坦途，经历不幸与曲折是必然的。诚然，痛苦是令人难受和沮丧的，它会给人带来打击，也会让人本能地想逃避。但是，如果我们能在无法更改的不幸和曲折中寻找到意义，那么我们所经历的痛苦就会变得有价值。所以，生命的意义更多取决于我们自己，而非受客观环境的左右。文天祥“人生自古谁无死，留取丹心照汗青”的英勇大义，谭嗣同“我自横刀向天笑，去留肝胆两昆仑”的舍生取义都说明了生命的意义不只是单纯生与死的衡量，还有为之担当的道义，以及对真实自我的坚守，即便这种道义和坚守不得不面临自我牺牲。

和平岁月，我们不需要为人生价值的实现做出如此巨大的牺牲，而我们终其一生需要寻找的意义体现在生命的尊严、韧性、良知和勇气中。弗兰克尔对此有句名言：“你要像死而复生一样地过你现在的生活，你要像曾有过一次重大过失而且现在还可能再出现过失一样去生活。”他认为，假如我们抱有这样的生活态度，就会深刻领会到时间的单向性，洞悉生命的不可逆转，从而去寻找有限生命中的重要意义。因此，做一个能够自我反省和自我超越的人，建立积极的生活目标，在有意义的生活中去实现我们自身的生命意义，相信我们的人生定会在自己的不断追寻中变得更加绚烂。

拓展训练

我想要一个什么样的人生？

活动分组：10 个人一组，围成一圈。

活动目的：探寻自己的生命价值观，厘清对生命的认识。

活动实施：

（1）图中四边形的长边代表生命的长度，宽代表给定的时间段生活的幸福水平。请问，你想要哪一种生活？

长：100

宽：50 年

100

100 年

（2）同上面一样还是两个图，代表两种生活，你想要哪一种？

长：100

宽：50 年

幸福总量 =5000

120

50 年

=6000

（3）如果是下面这两种情况，你又会选择哪一种呢？

长：100		90	
宽：50 年		90 年	
幸福总量 =5000		=8100	

如果幸福是生命持续时间和质量的二元函数，那么我们不得不二选一的时候，我们会想要哪种生活？

（4）请大家分享自己选择的原因，并体会他人的看法。

推荐资料

1. 图书《直视骄阳》，欧文·亚隆著，张亚译。

死亡如同骄阳，如果没有准备，直视就一定会带来伤害。这本书体现美国存在主义心理治疗大师欧文·亚隆对死亡所进行的深入分析和思考，他带着温暖和智慧，饱含对生命的达观和眷恋，让你和他共同直面死亡。因为没有人能改变人生必死的结局，也就没有人不对死亡存在焦虑，对死亡的恐惧一直如影随形地跟着我们。亚隆以一个个真实的案例告诉我们，死亡不需要恐惧，生命的过程才是真正的意义。

2. 纪录电影《人间世》，陶涛、张琪、秦博、范士广联合执导。

这部根据同名纪录片《人间世》重新剪辑创作的纪录电影，通过对两个家庭中患了癌症的两位病人（一位身患肝癌的母亲与一个不幸得了骨癌的青春女孩）各自在与病魔对抗过程中的真实故事的记录，展现了坚强与勇敢、脆弱与伤痛、面对生离死别的真实瞬间的爱与感动，使人不得不去思考生命的本质，让人对生命内在的力量充满敬意，生命之歌经过痛苦的淬炼令人动容。

参考文献

［1］高建．儒家的生死智慧：死亡超越之道［J］．科技信息（学术版），2008（19）117–118.
［2］黄发友．庄子对死亡的解读与超越［J］．合肥学院学报（社会科学版），2014，31（2）：110–112.
［3］刘慧．生命道德：学校德育的重要内容［J］．思想理论教育，2010（1）：12–16.
［4］刘娟，阳丹．浅析“向死而生”的死亡课程：基于存在主义死亡教育视角［J］．中国校外教育（上旬刊），2013（7）：19–20.

[5] 陆晓娅．影像中的生死课［M］．北京：北京师范大学出版社，2016.
[6] 孟娟，周华忠．自助与成长［M］．北京：国家行政学院出版社，2013.
[7] 亚隆．直视骄阳：征服死亡恐惧［M］．张亚，译．北京：中国轻工业出版社，2009.
[8] 弗兰克尔．意义与人生［M］．常晓玲，翟凤臣，肖晓月，译．北京：中国轻工业出版社，2000.
[9] 卡根．耶鲁大学公开课［M］．贝小戎，蔡健仪，庞洋，译．北京：北京联合出版公司，2014.
[10] 杨眉．健康人格心理学：有效促进心理健康的 14 种模式［M］．北京：首都经济贸易大学出版社，2004.
[11] 郑雪滢，张毅．大学生心理危机表现及其对策［J］．沈阳农业大学学报（社会科学版），2013，15（6）：687-689.

第七章
“祸兮福所倚，福兮祸所伏”
——主观幸福感

名人名言

即使自己变成了一撮泥土，只要它是铺在通往真理的大道上，让自己的伙伴们大踏步地冲过去，也是最大的幸福。

——吴运铎

一个人有了远大的理想，就是在最艰苦的时候，也会感到幸福。

——徐特立

◆ 案例导入

如果你很早就知道自己未来的人生要在索然无味中度过，一眼望到头，你会有什么样的感受呢？有一位邮差就是这样。刚满二十岁，他就开始了自己的邮差生涯，每天往返在五十公里的路上。一天又一天，一年又一年，二十年的职业生涯里，他把邮件送到了每一位村民手中，同时也给大家送去了悲喜忧欢。他所经历的人、事、物不断变化着，只有一件事没有变，就是他每天必走的从邮局到村里的路。这条路两边都是光秃秃的，目光所及之处都是黄土“这样荒凉的路还要走多久呢？”每每想到以后漫长的日子里还要在这光秃秃的路上风里来雨里去，邮差心中总感觉怅然若失。

有一天，他送完信正胡思乱想着往回走，偶然看见一家花店，他眼前一亮：“对了，就是这个！我何不进去看看？”他进了花店。这家花店不仅卖鲜花，还卖野花种子，于是他买了很多野花种子。从第二天开始，他在送邮件的往返过程中，把野花种子撒到路边。一天，两天，一个月，两个月……每天如此……

没多久，惊喜来了：道路两旁居然开了很多颜色各异的小野花儿。这些花儿有的夏天开，有的秋天开，还有的冬天依然保持着墨绿色的叶子，从不枯败。由于这些花儿的存在，这条路上生机勃勃、四季常青。

不仅邮差的心情发生了变化，村民们似乎也发生了变化。这些花儿变成了邮差送给村民的礼物，而且这份礼物比这二十年来他们接到的任何一封邮件都更令人开心。

从此，邮差不再那么愁苦，而是惬意地吹着口哨、充满喜悦地往返在这条两旁开满鲜花的路上……

◆ 导言

故事中，邮差每天往返在光秃秃的土路上，让他感受到的是孤独、荒凉、愁苦。不过，当他萌生了一个小小的想法并付诸行动后，他的心情也跟着发生了变化。邮差用自己的双手改变了自己的精神状态，也改变了村民们的精神状态，让大家体验到了幸福的感觉。

近年来，“幸福”这个词一直被人们广泛讨论，但细究起来，每个人对幸福的理解都不尽相同：有人说，幸福就是做自己想做的事儿，吃自己想吃的东西；有人说，幸福就是能够离自己的梦想更近一些，能够在人生这场旅途中收获认可和掌声；有人说，幸福就是一家人能聚在一起；还有人说，幸福就是活在当下，憋闷了晒晒太阳，无聊了吹吹风……幸福也不一定和苦难相反，两者可能是相辅相成的。

积极心理学顺应人们的需要，关注人的幸福，对如何获得幸福进行了深入的理论研究和实践探索，致力于使人们的生活更加幸福美好。本章内容主要基于积极心理学，介绍积极心理学视角下有关幸福的理论，以帮助大家增进对幸福的理解，向着幸福出发。

第一节 “参差多态，乃是幸福的本源”——幸福概述

春秋时期的《尚书·洪范》中曾提道：“五福：一曰寿，二曰富，三曰康宁，四曰攸好德，五曰考终命。”认为“五福”即“长寿”“富足”“健康安宁”“生性仁善”“善终”，它们构成了幸福的所有要素。中国人不仅注重个人的幸福，还注重将个人的幸福融入社会的整体利益之中。“自我独乐不如与民同乐”“老吾老，以及人之老；幼吾幼，以及人之幼”就是对这一观点的最好诠释。道家持“道法自然”思想，认为“幸”与“不幸”的关系是辩证的，是

互为存在的，同时也是可以相互转化的。由此可见，不同思想对幸福的理解和侧重各有不同，而这些思想体系下对幸福的探寻也提醒我们，只有不断了解幸福的本质，才能走出一条幸福的人生之路。

一、什么是幸福

在西方哲学史上，对于“幸福”有两种截然不同的观点。一种是“快乐主义”，代表人物主要有伊壁鸠鲁、亚当·斯密等。他们认为幸福就是快乐，是身体的无痛苦和灵魂的无烦恼。另一种是“完善主义”，代表人物有苏格拉底、康德、马克思等。他们认为幸福就是精神上或道德上的完善，人最高贵的部分是人的灵魂和精神。灵魂和精神得到了满足，就是幸福。马克思认为“人只有为自己同时代的人完善，为他们的幸福而工作，他才能达到自身的完善”，这是典型的完善主义观点。

心理学家认为，幸福是人类个体认识到自己的需要得到满足以及理想得到实现时产生的一种情绪状态，是由需要（包括动机、欲望、兴趣）、认知、情感等心理因素与外部诱因交互作用形成的一种复杂的、多层次的心理状态。

积极心理学认为幸福是一种主观界定的积极情绪状态，并主张从三个方面来理解幸福的内涵。

（1）幸福是一种积极的情绪状态

幸福感受的典型情绪包括愉快、高兴、觉得生活有意义、精神饱满等。生活中能够较多地体验到上述情绪状态的人会感觉自己是幸福的，会有一种满足感从内心深处油然而生。

（2）幸福是主观的、因人而异的

幸福关乎每个人自身的感受，以及各自理解的自身的目标达成，从而生发出来的一种满足感和情绪体验。

（3）幸福是自身内部心理因素与外部诱因相互作用的结果

身处不同政治经济文化背景、不同社会环境中的人，对自身生活的意义和价值有不同的理解，对幸福的感受也往往不同。即便是拥有共同的社会背景、生活环境类似的人，由于每个人自身的独特性，他们对幸福的感受也不会完全相同。

二、有关幸福的三种理论观点

心理学中有一些理论可以帮助我们更好地理解幸福的内涵，本节主要介绍三种比较典型的理论观点。

（一）需求与目标满足理论

需求与目标满足理论认，为个体是否感受到幸福取决于“需要是否得到满足”或“目标是否实现”。如果一个人的紧张得以缓解，需要得以满足，目标得以达成，那么便能体验到幸福。

美国心理学家马斯洛对“需求”做了深入的研究，他认为人有五种基本需求，按照由低到高分为五个层次，依次为生理需求、安全需求、爱与归属的需求、尊重的需求、自我实现的需求。当一个人特定的需求得到满足，幸福感就会得到提高，进而会追求更高层次的需求。需求被满足的状态就是幸福的状态。

有人或许会问：幸福是否也像需求一样存在等级或先后的差异？一方面，幸福是主观感受到的，会存在个体差异，因此幸福感更多取决于个体的感受，就好像很多人认为绘画等艺术创作能带给自己极大的幸福感，但有些人可能会更享受回家后那顿温热的晚餐；另一方面，人们追求更高层次的需求，因而能够满足的需求越丰富，人们幸福体验的来源也会更多元。

目标的达成也有助于个体体验到幸福感。回想一下我们参加高考的过程，如果我们确立了一个自己理想中的大学目标，在高考结束后自己也达成了这个目标，自信心就会增强，自身的幸福感也会随之提高。

但是如果没有达到目标，一个人就一定无法获得幸福吗？心理学家认为，目标是否达成是一个外界的客观指标，与此同时，个体对于自己能否达到客观目标存在一个主观判断，即“自我效能感”。研究发现，那些“一帆风顺”“屡战屡胜”的人不一定是最幸福的，因为他们更倾向于通过外在评价来看待自己，而自我效能感较高的人往往有稳定的幸福体验和积极情绪，因为他们相信自己是有能力的，并不完全依赖外在评价来评判自己。

（二）过程与活动理论

持过程与活动理论观点的心理学家契克森米哈赖在观察一些具有很高天赋和创造力的画家作画时，发现他们会全身心地投入工作中，这个过程中他们似乎忘记了饥饿、疲惫和不适。

契克森米哈赖被这种现象所震撼，在后来的研究中他把这种现象称为“心流体验”。他认为，人们专注于特定的生命活动时就会产生幸福感。在日常生活中体验到心流（flow）的人是非常幸福的，这是人们投入自己感兴趣的活动中时所产生的感受。当人们真正投入一项活动中时，个人的注意力会全部集中在所参与的活动上，不受任何事情的打扰。人们可能会参与不同的活动，但当人们全身心投入时，内心的感受是相同的：快乐的、幸福的、享受当下的。

马克思则认为，对幸福的追求是人的本性，是应当在实践活动中开展和实现的。因此，他从人的实践活动出发，在对人的本质、人的自由和全面发展等方面的论述中，体现其幸福思想。他认为，真正的幸福绝不是单纯的肉体快乐或纯粹的心灵满足，而是人所追求的一种完满的生存状态以及为实现这样的生存状态而不断进行生产实践活动的过程。

过程与活动理论观点下幸福体验的内容并不是一成不变的，幸福体验的内容会随着个人的成长和生活状况的改变而改变。人们在成长过程中，不同成长阶段的幸福体验是有差别的：儿童时期，有玩具可以玩，有好吃的可以吃，有父母的陪伴就是幸福；初、高中时，能考上自己理想的学校，有好朋友、好老师，可以发现和钻研自己的兴趣爱好可能就是幸福的；上大学以后，发现专业是自己感兴趣的，身边有要好的朋友，对自己的生活有部分的掌控，可以参加丰富多彩的校园生活，可能这些又是现阶段自己幸福的样子；参加工作后，能在工作中体现自己的能力和价值可以是幸福的；而到老年时，能够身体健康、享受天伦之乐或许是幸福的。

（三）遗传与人格倾向理论

持遗传与人格倾向理论观点的心理学家把幸福看成一种稳定的心理状态，他们认为，个体的幸福水平由 3 个主要因素决定。一是由遗传决定的幸福设定点，反映的是人格水平的差异，对幸福感的影响占 50%。生物遗传领域的研究也证明了一个人大约一半的积极情绪是遗传来的。二是与幸福相关的环境因素占 10%。这就使我们理解了为什么自己会在某些环境下心情很愉悦，而在另外一些环境下心情会很糟糕。三是与幸福相关的活动和实践占 40%。人们可以通过有目的地从事某个活动来增加幸福感，这也说明人们具有自我掌控的能力，而不完全受制于遗传或环境。还有一些心理学家把感受幸福的状态看成人格的一种体现，他们认为人格作为一种稳定的心理特质，也稳定地影响着个体的幸福感。心理学家科斯塔、麦克雷在研究中发现，人在 6 年中幸福感的变化很小。而大五人格理论将人格分为 5 种特质：开放性、尽责性、外倾性、宜人性、神经质，其中“外倾性”和“神经质”与幸福感有高度的相关性且相关方向相反。具有外倾性人格的个体更多从积极的层面定义经历的生活事件，因而更容易体验到幸福感；具有神经质人格的个体对生活中的消极的事件更为敏感，受这些事件的影响他们更不容易体验到幸福感。由此可以说，人格在一定程度上影响着我们的主观幸福感，但并不是幸福感的唯一的决定因素，因为生活环境、个人经历以及它们与人格的相互作用都可能对我们能否体验到幸福产生影响。

尽管不同的理论对于幸福的解读和看法不同，但总的说来，幸福与否是“变”与“不变”的结合，不变的是我们的先天人格特质和对幸福的恒久向往，变的是我们如何生活、如何思考、如何感受，它们共同作用，形成了每个人独特的幸福体验。

三、幸福五要素模型

积极心理学创始人之一、美国心理学家马丁·塞利格曼在《持续的幸福》一书中提出了幸福的五要素模型，认为幸福由积极情绪、投入感、积极的人际关系、意义感以及成就感五要素组成，即PERMA幸福模型。从这个模型中，我们或许可以预见每个人在追寻幸福之路上可以收获的方方面面。

（一）积极情绪（positive emotion）

芭芭拉·弗雷德里克森提出了积极情绪的扩展和建构理论，该理论解释了为什么积极情感体验能够体现个人的幸福感。她发现，消极情绪会使人进入防御状态，更少地接收外界信息，思维较为固着；与此相反，积极情绪会让人收集信息的范围扩大，思维更开阔，即能够扩展人的即时思维—行动范畴。即时思维—行动范畴变宽了，人就有机会扩展对自身环境的认知和对他人的好奇，有助于促进人际关系的建立，继而建立持久的社会支持资源，从而促进个人的成长和发展；个人成长和发展促进了，反过来又会促进积极情绪的产生，从而形成一个良性循环。实际上，日常生活中我们会有很多的“小确幸”，如考试取得了好成绩、与同学小聚、生日当天意外收到好久不联系的好友祝福，等等，能够经常关注日常生活中的“小确幸”，积极的情绪体验就会增加。弗雷德里克森和其他研究者发现，如果我们在生活中体验到的积极情绪是消极情绪的五倍甚至更多，那我们的生活会更加丰富多彩，对人和事会更加积极主动、富有激情并且心怀使命。其实，不管一个人是否能够时常体验到幸福，他的生活中都会有许多积极的事情发生，只要我们意识到美好的事情在发生，并且积极感受这些时刻，欢迎这些时刻，就能时常感受到幸福。

（二）投入感（engagement）

塞利格曼在《持续的幸福》一书中这样描述投入感：“投入与心流有关，指的是个体完全沉浸在一项吸引人的活动中，自我意识消失，时间也好像停止了。”塞利格曼认为，在一些重要事务中人们或许没有机会体会到积极情绪，但这种投入和专注的状态，使人的掌控感增强。当然，也会有一些客观的事实影响我们在一件事情中的投入。密歇根大学罗斯商学院的贾斯汀·伯格、简·达顿和艾米·瑞泽斯尼夫斯共同开发了“工作形塑”练习，指出当一个人能更直接地在工作和生活中运用自己最重要的优势时，就会体验到更强的投入感。此外，将个人的目标与正在做的事情协调一致也可以提高投入感。

（三）人际关系 (relationship)

有关幸福的研究发现了人际关系的重要意义：如果个体无法与他人建立高质量的人际关系，就会质疑自己的生活质量，不认为自己是具有丰盈生活的人，而幸福的人一般都拥有良好的人际关系。哈佛大学医学博士乔治·维兰特经研究发现，在情感上蓬勃发展的人，往往会在生活中与家人和朋友构建并保持积极的关系，因此维兰特认为“幸福就是爱”，从而把个人体验到的幸福与他人关系中的爱意联系起来。

大学生处在社会化过程中，面对日益激烈的社会竞争，正确认识和人际交往中存在的问题，学会处理人际关系对其有着重要意义。倘若一个个体在集体中拥有良好的人际关系，受到同伴的接纳，他就会感到心情愉悦。而愉悦的心情等积极情绪，不仅是个体进行主动探索的力量来源，也是提高学习效率的重要因素。大学校园里因为人际关系处理不好会给大学生的学习、生活、情绪等各个方面带来很多负面的影响。特别是大学新生刚刚进入校园，人际关系还处在初步建立阶段，很容易产生孤独感，这种情况可能会持续一段时间，这个过程中也会伴随着情绪低落、消沉等表现，进而影响大学生的学习和生活实践。因此，积极地了解人际关系的相关知识，勇敢地尝试和探索人际环境，每个人都有机会通过人际关系体验到幸福。

（四）意义感（meaning）

你思考过“人从哪里来”“人要到哪里去”等问题吗？随着物质生活水平的快速提升，越来越多的人开始关注自身的精神世界。实际上，但凡稍微重要一些的决定和事情，我们都希望能够想清楚它们带给我们的意义和价值。我们迫切地想要知道自己人生意义的一个重要原因是：我们相信，“一旦自己能够找到意义感，幸福感也随之而来”。

人生有很多意义源头，它可能来自对自己的爱，来自对家人的爱，来自为他人的付出，来自拥有一项技能，来自能够享受自然、阳光和生活，等等。有意义的人生充满热情，幸福的人不仅是投入地活着，而且还是有意义地活着，甚至是为了人类共同的幸福活着。明朝王守仁少年时代立志成为圣贤，终生矢志不渝，奋斗不已，“成为圣贤”便是他坚持的意义；战争年代，将“救国”作为人生意义的革命先烈，想必也有很多受伤受挫的时候，但无疑，当目睹了新中国“站起来”“富起来”之后，他们的内心是幸福的。

每个人都有自己追寻幸福的道路。这条路上，意义就像一根拐棍，让我们触摸真实的世界，指引我们前行的方向，引领我们走向幸福。

（五）成就感（achievement）

这里的“成就感”是指达成自己的理想和目标。一个人是否能够获得自己概念系统里的成就，会影响到自己的幸福感。心理学家爱德华·迪纳认为，“幸福是在达成自己的目标和理想的过程中所产生的满足感和快乐感”。因此，并不是所有成就都能使人感到幸福，当追求一些外在的目标比如金钱、名誉，或者错把别人的目标当作自己的目标时，并不一定带给人们幸福感。

对大学生而言，成就感可能更多与自己的学业成绩相关联。现实情况下，很多同学很容易在学业成绩中因感受到挫折而很难体验到幸福，主要原因是存在两个思维误区：第一个误区是成绩等于一切，实际上，成绩并不能全面地反映一个人的能力，对很多专业而言，能够在实践中解决实际问题比成绩更重要；第二个误区是“只有比别人好才算好”，这种想法初想没有太大问题，但实际上第一名只有第一个，每个人都有机会达到自己的“最佳状态”，为什么要用别人的成绩来评判自己呢？

拓展训练

生命线上的思考

活动分组：5~8 人一组。

活动目的：感受自己的生命过程和对生命的期待，在生命历程中寻找记忆点。

活动实施：

（1）发给每人一张 A4 纸，用彩笔在纸上从左至右随意画出一条线；在这条线的右侧加上一个箭头，以线的左侧为起点，写上一个“0”，在右侧箭头的旁边写上为自己预期的寿命，这样这条线就成了有意义的“生命线”。

（2）在这条“生命线”上找到你现在年龄所在的位置，标记现在年龄的左侧就代表过去的人生，请在这一部分，把对你有着重大影响的事件所对应的时间点分别用圆点标记出来。如果你标记的是对自己有正向影响的事，把事件简短地写在生命线的上方；如果是负向影响事件，把事件写在生命线的下方。

（3）标记完成后，看一看，影响你的重大事件是位于线的上半部分较多还是下半部分较多。

（4）接下来对自己的未来部分进行思考。在你的生命线上，把自己这一生想做的事都标记出来，尽量标在自己期待完成的时间上，根据它们可能带给你的快乐和期待程度，标在线上方相应的位置。在未来的生活中可能还有挫折和困难、各种意外发生，尝试将它们在生命线的下方大略地写出来。

（5）仔细观察自己的生命线，你有什么样的感受和联想？

第二节 “在平淡中安稳，在宁静中盛放”——主观幸福感

“采菊东篱下，悠然见南山”是陶渊明眼中的幸福，“先天下之忧而忧，后天下之乐而乐”是范仲淹笔下的幸福，可见，每个人对幸福的体验和感受各异，具有主观性。西方的心理学者把对幸福感的研究提到了理论水平，他们把幸福感理解为一种对生活主观的、相对稳定的、全面的评价和体验，由此提出了“主观幸福感”的概念。

一、主观幸福感的定义

主观幸福感是积极心理学中重要的概念。心理学家迪纳认为，主观幸福感是个体对自己当前状况的一个主观评价，涉及快乐的体验和对生活的奖赏及感恩，是积极情感和一般生活满意度的结合。因此，主观幸福感是将自己现有的生活状态与自己心目中理想的生活状态对比后，产生的一种肯定的态度和感受。其有以下几个特点：

①具有主观性。个体对自身幸福与否的衡量，主要按照自己的标准，而不是依照外在客观的标准或他人的准则。

②具有相对稳定性。主观幸福感不是瞬间状态，而是个体相对长期的心理体验和评价，是相对稳定的心理状态。

③具有整体性。主观幸福感尽管会受到单一事件的影响，却是个体对自身状态的整体评价，综合了生活的方方面面。

二、主观幸福感的维度和健康启示

（一）主观幸福感的维度

对主观幸福感概念的理解随着研究的不断深入，是一个不断演进的过程。

最初的研究认为主观幸福感是由认知和情感两个因素构成的，即一个人

在认知层面对于生活是否满意，以及在情感层面对于生活的总体感受，综合决定了这个人主观感受到的幸福程度。在积极心理学理论框架下，研究者将情感因素细化为“积极情感”和“消极情感”两个部分，提出了由“认知”“积极情绪”“消极情绪”组成的三因素结构。认知成分是指个人对生活满意度等方面的认知和评价，是“一个认知的判断过程”，它反映了个体对自身生活的评价。积极情绪是一个人体验到热情、快乐、满意等正性情感的程度。消极情绪是主观上的悲伤、恐惧、紧张、焦虑、不愉快等负性情感体验，常包含令人厌恶的情绪状态。

心理测试

SWLS 生活满意度量表（satisfaction with life scale）

指导语：请使用 1 到 7 这几个数字来表示你在多大程度上同意或不同意下面的陈述，通过得分相加来自测对生活的满意程度。

1 分：非常不同意　2 分：不同意　3 分：有点儿不同意

4 分：中立　5 分：有点儿同意　6 分：同意　7 分：非常同意

1. ______我的生活大致符合我的理想。
2. ______我的生活状况非常好。
3. ______我满意自己的生活。
4. ______到目前为止，在生活中我都能够得到我希望拥有的重要东西。
5. ______如果我能够重新活过，我不想改变任何东西。

分数说明：31~35 非常满意

26~30 很满意

21~25 基本满意

20　中性

15~19 不太满意

10~14 很不满意

5~9　非常不满意

（二）主观幸福感视角下的心理健康

幸福和健康是分不开的，主观幸福感的研究也给我们理解心理健康带来了深刻启示。

第一方面的启示在于：完全的心理健康包含情绪幸福感、心理幸福感和社会幸福感三个维度。它们的关系如下。

（1）情绪幸福感

情绪幸福感由三个方面构成：一是能够经常体验到并保持快乐等积极情绪体验；二是较低水平的消极体验，积极心理学并不否认消极体验，但主观幸福感高的人消极体验相对是较低水平的；三是较高水平的生活满意度。

（2）心理幸福感

心理幸福感包括自我接纳、个人成长、生活目标、环境掌控、自主、与他人积极关系六个方面。与情绪幸福感相比，心理幸福感体现了更多生活领域的积极体验，更丰富地构成了积极功能概念的六个维度，这六个维度构成了心理幸福感的结构。

（3）社会幸福感

每个人都是社会的一分子，势必会受到社会中的人和事的影响，因此一个人的幸福感是自身生活经历的结果，也是社会环境影响的结果。学者凯斯和洛佩斯认为社会一致、社会整合、社会实现、社会贡献、社会接纳是社会幸福感的关键成分。

总体来说，衡量一个人的心理健康状态可以通过其情绪状态、心理状态和社会生活状态综合进行，一个心理健康的人应当处于这三个部分相互协调、相互平衡的状态下。

主观幸福感的研究对于我们理解心理健康，还带来了第二方面的启示：心理健康虽然有其客观标准，也要时常关注个体的主观感受，达到一种“客观比较”和“主观觉察”的平衡。现在，当我们谈论心理健康时，大多会依据一些“自陈量表”，即自己对心理状态的觉察。对主观幸福感的众多研究也证明了这一点，幸福是主观感受到的。每个人也都有感受幸福、感受自身心理健康状态的能力。当一个人能够越来越真实、深刻地感受自己的内心状态时，他也会越来越接近健康的身心状态。主动地去觉察自己的情绪、疼痛、目标，对自己多一些认识，是心理健康的基础，也是体验幸福感的基础。

三、影响主观幸福感的具体因素

（一）个人因素

1. 身体健康状况

大量跨学科的研究都表明，人的身心是相互联系、相互作用的。一个人如果长期处于高度紧张或抑郁的情绪状态下，体内激素分泌、肌肉紧张程度等会发生变化，免疫系统很难处于最佳状态，人的抵抗力就会下降，疾病也会找上门来。反之，如果一个人长期处于幸福的积极情绪中，会更容易拥有完整的睡眠、和谐的关系、稳定的心境状态，身体抵抗力也更好。

身体是心灵的栖息之所，以往对于“身心关系”的二分法却让人经常割裂地思考两者的关系。其实最简单也是最明显就能提升主观幸福感的途径一直存在于每个人的身边——吃好、睡好、运动好，也就是做到“吃，营养均衡”“睡，规律适当”“动，适度无损伤”。

2. 人格特质

电视剧里经常演绎这样的一幕：一个酩酊大醉的人拿着酒瓶，晃晃悠悠地说：“我没有醉！我还能喝！”总是让人觉得又好笑又担心。之所以举这个例子，是因为它与我们体察幸福感有相似之处。因为在现实生活里，没有人是完全客观的，我们都在某种浓度的“醉态”里——我们都有各自的某些“人格特质”。什么是人格特质呢？简单来说，人格特质是我们在行为、心理活动中的一些稳定的特点。心理学的一些学者倾向于根据特质来对人格进行分类。例如，大五人格理论中偏向“神经质”的人就不那么容易保持情绪稳定，更容易感觉脆弱、体验到更少的积极情绪。有同学可能想问了，有没有一种“最幸福”的人格特质呢？答案取决于你期待什么样的幸福生活。如果幸福意味着探索、冒险，那“开放性”人格类型的人更容易感受到幸福，如果是以人际和谐为幸福指标，那么“宜人性”就是比较重要的人格特质。所以，当一个人在思考“你幸福吗”这一问题的时候，就已经带着一些个人特质在回答问题了。

（二）社会和现实因素

1. 经济因素

有钱能不能使人变得更幸福？大部分研究结果都支持这样一个结论：主观幸福感会随着收入的提高而提升，但是存在一个阈值。清华大学心理学系教授彭凯平的课题组于 2013 年开展的“幸福中国”大数据研究发现，幸福感与经济状况的关系并不是线性相关的，在比较贫穷的地区，幸福感随着经济发展水平的提高和个人收入的增加而迅速上升，但当人均 GDP 在 3000 美元左右时存在一个转折点，即人均 GDP 超过这个点后，幸福感将不会随着经济发展、个人收入水平的增加而得到快速提升。

可是 2021 年发表在《美国科学院院报》的一篇文章提出了体验幸福感（experienced well-being）的概念，并认为体验幸福感会随着收入的提升而提升。这项研究结果建立在对 3.3 万多名美国成年人的 170 多万份实时幸福感报告的基础上，发现：受试者的收入越高，每天的感觉越好，对生活的总体满意度也越高。有研究者对上述研究结论提出了不同意见，认为“主观幸福感”是一个人对生活的总体感受，不能等同于某一时刻的情绪感受。在生活中，我们也时常能发现，许多人在富有之后还不如在努力致富的过程中感到幸福，他们甚至更容易紧张，也不太会享受生活。

由此我们倾向于认为，经济状况对于人的幸福感有非常重要的影响，但不起决定性作用，起到决定作用的是那些关于幸福的核心信念，即人们如何看待“成功”“价值”“目标”“意义”。

2. 人际关系因素

哈佛大学对724人开展了一项长达75年的追踪研究。研究结果显示，构成美好生活的最重要因素除了健康的身心状态，还有温暖、和谐、亲密的人际关系，与家庭、朋友和周围人群联结更紧密的人幸福感更高。研究还发现，影响主观幸福感的不是朋友的数量，而是与朋友关系的质量。

中华民族是重视人际关系的民族，中国古代人际交往的美德如今也成为构建社会主义和谐社会的文化资源。在传统文化中，中国人在各种人际关系层面都有相应的主张：在家庭关系上讲究“父慈子孝”，在兄弟关系上讲究“长幼有序”，在夫妻关系上讲究“相敬如宾”。儒家提倡“仁义礼智信”，道家提倡“率性”“顺道”，这些思想都传承了下来，成为每个中国人做人、做事的准则。

一些耳熟能详的成语也都提到了中国传统文化中人际关系很重要的另一个因素——“感恩”。为什么感恩对于中国人的人际关系、中国人的幸福感那么重要？因为感恩映射了更广泛复杂的人与人、人与物的关系。当人们悲喜于物、沉湎于得到和失去时，失落、遗憾、不甘容易汹涌而至；但倘若一个人怀揣感恩之心，便不会理所应当地认为自己生来就应该享受什么、得到什么，反而会感恩于父母的养育、朋友的照顾、国家的培养。

所以总体来说，当我们透过人际关系去审视幸福感时，会发现传统文化为我们留下了很多智慧：感恩环境赋予我们的机会和资源，珍惜高质量的人际关系，再反过来回馈社会，形成一个关系的良性循环。

3. 工作、学习因素

在人生的不同阶段，工作、学习对主观幸福感的影响不同。凯佳对芬兰中学生的调查发现，在学校获得的满足和愉快是影响中学生主观幸福感的重要因素之一。对于青年人，工作学习的负荷量和从工作学习中获得的满意感受，都与主观幸福感呈现相关关系。虽然中年人的工作量不再是影响主观幸福感的最重要因素，但依然与主观幸福感有高度的关联性。对临近退休年龄或已经退休的老人来说，工作和学习不再对主观幸福感产生重要影响。

由此看来，工作和学习对于一个人从幼年到中年阶段都很重要。对大学生而言就更是如此了。多项研究都证实学习或工作中的倦怠和主观幸福感存在一定的负相关关系，尤其当学生体验到很大的学业压力时，这种相关更加明显。针对国内大学生的研究显示，大一到大四学习倦怠得分所画出的图像是一个倒“U”形的曲线：大二、大三学习倦怠程度较高，大一、大四相对较低；而另一项研究发现，大二、大三的主观幸福感得分较低，大一、大四相对较高。两项研究都体现出学业倦怠与主观幸福感之间“你强我弱”的局面。因此，调整好工作学习的状态，对于我们获得持久的幸福体验至关重要。

四、主观幸福感的测量

（一）量表测评

心理学家在研究幸福感的过程中，研究开发出了许多测评幸福感的量表和技术，并在不同的群体中开展了测评和研究。范围大一些的测评一般采用单题测量，表述方式如“你现在有多幸福”“你对生活有多满意”“你觉得你的生活过得怎么样”等。但是多数情况下，会采用多题测量的方式，比较常用的有“英国牛津幸福感问卷”，以及“积极心理学之父”塞利格曼研发的“你的幸福是什么样子的”量表等。

在了解上述测量方法的基础上，我们自己也可以通过问卷这种较客观的方式将主观幸福感外化。如果想要得到一些更精确的评量，我们可以选择多题的测量方式；如果想要快速评估一下自己的主观幸福感，简单地问自己两个问题并通过评分的方式，也能够大体看到当下自己的幸福体验程度。

心理测试

你的幸福是什么样子的？

下列描述反映了人们的一些想法，请选择能够描述你真实生活状态的选项。1 分，一点儿也不像我；2 分，只有一点儿像我；3 分，有些像我；4 分，大多数时候像我；5 分，非常像我。

1. 我的生活有超越个人之上的崇高目标。
2. 生命如此短暂，我懂得享受生活中的愉悦。
3. 我寻找能够挑战自己技术和能力的机会。
4. 生活和工作中我一直保持出色的成绩。
5. 我认识到关系的重要性，花时间和精力与家人和朋友相处。
6. 无论在工作的时候还是玩的时候，我都能够很忘我地投入。

7. 我经常能够全神贯注于我所做的事情。

8. 我关注到周围好的事情，一有机会就会对它表达感谢和欣赏之情。

9. 我很少被周围发生的事情分散注意力，很少被手机、iPad或电视等打扰。

10. 为了使世界变得更加美好，我也在尽自己的一份责任。

11. 我的生活和工作有长久的意义和价值。

12. 无论我在做什么，对我来说，能够做得好、能够赢是很重要的。

13. 当我被别人伤害或冤枉的时候，我能够很快地消除对他人的气恼和愤恨。

14. 在选择要做什么的时候，我常常考虑这件事是否令我愉悦和开心。

15. 我所做的事情，对社会和未来有重要的意义。

16. 我希望能比周围的人更有成就。

17. 我同意这样一句话："生命短暂，及时行乐方为明智之举。"

18. 我一有机会就帮助别人或做好事，无论是朋友还是他人，无论是计划好的还是随机的，无论是直接的还是匿名的。

19. 我喜欢做充满刺激的事情。

20. 我喜欢竞争。

计分方法：五种通向幸福感的途径构成了问卷的五个维度——

"愉悦感"为2、14、17、19题的得分之和；

"投入"为3、6、7、9题的得分之和；

"关系"为5、8、13、18题的得分之和；

"意义"为1、10、11、15题得分之和；

"成功"为4、12、16、20题的得分之和。

结果解释：

1. 如果五个维度得分都高于15分：你正拥有一个非常充实的生活，并对自己的生活感到高度满意。

2. 如果五个维度得分都低于9分：你目前的生活比较空虚，而且对这种状态非常不满意。你应该为此做点改变，无论什么样的变化都可以，只要尝试去改变。

3. 你在某一两个维度上得分较高：你可能拥有满意的生活，尽管你可能正在寻求机会使生活更加幸福。

（二）他人评价法

研究主观幸福感的迪纳做了这样一个研究：他让被试者不仅通过自我报告的问卷来评估自己的主观幸福感，而且还对他们进行访谈，并持续跟踪他们六个星期的情绪报告，总共四十二次。也就是说，基本上每天一次，了解他们的情绪怎么样，这里的情绪状态需要邀请七个人来持续评价，其中至少有三个是他们的家人，还有三个是他们的朋友。

大家猜猜研究结果怎么样？人们对自己的评价和他人对自己的评价一致吗？最后，研究团队梳理、分析了这些数据，它们都指向了同一个结论：别人的评价跟自己长期的表现是一致的。由此可见，跟我们亲近的他人也能够比较准确地感知到我们的各种表现和心理状态，对我们的主观幸福感有很好的参考价值。

（三）生理指标检测法

生理指标检测法是指借助各种设备测试不同情绪的生理指标，从而达到对自评量表的补充。它的依据来自个体身心状态一致的理论基础。我们很容易就能联想到的血压、脉搏，都是能够证明人们健康状态的生理指标。还有另一些生理指标是能反映人长期的心理状态的，我们将以与主观幸福感相关的两个生理指标（皮质醇和多巴胺）为例进一步说明。

皮质醇是一种压力激素，如果一个人短期或长期处在压力事件中，体内的皮质醇浓度水平就会发生变化。尤其长期的高压不仅会导致曲线的陡变，还有可能对人的其他身体机能产生影响。多巴胺是很多人更为熟悉的一种生理指标，多巴胺会带给人愉悦的体验，也是主观幸福感研究中很关注的生理指标。

拓展训练

绘画我的幸福曲线

活动目的：体验对幸福感的自我评估和他人评估的过程，体会两者的联系和区别。

活动实施：

（1）准备画笔，回忆一个时间段，例如刚刚结束的高三，在纸张中间画一根横坐标，代表时间。

（2）回忆这一段时间中，对你而言重要的一些事情。有一些事情可能带给你幸福的体验，另一些事情可能带给你不幸福的体验。把想到的事用一个符号代表，画在横坐标的上方或下方（带来幸福体验的事画在上方，带来不幸福体验的事画在下方）。

（3）用一根平滑的曲线，把这些事件勾勒出来，回顾那段时间幸福感的变化。

（4）请一个大概了解你那段时间经历的人（如家人、朋友、老师），以他们的视角完成上述过程。

（5）交流：与你邀请作画的人一起，将两人画的图进行比对，观察变化的趋势、变化的节点，分享你看到这两幅图时的感受。

第三节 “追风赶月莫停留，平芜尽处是春山”——主观幸福感的实现

幸福更多地取决于个人的感受，取决于对幸福价值的理解。不同的人对幸福的体验存在着很大差异，有人醉心于丰富的物质生活带来的快乐，有人享受读书、听音乐等精神生活上的愉悦，也有人沉浸在家庭带来的天伦之乐中……人们对幸福的追求是多样化的，但追求幸福的目标是一样的。如果想要自己有更多的幸福体验，可以从以下七点建议中找出适合自己的进行尝试。

一、持久的幸福并非来自成功——学会失败

失败肯定是一种不好的感受和体验，但是如果失败之后紧接着的是“成功”呢？可能很多时候，我们经历了失败，害怕再次经历失败，我们就会变得不敢行动，这样虽然阻止了下一次的失败，但同时也扼杀了下一次成功的机会。

积极心理学并不只是向往幸福，同样也赞赏失败，因为通向幸福的关键往往在于我们如何面对失败。对大学生而言，进入大学以前的标准大多数与学习、表现相关，而进入了同一个校园，则意味着那些付出了同等努力、具备同等竞争力的人重新组成了一个集体。在这样的一个集体中，在某些方面比别人表现差是在所难免的。

如果先抚平自己的恐惧和焦虑，我们可以从失败中学会什么呢？这些学到的东西又与幸福有什么关联呢？

首先，那些深藏于失败带来的挫败感之下的，是我们的意义和热情所在。一个人不会对完全不在意的人或事失望，透过失败，我们有机会更加清楚我们看重的是什么。有些同学可能对于一些目标既想做又不敢做，尝试以后不顺利就赶紧退回来，这个时候不妨冷静下来思考一下：内心是更加向往还是更加想

回避？是自己期待要完成这个目标还是他人给了自己要去做这件事的压力？失败以后的情绪是遗憾还是羞愧？遗憾或许代表你真的很想去尝试的状态，羞愧或许代表这件事的影响已经扩大到你对自我的评价了，或许这件事只是一个导火索而非真正那么重要的事情。

其次，我们要从失败中习惯和接纳人生中的各种不确定性。“焉知非福”“祸福相依”是古人对不确定性的描述。很多同学在大学可能面临“不喜欢本专业”“失恋”“学习成绩不如意”等情况，可是“不喜欢本专业”可能会让你真正明晰兴趣所在，从而走向更自主、广阔的职业道路；“失恋”可能让你能够学会和孤独做朋友，重新思考什么是爱情；“学习成绩不如意”能够提醒你要找到更适合大学课程的学习方式。

失败，能够带给我们众多精神层面的收获，这些收获让我们得以更深刻地思考、讨论、体验幸福。失败，也让我们切身地体会到幸福就像石头缝中蹦出的小花，既要珍惜、也要相信它必然会到来，而幸福到来的前提是，我们可以换一种眼光重新审视失败，可以允许自己在学习和生活中多一些探索、多一些接纳。

二、重新审视一天的安排——掌控时间

幸福的人有掌控自己生活的感受，是因为他们首先能掌控自己的时间。心理学家曾经做过实验，让人们估计自己一天、一个月、一年能够完成的工作量。结果发现：我们经常高估自己在一天能做多少事情，但一般会低估自己在一年内能完成多少事情。但是有时候我们会陷入“为什么这一天又这么过去了”的懊恼之中，占据内心的是没有好好掌控时间的糟糕心情。下面介绍一些可以让我们更好地掌控时间的方法，以便获得更多的满足体验和幸福感受。

在介绍具体的方法之前，首先我们应该看到的是，当我们不接受一天就这么被“浪费”掉的时候，我们表现出的恰恰是对时间的珍视和思考。虽然有时候我们知道某项任务有多重要，需要在什么时间内完成，但还是不能下定决心并尽快行动起来，而这一倾向也符合进化心理学对人的解释。依据进化心理学的观点，重要的任务是很消耗精力的，除非它威胁到了人最基本的生存需要，不然大多数时候，我们都想“用最小的力气干最多的活儿”，这也是为什么我们通常会发现：尽管自己会拖延，但任务还是能完成，其背后的原因就在于，在某个意识层面，我们可能已经计算过这件事情自己能够完成所要付出的最小成本，但是要做到尽善尽美，则需要花更多时间。所以更好地看到这个过程，也有助于我们从另一个角度认识到：我们这么在意或纠结每天的时间，其

实是因为我们处在学习如何掌控时间的过程中。

关于怎么控制好时间，加布里埃莱设计了可以采取行动、实现愿望的WOOP四步法。

W（Wish，愿望）。找一个清静的地方，全身心放松，思考一个自己一直想去实现但没能实现的愿望，实现这个愿望虽然可能会有困难，但有完成的可能。书写“愿望”的过程是一个“重温初心”的过程，也是一个确定什么对自己最重要的过程。当你制定了“早起”这个愿望时，不妨问自己“早起是因为我有一件事很想早上完成，还是因为我不想显得太懒”；当你制定了“自律”这个愿望时，不妨问自己“我是否愿意为了自律而放弃临时的邀约”。诚实地面对自己，确定自己心向往之的愿望。

O（Outcome，结果）。闭上眼睛，想象完成愿望时的画面。想象过程中不加任何条件，不带任何顾虑，用心去思考，尽量形象生动。想象是一个自我暗示的过程，有利于加强我们完成计划的动机。

O（Obstacle，障碍）。事情并不一定如我们预期的那么顺利，提前找到那些可能阻碍自己实现愿望的障碍和困难。这一步也需要依靠想象，假如你计划明早7点起床学习，哪些原因可能会阻碍你起床？比如闹铃没响、前一天睡得太晚、没想好早上要学什么科目、觉得困不想起床，提前识别这些因素，有助于我们更好地识别目标。

P（Plan，计划）。进一步问自己：要扫清这些障碍和困难，我可以做些什么，怎么做？想出最有效的想法或行动。接着制订“if...then...”计划，如果A这种困难出现，我就采取B这种行动或方案……把计划重复念一遍给自己听，甚至记下来，深深印在脑海里。

加布里埃莱认为让人行动起来的最好办法就是让他们心怀梦想，然后立刻将阻碍梦想实现的现实放在他们面前，这被称为“心理对比”。研究表明，“心理对比”既能够帮助人在愿望合理时让其快马加鞭，也能够在愿望不合理时果断修正，合理分配智力、精力、体力，去追寻属于自己梦想。当一个一个目标被实现的时候，当一次一次美梦成真时，不用过多描述也能想象到那种美妙的感觉。很多时候我们欠缺的只是第一个实现目标的经验，所以行动起来吧，开始学习掌控自己的时间。

三、接纳自己全然为人——学习接纳情绪

所谓的全然为人，就是指人有相同的悲喜，其他人能经历的，我们可能都会经历。“我”有情绪不好的时候，也有情绪很好的时候；“我”有做得好的

地方，也有做得不好的地方；“我”有优势，也有劣势；“我”有时能够接受自己，有时不能接受自己——其实每个人也都是如此——这就是真正的人。

谈及自我接纳，首要的莫过于接纳我们的情绪。你能想象一个没有负面情绪的世界吗？在一个没有焦虑的世界里，你既不会为了即将能查询到的，为之准备了半年的一个考试成绩而期待、紧张，也不会为了某个向往已久的工作机会而焦躁，你只是没有情绪地面对它们。在一个没有悲伤的世界里，你既不会因为要和很重要的朋友各奔东西而难过，也不会为看到生活在战火中的儿童的处境而感到心疼。这是你向往的世界吗？这样的世界虽然没有痛感，但是对人类有深刻意义的情感也不再有了。

你有没有想过，虽然在我们生活的世界中有些情绪体验很难受，但是它们也自有其意义？焦虑让我们免受威胁，让我们意识到“再不准备就来不及了”“这个考试对我来说很重要”；悲伤让我们思考失去，让我们切身感受到“美好易逝，当知珍惜”“这种友情可能很难很难再遇到”；愤怒让我们保护自己，让我们了解到“我需要被尊重”“生气的背后是受到了伤害”……

接纳情绪，接纳生而为人的悲喜，接纳躲在情绪背后静待我们去发掘的需求、意义、价值——而这些都是有关幸福感的核心议题。很多时候，逃避情绪就像在脑海中一直告诉自己“不要想苹果”却不断浮现红苹果的样子一样，越是逃避，越是逃不掉；相反，我们任由情绪出现，去体察情绪背后反映了什么，情绪反而自己慢慢就消退了。换言之，如果我们接受自己所有的感觉，允许自己全然为人，去体验痛苦的、喜悦的各种情绪，我们将会更加开放地面对生活，更加频繁地感受到幸福的感觉。

四、追寻心流体验——遵从内心的热情

心理学家米哈里·契克森米哈赖和他的团队历经 25 年的时间，采访了来自世界各地，社会各个阶层、各行各业数千位人士，请他们描述自己最幸福的时刻。他们的回答无不印证了一种心理现象的存在：全身心投入正在做的事情中的一种感觉、一种状态，沉浸在这种状态中是幸福的，甚至许多受访者描述这种状态所用的语言都十分相像，“心流（flow）理论”由此诞生。

“心流”告诉我们，我们想要拥有的幸福，可能就发生在此时此刻你正在辛苦劳作、努力工作的时候，而不是在达到某个标准后的奖赏。就好像是，当你享用美食的时候，你已经充分感觉到它的味道、触感，而不是“饱”了以后才能感受到“滋味”。在“心流”中，一个人所做的事情本身就是一种享受、一种回报、一种奖励，在当时就能感受到“如入无人之境”的专注和“甘之如

饴”的幸福。如果说你曾经体会过这种“福流”，无论是在阅读、观影、饮食，还是在工作、学习的某个瞬间，在那一瞬间你就是幸福的。

“心流”提醒我们需要格外关注自己的热情，因为热情让我们得以在工作和学习中直接体验到幸福，这种幸福感能够搭建一种“正循环”：越喜欢、越投入、越擅长，从而更喜欢、更投入、更擅长……那么怎样才能找到和遵从内心的热情呢？

找到热情最简单的办法就是关注自己的“心流”体验。当你唱歌时，你的身体是兴奋的还是紧张的？当你阅读不同专业的书籍时，哪一类能让你沉浸其中，尽管手机振动了也不想去看？说和写，哪一项任务更容易让你感觉到舒服？通过关注自己的行为和感受，去发掘那些我们真正在意的、投入的、喜欢的活动。真正的热情一定源自内心，来自主动的参与，而不是外界的压力。这也是为什么人们最喜欢将“人生”形容为一场“马拉松”，在这场马拉松中，很多人看起来跑得很快、很远，但当某个时刻他突然意识到他并没有为自己而跑时，就没有力气再接着往前跑了；而很多人，虽然跑得很慢，甚至一开始在迷迷糊糊地跑，但找到热情后，会稳步提速。

遵从内心的热情，意味着要做独立的人，因为不独立，就无所谓“内心”，外界的风吹草动很容易就会惊扰到内心。遵从内心的热情，意味着要做“实干家”，因为只有在实践中，热情才有“用武之地”，才能带来“心流”体验。虽然听起来这不是件容易的事情，但好在大学是一个允许每个人充分探索自己、不断试错的阶段，从研讨课、科研训练、社团活动、校外实习等各个环节，每个人有很多机会去捕捉热情的火花，也有很多机会去感受幸福。

五、保持身体健康——有规律地锻炼

“医学之父”希波克拉底说过：“阳光、空气、水和运动，是生命和健康的源泉。”而在古希腊奥林匹亚阿尔菲斯河岸的岩壁上还保留着这样一段格言：“你想变健康吗？你就跑步吧！你想变聪明吗？你就跑步吧！你想变美丽吗？你就跑步吧！”

那么，运动究竟能够带给我们怎样的好处呢？

（1）运动可以改变人的精神状态

科学研究发现，运动后大脑会分泌一种叫作内啡肽的物质。人心情的好坏与内啡肽的多少相关。当运动达到一定量时，大脑分泌的内啡肽会增多，在内啡肽的作用下，人的身心处于轻松愉悦的状态中。在心理治疗的很多理论中，运动也是很好的“行为激活”方式，当人们做出一些行为改变时，可能对自我、对事件的想法会有所改变，这也是心理健康状态发生变化的原因之一。

（2）持续的运动能够让人保持最佳体重

每个人的基因都规定了他应有的体重，保持这个体重是健康的，体重的过度增加或减少都会带来不好的感受。坚持运动，有利于保持应有的体重，当体重增加时，运动会使我们的体重向自己应有的水平靠近。

（3）运动可以提高成绩

美国伊利诺伊州的一个区的学生学业水平低于全国的平均水平，自从引入体育课后，仅仅一年时间，学校的教学效果显著上升，学生的课业水平超过了全国平均水平的 70%。

（4）运动可以治疗各种心理疾病

哈佛医学院教授约翰·瑞迪的研究表明，运动可以促使人体释放更多的神经递质：肾上腺激素、血清素、多巴胺，而这些物质对于个体的情绪调节能够起到比较显著的作用。

尽管运动有那么多好处，也要适度进行。我们可以根据自己身体的水平选择一项适合自己的运动，并且保持适当的运动量坚持下去。

六、自我照顾——从保证睡眠开始

缺乏睡眠时，一个人快乐的体验很少，会感觉压抑，身体也会更虚弱，身心疲惫；相反，睡眠充足的人会感到更幸福、更快乐、更有生机和活力。

那么睡多少是合适的呢？以前人们的睡眠时间一般会在每天 10 个小时左右。如今，人们每天的平均睡眠时间减少到 6.9 小时，即使在休息日，平均每天的睡眠时间也只有 7.5 小时。当然，这些睡眠量是一个平均水平，而每个人都有自己的睡眠习惯。有的人习惯睡得少，有的人睡得多，其实无论睡眠时间长短，适合自己的就是最佳的。通常 1.5 小时是一个完整的睡眠周期，对大学生而言，7.5 小时是较为合适的平均睡眠时长。那么，如何获得良好的睡眠呢？

（1）按时起床，调整好生物钟

很多专业的同学通常利用夜间画图或完成作品，如果白天没课就会多睡一会儿，有时候到中午才起床。其实这样不规律的作息反而会让身体更加疲劳。正确的做法是，设立一个固定的起床时间点，以此形成生物钟。同时，我们也可以根据固定的起床时间来分配白天的活动，这也是一种掌控感的来源。

（2）睡前做这些，更易入睡

在睡觉前，我们要照顾好身体的功能，比如睡前尽量不要吃东西、不要大量喝水，尽可能排出大、小便，以免消化系统处于工作状态而影响睡眠。睡前应远离电子产品，因为电子产品产生的蓝光会阻碍褪黑素的分泌，而褪黑素是促进睡眠的，可以把看手机换成看书，或者用手机来听助眠的音乐等。另外，睡前轻微的运动能够起到助眠的作用，如整理一下房间，既让房间里的物品归于秩序，也会让我们内心安宁。

如果睡前你脑子里想法杂乱无章，使自己久久不能入睡，那么就把脑子里的想法都写下来，随便在一张纸上写或涂鸦：把当天发生的开心的或者不开心的事情、明天的计划、心里的忧虑都写下来，写下来的过程既是把杂乱无章的思考理顺的过程，也通过笔端把这些东西流到纸端，这样有一种把脑袋清空的感觉，心情会慢慢平静，能够起到促进睡眠的作用。

七、心存感激——学会感恩

一个人受到他人的恩惠，事实上是得到了他人给予自己的利益。将他人的恩惠还给对方，是一种感恩的行为。那么问题来了：有些理论认为人类本来是自私的，为什么受到他人的恩惠还要还给他人呢？这怎么能与幸福相关呢？

因为每个人都生活在社会中，都是社会生活的一部分。社会存在分工和利益交换，就会使社会整体所能创造的价值超过每个个体所创造的价值，提高了效率，也提升了整个社会的总体利益，人类社会因此可以实现利益的最大化。基于此，社会制度、社会习俗鼓励个体在接受他人恩惠的同时，也要将对等的、类似的，甚至扩大了的恩惠还到社会中，而感恩、报恩的对象是不是当初那个施恩的人，对整体社会来说都是无关紧要的。因此，从社会整体利益出发，社会制度、社会习俗倾向于通过种种手段鼓励人们实施感恩、报恩的行为。

然而，人类对感恩的认识不仅限于此。感恩作为一种文化，只是在一定意义上表现为利益的交换，但绝不仅仅是利益的交换，还有着更深层次的内涵。

我们是社会的一分子，与社会生活会发生种种关联，其中物质上的关联是最常见的，但是感恩绝不只是人与人之间的物质交换，人们更希望通过这一过程形成更深层次的联结。这种联结会带给人们一种更加具体的存在感、价值感，使我们的生命不再仅限于物质和生理需求。人本主义心理学家认为，人的本性中存在这种“亲社会”的倾向，这是一种人类的本能追寻。一些心理学的研究也都证实了这部分，即便是不会说话的婴儿，也对助人者有一种天然的偏好，在这些孩子有足够的运动能力的时候，他们也会主动为他人提供帮助。另外，在助人和感恩的过程中，人的头脑中也会分泌多巴胺这种让人快乐的神经递质。

我们可以发现，感恩作为一种文化现象在中国是广泛存在的。感恩也成了中华民族千百年来永恒的主题之一：养育之情、相知之恩、相助之恩……作为礼仪之邦，我们的传统文化也留下了很多有关感恩的经典描述。如《诗经》中有：投我以木桃，报之以琼瑶，从“木桃”到“琼瑶”，只是一枚感谢的种子而已，但是这枚种子源于爱与被爱。再如唐代诗人孟郊曾写下《游子吟》一诗：“慈母手中线，游子身上衣。临行密密缝，意恐迟迟归。谁言寸草心，报得三春晖。”小草微薄的心意即便报答不了春日阳光的深情，也是在感恩父母的恩情深重，难以报答。

其实，感恩也是对人的心灵的一种滋养，这不只是对被感恩的人而言，也是对感恩者而言的，它能让人的灵魂获得正面的、积极的、健康的、持久的滋养，使人变得健康。我们感恩，不仅源于我们与他人、社会发生的利益交换，更源于感恩背后承载了人们对理想生活、幸福生活的遵循。礼物、言语、行动，都能够表达感恩，当我们越多地表达感激时就会发现，这个过程不仅提高了自己的积极情绪，还提高了对方的积极情绪，也巩固了人与人之间的关系。

拓展训练

感恩拜访

仔细回忆一下：在自己过往的人生旅途中，有谁曾无私地帮助过你、关心过你，让你感到温暖。这个人是你一直想感谢，一直有一些话想对他说，却又没有说出口的。在纸上列出至少十个这样对你有重要意义的人的名字。

按照对你产生影响的重要程度或者想感激的急切程度，把这十个人名做一个排序，从中找出自己认为最重要的人，作为首先拜访的对象。

回忆自己与这个人交往的过程，尤其是你特别感激他的地方，发自内心地写一封追忆往事和表达感激的信件。

以电话或者当面拜访的方式，把这封信读给他听。注意，一定要他亲耳听到。给自己设定一个完成的时间，做完之后，感受一下自己的心情，看看是否有新的发现。

坚持每月做一次，将名单中所有的人拜访完。完成之后，再次感受自己的心情，看看是否有新的发现。

推荐资料

1. 图书《哈佛积极心理学笔记：哈佛教授的幸福处方》，王滟明著。

《哈佛积极心理学笔记：哈佛教授的幸福处方》是作者根据哈佛大学积极心理学课整理的课程笔记。这门课程是“哈佛最受欢迎的课程”，也是“一座连接心理学和个人生活的桥”。该书记录了课程中老师们向学生讲授的提升幸福感的方法，具体内容涉及自我突破、成就、人际关系、自尊、精神力等方面。对当代大学生而言，无论是对生活心存疑惑还是对生命意义的追寻，无论是面临失败的风险还是对相爱的人能否经受住时间的考验等问题，都可以从本书中找到答案。

2. 电影《当幸福来敲门》，加布里埃莱·穆奇诺执导。

这部影片中的主人公克里斯·加德纳是生活在旧金山的黑人男青年，靠做推销员养活妻子和儿子。他过着平稳的生活，直到有一天，克里斯接连遭遇失业、婚姻、贫困的打击，这一系列突如其来的变化让克里斯知道，原来平淡的日子有多珍贵……但是面对这些困难，克里斯没有倒下，他凭着自己乐观的精神不断突破自己，培养孩子乐观面对困境的精神。父子俩日子虽苦，却不失快乐。影片的最后，克里斯成为一位百万富翁……

参考文献

［1］弗里德里克森．积极情绪的力量［M］．王珺，译．北京：中国人民大学出版社，2010.
［2］卡尔．积极心理学：有关幸福和人类优势的科学［M］．丁丹，译．北京：中国轻工业出版社，2013.
［3］彼得森．打开积极心理学之门［M］．侯玉波，王非，译．北京：机械工业出版社，2016.
［4］塞利格曼．持续的幸福［M］．赵昱鲲，译．杭州：浙江人民出版社，2012.
［5］塞利格曼．活出最乐观的自己［M］．洪兰，译．沈阳：万卷出版公司，2010.
［6］塞利格曼．认识自己，接纳自己［M］．任俊，译．沈阳：万卷出版公司，2010.
［7］塞利格曼．真实的幸福［M］．洪兰，译．沈阳：万卷出版公司，2010.
［8］塞利格曼，莱维奇，科克斯．教出乐观的孩子［M］．洪莉，译．北京：北京联合出版公司，2017.
［9］契克森米哈赖．心流：最优体验心理学［M］．张定绮，译．北京：中信出版社，2017.
［10］彭凯平．吾心可鉴：澎湃的福流［M］．北京：清华大学出版社，2016.
［11］海特．象与骑象人：幸福的假设［M］．李静瑶，译．杭州：浙江人民出版社，2013.
［12］任俊．积极心理健康：幸福快乐的科学［M］．北京：开明出版社，2019.
［13］斯奈德，洛佩斯．积极心理学：探索人类优势的科学与实践［M］．王彦，译．北京：人民邮电出版社，2013.

[14] 柳博米尔斯基. 幸福有方法［M］. 周芳芳，译. 北京：中信出版社，2014.
[15] 沙哈尔. 幸福的方法［M］. 汪冰，刘骏杰，译. 北京：中信出版社，2013.
[16] 王滟明. 哈佛积极心理学笔记［M］. 北京：中国言实出版社，2011.
[17] 韦志中. 积极心理学：中国人的68堂幸福实践课［M］. 北京：台海出版社，2020.
[18] 阳志平，彭华军. 积极心理学团体活动课操作指南［M］. 北京：机械工业出版社，2016.
[19] 曾光，赵昱鲲. 幸福的科学［M］. 北京：人民邮电出版社，2018.

他　人　篇

第八章*
“世事洞明皆学问，人情练达即文章”
——人际交往与人际沟通

名人名言

勿以身贵而贱人，勿以独见而违众，勿恃功能而失忠信。

——诸葛亮

钟子期死，伯牙终身不复鼓琴。

——《汉书》

◆ 案例导入

小 A 是大一新生，开学已经半个学期，但一直被一个问题困扰着。小 A 是一个作息时间规律、习惯早睡早起的人，但是同宿舍的其他几个同学并不如此。他们平时除了上课以外很少学习，晚上回到宿舍喜欢聊天、追剧、打游戏，有时候甚至要凌晨两三点钟才睡觉。小 A 是一个目标感非常强的人，平时没课的时候大多数时间泡在自习室或者图书馆，但其他同学要么很晚才回来，要么在宿舍打游戏、聊天玩闹，完全没有考虑小 A 是否已经睡觉休息，这让小 A 很烦恼。小 A 也曾经尝试过与宿舍的同学们沟通，但是每次都会有意见分歧甚至发生争吵，久而久之，同学之间有了偏见和隔阂。小 A 感到自己受到了排挤，觉得别人不待见自己。他每次上课、吃饭都是一个人，没有亲近的朋友，因此想要调换宿舍改变这种状况。但他同时也感到很迷茫，想想如果大学四年连一个真心朋友都交不到，也是一种遗憾。他不知道自己的坚持是

---

* 非常感谢中国 TA 协会徐丽丽老师对本章相关内容给予的帮助与指导，另外，感谢焦点解决培训讲师王阎昭博士对于“相信每个人都是自己生命的专家”和“建构性倾听”部分的文字支持。

否正确，感觉很矛盾。

◆ 导言

上述案例讲述的是大学生人际关系适应问题。大学生正值青春期，有着较强的好奇心，并且思想活跃，情感丰富，自我意识强，人际交往需求强烈，每个人都渴望获得真诚的友谊和良好的人际关系。然而，怎么与他人进行交往？如何建立良好的人际关系？这是许多大学生在校园生活中面临的一大难题。

是什么影响了我们与他人的交往与互动呢？怎样的交往与沟通更有助于我们与他人建立良好的人际关系？有哪些人际交往的黄金法则与钥匙，可以让我们更好地适应大学生活呢？通过本章内容的学习，相信我们会对上面的一系列问题有更好的理解和认识。

第一节 “同游天地阔，共怜草木青”——大学生人际交往基本概述

《论语·学而篇》记载，曾子曰：“吾日三省吾身，为人谋而不忠乎？与朋友交而不信乎？传不习乎？”曾子作为孔门十哲之一，每日最常反省的是同朋友交往之事，可见当时的人很重视人际交往。“管鲍之交”讲述的是管仲和鲍叔牙之间如何通过相互信任建立深厚友谊的故事。人们常用“管鲍之交”来形容自己与朋友之间彼此互信的关系。从古至今，我国传统文化都非常重视人际交往，记载和描述友情的古诗词也不胜枚举。本节重点介绍人际交往与沟通中的重要理论和方法，为大学生人际交往实践提供基本的理论支撑。

一、人际交往概述

（一）人际交往的内涵与意义

在《现代汉语词典》第7版中，交往主要指人与人之间的互相来往。大多数学者认为，人际交往就是人与人之间通过语言符号以及非语言符号传递和沟通信息、思想及情感的心理过程。也有学者从社会学角度定义人际交往，认为交往是人的一项最基本需求，是个体发展的必由之路。在不同的情境中，人际交往的对象、技巧等会有不同的侧重，本章所说的人际交往主要是指大学生之间的人际交往。

（二）人际交往的基本原则与规律

《鬼谷子》中载：“与智者言，依于博；与拙者言，依于辩；与辩者言，

依于要；与贵者言，依于势；与富者言，依于高；与贫者言，依于利；与贱者言，依于谦；与勇者言，依于敢；与过者言，依于锐。”鬼谷子认为世间万物都有法则，天地之道遵循自己的规律，而与人交往也要遵循一定规律，切不可一以贯之。在当代社会交往中，人与人之间存在复杂的多重关系，更需遵循一定的原则和方法，方能建立良好的人际关系。

1. 尊重原则

尊重是人际交往的基石。“自尊”和“尊人”是保证交往顺利进行的条件。《道德经》中写道：“是以圣人自知不自见，自爱不自贵。故去彼取此。”老子认为一个人贵在自知、自尊、自爱，只有尊重自己，才可能真正地尊重他人。也有古人云，“尊人者，人尊之”，这句话又告诉我们，只有尊重交往对象，对方才会尊重你。

2. 平等原则

平等是达到最佳交往效果的桥梁。虽然我们每个人的背景和出身不同，却有着平等的人格。有学者研究表明，人际关系的基础是人与人之间的相互重视、相互支持，对于真心接纳我们、喜欢我们的人，我们也更愿意接纳对方，更愿意同他们交往并建立和维持关系。

3. 真诚原则

真诚一般指的就是诚恳、真实、没有虚假。真诚是人类最宝贵的品质之一。人际交往的本质是互动，而互动中最大的动力就是诚意。保持真诚可以让交往双方感受到彼此的诚意，获得较强的安全感，放下防备进行互动；真诚的交往也能够让人得到心灵的放松和快乐的享受；真诚的交往并不是建立在物质条件的基础之上，而是建立在能够达成心灵互信和慰藉的基础上。

4. 友爱原则

孟子说“爱人者，人恒爱之；敬人者，人恒敬之”，中国儒家有“仁者爱人”的传统，在现代社会中依然需要这种品质，而且友爱也是人际交往的重要原则之一。《礼记·学记》中讲“独学而无友，则孤陋而寡闻”，可见在人际交往中，友爱互助的关系是我们与世界进行沟通的桥梁，也是我们更好地了解自己的一把量尺。

5. 诚信原则

楚汉相争时期，项羽手下的季布为人十分仗义，曾有“得黄金百斤，不如得季布一诺”的美谈。只要季布许诺答应的事情就一定会办到。诚信守诺是中国人的传统美德，也是人际交往中最重要的原则。诚信守诺是一个人的优良品质，也是一个人安身立命的根本，更是构建和谐社会的基石。

二、人际交往相关理论

（一）社会交换理论

社会交换理论是美国社会学家霍曼斯于1958年提出的。霍曼斯认为，社会互动行为是一种商品交换，不局限于物质的交换，也包括如荣誉、赞许或声望之间的非物质交换。在商品生产的社会里，交换原则也是等价和公平的。

霍曼斯利用经济学概念提出了人际交往双方的报酬与代价问题，从经济理性的角度揭示了人际交往的最终目的是获得各自的利益最大化。一方面得益于制约社会交换的普遍规范，使得人们获得的报酬与付出的代价成正比；另一方面得益于人们在交往中遵循的趋利避害的原则，人们更愿意花费时间在那些能够获得更高报酬和奖励，即更有价值的社会交往行动中。如果某种行为所产生的结果对一个人来说价值越大，那么后续行动中采取同样获利行动的概率越高；反之，如果某种行动产生的结果使得此人受到惩罚，那么后续行动中出现该行动的概率就会大大降低。

（二）人际需要理论

美国社会心理学家舒茨提出了人际需要理论。舒茨认为，个体在人际交往中包含三种需要，即包容需要、支配需要和情感需要。

包容需要指个体想要与人接触、交往、相容，隶属于某个群体，与他人建立并维持一种满意的相互关系的需要。个体在早期与父母或他人互动中的包容需要是否被满足，则决定了个体是否参加群体活动的社会行为。如果包容需要没有被满足，则个体会出现焦虑情绪，并产生拒绝群体活动的社会行为；如果包容需要满足过量，则个体会出现超社会行为，即过分热衷参加群体活动；只有个体与父母或他人进行有效适当的交往，才会形成理想的社会行为。

支配需要指个体控制别人或被别人控制的需要，是个体在权力关系上与他人建立或维持满意人际关系的需要。如果个体成长在民主又有要求的家庭氛围中，他们可以形成既顺从又可以支配的民主型行为倾向，可以很好地解决人际关系中的控制问题。而如果个体成长在高度控制或控制不充分的环境里，他们就倾向于形成专制型或服从型的行为方式。

情感需要指个体爱别人或被别人爱的需要，是个体在人际交往中建立并维持与他人亲密的情感联系的需要。如果个体成长在充满关爱的氛围中，便可以呈现恰当的情感表达与行为，不会产生爱的缺失感，他们相信自己会讨人喜爱，并且可以与他人保持恰当的距离，也可以与他人建立亲密的关系。

舒茨的人际需要理论可以解释人际关系的形成和解体。关系形成的过程始于包容，而后是控制，到最后是情感，并循环不断地发生。而关系的解体过程顺序则是先出现情感不和，继而失去控制，然后难以包容，直至最后关系破裂瓦解。

（三）TA 交互沟通分析理论

TA 理论是 20 世纪 60 年代美国心理学家艾瑞克·伯恩创立的一种人格理论。该理论是系统分析人的交互作用过程和状态的理论框架，它通过分析人际交往过程和交往对象的沟通模式，解决那些长期的人际冲突和扭曲，以促进人的成长和关系的改变。

TA 理论又称 PAC 人格结构理论。PAC 人格结构理论可以帮助人们识别自我状态，通过分析、觉察以及改变等行动，最后表现出与环境相互匹配的自我状态。伯恩将自我状态定义为“一个人外显的、可观察的心理状态”。完整的人格结构包括父母（parent）、成人（adult）、儿童（child）三种自我状态，三种自我状态放在一起组合成三个相切的圆，各自以英文单词的第一个大写字母为名，形成 PAC 人格结构图（见图 8-1）。

人们往往从以下几个方面对自我状态进行判断：首先是行为表现方面，具体可以通过话语、语调、姿势、面部表情、手势等内容进行判断；其次是通过社交的互动判断，之所以用社交的互动来判断，是因为人们在与他人交流时，会根据对方呈现的自我状态来匹配自己的自我状态；再次是依据过去的经验判断，在过去某一时刻，个体曾经体验过完全一样的感受；最后是依据对现象的体验来判断，一个人再度体验他的自我状态时，其体验强度可能是相同的。

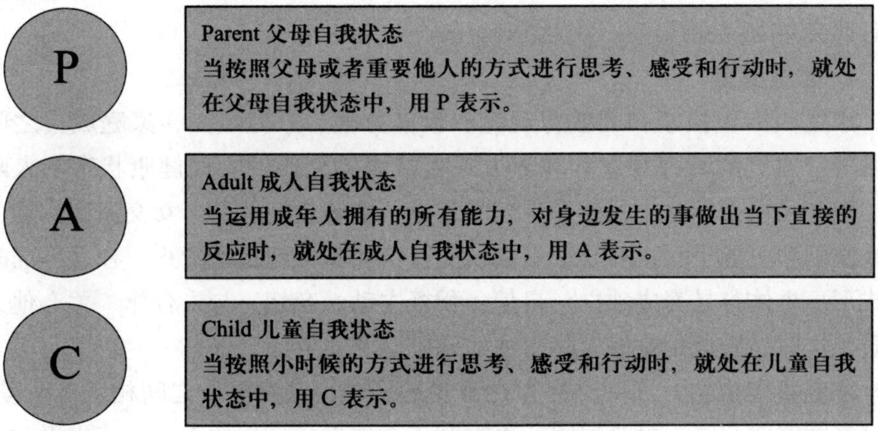

图 8-1 PAC 人格结构图

三、人际交往影响因素与常见问题

（一）人际交往影响因素

1. 人格因素

所谓“人格”主要是指人在各种心理过程中经常地、稳定地表现出来的心理特征。中国有句谚语，“人心不同，各如其面”。现实生活中每个人的心理千差万别，有些人安静内向，有些人活泼开朗，有些人积极乐观，有些人悲观沮丧，不同人格的差异会带来人际的相互吸引，也可能造成交往中的误解、矛盾与冲突。

2. 认知因素

《孙子兵法》一书中对作战的论述是“知彼知己，百战不殆”。在人际交往中对自我的认知和对他人的认知一样重要。人际交往中的自我认知会影响人际交往中的自我表现，其中包括一个人对自己以及他人的评价是否全面、客观，自己是否能够意识到自身和他人的优势和不足，以及对于交往本身的认知是否恰当。在人际交往中，许多问题都是由于个体对自我评价或对他人认知的不客观造成的。

3. 情绪、情感因素

人际交往的重要影响因素之一是情绪、情感。在人际交往过程中，情绪、情感产生的强度和表现应该与情境相匹配，并且随情境变化而变化。情感的过度表露和过度收敛都是不恰当的，会影响人际交往的效果。情绪反应强度过大，变化过于激烈，会让他人形成不理性、情绪化的印象。情绪反应不够，对很多事情都无动于衷，也会被他人认为是冷漠无情。以上不恰当的情绪、情感反应都会对人际交往产生不良影响。

4. 家庭因素

家庭因素包括家长的教育观念、教养方式、家庭氛围、家庭成员之间的关系等。家庭的教育观念和教养方式直接影响个体的心理健康状态和人际交往，抱有民主平等独立的教育观念的父母，能够主动地与子女交流和沟通，积极地鼓励和引导子女，对其缺点错误能够恰如其分地批评指正。在良好的教养方式下，个体容易养成独立、自信、积极主动、亲切、与人合作、关心他人等品质，这些品质也是良好人际交往的基础。

家庭氛围也会对人际交往存在重要的影响。家庭成员之间相互尊重爱护，家庭氛围安定和睦、融洽温暖，更有利于个体形成良好的心理健康水平和积极乐观的品质，与人交往中也更容易产生信任感、安全感和幸福感。而家庭成员关系不融洽、个别成员有不良嗜好甚至有激烈的家庭冲突，都会造成紧张的家庭氛围。在气氛紧张、不和谐的家庭中，个体长期处于负面情绪中，容易形成胆怯、自私、孤僻、妒忌等不良性格，在人际交往中也容易表现出偏执、固执、冷漠、不合作等不良特质。

5. 社会因素

社会因素也是影响人际交往的重要因素之一。因为人际交往是在社会实践中进行的，自然会受到社会文化观念、社会背景、社会角色、社会群体等因素影响。交往主体受到的社会背景的影响主要指社会制度、道德规范、法律法规、社会习俗等。社会文化观念主要指文化价值观念的差异对人际交往的影响。

（二）人际交往常见问题

人际交往常见问题包括人际交往文化障碍、人际交往社会障碍及人际交往心理障碍等。

人际交往文化障碍包括语言、文字、有意义的符号等在交往过程中引起的误解、曲解、偏见和歧视。另外，民族或群体在情感、意识上的不同倾向和所受教育程度上的差异也会引发交往问题，这也属于交往中的文化障碍。

人际交往社会障碍包括社会角色、职务、年龄、经济、政治等方面的差异造成的交往时的障碍。如果交往双方的社会身份差异较大，年龄差异悬殊，经济地位和政治身份有所不同，必然会对人际关系的建立产生阻碍。

人际交往心理障碍是对交往过程中一些刺激因素的异常反应，如果一个人因为个人或外界的原因导致自己的心理状态某一方面或某些方面存在发展超前、停滞、延迟或偏离，那么他在人际交往过程中就比较难按照社会适宜的方式表达自己和认知他人，就会带来人际上的不适应。

心灵故事

绝交于江湖，相知于内心

“竹林七贤”之一的山涛，有着诸葛亮般的智慧，他在投靠司马氏之后，平步青云。山涛步入官场之后多次举荐嵇康出来做官，但是嵇康志不在此，他不满司马家族诛戮名士、铲除异己、不择手段的做法，不肯与这样的人同流合污，也反对山涛的政治立场，因而怒写《与山巨源绝交书》。他在与山涛的绝交信中表示，“我宁赴汤蹈火，也不要这富贵的圈套”。

嵇康有很高的名望，但是不懂得婉转，性格又刚正不阿，不能与世沉浮。他敢于针砭时弊，指出当朝统治者的昏庸之事，他欣赏古代隐者的事迹，不愿意出仕为官，最终因为被人陷害，被司马昭处死。

嵇康临终之前，山涛带着嵇康的儿子嵇绍去探望他。月光下，嵇康牵着嵇绍的手，放进山涛温厚的掌心："有山伯伯在，你此生就不会孤单了。"这就是历史上令人动容的临终托孤。山涛没有辜负嵇康的重托，他把嵇绍视如己出。嵇绍这个十岁就失去父亲的孩子，在山涛慈父般的关怀下，长大成人，后来又由山涛举荐做官。有一个成语叫作"嵇绍不孤"，就是由此而来。

可见，山涛与嵇康作为好友，虽然政见不同，但是在其他方面依然互相欣赏和信任。因此，社会交往也并非一个绝对化的概念，对于一些事情的不同理解并不妨碍双方关系的延伸。

四、人际沟通

此部分主要应用TA交互沟通分析理论，对五种功能性自我状态、沟通模式以及心理定位进行阐述及举例说明。

（一）人际沟通中的五个自我（TA）

上文提到，伯恩提出了PAC人格理论，认为每个人的内在有三种自我状态：父母（P）、成人（A）、儿童（C）。基于此，其外显的功能性自我状态包括五种，即控制型父母自我（CP）、照顾型父母自我（NP）、成人自我状态（A）、适应型儿童自我（AC）、自由型儿童自我（FC）。处于控制型父母自我状态下，个体比较强势，好为人师，容易评价教育他人，喜欢掌控和主导；处于照顾型父母自我状态下，个体比较温和友善，喜欢照顾他人的感受，也会鼓励、安慰、帮助他人；处于成人自我状态下，个体会理性地与他人进行交流和思考，所有决策都是基于现实的情境考量；处于适应型儿童自我状态下，个体比较没有主见，压抑自己的感受和想法，喜欢顺从和讨好，攻击性指向自己；处于自由型儿童自我状态下，个体比较关注自我的需求，活泼好动，喜欢从自己的需求出发思考问题，直接表达情感，规则意识薄弱。以上每一种自我状态都有其自身的特点，当然也有其重要的适应性功能，一个健康的个体就是能在恰当的时间和地点恰到好处地运用各种自我状态（见图8-2）。

TA交互沟通分析理论提出一项假设，认为一个人所能投注在这五个功能性自我状态的能量总和是固定的。当个体花费在照顾型父母上的时间少时，代表必须在其他或者至少其中一个自我状态中运用更多时间。另外，不同的人在不同的自我状态上运用时间的多寡也能够说明人际交往中相互吸引或者相互排

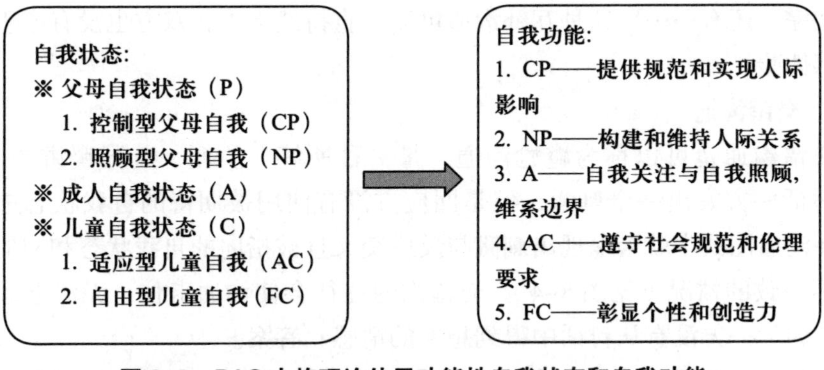

图 8-2 PAC 人格理论外显功能性自我状态和自我功能

斥的原因，一个自我状态为控制型父母的人，往往更乐于和适应型儿童的人进行沟通和交往；一个经常处于成人自我状态的人和一个经常处于自由型儿童自我状态的人沟通交往起来往往会很困难。

（二）人际沟通中的三种类型（TA）

TA 人际沟通是用自我状态模型来解释沟通是如何发生与失败的。发起的沟通称作刺激（S），回复的沟通叫作回应（R），伯恩将这一来一回称为交流。人际沟通主要包括下面三种类型。

1. 互补沟通（平行沟通）

互补沟通又叫平行沟通，被指向的自我状态和回应的自我状态相同（见图 8-3）。当发起对话的一方用一种自我状态发出一个刺激，如果对方使用了被期待的自我状态回应，则这种交流可以一直持续下去。这种沟通中，人们预期的问题会得到解决，情感也会产生联结，双方的关系也会变得健康而持久。

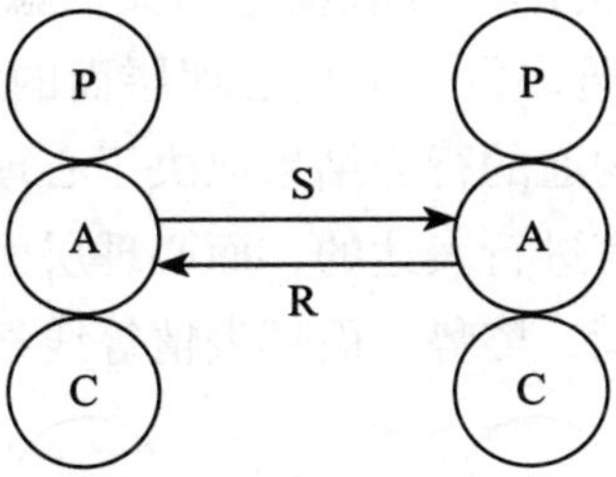

图 8-3 互补沟通示意图

例如，两个同宿舍的大学生早上的对话。小 A 问小 B：“现在几点了？咱们的高数课是 1、2 节课吗？”小 B 回答说：“现在 9 点，咱们的高数课是 3、4 节课，还没开始上课。”小 A 接着问小 B：“你的高数作业写完了吗？我好像不太确定作业都留了哪些，能告诉我一下吗？”小 B 回答说：“112 页课后习题都做完，还有……”这种互补沟通可以一直持续下去，双方也没有产生不良的情感体验。

2. 交错沟通

交错沟通也可以称为尴尬沟通，是一种所答非所问、鸡同鸭讲的沟通，发起对话一方发出一个刺激，但是回应方没有使用被期待的自我状态进行回应，在沟通图式中就会呈现出刺激与反应交叉且被指向的自我状态和回应自我状态不一致的情况（见图 8–4）。交错沟通往往会使沟通卡住，无法继续进行下去，因为一方没有从对话中得到想要的情感、答案。

比如，依然是两个同宿舍的大学生早上的对话。小 A 问小 B：“现在几点了？咱们的高数课是 1、2 节课吗？作业都是什么来着？”小 B 回答说：“你自己没有手机吗？另外，高数老师留作业的时候你在干吗？为什么每次都要问我？自己不能长点心吗？”小 B 的回答让小 A 哑口无言，小 A 没有得到想要的答案，并且情感上受挫，因此沟通无法继续。

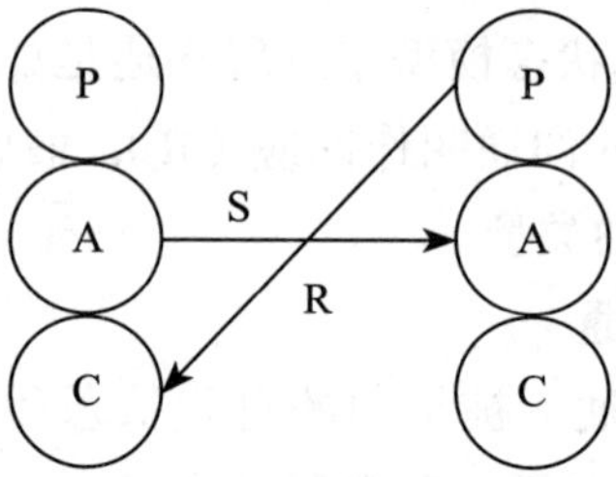

图 8–4　交错沟通示意图

3. 隐藏沟通（暧昧沟通）

隐藏沟通往往与社会文化、习俗息息相关。隐藏沟通包含两个层面的沟通：一个是社交层面的沟通，另一个是心理层面的沟通（见图 8–5）。单独每一层都是互补交流，隐藏沟通的行为结果取决于心理层面而非社交层面。社交层面的沟通往往是通过语言进行表达的，而心理层面的沟通往往是使用非语言信息为线索，如语音、语调、姿势、面部表情等线索。

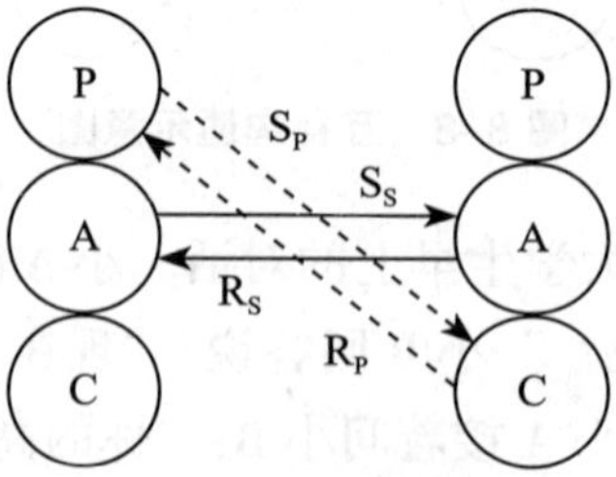

图 8–5　隐藏沟通示意图

依然是两个同宿舍的大学生早上的对话。小 A 问小 B：“现在几点了？咱们的高数课是 1、2 节课吗？”小 B 心里想：你昨天刚刚说过不理我了，怎么今天问我上课和作业的事情，我才不会告诉你呢。小 B 回应道：“哟，我不方便看手机。另外，老师说的作业我也不清楚呢。”其实小 B 并不是不清楚，他只是想表达另一个心理层面的意思。

（三）人际沟通中的四种定位（TA）

1962 年，伯恩提出心理定位的概念，它是指个人童年早期确立的有关自己与他人、世界的关系的基本信念和结论，这种信念和结论成为他日后所做决定与行为的准则。心理定位不是一成不变的，它可以随着我们的发展和成长而改变。伯恩在工作中发现每种人际关系在生活中都会围绕“我与你”这两个点和“好与不好”这两个评判进行，从而形成了四种生活定位。1971 年，恩斯特设计了一个 OK 图形，以便进一步阐释心理定位（见图 8–6）。

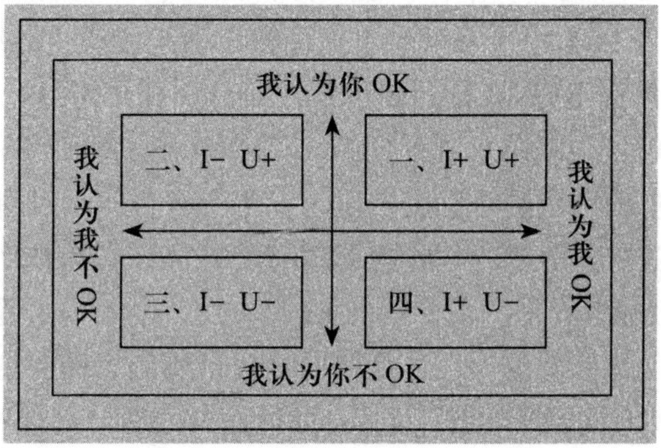

图 8–6　恩斯特设计的 OK 图形

1. 我好，你也好（I am OK，you are OK）

TA 理论认为，婴儿生下来都有“我好，你好”的心理定位。心理定位和依恋类型有一定的关系，只有当儿童觉得与母亲的依赖感被打破时，才会转到其他心理定位。具有这种心理定位的人在被他人无意攻击之后，一般都会认为对方不是故意的，相信背后有一个重要的理由，会比较包容体谅他人。具有此心理状态的人，对自己、世界和他人都充满信任，对未来充满信心，一般表现出积极乐观的人生态度，在人际交往中可以接纳自己、欣赏自己，同时也接纳他人，认可他人的价值。

2. 我好，你不好（I am OK，you are not OK）

具有此种心理定位的人始终抱有一种高人一等的防卫态度，喜欢压制别人，有很强的攻击性，喜欢把责任推给别人，常常处于偏执、愤怒的状态。一个从小被漠视或者虐待的孩子，为了保护自己不受伤害而形成这样的心理定位，成年后，为了获得掌控感和存在感，也会用这种方式欺负和压制他人。长期被溺爱的孩子也容易形成这样的心理定位，他们认为所有不好的结果都是外部原因造成的。他们对周围的人充满防御和敌意，竞争意识强，一般会形成自私、冷漠、无情的性格。

3. **我不好，你好**（I am not OK，you are OK）

具有此种心理定位的人始终认定自己真的不好，自卑、胆怯、懦弱，极度顺从或服从别人的要求。从小被长期忽视和贬低的孩子，或者因为身体原因遭到过度照顾的孩子，比较容易形成“我不好，你好”的心理定位。

具有该心理定位的人通常会以低人一等的状态活出自己的人生，并且容易存在精神方面的困扰。从环境角度看，一些观念诸如“城市好，农村不好”“男孩好，女孩不好”“高个子好，矮个子不好”“身材苗条好，身材肥胖不好”“有钱好，没钱不好”等观念也是这种心理定位产生的原因。

4. **我不好，你也不好**（I am not OK，you are not OK）

拥有此种心理定位的人，他们在童年往往经历过重大的创伤性事件，在小时候就对生活充满了绝望的态度，认为人生没有价值，没有意义。他们常常处在危险中，所以对生活中的危险抱有较高的警觉，害怕被伤害，却因为感受到了危险后会主动伤害他人。他们渴望被人关爱，也渴望关爱他人，但是因为不知道如何去爱自己和爱他人，总是将人际关系搞砸。拥有这种心理定位的人也往往通过自我实现的预言验证自己对于生活的悲观看法。而要改变这样的处境，认识到自己拥有“我不好，你也不好”的认知倾向是很重要的。

心理测试

绘制自我状态分布图

请针对以下问题凭直觉回答：是，2分；不一定，1分；否，0分。

1. 看到别人犯错时，你会毫不犹豫地打断并指正吗？
2. 你是一个会严格遵守规则的人吗？
3. 你认为现代社会年轻人被娇宠过度吗？
4. 你会怀抱理想努力去实现它吗？
5. 你经常打断别人谈话、诉说自己的想法吗？
6. 你对小小的差错也很在意吗？

7. 你对他人的教育严格吗？
8. 你会强烈要求别人尽他的责任吗？
9. 你认为得到权利前，要先尽义务吗？
10. 你会经常说“应该”“不能”“你要”吗？
11. 你对别人有强烈的关怀吗？
12. 你重视义理与人情吗？
13. 你能常常发现别人的长处和优点吗？
14. 当别人拜托你时，你很难说“不”吗？
15. 你喜欢孩子或喜欢照顾别人吗？
16. 你很容易通融或商量吗？
17. 你对他人的错误宽容吗？
18. 你能倾听别人谈话，并容易产生共鸣吗？
19. 你喜欢做菜、打扫卫生、洗衣服吗？
20. 你喜欢参加奉献性的社会公益活动吗？
21. 你会评估自己的损益并采取行动吗？
22. 你很少进行感性的谈话吗？
23. 你做决定时会经过分析或深思熟虑吗？
24. 你会询问正反面意见作为参考吗？
25. 任何事你都喜欢根据事实做出判断吗？
26. 你的谈话是理性多、情绪化少吗？
27. 你能很快做出决定而无须烦恼吗？
28. 你在处理事情时，是快速而有效率的吗？
29. 你对未来的事情是否会冷静地预测后才行动？
30. 你身体状态不佳时，是否会爱惜自己而不勉强工作？
31. 你认为自己任性吗？
32. 你的好奇心很重吗？
33. 你重视娱乐并追求满足吗？
34. 对想说的事情你会没有顾虑地说出来吗？
35. 在无法得到自己想要的东西时，你会很难受吗？
36. 你会经常使用“哇”“耶”“太棒啦”等惊叹词吗？
37. 你会以直觉判断事物吗？
38. 你兴奋的时候会得意忘形吗？
39. 你容易生气吗？

40. 你容易掉眼泪吗?
41. 心里想的事，你会经常无法说出口吗?
42. 你希望别人喜欢你吗?
43. 你为人客气、处事消极吗?
44. 你是否经常不坚持己见、时常妥协呢?
45. 你注意和在乎别人的脸色言谈吗?
46. 你难受的时候都会强忍下来吗?
47. 你会照着别人的期待而努力吗?
48. 你经常压抑自己的感情吗?
49. 你觉得自己不如别人吗?
50. 你觉得现在不像“真正的自己”或“应该有的自己”吗?

其中，1~10 题为 CP 状态，11~20 题为 NP 状态，21~30 题为 A 状态，31~40 题为 FC 状态，41~50 题为 AC 状态。请计算每个自我状态下的得分，同时画出一条横柱，分成五份，根据分数比例分别标注五种自我状态，绘制自己的自我状态分布图。

拓展训练

“Yes or No”的猜词游戏

活动分组：10 人分别站成两列，每一列相同序号位置的人面对面站立。

活动目的：理解人际沟通的意义和沟通中存在的障碍。

活动实施：

（1）组织者在每个人的背后都贴上一个 2~4 字词语的标签。

（2）两两一组开始猜词游戏，提问一方可以提出任何问题，但是回答一方只能用 yes 或 no 回应，限时 3 分钟，率先猜出词语的一组获胜。

（3）交换角色进行，直到所有人背后的词都被猜出。

（4）请同学来分享猜词游戏中的感受和沟通中发生的障碍有哪些。

第二节 “人生交契无老少，论交何必先同调”——人际吸引与人际冲突

中国人的交往文化自古有之，无论是“桃花潭水深千尺，不及汪伦送我

情”“我寄愁心与明月，随君直到夜郎西”的临别诗句，还是“钟子期死，伯牙破琴绝弦，终身不复鼓琴，以为世无足复为鼓琴者”的友情佳话，都传递出人际交往对一个人的重要性。当代大学生更是对人际交往充满期待和渴望，“行合趋同，千里相从；行不合趋不同，对门不通”，在人际交往中如何运用人际吸引的规律，避免交往中的人际冲突，建立高质量的人际关系对大学生来讲也是非常重要的。

一、人际吸引

人际吸引又称人际魅力，是指人与人之间在情感方面相互喜欢和亲和的现象，即一个人对他人所持的积极态度。这种情感占优势的特殊人际关系就是人际吸引。人际吸引可以反映在人际距离上，同时也遵循一定的规律和人际效应。

（一）人际距离

人际距离指人际交往过程中双方之间的距离及意义，由于存在社会、文化、环境、民族以及性别等方面的差异，人际距离也不同。美国人类学家爱德华·霍尔将人际距离划分为四种。

1. 亲密距离（0~45 cm）

这种距离只出现在特殊关系之间，如恋人、父母、配偶、孩子、亲戚和宠物等。在这个空间距离中，彼此能够感受到对方的体温、气味、呼吸，伸手能够触及对方。人们对这个距离有着防护心理，就像对待自己的私有财产一样。

2. 个人距离（46~120 cm）

一般是指个人间的距离，是与熟人交往的距离，友好而有分寸，较少直接的身体接触，但能够表达友好，让彼此感受到亲密的气息。如果与陌生人保持这种距离，容易造成对他人的冒犯。

3. 社交距离（121~360 cm）

这是社交性或礼节上的人际距离，这种距离给人一种安全感，处在社交距离的两个人，既不会担心受到伤害，也不会觉得太生疏，可以友好交谈。与不太熟悉的人进行沟通的时候，我们通常会保持这种距离。心理咨询属于社交距离。

4. 公众距离（360 cm 以上）

公众距离是指人们在较大的公共场合所保持的距离。一般来说，演说者与听众之间的标准距离就是公众距离，还有明星与粉丝之间的距离，这种距离能够让仰慕者喜欢偶像，既不会遥不可及，又能保持神经敏感，此时的沟通往往是单向的。

一般情况下，初次见面彼此不了解，人际距离要大一些；随着关系的发展，空间距离会缩小。在大学生人际交往过程中，宿舍矛盾频发的原因也与人们之间的安全距离有关。大家来自全国各地，没有遵循人际交往之间的人际距离拉近规律，直接把宿舍成员之间的人际距离拉近到个人距离，甚至亲密距离，跨越了个人心理交往的安全距离，所以才会产生很多矛盾。

（二）人际吸引的规律

“醉眠秋共被，携手日同行”“浮云终日行，游子久不至；三夜频梦君，情亲见君意”，这些是古代文人表达相互吸引的诗句。心理学家阿伦森认为，人际吸引可能会有以下一些前提：一是信仰和利益与自己相同；二是交往双方有技术、有能力、有成就；三是交往双方具有令人愉快或憧憬的品质；四是交往双方具有自我悦纳的能力，因为只有学会自我悦纳，才能做到真正地悦纳他人。人际吸引能够迅速拉近沟通双方的人际距离，心理学家通过广泛的调查发现人际吸引也会遵循以下特定的规律。

1. 外貌吸引

《诗经·周南·关雎》中有句脍炙人口的诗句：“关关雎鸠，在河之洲。窈窕淑女，君子好逑。”这句话表达了人的外貌是具有一定吸引力的。在社交活动中，我们经常说“不能以貌取人”，但我们在行为上大多情况下都会以貌取人，因为美丽的容颜和端庄的仪表可以让我们产生愉悦的情绪，并且会做出以下判断：这个人的身材好，表明他有很好的自制力和自我管理能力；这个人的行为举止和气质好，表明他的个人修养高，受过良好的家庭教育。所以在人际交往中，外在形象优秀的人容易获得更多交往的机会。

良好的外貌管理确实能够让我们在人际交往中给他人留下好印象，就像一个人在面试或者见新客户时都会穿着得体的衣服，精心打理自己。所以，我们在人际交往中也要注意保持良好的外在形象。当然，随着交往时间越来越长，相貌的吸引力也会慢慢减弱，人际吸引将从外在形象转入内在品质。

2. 熟悉吸引

心理研究表明，熟悉引起喜欢，虽然熟悉不是引起喜欢的唯一变量，但是可以增加人们对积极或中性对象的喜欢程度。研究发现，给个体看一些照片，对于那些看过多次的照片，个体的喜欢程度更高。熟悉程度越高，交往对象之间可以获得越高的安全感，也能够找到越多相似的品质，对交往对象就越容易接纳和喜欢。很多在外求学的人，在完成学业后可能会选择留在求学的城市，除了这个城市有其同学、朋友外，很重要的一个原因在于，多年的求学经历让其对这个城市感到熟悉，进而增加了对该城市的喜欢程度。

3. 相似或互补吸引

相似性就是指双方在交往过程中存在的诸多相似特征，这些相似特征可以使人们产生熟悉感和安全感，缩小交往双方的心理和空间距离。比如，相同的价值观、兴趣、文化、出生地和家庭背景都能让人们产生相互吸引和相互认同。

人际交往是一个十分复杂的心理过程，当双方多个方面的需求都相互匹配且表现出很强的互补特征时，人们之间就会产生强烈的吸引。心理学家克切霍夫通过对大学生从朋友到夫妻的研究发现：在认识初期，距离因素、价值观、外貌都是构成人际吸引的重要因素；在恋爱开始后，双方的态度、价值观、世界观等方面尤为重要；在夫妻阶段，双方人格特质方面的互补是发展牢固关系的重要因素。

4. 品质或能力吸引

美国学者安德森研究了影响人际关系的人格品质。其中排在序列最前面、受喜爱程度最高的六个人格品质是：真诚、诚实、理解、忠诚、真实、可信。它们或多或少、直接或间接同真诚有关；排在系列最后，受喜爱水平最低的几个品质如说谎、假装、不老实等也都与真诚有关。另外，一个有才能的人本身也具有较大的吸引力，才能越大，吸引力越高。

（三）人际吸引的心理效应

1. 首因效应

首因效应是美国社会心理学家洛钦斯通过实验研究提出的。首因效应是指个体在人际交往中，通过留下的第一印象对双方今后的关系产生重要的影响。首因效应，也称为第一印象效应，或先入为主效应。第一印象作用最强，持续的时间也长，第一印象一旦建立，对后续信息的组织、理解有较强的定向作用。

心理学家认为，由于第一印象主要是性别、年龄、衣着、姿势、面部表情等外部视觉感官印象，所以生活中的以貌取人便是首因效应最直观的反映。但是仅凭第一印象就轻率做决定，以貌取人，往往会产生以偏概全的错误。

2. 近因效应

近因效应是美国心理学家洛钦斯通过连续实验得出的结论。他通过实验研究得出，信息呈现的先后顺序会对人的认知产生影响，先出现的信息比后出现的信息的影响作用要大，即首因效应。

首因效应和近因效应不是对立的，而是一个问题的两个方面。它们阐明了建立良好人际关系的规律：第一印象和最近印象对人际认知的影响比较大，所以人际交往中既要重视好的开始，又要重视好的结尾。一般来说，不熟悉的人之间容易产生首因效应，而关系熟悉和亲密的人之间，往往容易出现近因效应。近因效应和人的记忆规律相关，事件出现的时间会影响人对它的记忆程度，时间越久记忆越模糊，越接近现在记忆越深刻。在人际交往中，我们要客观理性地看待近因效应，用动态、发展的眼光看待他人和人际交往，积极利用近因效应改变自己与他人交往中的印象，弥补交往中的不足。

3. 晕轮效应

晕轮效应最早是由美国著名心理学家爱德华·桑戴克于20世纪20年代提出的，该效应被认为是评价中的一种偏见形式。晕轮效应认为，人们在对事物进行认知和判断时，常常从局部特征出发，进而扩散到总体印象，而这些认知和判断往往并不是客观理性的。个体对认知对象的某些品质一旦形成倾向性印象，就会带着这种倾向去评价认知对象的其他品质。所以，晕轮效应也可以称作"以点概面效应"，是由于主观推断而形成的一种夸大的社会印象。人际交往中还应提醒自己，合理客观地评价他人，避免晕轮效应的负面影响。

4. 刻板效应

刻板效应是指人们对某个群体中的人形成一种概括而固定的看法。在人际交往中，刻板印象是人们对个体的认知固定化。人们对某些人或事形成固定的看法和观念，就像是刻在木板上的图形那样难以改变。例如，科学工作者严谨但缺乏情调，体育运动者"头脑简单，四肢发达"，商人都比较精明算计，等等，这些都是对个体的刻板印象。

5. 投射效应

心理学家发现，人们在日常生活中常常将自己的心理特征归属到别人身上，并且认为别人也具有同样的特征。"以小人之心，度君子之腹"是投射效应的一种体现。一个认为自己善良的人会以为别人也很善良，一个喜欢算计他人的人就会觉得别人也在算计自己，可见，投射效应直接影响一个人对交往对象的想法的认知和推断。

（四）人际吸引的困境

认知偏差是人们在知觉自身、他人或外部环境时，常因自身或情境的原因使得知觉结果出现失真的现象。首因效应会引起认知偏差，因为这个认知是基于不充分的信息而对他人做出的判断，具有先入性、不稳定性和误导性。首因效应留下的印象是深刻的，但往往是不准确的，或者与现实不相符合的，所以是有偏差的。如果一个人在人际交往中初次留下了不良印象，今后要想改变这个因首因效应造成的认知偏差，需要付出巨大的努力，但也不一定有成效，这就是首因效应造成的困境。

晕轮效应也是人际交往中的认知偏差。在认知时，人们常常把对方所具有的某个特征而泛化到其他一系列相关特征上，也就是从所知觉到的特征泛化推及其他未知觉的特征，基于局部信息形成一个完整的印象。晕轮效应往往会悄悄地却又强有力地影响着交往双方的评价。

投射效应也是存在认知偏差的，在人际交往中，我们总是用自己所思、所想的方式去看交往对象，往往会造成对对方的认知偏差。

刻板效应具有社会适应的意义，可以使人的知觉过程简化，但是也有消极的作用，容易使人对某些特定群体产生偏见，甚至歧视。在大学生的人际交往中，由于一些刻板印象，如家庭条件贫困、性格内向、外貌长相难看、学习成绩差等特征容易成为被歧视的特征。

二、人际冲突

（一）人际冲突的成因

人际冲突是一种对立状态，表现为两个或两个以上相互关联的个体之间的紧张、不和谐、敌视甚至争斗的状态。人际冲突常常因为人们对同一事物存在不同的观点和看法而产生，也会因为人们触犯了他人的利益而产生。

莫顿·多伊奇将人际冲突分为五种类型：平行冲突、错位冲突、错误归因冲突、潜在冲突、虚假冲突。在平行冲突中，双方存在客观分歧并且都明确知觉了分歧的存在，但彼此都不愿意让步和妥协。例如，夏日炎炎，高温酷暑，周末宿舍只有小花和小美，小花睡在空调下面，小美离空调较远，小花不怕热所以想让小美开电扇，小美想让小花开空调。小美不停地开空调，小花不停地开电扇。就这样僵持着，谁都不让步。这就是平行冲突。错位冲突中有一个引发冲突的客观因素，双方知觉了这一原因，但是冲突不直接针对真正的问题本身。错位冲突可以理解为借题发挥，例如，小明和小光是同班同学，也是校篮球队队员，两个人一个是组织后卫，一个是前锋。在高校联赛的比赛中，小明作为组织后卫却基本不给小光传球，哪怕小光处在绝佳的位置，依然拿不到球，最终球队失利，于是小光压不住火气直接和小明发生了口角，甚至身体冲突。了解之后才知道，双方根本的矛盾在班级里，班里选优秀学生干部，小光没有投给小明，这让小明耿耿于怀并迁怒于小光。错误归因冲突是指分歧是客观存在的，但是双方对这种分歧并没有形成准确的知觉。潜在冲突是指在双方所处的环境中，潜伏着但尚未凸显出来的冲突，此时，分歧是客观存在的，只是双方还没有感受到这种分歧。虚假冲突是指双方有分歧，但是分歧没有客观存在的基础。

（二）人际冲突的危害

人际的利益不同，个性差异、目标差异、沟通方式差异都是引发人际冲突的原因，人际冲突是影响社会和谐的重要原因，小到影响家庭和睦、邻里和睦、朋友友爱，大到引发社会恶性事件，甚至酿成各种悲剧。

大学生的人际冲突对大学生的心理健康和学业也有非常重要的影响。大学生有着较强的自我意识和认知，关注自我情感的表达和体验，但因身心发展还未完全成熟，所以在解决人际矛盾和问题的时候经验与方法不多，容易冲动、情绪化，不考虑后果，故往往会面临比较严重的人际冲突困境。虽然人际冲突并不全部都是破坏性的，但是绝大多数人际冲突让大学生产生不愉快的情绪体验，严重的会出现自我封闭、逃避现实、自暴自弃的倾向，还有的直接表现为对对方的攻击和侵害行为，导致人际冲突升级，这对大学生的健康成长和发展非常不利。

（三）人际冲突的应对

人际冲突处理得当不仅会大大降低其对人际关系的破坏性，而且提供了学习与人相处的策略和解决人际危机的机会。对于如何解决人际冲突，可以从以下三方面着手。

首先，需要相信一切冲突都可以理性而建设性地得到解决。在日常生活中，我们要进行心理建设，要告诉自己，冲突是常见的，并且冲突不全是坏事，如果处理得当会促进问题的解决并有利于加强彼此间的了解，要保持平和的心态，在平常小事的处理中积累建设性经验。在冲突发生之后要主动调节心中的不满情绪，避免因冲动造成不可挽回的损失，要保持头脑冷静，理性、沉着地去思考解决问题的方法，从而减少人际冲突。

其次，要客观了解冲突的原因。前面提到有些冲突可能是虚假的、错位的、错误归因的，要顺利地解决冲突，先需要明确冲突是因何而起，要具体地描述冲突并向别人核实自己对有关冲突的描述是否客观，避免因个人的主观看法和情绪化而导致不能发现冲突的根本原因。通过他人来了解问题，有利于客观分析人际冲突的原因。要注意听取别人的意见，反复思考他人意见中合理的部分。只有客观地看待问题、分析问题，冲突才有可能得到解决。

最后，要提出可能解决冲突的方法，对这些方法逐一进行评价，选出最佳且对双方最有利的方法。在冲突解决策略中，回避策略、强迫策略、迁就策略都是在不能正视冲突的情况下的“缓兵之计”，不但无益于冲突的解决，还可能积累更多的不满。而合作策略和折中策略是比较理性的冲突处理策略，能够正视冲突的同时在平等的基础上考虑双方利益。所以，在解决冲突的过程中，要评估实现最佳方案的实际效应，并按照双方带来的最大利益和有利于良好人际关系维护的原则给予修正。

三、大学生常见的人际冲突

（一）宿舍冲突

心理案例

张岩、王亮、天佑、小龙分别来自4个省份，大学里他们分到了同一个宿舍。张岩和王亮是属于成绩比较优异的学生，张岩性格开朗随和、乐于助人，王亮是一个比较自我的学生，做事情不太考虑其他人的感受和想法，一般都是独来独往。天佑比较贪玩，不爱学习，自理能力较差，卫生习惯糟糕，经常将自己的内衣、袜子、鞋子乱扔乱放，由于不爱洗衣服，经常导致宿舍里的空气很差。小龙性格比较内向，不善于人际交往，朋友比较少，所以喜欢通过上网打游戏打发时间，经常会熬到很晚。因为王亮说话比较刻薄，对天佑的不良卫生习惯经常直接口诛笔伐，对小龙的独来独往经常贬低指责，对张岩的优秀又心怀妒忌，所以宿舍关系一直不太融洽和睦，经常会吵吵闹闹。有一次期中考试成绩出来后，王亮成绩不够理想，心情比较沮丧，回到宿舍看到天佑的鞋子放到了他的床边，于是指着天佑破口大骂。恰巧赶上天佑刚刚跟女朋友分手，心情比较低落，面对王亮的指责天佑开始回骂。小龙看着双方的争吵越来越激烈，上去劝架，结果又被王亮破口大骂说他想拉偏架，甚至直接将矛头指向了小龙。最后小龙和王亮互相撕扯起来，小龙用椅子砸伤了王亮的小腿，从此双方的对立情绪公开化。

上述案例向我们展示了大学生人际交往中存在的常见问题和冲突。首先大学生宿舍常见的矛盾之一便是责任与义务不匹配——享受他人的劳动成果，但是不会主动承担甚至拒绝承担义务。宿舍是一个集体场所，涉及很多集体行为，如宿舍的卫生、水电费等问题，这也是特别容易引发矛盾的方面。上述案例中，天佑是一个卫生习惯较差的学生，经常将自己的内衣、袜子、鞋子乱扔乱放，在宿舍这个集体公共场所之中，这样的行为非常不恰当。

生活习惯的不一致是大学生宿舍常见人际冲突之一。大学生的饮食习惯、作息习惯，还有说话声音和说话态度等都容易导致宿舍矛盾的产生，这对大学生的心态、心情和精神状态也会产生很大的影响。上述案例中，小龙经常熬夜打游戏，这样的作息不仅影响自己的身心状态，也会对他人的身心健康产生不良的影响。

个性差异也是大学生宿舍常见人际冲突之一。与高中相比，大学宿舍里的同学来自不同地域，有着不同的生活经历，不同的家庭背景，具有不同的兴趣爱好和价值观，因此，大家对同一件事情的看法和态度常有差异。同时，大家又处于血气方刚的年纪，不仅会坚持自己的主张还容易冲动，久而久之矛盾就会产生。上述案例中王亮个性比较张扬，不考虑他人感受，所以容易在宿舍引起大家对他的反感。

总体来看，造成大学生宿舍冲突的原因可以总结为个人因素和外界影响两个方面。从个体层面，大学生身体和心理还未完全发育成熟，容易受到周围环境的影响，容易冲动和不理性，自我调控情绪能力较差；同时，大学生社会阅历有限，做事情容易考虑不周全，易造成人际冲突；另外，受到首因效应、刻板效应、投射效应等因素的影响，大学生对自己与他人在人际交往中存在一定的认知偏差，这也容易引发人际冲突。从外界影响层面，由于经济社会的飞速发展，经济结构的不断升级，大学生就业形势也面临着非常严峻的挑战，结构性失业问题导致就业资源的极度不平衡，学生之间关于生存和发展的竞争激烈。为了能够为自己的未来赢得更好的机会，在校期间对于奖学金、入团入党、社会实践活动等竞争异常激烈，甚至个别学生为了达到目的采取不正当的竞争手段，使表面上祥和的大学生宿舍人际关系充满了火药味，人际冲突无形地潜在其中。

大学生需要学会对宿舍人际关系中出现的矛盾和摩擦进行合理分析和判断，大学生大部分都是独生子女，集体生活对每一个人都是一种磨炼和考验。这要求每一个人在保持独立的前提下要充分尊重其他人的生活习惯，秉承求同存异的理念，遇到问题学会有效地沟通与表达，并且抱着我好你好的心理定位与宿舍同学相处。

（二）亲密关系冲突

心理案例

知鹤是一个来自南方的大二姑娘，鹏程是一个北方的男孩子，两人因为同时考入一所高校并相互吸引而产生了爱慕之情，于是他们很快便相爱了。一个温婉动人、美丽大方，一个帅气英俊、成绩优异，两个人经常结伴出现在学校的图书馆、自习室和长椅旁，羡煞一旁众人。过了半个学期，两个人的距离越来越近，感情升温的同时一些问题也暴露出来。知鹤家庭环境优越，从小被家人宠爱，所以性格有些任性，不懂得关心体贴他人，经常对鹏程呼来唤去，这让鹏程非常不舒服。而鹏程则在一个比较传统的家庭环境下长大，性格比较强势，不善于主动表达和沟通，对自己和他人要求都非常严格，对女朋友也不例外。相处时间久了，两个人都感受到了彼此带来的压力，但又碍于不会主动沟通，所以在遇到一些问题的时候会争吵不断，矛盾不断，每一次的问题都没有得到有效的解决。这让两个人非常苦恼，都在感慨对方变了，不再是当初相识时候的美好模样，彼此给对方的好感在一次一次的争吵中消耗殆尽。学期结束时，双方进行了一次深入的沟通，终因性格不合和平分手。

导致亲密关系产生冲突的原因有以下几个：首先，因为男生与女生思维方式和行为模式有差异，双方在处理情感信息时差异较大。男生情感表达比较理智，女生的情感一般都比较丰富细腻，许多时候的冲突都是因为男生没有照顾和考虑女生的情感诉求引起的。其次，女生往往期待被呵护、被照顾、被宠爱，男生则期待被认可、被欣赏、被激发，因为投射效应的影响，双方在建立亲密关系的时候虽然需求不尽相同，但会认为自己的需求和对方的需求是一致的，而且双方都是优先满足自己的需要而忽略对方的真实需要，这也容易引起亲密关系的冲突。最后，热恋期的双方往往因为相互吸引会忽略生活习惯和行为习惯的巨大差异，等待亲密关系稳定下来的时候，这些差异就会成为双方产生摩擦和矛盾的主要因素。解决摩擦和冲突最有效的方式就是沟通，下一节也会着重介绍沟通的艺术，让每一对处在亲密关系中的情侣都可以有效地沟通表达。

（三）师生交往的冲突

心理案例

张哲是一名大学一年级的新生。在一门必修课上，张哲的成绩不甚理想。他经常熬夜熬到 2~3 点，想要补上之前没听懂的课程内容，希望完成好作业和论文。但快到期末了，成绩依然没有起色。在学期末提交论文的课上，张哲由于前一天晚上熬夜赶论文睡过了，错过了早上这门课的时间，而授课教师陈老师在学期初就说过：迟交论文会扣 10% 的分数。张哲在课后找到陈老师，想要解释自己的特殊情况，希望老师能理解自己。陈老师看到张哲的平时成绩，认为是该生的学习态度不够积极导致的迟到，仍打算按照原定的计划扣掉张哲的分数。张哲觉得自己很委屈，为何老师就不能宽容谅解。坚守原则的陈老师则认为该生如果真是态度积极，则可以多提前一些完成论文。

上述案例相信很多大学生都不陌生。这种老师与学生之间彼此不能理解的感觉令双方都苦不堪言。就如同“你明明就在我面前，我却感到像是隔了千山万水”一般。老师和学生由于处在不同的思维框架中，拥有不同的价值观和立场，因此容易产生冲突。然而冲突的产生并不可怕，这其实是给予双方一个冷静思考的契机，可以重新审视彼此的边界，拓展自己的视野，并尝试达到新的平衡状态。

当学生遇到困难时，建议在问题刚出现时便及时求助，让老师也能更清楚自己的困难之处，而不是避而不谈，只是默默等待变化的出现，这样就有可能将问题发展到不可收拾的地步。当学业中遇到阻碍和困惑，与其抓耳挠腮自己下功夫，不如在第一时间向任课老师求教。

此外，当冲突真正出现时，作为大学生可以尝试率先迈出积极沟通的一步，谈一谈自己在处理问题时的感受和难点，也尝试着看一下自己能否站在老师的角度看问题，帮助自己更好地看到事情的全貌。需要认识到即便双方对问题产生了不同的看法也很正常，没有必要非要说服对方按照自己的意愿行事。最好是在双方互相尊重的前提下，共同讨论协商出问题的解决办法。如果这件事情的结果已无法改变，那么也可以尽力做些补偿，或者在今后与老师的沟通交往中建立新的默契，这其实也是难能可贵的成长。

（四）与家庭成员的冲突

心理案例

赵雨是一名大三的学生，成绩优异，对自己要求比较高，想要在学业上有所突破，将来为自己考取知名高校读研做准备。赵雨平时的学业任务比较繁重，故心理压力很大。虽然家就在离学校不远的地方，但是因为比较忙碌，一个月才回家一次，尤其想到父亲在家就更不愿意回去了。因为以前父亲常年在外地出差，与其缺乏沟通。父亲目前在家没有工作，所以希望赵雨能够本科毕业就工作，这样可以减轻家庭负担，但赵雨志在考取名校研究生，因此父女关系一直比较紧张，严重时甚至会恶语相向。赵雨认为父亲比较固执、僵化，说话不考虑别人的感受，不尊重人，只会用他的标准要求自己，非常难以沟通。父亲也很伤心，认为自己辛苦奔波养家，一心为了女儿好，却还得不到应有的理解和尊重。

青春期心理发展的主要任务之一便是自我同一性的建立，个体通过自己的各种社会角色以及自己期待的自我角色进行整合，来确定自己是谁，自己在社会群体中的地位，自己未来以什么样的形象立足于世界。他们的身体和心理包括智力处在一个要分化而没有完全分化的阶段，虽然想完全独立，但是还没有经济基础和赚钱的能力，如果让他们完全听从于父母，又不符合他们内心的诉求和对自己的期待。如果父母不能较好地理解孩子的处境和身心发展规律，这个时候的摩擦和矛盾将会非常激烈和频繁。

在与父母的矛盾发生时，如果两方都固执己见、不愿尝试沟通的话，矛盾往往会升级为冲突。而在面对与父母的矛盾时，大学生可以尝试做些什么呢?

①我们需要意识到，刚成年不久的自己，正处于寻求独立自主的阶段。对独立的迫切渴望也许会激发自己对家庭中的权威的挑战，这样的挑战有积极的一面，也有消极的一面。积极的是，我们在向父母展示着自己的能力和成长。而消极的是，过于急迫地展露自己对独立的需要可能会造成父母对我们产生“只知道顶撞父母”的误会。

②作为大学生需要学会站在父母的立场思考，去更好地理解父母。要知道，对于大学生自己的成长阶段感到困惑和不适应的不仅仅是我们自己，也有我们的父母。父母习惯了对我们的生活、学习加以指导，正是这样的指导让我们成功度过一个个成长阶段，但是面对当下想要独立的成长任务，父母需要做的却是撤离，这对他们来说是陌生的，甚至是难以接受的。加之正处于中年阶段甚至中年后期的父母，他们在自己的身体和工作上或许都在体验着丧失，这时候就更难以承受来自孩子“我不需要你”的信号。另外，对大学生来说，独立并不是一个短期能够实现的目标，对于一些重大的决定，我们也期待听到父母的意见和想法，所以这个时候可能需要去跟父母建构一种新的关系，既自由又支持。同时我们也需要利用好同伴的资源，很多不想跟父母说的话可以在同伴中表达，这样我们内心的困惑也会少很多。

③在面对与家人的矛盾的时候，尝试理性的沟通是解决问题的良策。大学生可以试着与父母沟通，把自己寻求独立、希望成熟的积极一面传达给父母，同时也向他们解释清楚可能产生的误会。在与父母的相处中，随着大学生的意识和思考问题的方式越来越独立，可能也会察觉到父母行为中一些不恰当

的地方，但应该想办法去沟通解决这些问题，而不是用冷战等方式应对，这样做不仅可以收获父母更中肯的建议，也能维持好一个温馨、体贴的家庭氛围。

（五）群体间的冲突

心理案例

某校篮球联赛在该地区闻名，并且该比赛在学生群体中有着较高的影响力。A 学院的英雄联盟队去年就是该比赛的冠军，今年依然有着较高的呼声；B 学院的完美世界队是今年的黑马，一路过关斩将。两队终于在决赛中相遇。

英雄联盟队并没有将完美世界队放在眼里，在上半场的表现依然非常强势和抢眼，比分也一直保持 13 分以上的优势。但在中场休息时，完美世界队的教练突然变换阵形，打起了行云流水般的配合战，并且该队的小前锋在三分位的投篮屡屡得分。比赛到第四节的时候双方的差距已经缩小到 4 分，英雄联盟队的球员们也被打得乱了阵脚，投篮命中率直线下降。在比赛剩余时间不到 1 分钟的时候英雄联盟队以 2 分优势领先，完美世界队还有最后一次进攻的机会。在英雄联盟队一对一贴身防守的情况下，完美世界队的小前锋找到了一个绝佳位置，投出了一记压哨三分球，完美世界队戏剧性地获得比赛的胜利。

面对突如其来的失败，英雄联盟队的队员无法接受，一名球员推搡对方得分手并且出言不逊，双方的情绪都很激动，互相指责谩骂，现场一度陷入混乱的状况。双方教练、学院领导出面制止了冲突，避免了冲突的升级，事后双方参与冲突的队员都写了检查，学校也对两支球队进行了通报批评。

群体冲突是在群体之间公开表露出来的敌意和相互对对方活动的干涉。大学生的群体性冲突对于学校和学生的影响非常严重，加上青年学生的思想不成熟、遇事不冷静，容易冲动，影响后果轻则引发财产损失，重则威胁校内师生的生命安全和社会的安全稳定。大学生中有各种各样的群体，有正式组织形式的班集体、学生会、社团、球队等群体，也有非正式组织形式的老乡会、少数民族学生群体、经济贫困生群体等。不同群体之间价值观、行为习惯、群体需求和目标、群体组织形式和互动方式都不相同，有些群体之间存在显性和隐性的竞争，有些群体与其他群体有着较大的差异性。不同群体和个人在对待某些问题上由于认识、看法、观念差异过大，往往容易引起群体间的人际冲突。因此，大学生要主动学习，深刻认识到发生群体冲突的危害和影响，提升自我认知、理性思考的能力，增强抗压力、抗挫折的能力，积极参加学校组织的专家讲坛、心理讲座和主题班会，加强自我教育和管理。

拓展训练

收获优点（戴高帽子）

活动分组：10 人左右一组。

活动目的：参加人要认真观察被欣赏人被他人称赞时的表情，要学会用心发现别人的长处，学会做一个乐于欣赏别人的人。

活动实施：

（1）小组成员围成一圈，从第一位成员开始向大家介绍自己的姓名、个性和爱好。

（2）其他同学轮流根据自己对发言同学的了解和观察，以及发言同学的自我介绍，说出其优点及可欣赏之处。

（3）每个人必须轮流说出其优点，要真诚不能夸大、吹捧。

（4）被欣赏的成员对赞美一一回应，哪些优点是自己之前没有发现的，当对方说到自己优点的时候自己有什么样的想法和感受。

（5）被欣赏成员说出所有的赞美中自己最喜欢的是哪一个，并说出原因。

（6）第一位同学结束之后，按顺序其他同学依次进行上述活动，让他人给自己戴一次高帽。

第三节 “花径不曾缘客扫，蓬门今始为君开”——人际交往的技能与艺术

我国是传统礼仪之邦，非常注重人际交往的艺术。《论语》中详细介绍了孔子及其弟子关于如何“交友”“择友”“处友”之道，可以概括为“重交友，慎择友，善处友”的九字原则，这为现代建立和谐人际关系提供了宝贵的文化资源。每个人都渴望在有限的生命中结交到真正的朋友和知己，这是人生最幸福的事情，也是人们孜孜不倦的追求。在了解了人际关系的基础上，大学生也可以运用这些知识恰当地提升自己的人际交往技能，帮助自己在群体生活中更

加从容。

一、掌握人际交往的金钥匙

（一）“我好你好”的交往模式

很多时候，父母往往以“我都是为你好”的心态和孩子相处，这经常会让孩子倍感压力。在人际交往中抱着这样的心态或者遇到抱有如此心态的人，都会让我们在交往中承受很大的压力。正如前文所述，良好的、成熟的、健康的交往模式是抱着“我好—你也好，我行—你也行”的心理定位进行交往，具有这种心态的人能充分体会到自己向上、强大的理性能力，相信自己也相信他人，爱自己也爱他人。这种人不是完美的人，但因为抱有“我好你也好”的心理定位，能客观地看待自己和他人，能够正视现实，善于发掘自己、别人和外部世界的光明面，从而使自己保持一种积极的、乐观的、进取的、和谐的精神状态。

1. 悦纳自己和他人

在日常交往中，我们要正确认识自己和他人，意识到每个人都不可能是完美的，不能因为自己的缺点和短处而自暴自弃，更不能因为他人的不足而嘲笑他人。我们要用欣赏的眼光去看待身边的一切事物，在生活中体验生命的独特性。一个不会悦纳自己的人，是很难获得快乐的；一个不懂得欣赏和包容他人的人，也很难感受到别人的温暖和善意。我们要学会张开温暖的怀抱，拥抱自己，也拥抱他人。

2. 善于发现生活中的美好

罗丹曾说过：“生活中不是缺少美，而是缺少发现美的眼睛。”我们总是习惯去抱怨，但忘记了美是无处不在的。我们要用心体会和感悟日常生活中的美好，在细微小事中体察别人的关怀，同时也要学会换位思考，在生活中兼顾他人的情绪和感受，真正做到对他人的换位思考和理解，积极乐观地传递生活中的美好。

3. 保持积极乐观的心态

在生活和学习中，我们总会遇到各种各样的困难，尤其在人际交往中。这就要求我们时刻保持积极乐观的心态。当问题发生时，我们不能悲观沮丧，要冷静地分析问题，认真寻找解决问题的突破口，并且时刻保持进取向上的精神状态，妥善地处理人际交往中遇到的问题，促进和谐人际关系的建立。

（二）非暴力沟通方式

非暴力沟通倡导的是要积极进取，让尊重、理解、欣赏、感激、慈悲和友情来主导生活，而不是让我们变得更加温顺听话。非暴力沟通秉持的理念是尊重每个人的价值观和独立性，不用道德评价，不回避责任，有较强的边界意识，不进行比较，不强人所难。非暴力沟通包括四个步骤：一是围绕观察到的内容进行表达；二是围绕自己的感受如何进行表达；三是找出产生这些感受的需求是什么；四是自己对他人的请求是什么或者他人做什么可以让自己的需求得到满足。

1. 观察

观察是非暴力沟通的关键环节。观察一定是客观的，是不带评价和主观意识的客观描述，观察的语言要具体而不是笼统的、绝对化的。而评论则是对事物、对人进行主观的分析和价值阐述，带有较强的倾向性。例如，“你打球回来居然不洗澡”，这是评论；而“你打球回来没有洗澡”，这是观察。

2. 表达感受

我们的感受往往都是由于外在的刺激和内在的想法引起的。首先要学会觉察自己的感受，这种感受会伴随着不同的身体反应；其次不能够压抑自己的真实感受，接纳我们所有的感受，这样就不会产生扭曲的感受，很多时候扭曲的感受都是由于压抑和拒绝真实感受造成的；最后要将想法和感受进行区分。想法一般都是主观的评价和观点，不一定是真实客观的。而感受是当下身体或心理最真实的体验，比如，“我的心跳加速，我感觉很害怕”就属于感受。

3. 找出感受背后的需求

我们的需要、期待和对他人的看法引发了我们的感受。我们产生某种感受更多是由于自身的需要和期待没有得到满足，因此我们的感受属于我们自己并且是可以被自己掌控的，这样就将“我”的感受和他人的行为做一个很清晰的划分，二者并不相关。当我们形成“我的感受我负责”的理念，在我们产生不良情绪时就不会对他人进行无端的指责和埋怨，也就不会对人际关系造成致命的破坏。并且我们关注自身需要的同时，别人也会更加重视你的感受。如何表达自己的需求呢？“我希望宿舍的环境比较好，能够让人感觉舒适”，这就是对自己需求的表达。

4. 提出具体的请求

许多时候，我们不能够清晰具体地表达自己的请求，于是就会给对方理解我们的意图增加难度。很多人期待对方拥有一个读心术的水晶球，可以清晰地了解我们的所思所想，但现实是即使再亲密的人也无法完全理解对方的想法、观点和感受。所以，我们在和对方进行沟通时，语言务必具体、清晰、明确。

首先，说出自己的期待和请求是什么，期待对方如何去回应自己；其次，及时请对方进行反馈，看其是否真正了解自己的意图。当然在沟通的过程中，非常重要的一点就是注意沟通的语气和态度，一定是请求的态度，而不是命令和要求，如“你下次运动回来之后是否可以去洗个澡”。

（三）尊重每个人都是自己生命的专家

正如浩瀚宇宙中的星辰一样，每座山有每座山的风景，每个人来到这个世界上，都有他的独到之处，有他的优势和闪光点，正如诗句中所言“天生我材必有用，千金散尽还复来”。我们每个人都需要用自己的眼光去丈量，用自己的身体去行走，自己的头脑去思考，没有哪个人比自己更懂怎样活出自己独特的生命能量。所以在人际交往中，我们要始终秉承这种信念，尊重每个人都是自己生命的专家，都是自己的人生主宰，都是自己问题的专家。

我们在与他人交往过程中，首先，必须要清晰彼此的目标是什么。但是很多时候对方想要的结果或许并不像我们想象的那样，甚至连自己也可能暂时不清楚自己想要的到底是什么，又或者对方目标会随着时间发生变化。其次，每个人都有自己独特的处境，即便是一个非常简单的事件，背后都可能隐藏着无数信息，不可能在一场谈话中完整地呈现。最后，每个人都有自己独特的经历和背景，在这个过程中每个人都形成了自己独一无二的人生观、价值观、道德准则、思维方式、生活习惯、情绪反应模式、知识体系……这使得每个人对同一个信息的解读会产生细微甚至截然相反的差异。尊重每个人都是自己生命的专家，正因这份尊重，人与人的相处才会变得更加和谐，正因这份尊重，世界才会变得更加多元和精彩。

二、学会人际交往的艺术

（一）注重第一印象

前文中介绍了首因效应在人际吸引中的重要作用和相关案例，让我们切实感受到了第一印象在人际交往中的重要作用，因此，在人际交往过程中，可以管理自己在交往过程中给他人留下的印象，在细节之处展现自己的内涵和修养，进而创造一个良好的第一印象，拉近与他人的人际距离。

（二）讲究语言艺术

哲学家维特根斯坦曾经说过，“我的语言的界限意味着我的世界的界限”。一个人的语言边界往往也是他的思维边界。人是用语言来思考的，人并没有办法思考超出语言范围的事物。所谓说话时的语言艺术就是要把握说话的分寸和语言的尺度，在适当的场合用恰当的方式将合适的语言传递给对方。何谓不适时？就是指该说时不说、见面时不及时问候、分手时不及时告别、失礼时不及时道歉、对请教不及时解答、对求助不及时答复。

（三）寻找共同话题

根据人际交往的相似性规律，人们倾向于喜欢在态度、价值观、兴趣、背景及人格等方面与自己相似的人。为什么相似性对人际吸引如此重要？因为人们在情境不明确的时候会通过与他人的比较来确定自己，选择与自己某些方面相似的人交往，能使自我概念得以明确，也可以增加安全感。尤其在人际交往之初，通过主动深入谈论对方感兴趣的人和事，能够极大地增强对方继续交往的意愿，也可以通过谈论共同的话题使双方的距离快速拉近。

（四）注重距离与场合

有句俗语“距离产生美”。很多时候，人际交往的双方即使是关系亲密的家人，也一定要注意保持好一个恰当舒适的距离。在人际交往中有一个心理学的效应——刺猬效应，它告诉我们，人际交往互动中，需要保持恰当的距离，这样既可以互相温暖又避免互相伤害。叔本华在其哲学著作《人生的智慧》中讲述了这个故事，也提及了广为传诵的名言：“人就像寒冬里的刺猬，互相靠得太近，超越了交往的舒适距离，会觉得刺痛；彼此离得太远，却又会感觉寒冷。”

刺猬效应主要应用于人际交互中，人们在社交中如何保持合适的距离是一门艺术。如果过度热情，对对方过多干预和约束，或者对对方不管不顾、漠不关心，都会让人不舒服、不自在，久而久之就会心生不满，影响关系。

（五）建构性的倾听

古代有个国王，想考验大臣的智慧，于是让人打造出三个完全一样的金色小人，让大臣分辨哪个有价值。一位大臣用一根稻草区别了三个金色小人的价值。他把稻草依次插入小金人的耳朵，第一个小金人的稻草从另一边耳朵出来，第二个小金人的稻草从嘴里出来，只有第三个小金人的稻草放进耳朵后，什么响动也没有，于是大臣认定第三个小金人最有价值。之所以最有价值是因为它能够倾听，善于把听到的内容消化于心。

两个人的沟通过程是对话过程，对话意味着达成共识。不能达成共识的对话是没有意义的。如果说出来的话对方根本没有听懂，或者他理解的和你说的不一样，又或者不是他想听的，甚至是他不认同的，那么，对话也就变成了独白。对话中真正的主动权掌握在“听”的人手里。无论对方说了什么，最终是由“听”的人从中选择“听见”什么做出回应，对哪一部分内容做出回应以及如何进行回应。如果你能够在对话中保持这样的觉察，意识到你正在和对方共同创造一段对话的进程，有意识地跟对方确认你们共同的目标，提供、选择和积极回应那些有助于实现你们共同目标的信息，那么恭喜你已经拥有了“建构性倾听”的耳朵。

你可以先从观察每一次的对话过程开始尝试，试试问问自己，你进行这段对话的目的是什么？为了达成目的，你是怎样从对方提供的信息中做出选择的？他又给了你怎样的回应？对话的结果如何？带着如此觉察，你们也就有了共同合作的基础和前提，从而开展一场具有建设性的对话。

心理测试

倾听陷阱

下面是关于倾听的一些陷阱，请认真思考每一个陷阱，并对照检查自己的表现是否存在这样的情况，并把题项加以记录。

1. 戒备者。如果你的心里不停在想“这个人的真实想法和感受是什么”，你得到的信息就会比较有限。

2. 复述者。你的心里在不停复述“这是我接下来要说的”，这时就不会向对方发送信息。

3. 过滤者。你选择性地倾听，只听那些你想听的东西。

4. 梦游者。面对面交谈的时候你走神了，这经常会导致你尴尬地问：“你刚才说什么？”

5. 认同者。如果你将每件听到的事情都与自己的经历相联系，你就无法真正倾听对方说的内容。

6. 比较者。当你想要评估信息发出者时，你肯定会错过一些信息。

7. 出轨者。你过快地改变主题，给人留下的印象是你对信息发出者说的内容不感兴趣。

8. 争论者。你听完之后马上就表现出轻视或忽视。

9. 和事佬。为了显得和蔼而避免冲突，你会同意自己听到的所有事情，这样反而让自己失去了真正对话的机会。

如果选择数目 >5，你的倾听技能需要改进；选择题目 <2，你是一个有效的倾听者和支持者。

三、微时代人际交往的特征和措施

国家统计局发布的2022年国民经济和社会发展统计公报显示，我国互联网上网人数 10.67 亿人，较 2021 年 12 月增长 3549 万，其中手机上网人数 10.65 亿人。互联网普及率为 75.6%。移动互联网时代的飞速发展，导致人们互动方式发生了质的改变，尤其作为“网络原住民”的新生代青少年，微信、腾讯 QQ 等移动即时通信软件成为人际交往的主要方式，社交软件蓬勃发展，微视频、微电影、微小说、微博客、微直播、微游戏等构成了新的信息时代——“微时代”。

（一）微时代人际交往的特征和问题

“微”不仅指小的意思，更多时候代表了一种时代的特征，“微”表现出一种生动、及时、便捷、极强的渗透性，极广的覆盖性，在此环境下，大学生人际交往的广度、深度以及自由度得到了极大的发展，大学生的各种需求也得到了满足。但同时也给大学生带来了很多负面影响，网络上虚拟信息泛滥，大学生出现角色规范迷失，很多人以匿名方式用多重身份与他人进行交往，使用假名字、假性别、假身份随意编造自己的信息。微时代媒体的虚拟性打破了大学生社会属性的真实性，使得大学生在它的影响下丧失了现实社会中的角色规范，并且很容易使大学生受到这种习惯的影响，把虚假交往习惯转换到现实生活中，导致大学生的人际交往产生信任危机。人际交往向虚拟化倾斜，淡化了大学生的现实交往能力，容易造成主流价值的流失和道德观念的缺乏。

心理案例

小唐 2020 年 3 月开始出现沉迷于网络的情况。近 3 个月时间，小唐每天都泡在网上，要么打游戏，要么看直播、刷礼物。经过了解发现，他每天上网的时间平均超过 8 个小时，他跟同学说只想每天上网打游戏、交友。因为他的智力水平很高，所以他已经是近百星的王者，每天来自游戏的满足感和被人夸赞及崇拜的感受，让他乐此不疲，上网成瘾。可以想象，期末考试 5 科不及格。新学期开学后，他的网瘾更加严重，想要控制不上网，但根本无法控制自己。情绪低落，上网成了他逃避和缓解现实痛苦的唯一出路。2021 年 10 月起，他发现自己的思维已跟不上同学的节奏，他开始感到自己不适应现实生活，陷入了深深的焦虑之中……

案例中的小唐因为沉迷网络，导致他很难将现实世界与虚拟世界区分开来，这严重影响了他正常的人际交往、学习和生活，同时，也放大了微时代交往给大学生带来的不良影响。针对大学生微时代交往的不良影响，除了社会媒体和学校应当加以积极正向的引导和干预外，大学生也可以从自身出发，采取一些具体措施避免自己迷失在网络空间。

当前，青少年网络成瘾已经成为一个很普遍的社会问题，很多学生因为沉迷游戏而荒废学业，整日宅在家中，躲在自己房间上网打游戏，不分昼夜、不思茶饭，生活的唯一动力就是游戏。家长无计可施，只能整日焦虑，家庭矛盾剧增。沉迷网络导致学业荒废，只能休学甚至退学。大学生虽然还处在心理延缓偿付期，但已经是成年人，所以应该学会自我管理和自控力管理，确定远大的理想，制定具体可行的学习目标，每天为之努力而奋斗。

（二）微时代人际交往的具体措施

1. 树立正确的价值观念

大学生在大学生活开始之时就应该结合自己的人生目标，对自身能力做一个合理的评价，然后按照目标，合理有效地筛选在微时代交往下接触到的各种信息资源，避免自己沉迷于网络空间。同时树立正确的价值观念，增强自身的政治敏锐度和鉴别力，加强自身的文化自觉和文化自信，最大限度地减少微时代交往环境下产生的不良影响，以实现自己的理想追求和价值追求。

2. 加强自我教育和管控

大学生可以在学校老师的指导下，通过各种教育途径，锻炼自身解决问题的能力。同时，大学生应该在日常生活和学习中严格要求自己，加强对自我教育和管控的能力，遵守相应的网络道德规范，提高自己的心理承受能力。并且大学生应当学会思考和反思自己在网络环境中的人际交往和行为方式，对标规范的行为方式，不断完善自己，建立起合理的交往模式。

3. 学习和掌握人际交往的技巧

大学生在现实生活中应注重人际交往技巧的学习和积累。学习和掌握人际交往的技巧有利于提高自身的社会适应能力和身心健康水平，同时加强与他人的沟通和交流，增强学习和生活中的信任感和成就感，促进双方的和谐发展。学习人际交往技巧并不代表以策略取代态度，修正人际交往态度，牢记真诚才是良好的人际交往的前提。

拓展训练

友谊划拳

活动分组：8 人一组。组内再分 4 组，两两相对而立。

活动目的：通过游戏体验主动积极的人际交往方式，交往中需要自己的主动，你希望别人怎样对待你，你首先要怎样对待别人。

活动实施：

（1）全班同学以座位临近为原则，组员需要在老师的口令指挥下伸手划拳，分别向对方伸出 1~4 个手指（伸出 1 个手指时，不要用中指）：

a. 伸出 1 个手指表示“我现在还不想认识你”；

b. 伸出 2 个手指表示“我愿意初步认识你，并和你做个点头之交的朋友”；

c. 伸出 3 个手指表示“我很高兴认识你，想对你有进一步的了解，和你做个普通朋友”；

d. 伸出 4 个手指表示“我很喜欢你，很想和你做好朋友，与你一起分享快乐和痛苦”。

（2）当老师发出“动作”的口令时，成员就按下列规则做出相应的划拳动作：

a. 如果两人伸出的手指不一样，则站着不动，什么动作都不需要做；

b. 如果两人都是伸出 1 个手指，那么各自把脸转向自己的右边，并重重地跺一下脚；

c. 如果两人都是伸出 2 个手指，那么微笑着向对方点点头；

d. 如果两人都是伸出 3 个手指，那么主动热情地握住对方的双手；

e. 如果两人都是伸出 4 个手指，则热情地拥抱对方。

（3）一次“划拳”结束，无论结果如何，在组内随机换人，继续下一次划拳。

（4）组内讨论：从这个游戏中你得到什么启示？人际交往中可以通过哪些方式来主动表达对他人的接纳、喜欢和肯定？

推荐资料

1. 图书《人际沟通分析学》，托马斯·欧嘉瑞著，杨眉译。

人际沟通分析学（transactional analysis，TA）具有很多通俗易懂的基本理念和可以操作的方法，可以帮助大众增强自我和他人的认知，了解沟通中的基本原则，进而建立更加积极、健康和长久的人际关系。人际沟通分析学告诉我们，纵然我们人生的很多决定和脚本都是在幼儿时期已经形成，但是因为成人后的我们具有自主性和再决定的心理机制，我们时刻都可以为自己负责，走出早期决定的脚本，活出心花怒放的人生。

2. 电影《国王的演讲》，汤姆·霍珀执导。

约克公爵因患口吃，无法在公众面前发表演讲，在大型仪式上因为口吃而丢失颜面。妻子伊丽莎白为了帮助丈夫治疗口吃，到处探访名医，但效果不显著。一次偶然的机会，他们遇到了语言治疗师莱纳尔·罗格。虽然他们对罗格的方法并不感兴趣，第一次治疗也不欢而散，但是之后公爵发现自己朗诵莎士比亚的作品时很流利，这让他开始信任罗格，配合治疗，跨越心理障碍，直到发表出鼓舞人心的国王演讲。

参考文献

[1] 斯图尔特，琼斯．今日TA：人际沟通分析新论［M］．田宝，张思雪，田盈雪，译．北京：世界图书出版公司，2017.

[2] 曹加平．大学生宿舍人际冲突原因与对策探析［J］．江苏大学学报（高教研究版），2006，28（2）：27–30.

[3] 陈美荣．心理学［M］．广州：中山大学出版社，2008.

[4] 陈悦．人际交往心理学［M］．北京：经济科学出版社，2013.

[5] 迈尔斯．社会心理学［M］．侯玉波，乐国安，张智勇，译．11版．北京：人民邮电出版社，2014.

[6] 杜卉．大学生心理与成长［M］．北京：北京理工大学出版社，2013.

[7] 樊富珉，张翔．人际冲突与冲突管理研究综述［J］．中国矿业大学学报（社会科学版），2003，5（3）：82–91.

[8] 付正大．心理健康教育［M］．北京：北京师范大学出版社，2010.

[9] 郝宁．幸福达人养成计划［M］．北京：机械工业出版，2011.

[10] 侯玉波．社会心理学［M］．4版．北京：北京大学出版社，2018.

[11] 李楠．人际交往心理学［M］．北京：新华出版社，2017.

[12] 李文．人际沟通与交往［M］．北京：科学出版社，2016.

[13] 李雯．实用心理学［M］．北京：企业管理出版社，2009.

[14] 卢森堡．非暴力沟通［M］．阮胤华，译．北京：华夏出版社，2016.

[15] 欧嘉瑞，安妮卡，罗南．人际沟通分析：TA治疗的理论与实务［M］．黄珮瑛，译．成都：四川大学出版社，2006.

[16] 邵诗云．微时代大学生人际交往的合理引导探究［J］．法制与社会，2017（22）：160–162.

[17] 宋景林．论当代大学生人际交往能力的培养［D］．济南：山东师范大学，2011.

[18] 周玉良．管理学基础［M］．上海：上海交通大学出版社，2010.

[19] 王宏．浅谈大学生人际交往能力的培养［J］．内江科技，2013，34（6）：54，30.

[20] 汪玉峰．大学生人际交往问题研究［M］．北京：中国社会科学出版社，2019.

[21] 西英俊．徐丽丽．你好，压力［M］．北京：中国工人出版社，2019.

[22] 杨丹．人际关系学［M］．武汉：武汉大学出版社，2010.

[23] 杨丹 . 人际关系学［M］.2 版 . 武汉：武汉大学出版社，2019.
[24] 杨眉，欧嘉瑞 . 人际沟通分析学［M］. 2 版 . 北京：中国人民大学出版社，2018.
[25] 张轩齐 . 微时代，你我太“微”［J］. 神州，2019（8）：173.
[26] 张翼 . 大学生人际交往心理素质训练手册［M］. 北京：科学出版社，2019.
[27] 张云 . 大学生心理健康向导［M］. 上海：华东师范大学出版社，2007.
[28] 赵丽琴 . 大学生心理健康指南［M］. 北京：高等教育出版社，2010.
[29] 周向军 . 人际关系学［M］. 济南：山东大学出版社，2010.
[30] 庄晞简 . 你不可不知的 60 个心理定律［M］. 北京：企业管理出版社，2010.
[31] Moreland，R L，Beach，S R. Exposure effects in the classroom：The development of affinity among students. Journal of Experimental Social Psychology，1992，28（3）：255–276.

第九章
“万爱千恩百苦，疼我孰知父母？”
——家庭关系

名人名言

慈孝之心，人皆有之。

——苏辙

在父母的眼中，孩子常是自我的一部分，子女是他理想自我再来一次的机会。

——费孝通

◆ 案例导入

大学生小A最近心事重重，总是唉声叹气。刚进入大学不久的她最近与父母之间出现了问题。在小A心中，父母还是像自己小时候那样可以让自己依靠，凡是自己搞不定的事情父母理应替自己解决，尤其是衣食住行上的琐事，这些却让父母感到很无奈。此外，小A回家时常常表现出叛逆的行为，说话容易冲动、情绪化。她觉得很难听进去父母的意见，总想展示出自己是独立的、有能力的。文化水平不是很高的父母将家庭的希望寄托在她的身上，总是盼望小A能出人头地，这让小A感到了很强的压力，也让她比较焦虑。

每次与父母沟通的时候，双方总是很难达成一致。小A希望父母能多理解自己的感受，多站在自己的角度考虑，别让自己背负他们的期待。而她的父母希望女儿能成为“别人家的孩子”，让周围人都羡慕。每次周末回到家，虽然刚开始小A能够感受到父母的热情和嘘寒问暖的关心，但是当聊到比较深入的话题时，双方都感到难以沟通，通常会不欢而散，甚至偶尔会大吵大闹。小A心里明白：自己很爱父母，他们对自己十分重要，但还是控制不住自己的情绪，很难用让他们舒服的方式讲话，更难以直接表达出对他们的爱和关心。小A会时常生父母的气，觉得他们不够关注自己真正想要的是什么，当自己一个人的时候会委屈得哭出来。

◆ 导言

上述案例中小A的情况是许多大学生家庭的缩影，反映了大学生家庭的一些共性问题。大学生群体处于刚刚脱离父母的怀抱，尚未完全成熟，但又十分渴望独立自主的阶段。对他们而言，家庭既是温暖的、甜蜜的港湾，又时常会令他们感到苦涩、悲伤和郁闷，是既牵挂惦念又担忧不安的地方。

家人对大学生而言意义重大，许多大学生既渴望依然像自己小时候那样依靠父母为自己承担责任、排忧解难，又希望父母把自己当成大人一样对待，尊重自己的意愿，相信自己有能力生活得很好。在这样的心态之下，大学生很可能会与父母产生冲突和矛盾。另外，大学生与父母之间经常存在观念上的碰撞，难以正面交流感情。不仅如此，中国式家庭的父母，往往会把子女看成自己的一部分，在他们身上倾注大量心血，望子成龙、望女成凤。这样有时会让大学生背负过多的焦虑和压力，不敢辜负父母的期望。

每个家庭中成员们习惯的相处模式各异，也存在各种各样的问题。本章将会从心理学的视角深入解读大学生的家庭关系，展示出大学生家庭中出现的依赖、叛逆、沟通困难、焦虑转嫁等问题，以及面对这些问题，大学生应该如何去看待、理解、积极应对。

第一节 “无父何怙？无母何恃？”——大学生与家人的关系

中国人的孝道文化自古有之，家庭对每个中国人的影响不言而喻。无论是诗词“谁言寸草心，报得三春晖”中诉说的殷殷深情，还是歌曲“常回家看看”中传唱的归家心切，无不向我们传递了家的温暖。大学生和家人的关系与他们的学业、生活息息相关，本节将重点阐述大学生与家人的关系，并运用心理学的相关理论从亲子依恋、父母教养方式、沟通模式等方面解读家庭。

一、家庭关系概述

（一）大学生家庭关系概述

家庭关系主要是指“父母与其子女间法定的血缘关系，也是指父母如何教育或对待其子女，子女如何对待其父母的一种人际关系”。家庭对每个人各方面的成长发展能够产生巨大影响，这种影响反映在一个人成长的各个阶段，大学阶段也不例外。

虽然许多大学生已经离开家庭，长期在外学习、生活，然而他们在物质和精神上依然需要父母的大力支持和帮助，很难完全实现自我管理和自我意识的独立，这也是大学生与家人的关系处于“若即若离”状态的原因之一。另外，大学生处在“自我同一性”形成的关键时期，在这个过程中，父母的价值观、他们对生活中重要事件的态度将对大学生形成稳定的人格和自我意识有着巨大影响。具体来说，大学生与家人间的关系亲密与否以及对家庭是否有归属感，对于其能否建立良好的人际关系至关重要；而在家庭中父母对子女学习习惯的监督和指导、对其人生观价值观的指引、对其言谈举止等方面的教导，将会潜移默化地影响大学生的学业成就与社会化过程。研究表明，大学生的家庭关系越好，其学习的倦怠程度越低，即家庭关系好的学生更容易投入学习当中。与家人关系良好的大学生更容易与周围的同学敞开心扉，拥有更好的人际关系；而大学生与家人间的矛盾很可能会对其交友、恋爱以及社会化过程产生阻碍。

（二）家庭对于大学生的意义

家庭是大学生完成学业、实现理想、形成稳定人际关系的地基，同时家庭对大学生的影响也是多方面的。一方面，好的家庭能为大学生提供生活、学习的基本物质保障，并为他们提供心理上的支持和安慰；另一方面，家庭有时也是大学生产生烦恼的重要来源，甚至是生活中种种困扰的根源所在。

1. 家庭是大学生的物质保障来源

家庭为大学生提供了完成大学阶段学业的基本经济保障。虽然已经进入成年阶段，但大学生的主要任务仍是学习，在中国很少有家庭在子女进入大学后完全不提供任何经济支持。绝大多数大学生仍是依靠父母的收入支付大学阶段的学费和自己的基本生活开销。不少来自贫困地区的大学生，父母需要节衣缩食才能尽力满足他们衣食住行的基本需求，所谓“可怜天下父母心”。许多父母在经济方面不太关注自己的需求，但是会保证子女获得更好的教育资源，甚至有些父母在这背后需要付出很多工作上的努力或忍受糟糕的生活条件。家庭所提供的经济支持是大学生能够自由发展的决定性条件，决定了大学生的学业发展之路能够走得更远。

2. 家庭是大学生的心灵避风港

在为子女提供经济支持的同时，家庭也是大学生心灵的港湾，家人为大学生提供了心理上的支撑和陪伴。不管外面如何风吹雨打，家始终在那里；不管你是喜是悲，家人一直在等你。家人可以在你满身伤痕后，给予你治愈自己的力量，让你整理好心情再次出发。尽管许多问题可能并未得到解决，但经过家人的抚慰后，自己在面对那些事情时的心态已然发生了变化，能够更加平和地面对困难，积极地寻求解决办法。

3. 家庭是大学生产生困扰的原因之一

不可否认的是，家庭除了可以给大学生带来积极的支持和帮助，也会带来一些困扰和问题。家庭会影响大学生学业、生活等的方方面面。首先，家庭经济方面的拮据会对大学生顺利完成学业造成困难。如果家庭不能提供足够的经济支持，大学生则需要一边学习、一边申请助学贷款或打工赚取生活费。家庭经济上的窘迫也容易导致大学生自卑、敏感、谨小慎微，对其建立良好的人际关系产生阻碍，每次与朋友相处时总会担心是否被人笑话，等等。其次，与家人间的矛盾、冲突会影响大学生的情绪，可能使之产生消极的心态，甚至每当想到与家人的关系便会苦闷忧虑、烦恼不安，就好像明明知道父母的爱很伟大、很无私，但是当这份爱让人困扰时，又会感受到一份沉重感。关于大学生与家人相处时常见的种种问题，在第二节将会进行详述。

可见，家庭在提供温暖、安全、舒适环境的同时，也可能为大学生的生活带来种种困扰或负担。下面从心理学理论视角解读家庭关系，希望可以帮助大学生对家庭关系有更深刻的理解。

二、家庭关系理论解读

（一）依恋类型

在婴幼儿时期，个体与养育者之间的互动关系既影响一个人安全感的形成，也影响其成人后亲密关系的形成。从个体成长的历程来看，我们最早发生互动的对象往往是最亲密的养育者，婴幼儿与主要养育者间会发展出一种特殊的情感联系——依恋关系。根据研究者对亲子依恋关系的研究，一个人与养育者的依恋关系可以划分为四种类型，分别是安全型依恋与三种不安全型依恋（回避型依恋、反抗型 / 矛盾型依恋以及混乱型依恋）。处于不同依恋类型中的人在与他人相处时常常呈现不同的表现：安全型依恋类型的人具有较强的共情能力，与他人交往时表现出更多的自信，与家人之间的关系也会较为和谐、稳定；回避型依恋类型的人与家人之间的关系一般较为冷淡，甚至尽可能避免与家人的接触；反抗型 / 矛盾型依恋类型的人与家人之间较容易产生矛盾，他们也会表现出对父母更多的抗拒反应；混乱型依恋类型的人在与家人相处时可能会有茫然、怪异、恍惚或难以捉摸的行为表现或状态。

值得注意的是，个体与父母（或其他养育者）间的互动关系既是个体在婴幼儿时期依恋类型形成的原因，又受到其自身已经形成的依恋类型的影响而进一步发生变化。个体的依恋状况与其亲密关系的形成及保持关联紧密。在不同依恋类型的基础上，研究者又划分出四种成人依恋类型，即安全型、疏离型、痴迷型与恐惧型（详见第十章）。

（二）父母教养方式

父母教养方式可以界定为“父母教养态度、行为和非言语表达的集合，它反映了亲子互动的性质，具有跨情境的稳定性”（张志涛，王敬群，刘芬，2012）。父母教养方式对子女的人格形成与发展、社会化、学业、人际关系等方面起着十分关键的作用。良好的父母教养方式能积极促进个体在各个时期的身心发展与成长，对大学生而言也是如此。研究表明，父母的教养方式与大学生主观幸福感关系密切。

在个体发展的儿童和青少年时期，心理学家麦科比认为父母“要求—控制”与“接受—响应”两个维度格外重要，这两个维度分别指“父母对孩子进行管理和控制的程度”与“父母对孩子的需要的支持和敏感程度，以及在孩子满足他们的愿望后是否会对其表现出温情和给予赞扬”（雷雳《发展心理学》，pp.152–153）。麦科比和马丁将父母教养方式进行了四种类型的划分（见图 9–1）。

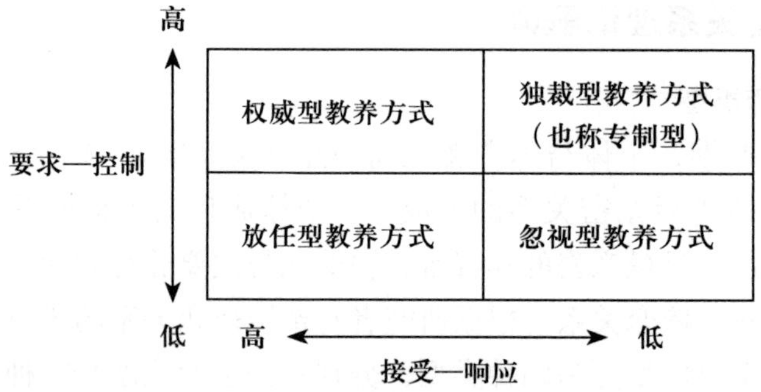

图 9–1　四种基本的父母教养方式

1. 权威型（authoritative）教养方式

权威型教养方式的父母会对孩子提出相对合理的要求。他们会为孩子立出明确的规矩，并始终如一地坚持。权威型教养方式的父母会为孩子解释自己做法的原因，会尊重孩子，允许孩子参与家庭的决策，也会对孩子的需要和观点敏感，并做出回应。这样的父母不仅在家中有话语权，还愿意接受孩子的声音，并与孩子讲道理，会营造出相对民主的家庭氛围。在权威型教养方式下成长的孩子往往自信、独立、有责任感，愿意与大人和同伴合作。

2. 独裁型 / 专制型（authoritarian）教养方式

独裁型（也称专制型）教养方式的父母往往采用很严厉的方式对孩子进行控制，他们对孩子会提出很多要求、规则，却很少向孩子解释他们为何要遵守大人提出的规则。这种教养方式的父母很少表现出关心孩子的想法、感受，对孩子的需要与观点并不敏感。他们常希望孩子严格遵守、服从自己的想法，甚至采用惩罚的方式达到目的。这样的家庭缺少温情，往往只是父母单方面地对孩子提出要求。在独裁型教养方式下成长的孩子常常表现出易怒、不愉快、缺乏自主性、迷茫等情绪。

3. 放任型（permissive）教养方式

放任型教养方式的父母很少对孩子提要求、立规矩，而是常常纵容孩子的行为，让孩子随心所欲地表达自己的情绪与冲动，很少对孩子的言行进行充分的控制。这种类型的父母对孩子的需求与观点较敏感，接受孩子的声音和想法。这样的家庭常营造出自由、宽松的环境。在放任型教养方式下成长的孩子虽然可能会感到快乐，但也会有攻击性倾向、自控力不足、独立性较差、上进心不强、以自我为中心等特点。

4. 忽视型（neglectful）教养方法

忽视型教养方式的父母常常对孩子缺乏关注，他们既不对孩子提出规矩和要求，又对孩子的需求和想法不敏感。他们很少过问、了解孩子的成长。这样的父母可能对自己的事情更加关注，很难分出精力关心、教导孩子。在忽视型教养方式下成长的孩子可能会难以控制自己的情感，难以专注于学业，甚至可能有逃学等问题行为。

（三）三角关系理论

家庭三角关系（也称亲子三角关系）的概念由研究者鲍恩提出，指的是“当父母因争吵、冲突而关系紧张时会不自觉地将子女牵扯进来，或者子女会主动介入其中，以减缓紧张与焦虑、恢复家庭系统的平衡与稳定。这期间便形成亲子三角关系”（王炳贺，2019）。目前对于亲子三角关系的研究大致可分为跨世代联盟、代罪羔羊、亲职化三种类型。

1. 跨世代联盟（cross-generational coalition）

跨世代联盟这一亲子三角关系是指当夫妻间关系紧张或出现矛盾时，父母中的某一位同孩子结成联盟以对抗另外一位。该类型的亲子三角关系分为以下两个亚类：

（1）固定跨世代联盟。这类联盟是指子女长期、稳定地同父亲或母亲中的某一方进行联盟。例如每次父母吵架时，孩子和妈妈站在同一立场来指责爸爸，成为妈妈的有力支持。

（2）不固定跨世代联盟。这类联盟是指子女有时同父亲联盟（对抗母亲），有时同母亲联盟（对抗父亲）。例如父母吵架时，孩子有时和妈妈站在同一立场来指责爸爸，有时和爸爸站在同一立场来指责妈妈。

处于跨世代联盟中的子女可能会感受到挫败。由于父母双方对子女而言都十分重要，当子女与父母中某一方联盟时，便可能会与另一方的关系出现危机，难以获得另一方父母的认同。研究发现，陷入此类联盟的青少年会呈现出更高的焦虑和抑郁水平。

2. 代罪羔羊（scapegoating）

代罪羔羊这一亲子三角关系类型是指当夫妻间关系紧张或出现矛盾时，父母把注意力转移到孩子的身上。该类型的亲子三角关系分为以下两个亚类：

（1）攻击性迂回。这种类型的三角关系是指父母双方联合起来管教有问题行为或强势的子女。例如，当夫妻二人因某事产生争执时，两个人一起转而教训孩子的逃课行为。

（2）支持性迂回。这种类型的三角关系是指父母双方联合起来照顾生病或体弱的子女。例如，当夫妻二人因某事产生矛盾时，两个人共同采取照顾生病的孩子的方式回避他们之间的问题。

处于代罪羔羊三角关系中的子女可能会以自身身心的正常发展作为代价，以换取父母关系的表面和谐，暂时性地减缓父母婚姻的紧张状态。因此，出于对父母的“孝顺”，代罪羔羊三角关系中的孩子可能会做出某些问题行为（如逃课、网络成瘾等），或是表现出身心的不适以吸引父母的关注，进而保护父母的婚姻关系。

3. 亲职化（parentification）

亲职化这一亲子三角关系类型是指父母和孩子的角色互换，子女压抑或忽视自身的需要，承担起父母本应承担的责任。该类型的亲子三角关系分为以下两个亚类：

（1）功能性亲职化。这种类型的三角关系是指孩子承担起做家务活、照顾兄弟姐妹等父母应承担的责任。例如，父母之间出现冷战，在家庭劳动里“罢工”，子女便担负起做饭、洗衣服、看护弟弟妹妹的责任。

（2）情感性亲职化。这种类型的三角关系是指子女承担起照顾父母情绪的责任，会以家人的快乐为己任。例如，当父母吵架闹矛盾时，子女强压自己的难过情绪来安慰父母，希望他们的关系快点好起来。

处于亲职化三角关系中的子女可能会提前承担超出他们能力的责任。他们努力维持父母的婚姻或照顾其他家庭成员，他们往往并未充分考虑自己的需要，这不利于他们自身的和谐发展。研究表明，亲职化越深程度的个体，他们出现焦虑、抑郁情绪的情况就越多，并且应对朋友间冲突的能力较差。

知识窗

南风效应

法国作家拉·封丹写过一则寓言：凛冽的北风和轻柔的南风相约比试威力，看谁能让行人脱去大衣。北风先起，风势裹挟着寒冷让人们把大衣越裹越紧。之后轮到南风，在南风的徐徐吹动下，人们顿觉温暖舒适，故相继脱掉了大衣。在这场比试中，南风胜利了。

“南风效应”给人的启示是：在人际交往中，包括家庭中亲人之间的交往，要格外注重方式方法。虽然有时家长为了体现权威或为了立竿见影使用“棍棒式”等较严厉的方式教育孩子，但这种“狂风暴雨”的方式往往难以达到家长期望的效果，反而可能会对孩子造成意想不到的伤害，就像寓言中的北风一样，使得孩子将自己“越裹越紧”。所以，作为家长可以试着温和地倾听子女的想法，了解他们的内在需要，也许就能像“南风”一样用巧劲达到目的。

当然，沟通是双向的。作为子女，有时候需要很强硬地向父母表达自己的想法，彰显自己的独立意识，但可能收效甚微。所以，如果我们在与父母的沟通中常常受挫，可以思考“南风效应”是否也能够为我们的沟通方式提供一些思考和借鉴，尝试一下由“北风”转向“南风”，看看是否会有不太一样的结果。

三、中国传统文化中的家庭

中国传统文化格外强调尊重父母的意愿，如人们对“天地君亲师”的敬畏，子女被要求“父母在，不远游”，婚姻中理应遵照“父母之命，媒妁之言”，等等。因此，在中国传统文化下的家庭便有一些典型的特点，而这些特点根植于中国传统的孝文化中，下面将描述孝文化背景下三类具有典型中国特色的家庭现象。

（一）威严的父母与听话的孩子

许多中国家庭强调“棍棒底下出孝子”的教育理念，父母认为“慈母多败儿”，觉得父母对子女的爱应该体现在严厉的管教上，而不该过分宠溺。在中国持续几千年的“孝道”“长者为尊”思想的影响下，父母和子女的关系也更倾向于前面所说的权威关系。自古以来，子女被要求对父母言听计从，如对父母的话不加重视甚至抗拒，则会被认为是不孝顺。

在传统思想下，子女对父母除了尊敬有时甚至会有畏惧，而父母与子女的沟通多以严苛命令的方式。不少父母认为，即便用严厉的方式教育子女，子女出于对父母的尊重也不该忤逆父母。所以，许多中国家庭的父母不常与子女沟通自己行为背后的考虑，认为“父母的话子女就该听从”，更无须跟子女做过多的解释。家长抱有的这种长幼尊卑的想法不仅仅是受传统文化的影响，更是因为他们自己亦是被如此养育的。父母自身的成长过程中，被要求需要听从长辈的安排，所以他们也会按照同样的方式去教育子女，出现养育方式上的代际传承。权威的父母和听话的孩子，这一点除了受到孝文化影响外，也与中国集体主义文化有关。集体主义文化提倡个人遵从集体、服从权威，所以也就造成了父母会以权威的角色和权威的身份表达对子女的关心。但是在经济全球化的背景下，东西方的文化出现了碰撞和交融，当生活在新的社会发展阶段的大学生面对威严的父母的时候，会体验到更多的不适应，认为父母对自己不够尊重，双方不够平等，所以才会出现比以往时期更多的矛盾冲突。

严厉的父母对子女的影响既可能是积极的，也有可能是消极的。一方面，严厉的管教方式是出于父母望子成龙、望女成凤的心愿，常常会让子女少走一些弯路，促使他们不断上进、拼搏努力、不敢怠惰，这些在许多中国家庭中确实产生了一定的好结果。有些人在长大后，非常感谢小时候父母对自己的严厉教育方式，虽然批评、责罚的教育模式当时会令自己痛苦难过，但也在某种程度上促使自己成才，取得理想的成就。另一方面，父母严厉的批评和惩罚也可能会让子女感到恐惧，甚至一想起自己的家庭，一想起爸妈的模样便会害怕，以至于不敢过多联系父母，担心某句话说得不对，某件事做的不令父母满意，又会招致新的批评和训斥。因此，子女如何理解父母对自己的严苛要求非常重要：是认为那是父母的爱的隐晦表达，还是认为那是父母对自己的批评和否定，这不仅关系到子女与父母的关系问题，也关系到对个人价值的发展问题。因此，作为子女的大学生，也应在尊重父母、关爱父母的同时表达自己的感受与想法，尝试以一种新的沟通方式去带动父母。

（二）你的事就是我的事

有些时候，中国家庭的成员们不太擅长区分“你的事”和“我的事”，会倾向于认为这是一家人共同的事情，即“你的事就是我的事”或“我的事就是你的事”。当有事情要决定时，有的家庭会召开“家庭会议”，共同讨论这件事该如何解决，有些时候讨论的是家庭共同的事宜（如是否该搬家、是否该添置家具等），有些时候则是某个家庭成员自己的事情（如子女是否该与某人交友、子女的工作问题该如何解决）。当某些事情一个人无法应对的时候，许多中国家庭中的成员都会挺身而出，当成自己的事情来解决。例如，有些大学生在与老师沟通某事失败后，会立刻告诉父母，由父母出面和老师进行沟通；有的家庭中父母处理人际关系不当，子女得知后也会出面来替父母沟通解决。

这些现象在中国家庭中普遍存在，让家人变成了自我的一部分。一方面，这种相处方式使得家庭成员之间的关系非常紧密，能深切地感受到对方对自己的关心和爱护，彼此间充满“人情味”。家人彼此为对方付出的时刻常会让人感到温馨与感动，特别是在遇到困难的时候，自己不会感到孤立无援、无依无靠。在这样的家庭环境中长大的个体，往往家庭观念很重，常会考虑集体的利益，乐于助人，热情大方。另一方面，这种“你的事就是我的事”的相处模式有时会让彼此之间的界限感变得模糊。中国家庭的成员容易出现“大包大揽”的现象，容易让自己或家人背负上“甜蜜的负担”，有时会感到辛苦疲惫。因此，家人之间也需要把握适当的界限感，家人之间互相帮助也应避免自我过度消耗。

（三）这都是为你好

在中国家庭中，一句常挂在嘴边的话就是“这都是为你好”。不仅父母会这样为子女着想，有时子女也会以同样的态度和话语对待父母。特别是当对方感觉到你对他做的事情并不是他本人此时特别希望的事情时，这句话便会经常出现。这或许是此刻最真切的心声，似乎这样也可以让对方更多对自己的付出表示理解和感激。例如，当父母为子女找了一个前景不错的工作，但子女并不十分满意时，父母可能会说“这都是为你好”；当子女不希望父母延续曾经的生活习惯，期望父母改变或“与时俱进”时，可能会对父母说“这都是为你好”。

由此可以看出，这种互动方式的本质是互相关心，是出于考虑到对方的状况，并真心希望对方能够变得更好。“这都是为你好”这份关怀会让对方感到温暖、感动。不过，如果习惯于“都是为你好”的相处模式，有时可能会忽略对方当下真实的感受，而只是采用自己的视角来考虑对方的需求。因此，双方充分的沟通，了解彼此真实的想法、感受是十分必要的。

拓展训练

绘制家庭树

活动分组：2人一组。

活动目的：理解家庭为自己带来的资源和成长。

活动实施：

（1）参与者每人拿一张白纸、一支彩笔，进行绘画。

（2）绘画中要求画出一棵树，在树根处写上家庭带给你的宝贵资源，如关心、鼓励、信念、金钱、人脉等。在树梢处画出果实，在果实的位置写出由于家庭的资源，你收获的成长，如爱心、美德、兴趣爱好等。

（3）当组内的2人完成绘画后，请互相分享感受：

✧ 在绘画过程中，你想到了父母和你之间的哪些画面？请分享1~2个令你印象最深刻的画面。

✧ 在画到树根处的资源时，有哪些是你平时经常忽视的东西？当你将资源画出来以后你的感受如何？

✧ 在画到树梢处的果实时，令你最骄傲的成长是什么？请简单分享你的成长与家庭所提供的资源的关系。

（4）小组内分享后，请同学们自愿在班级内分享以上感受与体验。

第二节 “家家有本难念的经”——大学生家庭中的问题

歌词“我最爱的人却伤我最深”，很适合用在家庭成员的关系上。大学生在家庭中获得的爱将成为其人生中最深刻、最美丽的底色，成为心底最温暖、柔软的部分，令自己的人生熠熠生辉。而家庭中的伤害则会让彼此心中隐隐作痛，在今后的漫漫人生旅途中，它的影响会随时浮现，令人苦恼忧愁。

一、为何家最伤人

（一）沟通中的误解与冲突

在家里每个人通常会展现出自己最自然、最真实的一面。然而，有时口无遮拦的讲话、肆无忌惮的举动往往会伤害身边最亲近的家人。大学生在家中有时会展现出自己孩子气、幼稚的样子，让父母感到无奈烦恼；或是因叛逆、不愿听父母的意见而疏远父母，不与父母亲近，让父母感到伤心难过，还可能导致双方常常无法愉快地沟通，大学生也难以把自己内心深处的感受与父母交流，错过了彼此的真情流露，常常造成误解、苦闷。甚至有的时候，大学生在家中由于一个小问题没有得到妥善解决，进而制造出更多的矛盾、冲突，使得自己和家人的关系变得更加紧张，甚至出现隔阂。

（二）父母的期待与教养模式

父母的期待和无意识的养育模式也会造成子女的困扰。许多父母会把子女看作自己生命的延伸，他们在表达爱的同时，非常期待在子女身上能够实现自己未能完成的心愿，即把自己心中“理想的自我”强加给子女。这让子女感到沉重、有压力感，无法轻松地经营自己的人生。另外，父母也会无意识地将自己从小到大接受的养育方式（他们的父母对待他们的方式）直接用在自己的子女身上，虽然这种方式他们自己也未必感觉良好，但这已是他们最习惯的与家人互动的模式。例如，专制型父母对待子女过分严厉，很可能是因为小时候他们同样受到这样的管教，甚至当时的管教会更加严厉，“批评”与“惩罚”是父母小时候家庭互动的主要模式，他们将这样的模式在自己的子女身上再度“上演”，虽然他们自己也深受其苦，却难以改变，并在无意识的话语和行为中表露出来。

二、大学生家庭中的常见问题

列夫·托尔斯泰在《安娜·卡列尼娜》的开篇写道：“幸福的家庭都是相似的，不幸的家庭各有各的不幸。”大学生群体在家庭中存在的问题形式多样、情况各异，很难一概而论。下面将详述几种相对常见的问题类型。

（一）大学生对父母的过分依赖

有这样一种说法，许多中国的父母是“边付出边抱怨”，而子女则是“边寻求独立边依赖父母”。尤其是在刚刚步入成年、进入大学阶段时，一个人对于独立、自由有着更热切的追求。在大学生的心目中，一方面觉得上大学意味着自己已经是成年人了，父母不该再为自己的人生做主；另一方面许多大学生仍未达到与父母的“心理断乳”。他们依然渴望能像小时候一样可以指望父母为自己解决一切难题，为自己的错误买单，这表明他们并没有实现真正的独立和自主。前些年非常流行“巨婴”这个词，在大学生群体中不乏“巨婴”的存在。这部分大学生在父母面前会表现出像婴幼儿时期的种种样子，如撒娇、耍赖，希望博得父母的同情，能够让父母无条件地溺爱自己。当遇到自己解决不了的困难时，他们的第一个念头便是找父母为自己摆平这些事，大到自己的人生规划或发展方向，小到吃饭穿衣等生活琐事，皆是如此。虽然大学生在口头上表示自己长大了，然而在他们的内心深处，仍然像孩子一样思考，希望父母为自己的言行负责。对父母的过度依赖是大学生拒绝成长的表现，而发现这一问题也是大学生成长的契机。

心理案例

小 B 是个刚到新城市读大学的大一新生，刚进入大学校门时她感到非常兴奋，觉得终于可以获得自由了。然而，进入大学以后，她发现时时处处都需要自己做决定，自己规划学习和生活，这令她感到很艰难。从小习惯了凡事靠父母的她不想独自面对这些新的挑战，于是，每当遇到难题时她都会给远在家乡的父母打电话，无论是不知道衣服该怎么洗，还是觉得一个人上自习无聊，或是不知道怎么跟老师说某件事，等等。小 B 的父母一开始总是乐此不疲地为女儿排忧解难，很高兴女儿能够和他们联系。然而时间一长，他们觉得小 B 缺少独立思考和解决问题的能力。但当他们每次跟女儿说“你可以自己想一想怎么做，不要每次都让我们给你拿主意”的时候，小 B 总是说：“有你们在我就不用自己操心啦，可以一直做你们的乖女儿。”这般撒娇的话语让父母感到很无奈，甚至有些沮丧。

像小 B 这样的大学生在大学校园里随处可见。他们虽然在年龄上已经达到了成人的标准，但心理上还处于未成年人的状态，把本应该自己负责的事情交到了父母手上。诚然，学会独立的过程是比较艰辛的，作为刚刚步入大学的大一新生，每个人都需要一些时间和空间去慢慢适应、理解、接受这个转变，但是如果像小 B 这样，当父母指出自己应试着为自己负责的时候，依然充耳不闻，甚至没有意识到独立是自己生活中一个必经的过程，就会变得越来越依赖他人的帮助，难以独立面对困难与不确定性。每当新的问题出现时，小 B 们的第一反应不是自己想办法解决，而是想着如何推给其他人去做。虽然将问题推走的那一瞬间，这个人可能是轻松的，但是需要在这个问题上见证自己成长的机会也被顺势推走了。当问题越来越复杂、不得不自己面对的时候，自己就会既有面对泰山压顶式的无助感，又失掉了在大学阶段该有的独立性的锻炼机会。另外，大学生的父母也不希望子女凡事都靠父母来解决，他们更加希望子女能够获得自我学习、自我生活的能力。所以对大学生而言，进入大学以后面对新的挑战，独立思考、尽快成长才是正确的应对之道。

（二）大学生在家中的叛逆

叛逆通常是指“人为了维护自尊心而对对方的要求或态度采取相反的态度或言行的一种现象”（王晓燕，2012）。叛逆不只是在青少年时期的个体身上存在，在大学生群体中也屡见不鲜。进入大学后，不少大学生觉得自己无须再按照父母的想法和要求生活，尤其当大学生觉得父母对自己管教比较严格，让自己难以感到自由时，这种摆脱父母约束的感觉就会越强烈。在这种想法的驱使下，常常会有大学生表现出叛逆的特点，具体表现为：不愿意听取父母的意见，言行上寻求与父母的不一致，即便明白父母为了自己好的初衷，但还是很难对父母表现出温和的态度，等等。这样的表现与大学生身心的快速发育和自我意识的觉醒有关，不希望自己的生活被父母继续安排，时刻渴望能够维持自己的自我价值感，因此常会表现出对父母观点的强烈反抗，以此彰显自我个性。此外，大学生初步学习了批判性思维方式，具有了逆向思维的能力，然而由于大学生对事物的认识仍有片面、极端的特点，并且对于情绪、情感表达的管理能力不足，因此在面对不同的观点需要表达自己的态度时，可能会伴随着较冲动、激烈的情绪，会说出一些具有伤害性的话语，甚至做出不受控的举动（如离家出走等），这常常令他们最亲近的父母难以接受。

心理案例

小W是一名大学三年级的学生。小时候W和父母的关系比较融洽，亲戚邻居都觉得他是个听话的孩子。然而进入大学一段时间后，W似乎像是变了个人。他常常与父母顶嘴，明明不是多大的事情，但他的反应会很过激。有一次，父母很关切地询问他的考试成绩如何，他却很激动地对父母说：“从小你们就管我这管我那，我不想你们再管我的事情了行不行！”还有一次，假期小W回家，父母对小W的交友状况发表了自己的一些观点，觉得小W目前的交友模式可能存在某些风险。显然，小W非常不喜欢听这些，很愤怒地对父母说：“这是我的事，你们说了没有用，我觉得他们好，他们就是最适合我的朋友，我跟谁一起待着高兴我自己心里清楚！”之后便离开了家，去同学家住了几天。他的父母感到非常震惊、失望，彻夜难眠。

小W的做法令他的父母伤心难过，他自己也会感到惴惴不安。究其原因，其实是大学阶段他的生理、心理、认知水平还没有达到完全成熟的状态，因此难以采用理性、平和的方式对待父母的态度和观点。应该认识到的是，与父母（或师长）的对抗、叛逆、逃离并不是恰当的解决问题的方法。大学生偶尔的情绪失控可以理解，希望张扬自己的自我和个性也无可厚非，然而这种表达方式如果伤害到他人，也会让大学生自己心里不安。因此，及时疏解自己的情绪，理性地分析每个问题的状况，并学会以关心家人的方式表达自己的观点会更加恰当、有效。

（三）大学生与父母的沟通问题

1. 不同观念的冲撞

不少大学生会感到自己与父母的沟通存在困难，经常觉得父母无法理解自己，与他们交流时总是被他们误解，觉得他们很难认可自己的想法。而自己既难以接受父母的观点，又无法劝说父母接受自己的观点。在与父母交流时，大到毕业去向、居住地点之类的事情，小到对身边某人某事的态度和看法，都可能会引发双方的争执，使得双方都感到不愉快。究其原因，可能与双方的价值观冲突有关。例如，有些大学生的父母提倡子女寻找安稳的工作，建立稳定的人际关系，走相对稳妥的道路，觉得“平平淡淡才是真”。而他们的子女则渴望追求挑战和新鲜感，希望每一天的生活都有变化，不愿循规蹈矩，不想每天做平淡而重复的事情，觉得只有不断突破自己的极限才能够体现自身的价值。显然，如果双方都坚持自己的观点，并坚决反对对方的观点，那么沟通很难顺利、平和地进行。

心理案例

大三年级的小 Z 最近感到很苦恼，当她每次与父母沟通未来想找的工作时，总是不欢而散，甚至还会发生争执。小 Z 希望留在她上学的城市工作，虽然在大城市打拼会很辛苦、很忙碌，却能拥有更大的平台、更好的发展机会。小 Z 的父母则坚持认为回到家乡发展对女儿来说更好，每天不会太辛苦，还可以一家人守在一起，日子虽然平淡但是会很安心。每次小 Z 在向父母表达自己的观点时，父母会直接表示反对，然后讲出他们的观点。小 Z 感觉自己始终无法说服父母，又不甘心服从于父母的意愿，总觉得自己的路可以走得更远。与父母沟通的无力感让小 Z 很痛苦，她觉得父母无法真正理解自己的想法，也觉得他们无法支持自己，不能和自己站在一起。

生活中像小 Z 这样的现象很普遍，虽然小 Z 一次又一次地鼓起勇气想和父母沟通，但每次自己的看法都会被他们否定，沟通总是无法达到令人满意的结果。一方面大学生希望按照自己的意愿生活；另一方面无法得到父母的理解和支持也会让大学生感到挫败、无力。由于家人在我们情感上的重要性，当大学生与父母沟通失败后，那种痛苦的感受很难马上消失。家人的态度和看法往往会对大学生的自我认识造成影响，并且会让自己产生消极的情绪。与父母争执后大学生也常会怀疑自己是否真的如父母所说的那样，是否还应该继续坚持自己的观点，抑或是担心自己说的话是否对父母造成了伤害，他们是否会难过、伤心等。这种焦急、烦恼的心情相信许多大学生并不陌生。

2. 爱你在心口难开

身边不乏这样的现象：有的同学心里很在乎父母，却感到“爱你在心口难开”，对父母的感情、惦念不好意思用言语表达。同样，许多父母对子女的爱和关怀往往也是通过行动来传递，他们觉得难以用语言直接表达内心的感情。遗憾的是，有时候双方甚至会采用责怪、埋怨的方式表达对对方的关心和在意，这会让对方感到难以接受，甚至造成不必要的误解。例如，大学生小 Y 的身体比较柔弱，上大学以后经常生病。父母得知后在电话里对她说：“一定是你不爱运动才会这样的，之前让你运动你怎么老是不听，要吃多少苦头才知道啊！”父母的话常常让小 Y 感到郁闷难过，小 Y 觉得父母难以体会自己的心情，之后和父母通话时就常常是“报喜不报忧”了。仔细想来，父母说这些话的背后实际上饱含着对小 Y 的关心和爱。父母希望通过埋怨、批评的方式让小 Y 重视运动这件事，能够让身体渐渐强壮起来。然而，仅仅通过这些语言的表达，并不能让对方感到双方是紧密联系在一起的，而是觉得对方不接受这样的自己，反而可能会阻碍以后跟对方的交流。

（四）父母关系不和对子女的伤害

前文提及当父母之间存在冲突而关系紧张时，子女会主动或被动地卷入其中以恢复家庭关系的稳定，因此形成了各种类型的家庭三角关系。由此而知，家庭三角关系的形成意味着此时已出现了父母之间难以调和的矛盾与冲突。遗憾的是，在父母为孰是孰非争论得面红耳赤时，他们往往难以察觉到由于二人关系不和而对子女造成的巨大伤害，子女也难以做到完全逃离父母的冲突。无论是子女同父母中的一方站在同一立场与另一方对抗，还是父母二人借由子女的身体状况或行为问题暂时搁置冲突，抑或是子女承担起照顾父母的生活或情绪的任务，这些表现背后都是父母回避问题，无法正面、有效解决问题的结果，由此让子女背负了他们关系中未能化解的矛盾。此外，父母关系的冲突本就会让子女处于压抑、痛苦的环境之中，总是担心不知何时家庭又会笼罩在争吵、冷战的气氛中。当子女参与到父母关系的“调和”中，又会进一步引发其负面情绪，影响他们日后与他人建立亲密关系，甚至可能会为了孝顺父母而做出不合常理的行为。过早地承担照顾父母责任的子女很可能会掩盖自己真实的诉求与感受，不知道如何获取真正的快乐，这非常不利于大学生身心的正常发展。

心理案例

大二年级的小 H 处在糟糕的家庭环境中。父亲在家中的态度总是很粗暴、直接，说话很少会留有余地；母亲脾气有些急，有时会抓住一点小事不放。这段时间，父母二人常常争吵不休，无论是由于父亲回家太晚，还是母亲做饭不可口，抑或是假期回老家的安排无法达成一致，等等。每次父母吵架的时候，小 H 的内心都无比煎熬，非常希望他们能够不再争吵，家庭能够恢复往日的平静和谐。在双方争吵很厉害的时候，小 H 常常是站在母亲这一边，帮着母亲讲话。虽然能够起到一些效果，但是小 H 在心中也很在乎父亲，不愿意由于这些事和父亲渐渐疏远。小 H 发现，双方吵架过后会冷战一段时间，需要自己通过多干家务活、多说安慰的话才能够缓和父母的关系。渐渐地，小 H 在家里成了缓解父母关系的重要纽带。每次回到家，他的心里都会感到十分沉重，并且常常感到迷失了自己，不知道该如何找到属于自己的快乐。

相信许多大学生看到小 H 的故事都会不自觉地联想到自己的生活。很多时候，中国家庭中有时很难分清你的事、我的事，当父母处于紧张的关系中，子女几乎不可能做到袖手旁观。然而，大学生如若过度地卷入父母的矛盾之中又会引发对自身的更多伤害。因此，建议像小 H 一样处境的大学生能够尽可能理性、平和地看待父母的关系问题，耐心地帮助父母找到问题的症结所在，提供自己力所能及的帮助，并适时表达自己的情绪感受。

（五）大学生父母的焦虑转嫁

在中国家庭中有个十分普遍的现象：有些父母对自身的某些地方不满意，因而感到焦虑不安。有些父母觉得自己已经无力继续改变，转而期待子女能够帮自己实现愿望，把自己的“理想自我”转嫁给子女；另一些父母自己并未停止成长，但对子女提出了更高的要求，希望他们能更优秀，其实这是一种变相证明自己优秀的方式和夙愿。但是无论是上述哪种情况，父母都是把焦虑转移到子女身上，让子女背负了沉重的负担和压力。

曾经一部很火的电视剧《我的青春谁做主》中便有这样一对母女：母亲毕生的梦想是渴望考上英国剑桥大学，但自己没能实现，她用自己做生意挣来的钱供女儿读书，盼望女儿能够实现自己的剑桥梦。遗憾的是，她从未真正了解过女儿的心愿是做一名烹饪家。由于女儿无法抵抗母亲的强势，又无法承担母亲的理想，因此采用了一连串欺骗母亲的极端方式，如伪造录取通知书、假装人在异国他乡，等等。女儿的欺骗令母亲感到非常失望，经过双方长期的沟通，母亲终于理解了女儿的想法，并尊重了女儿的理想。这个故事恰恰是千千万万中国家庭的缩影。

许多家庭的父母渴望子女能够在同龄人的竞争中“占领制高点”，在各方面都成为佼佼者、出人头地。究其原因，往往是父母对自己不够满意，希望能靠子女的“出类拔萃”带给自己成就感、满足感。或许是父母自身生活状况确实不佳（如父母都是下岗职工），希望子女能摆脱自己的命运，超越周围的人；抑或是父母已然努力达到了一定的社会地位（如高级知识分子家庭），但要求子女必须超过自己，无法接受他们的平庸。

值得注意的是，父母焦虑能够转嫁成功的原因其实是“子女在乎父母”，希望父母满意、快乐。与上面讲到的电视剧中的女儿不同，许多人明明知道父母的愿望对自己来说并不容易实现，虽然这令他们自己感到焦虑不安，也想要摆脱，但为了能让父母高兴他们还是没有选择反抗，而是默默承受、负重前行。独自承受过多的压力使得自己痛苦不堪，个别人甚至采取了极端的方式——结束自己的生命。对大学生而言也是如此，他们看到父母的艰辛，希望能够实现父母的心愿，让父母高兴，这也是“孝顺”的体现，因此会甘愿背负起父母的焦虑和压力。他们每天想着“出人头地”“出类拔萃”“超过同龄人”，然而过重的压力很可能会超出自己的承受范围，让自己苦不堪言，难以轻松、快乐地生活。

名人佳作

你的儿女，其实不是你的

纪伯伦

你的儿女，其实不是你的儿女。

他们是生命对于自身渴望而诞生的孩子。

他们借助你来到这世界，却非因你而来，

他们在你身旁，却并不属于你。

你可以给予他们的是你的爱，却不是你的想法，

因为他们有自己的思想。

你可以庇护的是他们的身体，却不是他们的灵魂，

因为他们的灵魂属于明天，属于你做梦也无法到达的明天，
你可以拼尽全力，变得像他们一样，
却不要让他们变得和你一样，
因为生命不会后退，也不在过去停留。
你是弓，儿女是从你那里射出的箭。
弓箭手望着未来之路上的箭靶，
他用尽力气将你拉开，使他的箭射得又快又远。
怀着快乐的心情，在弓箭手的手中弯曲吧，
因为他爱一路飞翔的箭，也爱无比稳定的弓。

诚然，无论痛苦或挣扎，家庭中的许多问题已成为事实。客观地说，也不可能存在一个完全没有痛苦的家庭。无论是由于大学生自己独立意识的缺乏或叛逆心理的滋生，还是由于父母的焦虑转嫁或忽视专制，解析这些问题的目的在于让大家看到，“家家有本难念的经”，能够理解父母只能把他们认为最好的给予我们，虽然这个过程中有错位、有误解，但更应该看到错位、误解后面饱含着的爱意与深情。我们能做的就是以更客观的心态去看待这件事情，努力做到“原谅，放下，成长”，同时掌握必要的沟通方式和沟通技巧，从自身做起，改变与调和家庭关系，创造与父母更加和谐的共处模式。

拓展训练

说出你的家中难事

活动分组：2 人一组。

活动目的：让大学生有机会表达出与家人间的关系问题。

活动实施：

（1）拿出一张纸、一支笔。

（2）在纸上写出：

✧ 近期发生的 3 个你与家人之间的矛盾、冲突或关系问题，具体描述当时的情景；

✧ 在出现那些问题时你的感受；

✧ 你是怎样应对这些问题的；

✧ 事后你觉得你的应对方式如何。

（3）在 2 人的组内进行分享，并对对方的分享给予回应。

（4）组内分享后，请同学们自愿在班级内分享。

第三节 “柳暗花明终有时”——大学生如何成长与改变

《战国策·触龙说赵太后》中载有“父母之爱子，则为之计深远”。父母对子女的爱是天性，然而子女的人生路应该更多由自己做主。大学生从踏进大学校门的那一刻起，不仅年龄上贴近成人，在心智的发展上也真正开始思考独立的问题。本节将重点讲述与家人相处的原则、避免冲突和情绪化的方式以及寻求家庭关系改变的出路，希望本节能够帮助大学生对自己的家庭关系有所反思，对自己与家人相处时的状态有所觉察，并尝试营造更融洽的家庭关系。

一、大学生与家人的相处和沟通

不少大学生都有过这种体会：在学校时很想家，可一旦回家几天，又希望能尽快回到学校。如何与家人和谐、愉快地相处是个难题，而掌握一些必要的与家人相处和沟通的技巧，能够帮助我们缓和与家人的矛盾，更好地感受到家人之间的关怀和爱意。

（一）保持适当距离——亲密而不依赖

1. 保持适当联络频率

中国人常说“距离产生美”，这句话不仅适用于情侣之间，大学生与父母的关系有时也适用。建议大学生与父母保持适中的联络频率，并且不要过度依赖父母，当过分依赖的时候其实就是主动打破了与父母的边界感，当父母对于我们的生活细节处处关心的时候，我们又会感到自己没有自主性和话语权，产生烦躁和愤怒的情绪，这其实就是感到了我们自我边界的被侵入。另外，过分的依赖便意味着把自己成长的责任交了出去，如果长期如此，大学生将会失去独自解决问题的能力，父母也将会习惯于为子女的各方面做主，大学生的自我身份认同也会面临混乱，不利于大学生的成长。

2. 共同协商相处规则

建议大学生与父母相处时尝试遵循“亲密而不依赖”的原则，双方保持各自的独立性，彼此共同协商确定相处的规则。正如前文提到的“权威型”的教养方式，这样的父母往往与子女讨论来共同制定规矩，遵守规则并尊重子女的需要，给子女表达的空间。在大学生与父母的相处中也可采纳与之相似的方式，可以与父母共同商定的相处事宜，如每个月父母适合提供的费用、自己与父母沟通见面的频率和方式、一家人相处时彼此都愿意参与的活动，等等。双方以平等、尊重的态度共同商量、确定并坚守规则，将减少不必要的冲突和矛盾。

（二）收起情绪化与冲动

1. 停下来，转移注意力

当自己想要对父母发脾气的时候试着做点其他事情，如做些力所能及的家务，或出去适当运动一下，出汗后情绪通常可以得到缓解。还可以和自己的情绪安静地相处一会儿，感受一下自己是愤怒、害怕、担心或是其他，自己可以在心里默默地计时，看看在情绪就要爆发的那一刻如果给情绪打 10 分的话，当跟这个情绪相处一小会儿后，愤怒值有没有降低，感受情绪随时间的变化。当自己的情绪缓和后，思考才可能发生，如果此时还是觉得有必要表达自己的态度，可以试着在表达前先想一想“如果我是父母，这个时候我会希望看到/听到什么”，“我要说的话/说话的方式能够令父母接受，还是会伤害到他们”。这样的思考能够让表达变得更易于让对方接受，也会减少冲动的言行。

2. 就事论事，将问题具体化

有些时候人们对事物的认识容易夸大化，特别是对于相对糟糕的事。例如，当大学生与家人对某事的态度不一致时，会产生类似的想法：“我的所有决定父母从不支持我”，“在父母眼里我做什么都是错的”。细细想来，这些想法往往并非事实。这种夸大的思维方式阻碍了问题的解决，甚至让一个人产生自我否定的观念，激化与家人的矛盾冲突。所以，在面对具体问题时，应该采取“就事论事”的态度，要明白在情绪激动的状态下，是容易出现非理性的联想的。尝试将问题具体化，你会发现，你所认为的“所有决定父母都不支持”有可能只是“近期就业方面的决定”父母有不同的意见，你觉得“在父母眼中自己做什么都是错的”或许只是“自己在实习工作中的人际关系问题”让父母有些担心。当聚焦在具体的问题上，双方便不容易因为彼此不一致的态度、情绪而造成不必要的伤害。

3. 温和而坚定的表态

“温和而坚定”的表达方式往往会令家人感到被尊重，同时也能看到你独立思考的一面，并且容易接受你所表达的观点。“温和”体现在说话人的语气较为平和、淡定、有耐心；“坚定”体现为表达的态度肯定、坚定不移。温和的态度会体现出一种从容和胸有成竹的底气，并不会影响到一个人对观点的坚持，反而会赢得对方的尊重，有利于彼此关系的调和。例如，当大学生觉得父母对自己管教太多，让自己不耐烦，甚至想要对父母发火时，建议稍做停顿，之后采用温和、笃定的态度表达“我理解你们是为了我好，但我希望能够给我更多时间考虑，让我自己做出决定”。相信比起情绪化、冲动性的表达方式

（如朝父母发脾气，甚至离家出走等），温和与坚定的表达方式不会激化矛盾，反而能使问题更顺利地得以解决。

4. 不盲从、不强求

当你与父母对某事持有的观点不同时，建议试着做到“不盲从”“不强求”。不盲从的前提是你对这件事情的始末有足够的了解，能够对问题做出冷静分析与思考，并且愿意承担应尽的责任，这样他人的判断才无法从根本上动摇自己的观点。不强求是指当你表达自己的观点后，并不会要求对方马上同意自己的意见。要知道，任何人都有认识事物的盲区和局限性，也有看待事物不同的角度和侧重点。因此，在和家人相处时，要看到并尊重彼此存在的差异性。

（三）与家人沟通的技巧

1. 积极倾听

积极倾听是表达关爱的重要方式。当家人表达自己对人对事的看法时，希望我们能够真正站在他们的立场，用他们的眼睛看一看这个世界。减少对他们所说的事情的评价，甚至是评判，而是以关心对方的心态去倾听，这样能够让双方都能体验到被关爱的满足感。但是有时候我们会发现，通过长期相处给家人贴上某一标签之后，我们很难一下改变之前的态度，这时候可以尝试问一下自己以下的问题：“当他在说这件事时，他想传达给我的究竟是什么？”“在他这样说的时候，他目前的情绪和感受如何？”“在他说这些的时候，他希望我能给出怎样的回应？”这样的思考可以帮助我们更好地倾听，而且通过对方言谈举止的细微表达，也可以了解对方的情绪状态和诉求。另外，在与家人的沟通中，有必要多关注双方的情感、情绪、需求，而非一味地想要说服对方。

2. 同理心

具有同理心的人能够做到设身处地地理解他人的感受和体验，并且能很好地把理解传达给对方。与这样的人相处时，总是觉得他能够懂你的感受，说出你的心里话。当大学生与父母沟通时，建议尝试运用这种方式。例如，当大学生听到父母对自己表达出不一致的观点，并且带有焦急的情绪时，可以这样回应：“我能感觉到您有些着急，您在为我的事情感到担心，确实这件事情会让人忧心。”当听到父母对大学生目前的状况埋怨、批评或者提出较多要求时，可以这样回应：“我能感觉到您特别在意这件事情，希望我能变得更好，您为我操心真的很不容易。”这样表述的好处在于，父母明白子女看到了他们的情绪和需要，他们的情绪有了承接之处，所以也能够更理性和平静地跟子女交流。

3. **沟通以“我”开始**

很多时候双方矛盾的开始是由于相互指责，这时个体往往会说出“你这样是有问题的”“你这样做不行”等话语。而尝试多以“我”作为开始进行表达，能够避免对方听上去被指责。比如，“我希望能有时间考虑一下”“我觉得目前头脑中有点混乱”“我想冷静以后自己做决定”，这种表达方式一方面表明了自己的状态和需求；另一方面避免了对对方言行的批判。每次以“我”作为开始的沟通习惯，将会帮助大学生有效地区分自己和他人的态度，更好地为自己的言行负责，并能够逐渐培养自身的独立性，成为更成熟、理性的人。

4. **尝试正面表达情感**

对于情感的表达，中国人往往比较含蓄，所以一些爱意和关系往往会披上一层伪装出现，导致我们会时常抱怨为什么好话不能好好说。其实这也是内敛情感的一种文化传承。而要改变这种表达现状，我们可以从自身做起，对父母正面表达自己的情感。例如，当看到父母忍着疲惫还在为自己操心、忙碌时，可以对他们说一句：“你们这样我好心疼，你们辛苦了！”或者在母亲节、父亲节、感恩节等特殊的日子，借节日来表达对父母、对家人的关心。其实，一句简单的节日问候，再加上一句“我一直很爱您”的真情流露，可以瞬间拉近两个人之间的距离。如果觉得亲口表达这样的话语有些困难，可以先借助书信、短信、微信、邮件等形式帮助自己传递情感。

二、原谅，放下，成长

作为子女如何从自己做起，努力接纳父母的不完美，真实地表达自己的心声，并找到自己的力量，才是改变家庭问题的关键。

（一）接纳父母的不完美

很多时候，我们难以原谅父母的原因是把他们假定成了完美的人。电视剧《请回答 1988》中父亲为女儿过生日时说的几句话感人至深。父亲说：“爸爸我也不是一生下来就是爸爸，爸爸也是头一次当爸爸，女儿稍微体谅一下。”事实上我们需要知道，父母虽然在尽力爱我们，但他们也并不完美，并且我们很难改变他们。因此，用平常心看待父母，把他们看作也会犯错误的普通人，也许会减少我们的委屈和抱怨。其实，几乎没有父母能够给予子女想要的完美的爱，所以请试着理解并放下父母曾经给自己带来的痛苦或悲伤。执着于怨念和不满只会带来更多痛苦，而宽容和感恩却能让生活充满阳光和希望。

（二）理解并表达自己的情绪

在长期与父母的相处过程中，有时候会感觉到自己的感受被压抑到了内心深处，甚至会莫名其妙地感到不愉快、不舒服，但又不知道该怎么应对。首先，需要明确的是，每种情绪感受都有其合理性，情绪的存在是有其积极意义的，它是在向个体释放信号，让我们能够更好地了解自己。我们应该识别、理解自己的情绪，并找到恰当的表达情绪的方法。可以通过与自己对话的方式找到情绪，时常问问自己“此时此刻我的情绪是什么？”“父母的话给我带来了什么感受？”让自己安静下来，慢慢体会自己的情绪，和自己的情绪在一起待一会儿，给它取个名字。了解自己的情绪之后，试着去表达情绪，不论是对自己或是对他人，例如，“我现在特别郁闷，想安静一会儿”，“我觉得非常愤怒，胸口很憋闷”，“我觉得很孤独，觉得没有人能够懂我”，等等。这些方法可以帮助自己觉察长期以来被忽视的感受，学着慢慢重视自己的感受。

（三）找到内在力量

当一个人能够找到自己内在的力量与资源，努力地改变生活状态时，那么他也会对生活拥有更多掌控感，更容易产生积极的情绪与心态。以下方法或许可以帮助大学生更好地发现自己的内在力量。

1. 自我关怀

在关注并表达自己情绪的同时，建议大学生定期做一些让自己舒服、愉悦的事情，找到自己的兴趣爱好，如唱歌、聚会、登山、做志愿者，等等。可以列举自己平时一直想做而没能做的事情，并找机会去完成它们。此外，也可以尝试改变不健康的饮食、作息习惯，并尽量多参与体育锻炼，在身体素质的提升中找到自信和力量。

2. 对自己负责

其实大学生之所以会痛苦无助，很多时候是因为自己觉得“必须要让父母来满足我的需要，只有这样自己才能够快乐”。然而，需要清醒认识到的是，一个人完全可以掌控自己的人生，并为自己的生活负责。要相信，如果自己不想被过去的痛苦经历掌控，活在那个悲伤的状态中，自己完全可以选择过新的生活。过去的事情无法改变，他人的态度难以左右，所以请将目光多放到自己的身上，关注自己能做些什么，让今后的路走得更顺利。

3. 肯定自己的进步与长处

当你在学习、生活中取得某些进步或成绩时，请肯定自己的付出和努力，看到自己的长处。每个人都有自身的潜力值得被看到。有的时候，家人或周围其他人的标准或许过高，很难达到，容易使人产生挫败感。父母口中的“别人家的孩子”往往会让自己只看到自己的挫败和不如他人，而难以客观地看到自己的亮点。实际上，关注到自己微小的进步或长处非常重要，这些小的进步可能每天都会上演。只要细心观察，你就会发现自己也有许多优点，这样你会逐渐培养出自信心，发掘出自己被隐藏的力量。

拓展训练

角色扮演——与家人的沟通训练

活动分组：两人一组，轮流扮演大学生和父母。

活动目的：在角色扮演的过程中，让大学生练习与家人的沟通方式。

活动实施：

（1）扮演大学生的同学首先仔细阅读本章的沟通技巧：积极倾听、同理心、沟通以“我”开始以及尝试正面表达情感，选择其中一个技巧。

（2）扮演大学生的同学要找到希望近期与父母沟通的一件事，运用你选择的沟通技巧进行表达；扮演父母的同学尽量以父母通常的反应进行回应。

（3）当完成一个技巧的练习后，请双方同学互换角色。扮演大学生的同学选择另一个技巧进行练习，要求同上。完成后再次互换角色，直至完成四个技巧的练习。

（4）练习完成后请双方在组内分享：

✧ 在以上沟通训练的过程中，哪个/哪些技巧让你感觉用起来最舒服？哪个/哪些技巧让你感觉用起来最不舒服？简单说一下原因。

✧ 对方的反应是否有让你觉得意外的？哪个/哪些反应让你觉得最好？

✧ 在这个练习中，你觉得有什么地方可以应用到日常生活中与父母的沟通过程？打算从什么时候开始尝试一下？

（5）小组内分享后，请同学们自愿在班级内分享。

推荐资料

1. 图书《被忽视的孩子》，乔尼丝·韦布、克里斯蒂娜·穆塞洛著，王诗溢、李沁芸译。

该书首先描述了父母对孩子情感忽视的现象，并阐释传统的健康父母拥有的情感技能。作者通过大量事例呈现了造成情感忽视的十二种类型的父母的表现，包括专制型父母、放纵型父母、自恋型父母、抑郁型父母等，并详细描述了被忽视的孩子长大后的心理特点，包括感觉到的空虚感、不切实际的自我评价、对自己生气和自责、难以关爱自己和他人，等等。此外，作者讲述了个体应如何改变，包括了解自己情绪的目的与价值，学习识别、命名、监控、接受、信任并有效地表达自己的感受，学会关爱自己（通过饮食、锻炼、休息放松等方式）、提高自我约束能力等。

2. 电影《我和我的父辈》，吴京、章子怡、徐峥、沈腾联合执导。

这部感人至深的电影讲述了四个不同时期的温暖故事。从战争时期的前仆后继，到发展时期为航天事业燃烧生命；从改革开放时期的敢为人先，到信息时代穿越时空的亲情……这令人感动的一幕幕展现了新中国发展的历程，也刻画出父子间浓浓的深情。这种血脉相连的深刻感情或许难以用语言表达万分之一，但每个时期的父亲的精神和品格都传递给了他们的子女，在子女的心中留下了无法磨灭的痕迹。薪火相传，生生不息，令无数观众震撼并感动。

参考文献

［1］威廉．心理治疗中的依恋：从养育到治愈，从理论到实践［M］．北京：中国轻工业出版社，2014.

［2］龚艺华．父母教养方式问卷的初步编制［D］．重庆：西南大学，2005.

［3］黄国红，吴庆云．成人依恋类型研究综述［J］．武汉工程大学学报，2008，30（6）：117–119.

［4］雷雳．发展心理学［M］．北京：中国人民大学出版社，2009.

［5］李维榕．家庭故事［M］．北京：中国社会科学出版社，1999.

［6］马力，陈蒲晶．大学生家庭关系的特点及其对学习状态的影响［J］．首都经济贸易大学学报，2016，18（5）：123–128.

［7］马婷婷．大学生亲子三角关系、知觉父母婚姻冲突与依恋风格的关系研究［D］．上海：上海师范大学，2014.

［8］司徒颖如．大学生亲子三角关系对友谊质量的影响：自我分化和安全感的中介作用［D］．哈尔滨：哈尔滨师范大学，2019.

［9］宋珊珊．高中生亲子三角关系，自尊和自我分化的关系研究［D］．哈尔滨：哈尔滨师范大学，2019.

［10］王炳贺．大学生依恋风格，家庭三角关系和自我分化的关系研究［D］．北京：中国青年政治学院，2019.

［11］王美萍，王赵娜．亲子三角关系的性别差异［J］．心理科学，2015（3）：120–125.

［12］王晓燕．浅谈大学生叛逆心理及教育关怀［J］．大观周刊，2012（30）：163–164.

［13］魏源．同理心：心理咨询与治疗关系中的特质概念［J］．中国临床康复，2005（40）：92–93.

［14］武志红．为何家会伤人［M］．北京：世界图书出版公司，2007.

[15] 杨阳.亲子三角关系在初中生知觉父母婚姻冲突与心理健康间的中介作用[D].郑州：河南大学，2011.

[16] 张革.大学生心理适应指南[M].北京：北京工业大学出版社，2010.

[17] 张志涛，王敬群，刘芬.大学生父母教养方式，领悟社会支持，孤独感与主观幸福感的关系[J].中国健康心理学杂志，2012，20（7）：1080-1083.

[18] Baumrind D. Child care practices anteceding three patterns of preschool behavior [J]. Genetic Psychology Monographs，1967，75（1）：43-88.

[19] Baumrind D. Current Patterns of Parental Authority [J]. Developmental Psychology Monographs，1971，4（1）：2.

[20] Bowen M. Family therapy in clinical practice [M]. New York：Jason Aronson，1978，pp. 118-124.

[21] Martin M T. Mother-daughter relations in divorced families：Parentification and internalizing and relationship problems（Doctoral dissertation）[J]. Dissertation Abstracts International，1996，56（9-b）：5176.

[22] McCoby，E E. Socialization in the context of the family：Parent-child interaction [J]. Handbook of child psychology，1983（4）：1-101.

[23] Sabatelli，R M，Anderson，S A. Family system dynamics，peer relationships and adolescents' psychological adjustment [J]. Family Relations，1991，40（4）：363-369.

第十章
“情不知所起，一往而深”
——洞悉亲密关系

名人名言

去年今日此门中，人面桃花相映红。人面不知何处去，桃花依旧笑春风。

——崔护《题都城南庄》

一个人离开家奋斗是为了获得美好的生活，爱情又是美好生活中最重要的部分。但爱情就像独木桥一样，人家过了，你就不能过。离家已经五年，在残雪消融、溪流淙淙的时候，面对自横的独木桥，真不知别人是否已经过去，心爱的姑娘可安在。那种惆怅，那种失落，那种迷茫，成功了又能怎么样？

——任正非

◆ 案例导入

有这样一对老夫妻，经营着自己的早餐店，但他们与其他夫妻不一样的是，老头的腿看起来有点瘸，老太太双目失明，两个人无儿无女。直到有一天，早餐店里发生的一件事，打破了这看似宁静的生活。

这一天，老太太正常起床和老头一起卖早点，店里来了一位背着大包小包要去探亲的姑娘，想在这里吃早餐。不久，老太太端着姑娘点的早餐向她走去，没想到老太太绊到了姑娘放在桌脚的包袱，眼看老太太就要摔倒，此时老头眼疾手快、三步并作两步地上前扶住了即将磕到桌角的老太太。姑娘吓了一跳，缓过神来说：“多亏了大爷身手矫健，腿脚还挺利索的，比我这个年轻人强多了，要是老太太摔倒了，我可就要内疚了。”听到这番话，老太太愣了愣，没有多说什么，转身摸索着走进了早餐店里面，嘴里小声嘀咕道："我早该想到的，早该想到的……"

原来在三十年前，他们一起经历了一场劫难。那年，是他们恋爱三周年，说好一起去老地方庆祝一下，却没想到两人在路上遭遇车祸。老太太就是在那时失明的，同时也丧失了生育能力，之后就陷入了无限沉痛和自卑之中，深感自己会拖累老头，于是忍痛向老头提出了分手。老头虽然没问，但知道敏感的她为什么会提出分手，于是自导自演了一出戏，他难过哽咽着对老太太说："求求你不要和我分手好不好，我的腿已经瘸了，我不能再失去你了……"

老太太十分心疼，就决定留下来照顾他。当年老头为了父母能够同意这门婚事，也就顺势装了下来，没想到一装就是这么多年，老太太直到这天才知道真相。

◆ 导言

其实，处于亲密关系中的两个人，只要有一方将对方当作负担和包袱，就很难长久幸福地生活在一起。在这个案例中，看似老头是这段爱情中投入最多的，其实老太太也一样，她同样把老头看作一个需要照顾的人，成年累月地付出。而这份默默付出和不求回报的感情，就是我们常说的"爱情"。

爱情，一直是一个神秘的东西，让人心向往之。尤其对刚刚步入大学校园的学生来说，更是憧憬一场完美的邂逅，希望两个人能彼此陪伴，经历大学期间所有的美好与快乐。但是爱情到底是什么？是"初见乍惊欢，久处仍怦然"般的心动？还是"愿可共白首，余生常相伴"般的厮守？本章就带着这些疑问与同学们一起了解爱情究竟是什么，在大学生群体中又有哪些常见的爱情困扰，以及我们应该如何去维护一份来之不易的爱情。

第一节　"问世间情为何物，直教人生死相许"——何谓爱情？

相传，秦朝时期有一个美丽的女子叫孟姜女，孟姜女有个如意郎君叫范喜良。两人成亲的当晚，家里忽然闯进一队官兵，说要把范喜良抓去修长城。丈夫被抓走后，孟姜女朝思暮想、夜不能寐，终于她在打点好家里的一切后，毅然决然出发去寻找丈夫。她一路跋山涉水，终于来到范喜良修建的长城脚下，她多番打听，最终有一个好心的民夫告诉她，范喜良早就劳累致死，被埋在长城里筑墙了。孟姜女一听，心如刀绞，便向着长城昼夜痛哭、不饮不食，直哭了十天十夜，忽听轰隆隆一阵山响，一时间地动山摇，长城崩倒了八百里，露出了范喜良的尸骨。

这就是我国古代的爱情传奇之一——孟姜女传说。这个故事中的爱情足以感天动地，甚至能够强大到推倒长城。大学阶段每个人似乎都对爱情有着无限的憧憬和向往，那么爱情究竟是什么，或许你可以在这一节中找到答案。

一、认识爱情

（一）爱情的定义

所谓爱情，就是伴侣之间在现有的社会关系中，在各自内心生发出来的对彼此强烈炽热的情感，并表现出渴望对方成为自己终身伴侣的最强烈的、稳定的、专一的情感需要。它是由男女之间特殊依恋状态（互相吸引、互相倾慕、互相思念）而产生出来的一种情感。

（二）爱情的类型

加拿大社会学家约翰·李提出了“爱情颜色理论”，认为爱情可以分为六种不同的类型。这些类型又可以分为主要类型和次要类型。

1. 主要类型

激情型（eros）。激情型的爱情建立在理想化的外在美的基础上，是罗曼蒂克式的浪漫爱情。其特点常常是一见钟情式，被外表吸引，较为热烈但难以持久，缺少心灵沟通，通常需要激情来维持。

游戏型（ludus）。游戏型的爱情是指对爱情持游戏态度，甚至会游戏于多个恋人之间，只愿享受爱情带来的快乐，不愿承担其中的责任和义务。其特点是易变和随意。

朋友型（storge）。这种爱情类似于“青梅竹马”般的感情，一般以友谊为基础得以发展，双方经过长久的陪伴和相处，能够以更和谐、平静的方式解决遇到的问题或分歧，是一种细水长流般的感情。其特点是冷静、缓和、毫无激情。

2. 次要类型

依恋型（mania，也称占有型）。这类爱情对于情感的需求非常大，个体会在入迷与挣扎间来回交替，在恋爱中容易产生依附、占有、妒忌、猜疑、狂热等情绪，有着强烈感情需求和占有欲。其特点是占有、妒忌或者依恋对方。

理智型（pragma，也称实用型）。这是一种基于理智判定的爱情类型，理性高于感性，在恋爱过程中会考虑很多现实因素和现实条件，会根据对方的付出来决定个人的情感投入，因此不容易出现异地恋、忘年恋等。

奉献型（agape，也称利他型）。这类爱情为了对方过得更好愿意牺牲自己的一切，恋爱中的人常常怀有奉献自我、牺牲自我的态度，所有的付出都不需要对方回报。自我牺牲型爱情是无怨无悔、纯洁高尚的，其特点是无私、不求回报，不关心自己利益得失。

（三）爱情区别于其他关系的一般特点

爱情作为一种特殊的情感体验，有它自身的独特性，可以归纳为以下几点。

1. 排他性

我们常说爱情是自私的，这种“自私”其实就是我们所说的排他性，这就要求情侣之间保证彼此绝对的专一和忠诚。

2. 对等性

爱情中的对等性主要包含两方面的含义：一方面体现在确认恋爱关系时，双方必须两相情愿；另一方面体现在恋爱过程中，当事人双方要做到互敬互爱、尊重对方。

3. 成熟性

爱情的成熟性是指爱情是在个体身心（自我意识、生理、性心理）发展到相对成熟时所产生的情感体验。像幼儿园的小孩之间开玩笑所说的“我要嫁给 ×××”这样的话不能称为爱情，因为此时的小朋友并没有发展到相对成熟的阶段，不具备爱情属性。

（四）爱情发生的六大法则

美国心理学家莎伦·布雷姆等人总结了爱情发生的六大法则，分别是接近、外表的吸引力、对方喜欢自己、相似性、障碍、品质。

1. 接近

生活空间邻近的两个人，通常更容易喜欢对方，彼此之间有更多交流接触的机会，会很容易熟悉和了解对方。“青梅竹马”大概也是这种接近性的反映。相反，当空间距离变大时，两人之间的相处难度会变大，消除误会的困难也会随之变大。

2. 外表的吸引力

有一个有趣的心理实验，心理学家给被测试者出示了一些陌生人的照片，让他们对这些陌生人进行评价。结果发现，人们普遍对外表更具吸引力的人评价较高。可见，外表的吸引力也是爱情产生的一个因素，这一因素一般在交往的初始阶段影响力较大。

3. 对方喜欢自己

当个体感受到对方对自己有好感时，这种被欣然接纳的感受会增强一个人对自我的肯定，也更容易让个体对对方产生好感。每个人都希望得到对方的肯定与关注，当这种关注和肯定发生的时候，能够瞬间拉近彼此之间的距离。

4. 相似性

性格上存在差异的人，在交往过程中更容易产生误解和争执，长时间分歧引发的冲突会使两人逐渐觉得疲惫和沮丧；相反地，性格比较相似的两个人，则会因为彼此的一致性而产生共鸣，这种共鸣会进一步促进彼此间的感情。但有一种情形下的“不相似”反而会促进彼此的感情，就是一方擅长的正好是另一方缺失的，这样就形成了一种关系上的互补，如一方很有主见，另一方更愿意听从别人的意见。所以，一段好的关系往往既有相似的一面，又有互补的一面。

5. 障碍

心理学家发现，爱情中存在“罗密欧与朱丽叶效应”：当外界尤其是身边最亲密的家人、朋友越发强烈地反对某段感情时，被反对的两个人反而被激发出更强烈的想要在一起的意愿，最终导致这段感情更加难舍难分。

6. 品质

除去上述条件之外，人们普遍认为一个优质的恋人应该具备善良、热情、接受并很好地回应自己的感情这几类品质。

知识窗

性别心理与异性交往

1. 无性别意识——两小无猜（1~7 岁）。

2. 性别意识出现——男孩女孩之别（8~11 岁）。

3. 疏远期——第二性征出现，性意识觉醒，出现排斥异性心理（12~13 岁）。

4. 接近期——有好感，愿意亲近对方，态度友好，喜欢展现自己，但有羞怯感（14~15 岁）。

5. 向往期——渴望接近，倾慕行为更加大胆，出现初恋，但难成正果（16~18 岁）。

6. 恋爱期——性意识发展成熟，进入正常恋爱阶段（18 岁以上）。

二、爱情的理论

(一) 斯滕伯格的爱情三元理论

斯滕伯格的爱情三元理论（triangular theory of love）提出了爱情是由亲密（intimacy）、激情（passion）、承诺（commitment）三种要素组成的。

亲密是基于对彼此的信任而产生的一种情感表现，表达亲密的两人之间会产生亲近、温馨的情感体验。其中，蕴含的情绪成分较为丰富，包括喜欢、热情、理解、交流、支持及分享；也包含在此基础上所产生的身心激动状态，如喜、怒、哀、惧。

激情是在彼此间的相互吸引下产生的，往往伴有身体的欲望，如被对方的身体、容貌等特征吸引。通俗地讲，就是见到对方时会觉得怦然心动、脸红心跳，与对方相处时，会更为兴奋和激动。

承诺是两个人内化于心的一份约定和责任，属于爱情中理性的层面。这意味着两个人对这份情感的重视与投入，以及维系这份情感的决定和决心。

概括来说，就是亲密是“温暖”的，激情是“热烈”的，而承诺是“平静”的。

关于爱情，斯滕伯格提出了“三元理论”，他通过对三种要素的不同组合，最终得出爱情的 8 种类型，如图 10–1 所示。

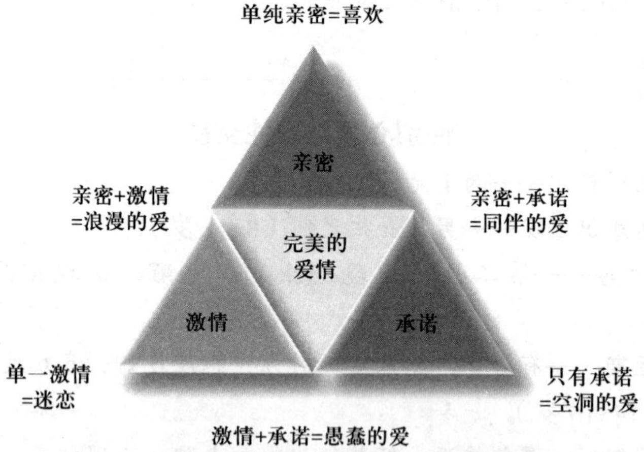

图 10–1　罗伯特 · 斯滕伯格爱情三角形理论

只有亲密时，为喜欢式爱情；只有激情时，为迷恋式爱情；只有承诺时，为空洞式爱情。

同时具有亲密和激情时，为浪漫式爱情；同时具有亲密和承诺时，为友谊式爱情；同时具有激情和承诺时，为愚蠢式爱情。

当同时具有亲密、激情和承诺时，为完美式爱情。当三种要素皆无时，则是无爱。

（二）马克思、恩格斯的爱情观

马克思和恩格斯对于爱情也曾提出了自己的思考，主要包含以下四点内容。

1. 爱情应是成熟的

马克思在给他未来的女婿——法拉格的信中明确谈到了他对恋爱的态度：“您应该在考虑结婚以前成为一个成熟的人。”这种成熟是指恋爱双方在心理和生理方面的双向成熟。在马克思看来，真正的爱情是对恋爱另一方显现出一种谦恭，一种含蓄，甚至是一种羞涩的态度，这种爱情是委婉含蓄的，而不是随意奔放的，更不应该过早地向对方表露热情与展现亲昵。

2. 爱情的基础是相爱

马克思在《1844 年经济学哲学手稿》一书中提到：“如果你作为恋爱者通过你的生命表现没有使你成为被爱的人，那么你的爱就是无力的。”这说明，在他看来，爱情从来不是一方的无限付出，如果付出的爱没有得到对等的回应，那这就不能称为爱情。同样，恩格斯在其著作《家庭、私有制和国家的起源》中也提到，现代的爱应该是建立在双方感情之上的，以相爱为基础。

3. 爱情应具有共同的信念

斯蒂凡·波尔恩在回忆中曾这样评价马克思和燕妮的爱情：“我很少看到如此幸福的婚姻，共同承担欢乐和痛苦，在更大程度上是后者。”

燕妮看中了马克思心系劳苦大众的情怀，不顾家人的反对嫁给相貌平凡且家境贫困的马克思。婚后，她一直默默地支持马克思的事业，他们的感情生活大部分是在马克思从事革命活动中度过的，然而，正是因为具有共同的理想信念，爱情才保持着生机勃勃，并支撑着双方度过人生中最痛苦的时光。因此，即使是相爱的两个人，如果丢失了共同的信念，也是无法长久的。

4. 爱情道路不都是平坦的

恩格斯出生于一个大资本家家庭，但是他所爱的人只是他父亲工厂里的一个无产阶级女工，两人的爱情遭到恩格斯家人的极力反对，但是恩格斯毅然决定要同白恩士在一起。白恩士陪伴了恩格斯生命中的大半时光，为恩格斯领导的无产阶级革命做出了极大贡献。

因此，对于马克思和恩格斯而言，真爱的道路不见得都是一帆风顺的，其中会经历坎坷与曲折，甚至离别与死亡。

（三）弗洛姆的爱情理论

艾瑞克·弗洛姆是新精神分析学派的代表人物，在他的爱情理论中，他所推崇的是健康的、成熟的爱，“是保持自己的尊严和个性条件下的结合”。“爱是一种主动的能力，是一种突破使人与人分离的那些屏障的能力，一种把他和他人联合起来的能力。爱使人克服孤独和分离感，但爱承认人自身的价值，保持自身的尊严。在爱之中，产生了两个人成为一体而仍然保留着个人的尊严和个性的矛盾。”

弗洛姆否定了弗洛伊德纯粹从生理角度阐述其性爱的观点，他认为性爱不应该只是肉体的结合，而应该是肉体与内心的双重结合。因此在他看来，“爱一个人不仅仅是一种强烈的感情——而且也是一项决定，一种判断，一个诺言。”

弗洛姆的爱情理论主要包括：爱是对人类生存问题的回答；爱是一种艺术；爱是一种能力；爱在本质上是“给予”。正是这几个方面的内容构成了弗洛姆的爱情理论体系。

（四）依恋理论

依恋理论最初由英国精神分析师约翰·鲍尔比提出，通过该理论，鲍尔比试图探讨婴儿和父母在分离后为何会产生焦虑和痛苦的情绪。虽然鲍尔比探讨的依恋主要聚焦于婴儿及其照看者之间，但是在他看来，人生的每一个阶段都具有依恋性。哈赞和谢弗基于鲍尔比的观点提出了成人伴侣之间的依恋关系。他们认为，成人伴侣间的关系同婴儿与其照看者之间的依恋关系有一些共同的特征，比如，当依恋对象在自己身边或者能够给予情感回应时会感到安全；都期待与依恋对象之间有亲密的、身体上的接触；都愿意与依恋对象分享自己的生活；都会对依恋对象产生迷恋。

巴塞洛缪进一步指出，人们会出于两种原因回避与他人亲密接触：第一种是希望与他人进行交往，但又害怕遭受欺骗和拒绝；第二种是希望能独立而自在地生活，不愿踏入联系紧密的亲密关系。基于这样的观点，成人的依恋类型被分为以下四种模式：安全型、疏离型、痴迷型与恐惧型。

安全型依恋（secure），类似于儿童的安全型依恋。成人的安全型依恋表现为在感情上更容易亲近他人，在一段感情里很少出现患得患失、担心被抛弃等负面情绪，更多认为自己处在一个友好的、互相信任的情感关系中，对自我的评价也常常是积极的、乐观的、易与他人接近的、开朗的。

疏离型依恋（dismissing），也称拒绝型依恋。疏离型的人往往认为与别人建立亲密关系是一件“得不偿失”的事，他们倾向于相信自己的能力，对他人关于自己的好恶满不在乎。他们并不认为亲密关系会为自己带来安心，反而认为特立独行对他们来说更为重要，不喜欢依赖别人，也讨厌别人依赖自己。他们通过避免与他人建立亲密关系的方式来保护自己不受伤害，长此以往使得自己不再愿意与他人建立亲密关系。

痴迷型依恋（preoccupied），也称先占型依恋。痴迷型依恋的人如果不依赖于他人的称赞则很难感受到心安，同样地，不能拥有亲密关系常常让他们感到紧张。这使得他们经常在恋爱关系中过度地在另一方身上寻求认同感，也容易导致自己沉迷于关系之中。他们渴望在恋爱中倾注自己全部的感情，然而事与愿违，他人对关系的看法常常不一定会和痴迷型的人想的那样亲密。

恐惧型依恋（fearful）。恐惧型依恋的人常常因为与他人产生的亲密接触而感到不安，尽管他们也渴求亲密，但事实上往往是自己难以完全信任他人，也对依赖别人一事感到过于紧张。比起对进入亲密关系的渴求，他们更害怕自己在关系中离不开对方，从而受到伤害。

知识窗

恒河猴实验

哈洛和他的同事们选取了一个婴猴，从一出生就放在隔离的笼子中养育，并用铁丝和绒布分别制作了两个假猴子替代母猴。与“绒布母猴”不同，“铁丝母猴”的胸前被设置了一个可以提供奶水的橡皮奶头。按哈洛的说法就是，这两只母猴“一个是柔软、温暖的母亲，一个是有着无限耐心、可以24小时提供奶水的母亲”。刚开始，婴猴多围着“铁丝母猴”，但没过几天，婴猴只在饥饿的时候才到“铁丝母猴”那里喝几口奶水，其他更多的时候都与“绒布母猴”待在一起，尤其在遭到威胁时，会跑到“绒布母猴”身边并紧紧抱住它，似乎“绒布母猴”会给它更多的安全感。

在后续的追踪实验中，哈洛发现：那些由“绒布母猴”抚养的猴子长大后不能和其他猴子一起玩耍，性格极其孤僻，甚至性成熟后不能进行交配。于是，哈洛对实验进行了改进：为“绒布母猴”加设一个摇摆的装置，并保证婴猴每天都会有一个半小时的时间和真正的猴子在一起玩耍。改进后的实验表明，这样哺育的猴子长大后“基本正常”了。

通过这一实验，哈洛认为：“爱存在三个重要变量：触摸、运动、玩耍。如果能提供这三个变量，那就能满足一个灵长类动物的全部需要。”由此可以看出，触摸、运动、玩耍这三种因素对一个人的情感发展有着重要的作用。同比爱情，依恋理论认为，一段健康的爱情同样需要这三个重要因素。

拓展训练

你的依恋类型是什么？

活动目的：认识自己的依恋类型。

活动实施：

请根据你和别人相处时的真实感受，从四个描述中选出符合你的情况的那个：

a. 我容易与他人接近，表达亲近和依赖时我都觉得很舒适自在，不会常担心遭到遗弃。

b. 我与人接近时会感到不自在，很难完全相信和依赖别人，有人靠得太近会紧张，伴侣与我过于亲密会不自在，但我又希望伴侣不会因此而离开我。

c. 我发现他人并不愿意与我过于亲近，我常常担心另一半不是真的爱我，或者不想和我在一起。我完全地与另外一个人融为一体，而这一欲望常会吓到别人。

d. 我觉得与他人相处太久是一种浪费时间，建立和维持与他人的关系都让我觉得没有意义；基于这样的感受，与其和别人在一起，我更希望自己独处。

以上四种分别为：安全型依恋、恐惧型依恋、痴迷型依恋以及疏离型依恋。

想一想：自己的依恋类型会给自己的亲密关系带来怎样的困扰？面对这种困扰，自己如何进行解读？

第二节 “多情却被无情恼，今夜还如昨夜长”——爱情中的常见困扰

在金庸先生笔下有着许许多多不同类型的人物，其中有侠肝义胆的江湖侠客，也有儿女情长的唯美爱情，其中有一对就是尹志平和小龙女。最开始的时候，尹志平很爱小龙女，甚至可以说是一见钟情。等到再次见到小龙女的时候，尹志平也只敢偷偷地看，可是随着爱情的种子在心里生根发芽，尹志平并没有遏制自己错误的想法，反而在错误的道路上越走越远，直到这颗爱情的种

子孕育出了邪恶之花，结果令每个人都唏嘘不已。

爱情并不总是一帆风顺，甜蜜的爱情也常伴着各种各样的困扰。如何认清这些困扰，并用正确的方法解决，对我们每个人来说都非常重要。而尹志平就是因为在面对爱情中的“单相思”时，选错了方法，最终酿成了悲惨的结局。

一、爱在心头口难开

心理案例

大一刚刚开学，在班会上同学们逐一上台做自我介绍，小A就是在这个时候注意到外表漂亮、性格开朗的小B。从那一天开始，小A每天到班里的第一件事就是看小B在不在，默默关注着小B。后来在一次实践活动中，小A和小B分到了一组，小A想把自己的感觉告诉小B。但是他发现，面对小B时，他连对视都不敢，更别提说一句完整的话了。在活动中无论小B问小A什么，他都支支吾吾，急得满头大汗，甚至会用一些怪异的举动和夸张的表情来掩盖自己的窘境，小B对小A的表现越发不理解了，慢慢也就减少了与小A的沟通，结果小A由此陷入深深的自责和痛苦中。活动结束后回到宿舍，更是气自己为什么那么不自然，对自己的表现懊恼不已，情绪也难以排解。

就像案例中的小A，有些同学在面对爱情时，常常因为胆怯、害羞而出现面红耳赤、举止失态等难以自制的情绪反应，以至于使自己无法准确清楚地表达情绪，这就是“爱在心头口难开”。在面对爱情时，为了避免出现这样的情绪体验，出于保护自尊和减轻心理压力的考虑，往往会采取消极回避的方式，进而出现恋爱相关的心理困扰。

有“爱你在心口难开”的困扰的大学生，可能这种手足无措的表现不止出现在喜欢的人面前，在同学面前，或者在其他异性面前也可能多多少少表现出来。面对这种情况，一方面，我们要学会调整对自我的认知，有意识地在群体生活中慢慢减缓自己的羞涩和对交流的畏难情绪；另一方面，在出现如面红耳赤、声音发抖等难以自制的生理表现时，不要过于自责自己为什么会在关键时刻掉链子，可以试着从生理层面对心理感受进行调节，如采用深呼吸、转移注意力等方法来调整情绪，并且要善于发现自己在与人沟通，尤其是与异性沟通中的进步，如此这种手足无措的感觉对自己的影响就会减小，自己也能够在以后的交流中变得更从容。

二、单相思

心理案例

小 H 性格内向，他喜欢上另一个班级的女同学，但是迟迟不敢表白。于是，小 H 想了很多办法试探这个女生是否对自己同样抱有好感，并在过年的时候假装编辑了一条群发的拜年消息专门发给这个女生，但是面对女生不冷不热的回复，小 H 更加不确定女生对自己的态度。开学后，小 H 就在女生每天去食堂的路边专门等待，即使看不到女生，他也无暇顾及其他事情，每天只要有时间就去花坛边坐着。这不仅影响了自己的学习和正常生活，还导致其内心也很痛苦。

上述案例中小 H 的种种表现说明他出现了一个常见的亲密关系困扰——单相思。单相思是大多数人都经历过的一种心理状态，单相思本身并不是一种心理问题，但是过分的单相思则可能会引发较严重的心理失调。因此，如果我们在亲密关系中陷入这种困扰，可以尝试采取以下方法予以调整。

第一，冷静下来，不要让爱情影响自己的判断，从理性客观的角度看待对方，甚至可以尝试了解对方身上的缺点。

第二，停止胡思乱想，可以找合适的机会向对方表达情感，如果对方接受，便可以尝试着相处，即使对方拒绝，也不意味着是自己不好，反而应该看到在这个过程中自己表现出来的勇气，相信以后会有更好的缘分等着自己。

第三，如果遭到拒绝，也要清楚这只是每个人对爱情的选择不同，长痛不如短痛，不要穷追不舍，这样反而会让本身美好的爱情不再美好。

第四，扩大自己的社交面，在与同学的交往中发展自己新的友谊，发掘自己可以利用的社会支持力量，帮助自己调整痛苦情绪。

第五，转移注意力，过度沉浸于痛苦中会让我们变得更加消沉，生活中还有很多比爱情更重要的事，可以让自己把注意力转移到其他事情中，如画画、打球、唱歌等。

即使陷入单相思的情感中也不要焦虑和害怕，可以充分参照以上五个方法予以解决，如果很难通过自身调整情绪，可以寻求身边的人或者专业人士的指导和帮助。

三、卑微的爱

心理案例

初入大学，小玲就迎来了自己的一段完美爱情，男朋友是一个高年级学长，比较优秀，成绩好，外表帅气，各种校园活动里都有他的身影。小玲第一次见他的时候就被他吸引了，虽然学长也很喜欢她，并主动向她表白，但是在小玲心里，一直觉得与他相比，自己很渺小。她认为自己长相太普通，身材微胖，虽然成绩不错，但是自己也并不是很聪明的类型，往往一件事情做到同样的效果自己需要付出比别人更多的努力。而男朋友则是闪闪发亮的，自己远远不如他。所以在两人的关系中，小玲主动居于弱势的一方，自己心情不好、身体不舒服从来不会跟男朋友主动讲，在男朋友作业较多的时候，会主动打饭给他带到自习室，也会放弃自己学习的时间帮助男朋友解决社团上的事情。小玲觉得，男朋友这么优秀，自己怎么有资格跟他提要求，而是应该更多地付出，以配得起男朋友的好。

张爱玲曾说，“遇见你我变得很低很低，一直低到尘埃里去”，但是如果像案例中的小玲一样，在一段长久的关系中一直甘愿低到尘埃中就是一种没有自我的表现。在大学的校园恋情中我们也经常可以看到，有些人会在爱情里拼命减肥，不是为了让自己变好，而是怕对方嫌弃。会无微不至地照顾对方，甚至会在对方有能力照顾好自己的前提下，每天给对方送早饭。

在爱情中表现卑微，是因为人的自卑心理在作祟。自卑感过重的人在面对爱情时常常会怀疑自己，不敢吐露心声，难以敞开心扉。当恋爱遭到挫折时，通常采取逃避现实的方式来封闭自己。

怎样才能克服恋爱中的自卑心理呢？可以从以下几个方面着手，进行自卑的自我心理调适。

第一，要正确认识自己。在现实生活中勇于正视自己的缺陷和不足，但是不要将这份不足扩大化，要知道人无完人。同时也要看到自己身上的优点，俗话说，“骏马能历险，犁田不如牛”，我们要学会客观地认识自己，认可自己，悦纳自己。

第二，增强自信心。在正确看待自己的基础上，可以充分发挥自身的优势和长处，多做有把握的事，在一点一点的成功中不断增强自信心，克服自卑心理。

第三，磨炼意志品质。生活中的事情不会永远一帆风顺，感情也是如此。因此，我们要培养自己面对挫折和困难的勇气，以良好的心态、顽强的毅力面对生活中的不如意。

第四，树立积极的人生观。加强自身修养，调整情绪，多看到生活中积极阳光的一面，以乐观积极的态度对待生活。

四、恋爱中的猜疑

心理案例

小慧和小杨是在一次朋友组织的活动上认识的，由于有着相同的爱好，没多久两人就确立了情侣关系。小杨的性格比较偏执，之前谈过几次恋爱都以分手收尾，他把分手原因都归结为现在的女孩太花心。他看到小慧年轻漂亮，既欣喜又忧愁，所以暗暗跟自己说无论如何都要“看住”女朋友。有一天小杨去接小慧，发现小慧正在和一个男生说话，在回去的路上，他冲着小慧大吼道：“你不知道羞耻吗？你有男朋友，还去勾引男人。”不论小慧怎么解释，小杨都听不进去，依然是不依不饶。有一次，两个人去吃饭，中途小慧手机响了，小杨听到声音马上把手机抢过来，看到上面写着“明天中午，不见不散哦”。一刹那，小杨如遭雷击，他迫不及待地翻看了所有微信，并未发现什么异常。但他并没有善罢甘休，劈头盖脸地质问小慧是不是“出轨”了，还没等小慧开口，他就情绪失控地大声喊叫道：“你自己好好反省吧！居然敢背叛我！”在小杨这种猜疑心理的影响下，小慧不堪折磨，最终提出了分手。

案例中的小杨在恋爱中缺乏对对方最基本的信任，不相信对方，甚至怀疑对方的每个举动背后都是对自己的背叛，以致出现胡乱猜忌等错误的举动。这实际上是缺乏对对方的尊重、理解和信任，也是对自己不够自信的一种表现。真正的爱情应该是对彼此信任、尊重，双方坦诚相处，真诚相爱。

那怎样克服猜疑心理呢？

第一，与其无意猜测，不如增加双方的相互了解，提高对彼此的信任，当了解的信息变多时，就不会再任由捕风捉影的事情影响自己的判断。

第二，努力提高个人修养，增强自信，克服胡思乱想的心态，将更多关注点放在提高自己身上。

第三，遇事冷静，全面地看待问题，避免一时冲动。如果真有疑问，与其胡乱猜测，不如开诚布公地与对方交流，正视矛盾，解决问题。

五、性困惑

心理案例

小Z是某高校的大学生，自述近期经常会产生一些羞于启齿的冲动和念头，对文艺作品中的性爱描写非常关注，和异性相处时会不由自主地默想对方的身体，并伴随着一种莫名的兴奋和冲动。小Z意识到这样的心理不对，但就是无法控制自己的想法和好奇，感到很痛苦、很压抑，也很矛盾。他知道自己不会做出什么出格的事情，但是也不知道为什么自己会突然对异性的身体产生了如此大的好奇。

小Z面临的困扰，在青年大学生中其实很普遍，是性心理快速成熟过程中正常的心理反应。一部分大学生适应了这种正常的性的身心发展并能理智地调控自己，使性的问题对学习和生活并未产生突出影响。但是对于并没有适应这一发展的大学生，需要明确自己的这些想法是有生理基础的，同时也需要明确这只是一个想法，只是这一阶段产生的特定的困扰。但需要注意的是，有一些关于性的困扰或好奇可能能够在亲密关系中得到满足，但是一定要杜绝以满足好奇而发生的一些不良的性行为。所以在正确认识亲密关系的同时，对与性相关的心理卫生和一些性疾病的话题也需要多做了解，这样才能做到更好地保护自己，也更好地保护亲密关系中的另一方。

（一）生理卫生

大学生正处于生理发育和性心理发育日趋成熟的时期，因此在探讨大学生情感问题时更要关注该阶段大学生在两性问题中存在的困惑，寻求必要的解决办法，学习科学的性知识，促进健康的身心发展。

1. 避孕

对大学生而言，学习是第一要义，如果因为自己的无知和放纵去承受本不该属于这个年纪的重担，这对自己和他人都是极不负责任的。因此对大学生而言，一方面，不提倡婚前性行为，另一方面，作为成年人，也需要知晓基本的避孕知识，用科学的方法做好对自己的保护。

避孕的方式主要包括以下几种：男用避孕套，这是年轻人中较为普遍的一种方法，最大的优点是不干扰和伤害女性身体，还可以防止性疾病的传播；口服避孕药或外用避孕药（使用时一定严格遵照医嘱）；安全期避孕法，利用月经的时间来确定安全期，但这类方法由于计算问题或生理问题很容易出现避孕失败的情况，不建议采取这种方法避孕。

知识窗

常见避孕药问题

什么人不适合吃避孕药？

1. 患有急、慢性肝炎、心脏病、高血压、甲状腺功能亢进、糖尿病及糖尿病家族史和肾炎的妇女不宜服用。

2. 乳房良性肿瘤、子宫肌瘤以及各种恶性肿瘤患者不宜使用，以免对肿瘤产生不良影响。

3. 患慢性头痛特别是偏头痛和血管性头痛的妇女不宜使用，否则会加重症状。

4. 过去月经过少者，最好不用。长期使用避孕药可使子宫内膜呈萎缩状态，更会减少月经量。

紧急避孕药的不良反应

1. 引起下次月经来潮的提前或者推迟，使得月经时间无法预知。

2. 可能引起用药后几个月内，月经不同程度的紊乱。

3. 用药后可能出现恶心、呕吐等反应。

4. 平时月经不规律的女性，服药后月经周期会更加混乱，可能出现经血量突然增大或减少、月经持续时间长或淋漓不净，非月经期间也可能出现不规则阴道流血。

2. 流产

人工流产分为手术流产和药物流产，无论哪一种流产对女性身体和心理都会造成不可挽回的伤害，因此如果不是做好了万全的准备，女性一定要保护好自己的身体，男性也要尊重并保护好自己的另一半。

人工流产的危害：

手术流产的并发症：出血、不全流产、子宫穿孔、感染等。

药物流产的并发症：大出血、盆腔感染、妊娠物残留等。

此外，人工流产对再次妊娠也存在巨大影响。有人工流产史的女性其流产率增加 1.5~2.5 倍；人工流产会明显增加妇女生殖道感染的危险，易导致继发不孕。

3. 性病

当性冲动来袭时，无论男女都需要谨慎思考，不要丢掉理智，更要学会做好防范措施。性病主要包括艾滋病、梅毒、淋病、非淋菌性尿道炎、生殖器疱疹、尖锐湿疣、生殖器念珠菌病、疥疮等。

性病的预防：认清性病危害，树立危机意识。拒绝不良性行为，避免不洁性行为。安全使用避孕套。如果一旦发现性病问题，及早治疗。

4. 月经

每个月，女性的子宫内膜会发生变厚的现象，以便为怀孕做准备。而当没有怀孕时，女性身体的雌性激素和孕激素会发生变化，身体就会每个月按照一定规律的时间（月经期间），子宫以流血的形式，排出堆积增厚的子宫内膜。

有时候，女性也会出现月经不规律的情况，那什么会影响女性的月经呢？主要有以下几种因素：怀孕或哺乳期；极端不健康的减肥方式，如节食、不规律饮食、运动过量等；多囊卵巢综合征（PCOS）；压力或紧张情绪；卵巢功能性早衰；盆腔炎；子宫肌瘤；其他一些药物或疾病。

知识窗

常见月经疑问

1. 月经期间吃不胖吗？

不存在的。这个阶段女性的代谢水平会有增加，但是增加的比例只有2%~10%左右。也就是说，对于一个平时日常代谢为1800大卡的人，每天代谢会增加36~180大卡左右。

2. 月经期间可以运动吗？

可以的，月经期间适当的运动甚至还可以缓解月经来临期间不舒服的情况，但是不能剧烈运动，尤其是有痛经现象的女性，千万不要勉强自己去运动。另外一定要避免倒立的动作，尽量减少压迫腰腹的动作。

3. 如果你出现下面这些情况，记得一定要看医生：

（1）没怀孕的情况下，停经超过90天；（2）月经非常突然地变得不规律；（3）流血过多（与平时正常情况相比）；（4）月经周期短于21天，或超过38天；（5）有严重痛经。

（二）艾滋病

1. 病因

艾滋病是由人类免疫缺陷病毒（HIV）引起的性传播疾病，根据血清分型，HIV可分为Ⅰ型（HIV-1）和Ⅱ型（HIV-2）。HIV主要侵犯的是T淋巴细胞，引起人细胞免疫严重受损，继而发生条件致病菌感染、恶性肿瘤等。目前尚无预防疫苗，也无有效治愈办法且病死率较高。

2. 传播途径

三种传播途径，即性传播（异性或同性的性行为传播）、血液传播（包括公用针具静脉注射毒品、介入性医疗操作等）和母婴传播（包括经胎盘、分娩和哺乳传播）。需要知道的是，握手拥抱、礼节性亲吻、同吃同饮等日常生活接触不会传播 HIV。

3. 典型症状

有持续发烧、虚汗、盗汗、持续广泛性全身淋巴结肿大，特别是颈部、腋窝和腹股沟淋巴结肿大更明显。体重在 3 个月内下降可达 10% 以上，最多可达 40%，消瘦特别明显。

4. 艾滋病的预防

洁身自爱，遵守法律和道德，在进行性行为时做好保护措施，反对乱性行为。

不做卖淫、嫖娼等违法活动。

不以任何方式吸毒、贩毒，远离毒品。

不使用未经检验的血液制品，看病要去正规的医疗机构。

不共用牙刷、剃须刀等。

避免在日常工作生活中沾上携带者的血液。

拓展训练

我眼中的他 / 她

活动分组：6 人一组。

活动目的：了解自己喜欢的类型。

活动实施：

（1）男生眼中认为女生最吸引自己的三项特质：

备选：a 漂亮　b 真诚　c 热情　d 稳重　e 温柔　f 勤奋　g 贤惠　h 聪明　i 身材好　j 有主见　k 有修养　l 好运动　m 善于打扮　n 家庭背景好　o 爱好相近　p 活泼外向　q 沉稳内向　r 其他

（2）女生眼中认为男生最吸引自己的三项特质：

备选：a 幽默　b 高大　c 稳重　d 聪明　e 英雄　f 勤奋　g 真诚　h 热情　i 有主见　j 有修养　k 讲义气　l 好运动　m 外向乐观　n 穿着潇洒　o 出手大方　p 乐于助人　q 家庭背景好　r 爱好相近　s 其他

（3）思考：男生为什么喜欢女生这些特质？女生为什么会喜欢男生这

些特质？

（4）分享：上述发现对自己有何启发？你自己具备哪些条件和特质？你想如何去培养自己更多优秀的特质呢？

第三节 “回眸入抱总合情”——提升爱的能力

我国文学史上的第一部长篇叙事诗《孔雀东南飞》中讲述了这样一个故事：东汉末年建安时期，一位名叫刘兰芝的少女嫁与焦仲卿为妻后，日夜忙于家务，却一直被婆婆刁难，于是写信给正在做小吏的丈夫。焦仲卿赶回家为妻子求情，却遭母亲斥责，并要求他另娶。焦仲卿长跪在母亲面前说：“今若遣此妇，终老不复娶。”由于焦仲卿在家也不能过多停留，无奈之下，只得先让妻子回娘家暂时避一避。

刘兰芝回到家，没过几天，县令就派媒人来为自己的儿子说媒，被刘兰芝婉言回绝。这下惹恼了刘兰芝那位性情暴躁的大哥。兄命难违，刘兰芝被逼迫不过，只得一切任人安排，三天之后就要嫁过去。焦仲卿在任上知道这件事后，急忙告假回家。第二天，刘兰芝听到外面有熟悉的马嘶声，出门一看，原来是焦仲卿来了。刘兰芝一一诉说原委，二人最后约定“黄泉下相见”。刘兰芝嫁人的日子到了，在黄昏后人群渐渐散去时，刘兰芝没有任何犹豫地投河自尽。焦仲卿得知后，亦自缢殉情。后两人合葬于华山旁。

刘兰芝和焦仲卿的爱情虽然离我们很遥远了，苦于旧的社会制度，他们不能自由相爱，也缺少爱的能力。比起他们，我们幸运了很多，但是无论何时，在爱情面前，我们每个人都要不断学习、不断成长。

一、爱的选择与能力

（一）如何选择你的爱

单身时，很多人会幻想自己未来的另一半是什么样子；面对爱情时，同样会有人犹豫、踌躇，不知道对方是否适合自己；在恋爱过程中，也会有人迷茫无措，感叹恋爱为什么没有自己想象的美好。那么如何选择你的爱，如何选择正确的爱，对当代大学生来说，这既是亲密关系的起点，也是亲密关系中一个重要的课题。针对这个问题，在决定牵手前以及牵手后，我们可以先问自己以下八个问题，以此来明确自己的内心真实所想。

①我们能否成为彼此最好的朋友，即使是平凡的日子里也愿意与对方分

享生活的点滴幸福？

②我们彼此是否能够和对方坦诚地交流，无须担心对方会怀疑或是嘲笑？

③我们的人生理念和价值观是否一致，并清楚自己和对方的追求且愿意接受对方？

④我们是否认为爱情必须是忠贞的，恋爱中的我们要学会对自己和对方负责？

⑤我们在面对冲突和争执时，是否能够直面问题，共同找到解决办法，认同求同存异？

⑥我们两个人在一起时的快乐是否多于一个人独处时的乐趣，我的性格是否也变得更加开朗自信？

⑦我们是否即使知道对方有缺点，也愿意接纳和包容，与对方相处时依旧觉得满足和自在？

⑧我们的亲朋是否支持，彼此间是否能感受到这段关系带来的幸福？

相信在思考和回答上述问题的同时，我们自己对彼此双方现在的一些共同点或差异点，以及在一起之后可能的一些相处模式都有了大致的了解，这样的一些思考也能帮助我们自己得出结论：彼此是否适合，能否走得长久？

心灵故事

拾麦穗

苏格拉底曾把恋爱的过程比喻为拾麦穗。

三个人走过一片麦田，每个人可以摘取一株麦穗。

第一个人走进后，看到一株麦穗就迫不及待地摘下了。当他又向前走时，发现有好多更大的麦穗，最后半程的路只能在遗憾和懊恼中走过。

第二个人走进后，看见株株麦穗都很大很饱满，挑来挑去不知道该选哪株，直到快走出麦田了，无奈只能随手摘取了一株。

第三个人走进后，在走到一半的路程时，选择了一株较大的麦穗摘下，后面或许有更大的，或许没有，但是对他来说，手中的这株麦穗就足矣。

对比收获爱情的过程，其实经营恋爱的过程也是如此。最适合自己的才是最好的，我们不要放弃尝试，更不要放弃希望，但要寻找时机，做出最适合自己的选择。

（二）爱的能力

心理学家弗洛姆曾说：“爱是一种能力，也是一种艺术。只有掌握了爱的艺术，具备了爱的能力，才能正确地面对和处理爱情。”而往往有些关系出问题，恰恰是因为我们缺少这种能力。

爱本身是一种积极而赋予人幸福的情愫，可是在这个案例中却成了男孩极端伤害他人的行为推手，这并不能算作真正的爱，他只是打着爱的幌子做伤害别人也伤害自己的事。从这个事件中透露出来的是这个男孩不懂爱，也缺乏爱的能力。

爱是一种能力，更是一种责任。作为大学生想要收获期待的爱情，需要先锻炼和充盈自己爱的能力，这项能力主要包含以下五个方面。

1. 爱自己的能力——与自己和解

想要爱别人，首先要学会爱自己，连怎么爱自己都不知道的人，又如何去爱别人呢？爱自己意味着对自己的肯定、尊重和欣赏，尊重自己的价值，认可自己的需求。爱自己意味着悦纳自己的全部，悦纳自己的优点，更重要的是悦纳自己的不足。我们每个人都或多或少有一些缺点，但是我们不能因为这些缺点就贬低或错误地看待自己，而是要学会尊重、呵护、满足和珍视自己。

一个人只有真正了解自我、接纳自我、尊重自我，他才会明白怎样将同样的关爱给予别人；一个人只有认可并尊重自己时，他才能学会尊重和欣赏他人；一个人只有具备爱自己的能力时，他才能够更好地爱别人。

2. 迎接爱的能力——相逢是首歌

迎接爱的能力既包括表达爱的能力，也包括接受爱的能力。在表达爱的时候，要勇敢地说出内心的爱意，并让对方感受到；接受爱则是指，当他人向你表达爱意的时候，无论是接受、拒绝还是观察，都能做出准确的判断。因此对大学生而言，既要具有使用正确方式准确表达爱意的能力，同时也能感受到对方的爱，并做出合适的、恰当的回应。

3. 拒绝爱的能力——轻轻挥挥手

拒绝爱的能力主要包含两个方面：一方面，我们在面对不想接受的爱情时，拒绝时要坚定，但也要讲究策略。首先要善待每一份他人的善意和爱意；其次要做出合适、恰当的回应，并能够准确无误地表达自己的态度。另一方面，我们想要结束一段感情时，要学会理智地说分手。首先是冷静，选择恰当的时机表达想法，尽量选在两个人都比较平和的时候；其次是不要拒绝沟通；最后无论这段感情如何收尾，不要轻易否定过去。

大学生在拒绝爱的时候，要给予对方充分的尊重，做到尊重的前提是要清楚，来自他人的爱意表达的也是他人对自己的善意和欣赏，所以即便不喜欢、不接受，也不要使用恶语相向等轻率、不留情面的回应方式，让对方的自尊心受到伤害。

心理案例

大学期间，小李与自己的同乡小张确定了恋爱关系，两人决定一起考研到A市。结果小张考研失利，小李则以优异的成绩顺利入学。小张决定跟随小李一同去A市，一边打工一边准备第二次考研，但是两个人由于选择的道路不同，慢慢地，小李觉得跟小张之间的共同话题越来越少，却羞于提出分手。这时小张的二次考研结果出来了，依旧没有成功。小李为鼓励小张继续奋斗，依旧没有提出分手。在小张第三次考研在即时，小李决定不再拖下去，终于提出了分手。而经历了两次考研失败的小张，实在无法理解小李为什么这个时候提出分手，并认为小李的分手提议是因为自己多次没有考上研究生，担心自己之后不能赚钱养她，并认为小李非常自私和势利，二人多年的感情也在彻底的争吵中消失殆尽。

在小张因为两次考研失利和第三次考研在即而分外焦虑的时刻，小李提出分手，这对小张的伤害可想而知。我们都期待爱情能修成正果，曾经相爱过的两个人事后提起彼此，都是美好的回忆，正是因为小李不懂得合适的拒绝，才让昔日的爱意化作怨愤。

4. 承受失恋的能力——爱在转角处

我们不能保证每个人的爱情都是一帆风顺的。在拥有爱情时，我们尽情享受；当不得不失去爱情时，我们更要拥有承受失恋的能力。面对失恋，我们可以采取以下几种方法。

同身边的家人朋友倾诉，通过倾诉排解自己内心抑郁的情绪；可以将注意力转移到其他事物中，比如学习一样乐器、参加学校社团活动，等等，让自己的生活丰富充实起来；尝试寻求同学、辅导员、家长等身边人的帮助，或者到学校心理咨询中心寻求专业人士的帮助；可以适当进行心理暗示，将这一过程看作对自身意志的磨炼，打起精神，勇敢面对。

心理案例

小A，某校大二男生，由于难以排解女友向他提出分手后的痛苦情绪，选择一天中午特意在教室采取自残的行为并拍照发给女友，恐吓威胁对方，后被学校发现后紧急送往医院抢救。

小A在面对失恋的打击时，没有采取正确积极的方式进行心理调节，也没有寻求他人的帮助，而是采取消极甚至毁坏性的方式来应对，不仅对缓解失恋情绪没有帮助，反而加深了对自己和他人的伤害。爱情的消逝固然让人痛苦，但是作为一名大学生，我们要学会理智地看待感情中的问题，尝试积极面对，学会冷静处理，努力走出失恋的阴影。

提升自己承受失恋的能力的同时，我们要努力接纳自己的痛苦情绪，明白自己在情感破碎的当下，无法立即振作起来是人之常情。同时也应该看到自己之所以受失恋影响如此之大，是因为自己对这份感情有真正的付出，自己是努力爱过的，只是这份爱没有走到最后的收获季。失恋也不意味着自己是失败的，是不值得被爱的，而应该慢慢认识到自己其实可以从这个过程中有所收获并获得成长。

5. 发展爱的能力——让自己变得更好

苏联教育家马卡连柯说：“爱的力量只能在人类非性欲的爱情素养中存在。他的非性欲的爱情范围愈广，他的性爱也就愈为高尚。”发展爱的能力，既需要我们在恋爱中爱自己、尊重对方，也要具有处理恋爱问题的能力。

在恋爱过程中，我们要不断地提升自己，在自我进步的同时彼此获得共同进步才是爱情的真谛，恋爱双方切不可在爱情中迷失或失去自我，而是在保持自身个性的前提下寻求与另一半的和谐相处。此外，在让自己变得更好的同时，也要带动另一方的成长，在双方共同成长的过程中，让爱情得以健康稳定地发展。因此，发展爱的能力，一方面是在恋爱过程中保持自我提升，承担起爱情的责任；另一方面要保证爱情的健康稳定发展，寻求爱的升华。

二、爱的维系

（一）维持亲密关系的秘密

心理学家根据亲密关系中双方的不同身份将其分为广义和狭义两种：广义的亲密关系不受限于双方的具体身份，主要表现为恋人关系、朋友关系、家庭关系等；狭义的亲密关系则主要指伴侣关系，包括恋爱关系和婚姻关系。此处主要探讨的是恋人之间的亲密关系。

家庭治疗大师莫瑞·鲍恩曾说：“一个亲密的关系，是其中的任何一方都不需要牺牲、违背自己或不敢发言；任何一方都能以平等的态度来表现自己的强弱或优劣。”一起研究亲密关系的黄唤详和麦基卓则提到，亲密最初的意义是“亲近”和“了解”，亲密是一种存在的状态，把自己内心最深处的部分向他人也向自己展现，没有任何伪装或防卫。所以，亲密是一种基于彼此信任和亲近而自我揭露、表达脆弱和包容的情感状态，而不是一般人际关系中可以达到的普遍状态。

哲学家亚里士多德认为亲密关系是人类生活的基本组成部分，影响人类生活的各个方面。研究发现，形成并且维持稳定的亲密关系与生活幸福感呈显著正相关，拥有稳定亲密关系的个体不仅比缺乏社会支持的个体能体验到更多的幸福感，而且更可能拥有健康的身体和心理状态。因此，如何建立良好的亲密关系并将亲密关系长久地维持下去，将变得十分重要。

首先，我们要明确亲密关系有着与其他人际关系不同的特点。基希勒在总结前人研究的基础上，总结出亲密关系的特性主要有：

①关系双方的人际距离十分近，伴侣之间的社会距离很小并涉及双方的“个人隐私区”。

②伴侣不仅可以通过语言表达自己的想法，还能够通过直觉理解对方。

③关系双方是彼此依存的，伴侣的行为使双方有高度相互依赖的感觉。

④关系双方有高度的亲密感，伴侣间有一个共同的愿望，即永远在一起或至少很长时间在一起，并且双方都不会轻易用他人来代替对方。

在了解亲密关系特性的基础上，我们可以进一步思考，如何将这份亲密关系长久地维持下去。维持亲密关系的秘密主要包括四个方面，分别是积极、共享、承诺、分担。

我们首先要以积极的态度和方式去面对和经营一份亲密关系，对亲密关系保持愉悦的态度。其次在此基础上，同对方分享你的生活，在保持信任的基础上，用真诚的态度分享生活中的点滴快乐。再次是承诺。在有关亲密关系的研究中，大部分都认为亲密关系与承诺有着重要联系，如在亲密关系中，承诺会促使个体产生牺牲意愿，对伴侣保持忠诚，并且致力于关系的维持。承诺可以通过提高并改善亲密关系的质量促进亲密关系的正常运转。同时，承诺的缺失也可以预测关系的破裂。承诺水平高的个体更倾向于对自己的伴侣产生知觉到的优越感，并且低估具有威胁亲密关系的可选择性替代的吸引力。最后是分担。分担或许不能成为亲密关系的催化剂，却是亲密关系的稳定器。它代表的是一种彼此间的陪伴和照顾，也意味着两个人对这段感情的投入和用心，彼此相互扶持、相互分担。

知识窗

7个让亲密关系情比金坚的建议

1. 身体接触：牵手、拥抱、紧紧依偎。

2. 真诚沟通：一起谈清楚，达成共识。
3. 幽默：笑点相同。
4. 情感联结：关心对方的情绪。
5. 争吵后和解：对争吵进行理性讨论。
6. 懂得感恩：让对方了解他/她对于你有多重要。
7. 规划未来。

（二）避免亲密关系的破裂

沉浸在一份亲密关系中的人们，都希望自己可以将这份幸福长久地维持下去，其实爱情说坚固也坚固，说脆弱有时也很脆弱，比如两性关系中的背叛、妒忌、欺骗、害羞等都会伤害到两个人的感情。那么，在爱情中我们怎样才能避免破坏两个人之间的亲密关系呢？可以采取以下几种方式。

1. 避免情绪化

情绪是一个人不断变化的心理状态，每个人都会在不同的时间，或是不同的事情面前呈现不同的情绪状态，这很正常。但是如果整个人无时无刻不情绪化，让情绪左右自己的言行，就会做出不理智的行为或是说出不理智的话，因此，要经营好一份恋爱关系，过分情绪化是绝对不提倡的。

情侣双方如果陷入情绪化的陷阱中，最后只会两败俱伤。那么如何才能避免情绪化呢？虽然我们无法要求别人，但我们可以从自己做起。首先，保持冷静和理性，尤其在对方处于情绪化时，更要保持自身的冷静。其次，在对方情绪过度激动时，可以尝试转移注意力，或是安抚对方情绪，避免矛盾进一步恶化。最后，当意识到自己情绪波动较大时，可以采取其他方式将负面情绪宣泄出来，比如做些体育锻炼、将情绪体验写在本子上，等等，使自己的情绪得以控制。总之我们要清楚地知道，解决问题和矛盾是目的，而情绪化的争执是无法解决问题的。

2. 精确表达

提到表达，大家可能都不陌生，因为这是我们与人交往中最重要的一个环节，也就是沟通。但是我们真的会沟通吗？或者说，我们在与对方交流时所表达的内容，真的是我们心中所想吗？当我们不能准确表达所思所想时，最终导致的可能就是误解和争执。在本书家庭关系的部分我们也提到了沟通表达的重要性，在亲密关系中这一因素也不例外。

就像前面章节中提到的，我们在表达时可以采用第一人称方式进行陈述，以“我”打头，接着将自己的情绪体验进行精准描述，或者表述为“当你……

的时候，我感到……”，这样也会使彼此之间的进一步交流变得更为顺畅。举个例子，当表达自己生气时，可以用“我现在真的很生气”，而不要说“你真是气死我了”；当对方打断你说话时，你可以说“刚刚我在讲话的时候，你打断我，我感到很生气”，而不是“你为什么要打断我讲话！为什么从来不让我把话说完！为什么不为我着想！”

3. 积极倾听

积极倾听是一般人际交往中的重要方式，在与我们亲近的家人和恋人的沟通中也同样需要注重倾听的重要性。积极倾听主要包含两方面：一方面是准确理解对方表达的意思；另一方面是在接收信息后给予回应，让对方知道你是在意他说的话的。复述，则是积极倾听中非常有效的一个技巧。通过复述，你既可以让对方知道你是认真倾听了，同时也可以检验自己是否将对方所要表达的意思理解清楚了，可以避免不必要的误会。但是这里的复述不是策略性的简单模仿，前提是我们真的听进去对方说了什么，否则就会弄巧成拙。当亲密关系中的两个人发生矛盾、激烈沟通的时候，倾听就显得尤为必要。因为在双方都处于情绪较为激昂的状态下，其中一方能够迫使自己镇定下来，认真听对方的诉求和在意的点，这本身就是爱意的表达，也是能够让双方都冷静下来，由激烈争执变成良性沟通的重要一环。

4. 守礼而镇静

在掌握了以上避免破坏亲密关系的方法后，我们还要知道，即使我们能避免情绪化、保证信息的传递和接收都非常准确，但如果我们在沟通时经常大发脾气或存在敌对情绪，还是会破坏两人之间的亲密关系。因此，即使在生气的时候我们也要学会让自己冷静下来，发现两个人都到了矛盾激化的临界点时，要及时叫停，比如可以说：“我现在太生气了，咱们先各自冷静十分钟，再来谈这个问题。”可以采用深呼吸的方式帮助自己平静下来，因为人在情绪较为激昂的状态，理智往往会被情绪所淹没，会让我们说出一些并非出于我们本意的话，这对亲密关系是巨大的伤害。所以，意识到自己情绪化且没有办法让理智重新回到大脑的时候，不妨给自己和对方一个喘息的机会，让双方都镇静下来。

5. 尊重与认可

尊重与认可表现为在沟通交流中，尊重伴侣表达的每一个观点，认可其可以真实地表达感受，即使在沟通中我们会发现彼此的观点并不一致，甚至相左，但是这也并不能阻碍我们对对方的认可与尊重。举个例子，当一对夫妻沟通时，妻子有三种不同的回答：

丈夫：我讨厌你那样做。

妻子的第一种回答：我讨厌你和你朋友喝醉酒。

妻子的第二种回答：好吧，你说得对，我不会那样做了。

妻子的第三种回答：是的，我明白你的感受。或许你说得有道理。但我希望你也可以站在我的立场上理解我的感受。

这时我们发现，只有最后一个回应既认可对方可以表达观点，也同样表达了自己的情感，从而才能进一步真诚地交流和沟通。

小问答

对于这些问题，你是如何看待的

1. 从一而终很难吗？
2. 在恋爱关系中，你是否总想逃避关系？
3. 你们的恋爱关系是否变得“公式化”？
4. 毕业季就是“分手季”吗？

三、爱的冲突解决

向往但又担心失去，热烈但又害怕张扬，爱情是如此让人难以捉摸。在亲密关系的不同阶段，似乎会有各种各样的冲突。弗洛姆说：“我们时常把爱的成败归结为对象问题，好像人对了一切都会越来越顺利。”可是事实上，我们在这一段关系中的冲突，似乎又会在下一段关系中重现。或许，我们应当坐下来好好想一想，面对爱的冲突应如何化解。

（一）冲突源自哪里

研究发现，在亲密关系里，有很多因素都能够成为矛盾和冲突的导火索。心理学家戴维·巴斯曾要求学生详细描述“伴侣所做的让他们心烦的事”，结果收集到 147 种截然不同的冲突源：“该谁付钱、怎样打发时间、情感表达不够充分（感受不到爱意），或是情感表达太夸张（太依赖）”，等等。此外研究还发现，伴侣发生矛盾的频率也很频繁——恋爱中的伴侣，平均每周发生 2~3 次冲突。在一项为期 3 年的研究中，夫妻报告他们每个月都会经历 1~2 次“不愉快的争论”，并且这个频率在 3 年中并没有发生变化。

冲突的来源有很多，比如两个人由于成长环境和教育背景等不同，在面对同一件事时有不同的看法，或者本身的价值观、喜好等存在差异，当这些差异在实际生活中对另一半产生影响时，冲突就产生了。比如，你觉得本科毕业必须要读研究生，不能接受自己只有本科学历，但是另一半觉得本科学历没什么不好，早点找工作能早为家里分担一些压力。这时虽然双方选择不同，但也不会有冲突。直到有一天，其中一个人要求对方必须和自己有相同的选择时，冲突就产生了。

在亲密关系中，当冲突产生时，有人就会选择将自己的想法表达出来，但也有人会选择默默藏在心里。研究发现，有40%的人因发生冲突而感到恼火时会选择不告诉伴侣。我们要知道的是，直接的冲突和争吵反而比隐藏心底默默承受更具积极作用。因为只有将冲突表达出来，才会给彼此一个了解对方想法的机会，才会避免两人关系的恶化。在充分交流后，如果两人的冲突能得到较好的处理，则可以使亲密关系得到更好的发展。

所以，在亲密关系中有冲突产生时，我们不要过分担心害怕，既然冲突产生了，比起抱怨逃避，我们更应该以积极正确的方式应对冲突，在化解冲突的基础上，进一步拉近彼此间的关系。

（二）亲密关系冲突的应对方式

按照“破坏性—建设性”“主动—被动”两个维度，心理学家卡里尔·鲁斯布特将亲密关系中应对冲突的方式分成四类：退出（exit）、忽视（neglect）、忠诚（loyalty）和协商（voice）（见图10-2）。

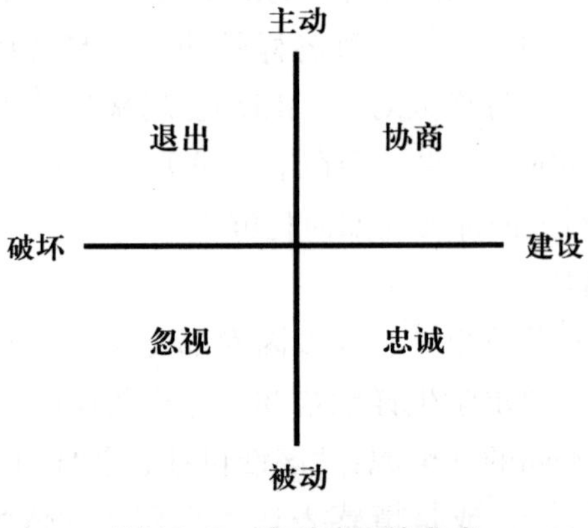

图10-2　应对冲突的方式

1. 退出

这里提到的“退出”，是以破坏性的方式回应冲突，它不是自己的妥协，而是以一种威胁的方式强硬地要求伴侣妥协。比如，威胁对方不同意自己的选择就要分手等。而这种解决方法之所以称为“退出”，是因为在亲密关系中一旦冲突发生，以这种方式应对冲突的人就直接“以退为进”，放弃心平气和地解决冲突，是一种不可取的冲突解决方式。

2. 忽视

“忽视”与具有主动性的“退出”不同，它是以消极的方式应对冲突，对感情中出现的问题坐视不管。比如回避争论的话题，或是干脆与另一半拉开距离，又或是将重点转移到与冲突无关的事上。回避冲突的人，甚至会用一些不利于亲密关系的方式来缓解焦虑，例如出轨。

当恋爱中一个人采用忽视这一方法时，如果对方试图积极主动应对问题，就会形成“追逐—逃避”模式：追逐者不断批评、唠叨、向忽视者提出沟通的要求，而忽视者则更加抵触、逃避，结果使得追逐者进一步逼近，形成恶性循环；如果对方也转为消极应对，双方都有意回避且不再讨论，那么虽然表面上看不再有冲突，但实际上并没有真正解决问题。长此以往，要么导致表面和谐，二人感情越发淡薄，要么问题越积越多，迎来日后积怨的爆发。所以，忽视同样不是一种解决冲突的好办法。

3. 忠诚

冲突中的“忠诚”是一种被动的反应，因为选择忠诚的人并不会主动交流，也不会采取任何行动，只是乐观地等待境况的改善。但与“忽视”有一个显著的区别，就是在面对伴侣的沟通要求时，忽视者会回避，而忠诚者会温和地进行反驳，或者坦率地说出自己的想法，这种表达对亲密关系还是有一定积极作用的。

4. 协商

“协商”是面对冲突最好的解决方法，其试图通过沟通来解决问题进而改善亲密关系。协商者会与伴侣就面对的问题展开讨论，当两个人觉得彼此间的沟通不足以解决问题时，也会积极寻求第三方的帮助，这是一种积极应对冲突的方式。

无论是忠诚还是协商，都有助于化解矛盾、构建亲密关系，因为缓解矛盾的关键在于沟通，而沟通则是解决情感问题最积极、正向的方式。心理学家巴赫和怀丹认为，一场建设性的沟通可以增进亲密性，双方在沟通过程中都是赢家，都会取得更多积极的结果。

（三）处理失恋与丧失

水纹珍簟思悠悠，千里佳期一夕休。
从此无心爱良夜，任他明月下西楼。

唐代诗人李益的这首诗中描写的是，一次期待已久的与恋人的约会却告吹了，诗人伤心的情绪让其对良辰美景、明月下西楼都无心欣赏了，这也是一种失恋后的心境。失恋，是指一段感情的结束，往往伴随痛苦和伤心，有的人可以正确面对和处理，能够尽快调整自身状态，奔向新生活。也有一些人不能及时排解因失恋产生的负面情绪，最终导致心理失衡，性格反常。从心理学角度来看，失恋是一种在亲密关系中体验到的“丧失”，与搬家、换工作、亲人离世等带来的丧失有相同之处。如果说亲人离世这类丧失是由于重要他人的离开，那么失恋这类丧失则源于“重要他人的爱的消逝”。根据调查，主动失恋方将体验到羞愧、自责等情绪，被动失恋方将体验到极其强烈的焦虑、害怕、愤怒，表现出对周围事物缺乏兴趣、失眠，怀疑自我价值等情况。因此面对失恋，我们不仅是在哀伤一段关系的逝去，更是要重新调整亲密关系中对自我的认知。可以采取以下几种方法予以调整。

第一，转变观念。爱是不能强求的，每一个未婚青年都有追求爱情的权利，也有接受和拒绝爱情的权利，因此，不要把失恋看成天崩地裂的大事，要正确看待爱情中的挫折。

第二，理性客观看待对方。热恋时关注的常常都是对方身上的优点，在失恋时为了调整好自己情绪，可以更多、更全面地关注对方，明确了解对方的缺点，以此调整自己的心态。

第三，了解自己的优势和长处。提高自信心，可以通过参加其他活动、比赛等，增强自己的自信心，转移注意力。

第四，评估自身情绪状态，可以做一些放松训练。简单的深呼吸、瑜伽、正念都是可以尝试的放松方法。

第五，寻求身边人的帮助。失恋者精神遭受打击，被痛苦、绝望、悲伤、悔恨、孤独等多种负面情绪环绕，这个时候尽量不要自己独处，可以通过与家人、朋友沟通交流，或者用书面文字，如写日记的方式把自己的感受记录下来，都能达到心理的减压。

失恋八问

1. 我们是怎么恋爱上的？

2. 我们在一起时，我是否觉得比跟别人在一起时更快乐、更幸福？

3. 我的付出，对方是否有回应？

4. 我们在一起是否不用多说话彼此也不会觉得尴尬？

5. 提出分手的理由是否成立？如果不成立，又说明了什么？

6. 沉浸在悲伤痛苦中能对我有什么帮助？

7. 我惦记着对方，现在还有没有必要？

8. 我现在又是一个人了，相比过去我有什么改变？我对未来有哪些计划？

（四）注重性保护

“青涩的苹果并不好吃，最好等苹果红了再摘。”所以对于大学生，恋爱中的性行为同样要以爱情为基础，以责任为准则，以结婚为目的，在理性思考的基础上，充分准备的前提下，冷静地决定是否要进行性行为。

在决定性行为前，大学生一定要问清自己，是否能承受这一行为之后的所有结果，对这一行为自己能负起多大的责任。在未做好身体和心理的双重准备时，最好不要冲动地进行性行为。对于性行为和性保护，很关键的一个问题就是：面对第一次性行为，“不”要怎样说出口。

心理案例

小 W 是一名大二的女生，最近谈恋爱了，小 W 和男朋友都认为找到了彼此的终身伴侣。上周末，男朋友说希望小 W 和他一起去外面过夜，小 W 没有同意，男朋友因此很不开心，并怀疑小 W 并不是真正爱他。因此接下来的几天，两个人都非常不开心。小 W 想不明白的是，难道爱一个人就一定要……男朋友的要求和做法真的是爱自己吗？

案例中类似的困扰想必很多同学在恋爱关系中都会遇到。我们在面临这种情况时，如果想要拒绝对方，我们该如何做呢？可以采取以下几种回答方式。

①别的恋人之间都是这样做的，我们那么相爱，就试试吧！

——别人是别人，我们是我们，我没有想好，目前我也不愿意去做这样的事。

②如果你真的爱我，就应该理解我的感情，我真的非常想和你做爱！

——我不同意不代表我不爱你，但如果你爱我的话，就不要逼我做我不愿意的事。

③我们都彼此那么爱对方，还有什么不能做的呢？

——但是我还没有准备好，我要想一想。

④我们都已经是成年人了，都成熟了，还在等什么？

——成熟的人在做任何事情前更需要想清楚，并考虑好要承担什么样的后果，我觉得我们可以先聊一聊做过之后会有什么样的后果和责任，好吗？

⑤我们上一次不是已经试过了吗，为什么这次你不愿意了？

——上次是上次，但这次我还没有想好，我想你是不会强迫我的，对不对？

⑥如果你不肯，就说明你不是真爱我，那我就找别人了！

——你真的爱我吗？如果你真是这样想，那是对我的不尊重！我需要好好想想，你是否真值得我爱。

⑦拥抱使我很兴奋，如果你真的爱我，就证明给我看！

——爱不是这么证明的！我们还是需要先冷静一下。

总而言之，我们要清楚地知道，“性”是每个人的权利，任何人都不能强迫或者诱导自己做我们不想做的事。如果我们没有考虑好，或者在当下的那一刻不愿意，就要勇敢地表达我们自己的想法。要清楚拒绝并不证明不爱，只有在健康、理性、尊重的性关系层面上，爱情才会更美好。

拓展训练

爱情小测验

请从下面的选项中选出最符合你的一项。

1. 你决定与对方建立恋爱关系时所依据的条件是：

A. 各有所长，但总是相等的　　B. 我比对方优越

C. 对方比我优越　　D. 没考虑

2. 你对恋爱的起始时间安排是：

A. 明白了爱情的意义，又有明确的事业和努力方向后

B. 随着年龄增长，自有适合的另一半出现

C. 还是越早越好

D. 没想过

3. 你认为恋爱的最终目的是：

A. 结为情投意合的伴侣　　B. 结婚成家，生儿育女

C. 满足情欲　　D. 只是觉得好玩，没想过下一步

4.（男生做这题）你对未来妻子优先考虑的是：

A. 善于理家，贤妻良母　　B. 容貌漂亮，出得厅堂

C. 人品好，体贴，能帮助自己　　D. 只有爱就够了

（女生做这题）你对未来丈夫优先考虑的是：

A. 潇洒有风度　　B. 金钱权势占优势

C. 为人正直，有上进心　　D. 爱我就可以

5. 你希望同你的恋人是这样认识的：

A. 青梅竹马，两小无猜　　B. 一见钟情，坠入爱河

C. 日久生情，逐渐培养的感情　　D. 经人介绍

6. 你认为巩固爱情的最佳途径是：

A. 满足对方的一切要求，言听计从

B. 努力提高自身，让自己变得更优秀

C. 努力讨好对方

D. 没有办法

7. 你希望恋爱多久以后两个人结婚：

A. “闪电式”未尝不可　　B. 时间长些

C. 时间拖得很长　　D. 自己无所谓，看对方安排

8. 你认为了解恋人的最佳途径是：

A. 自己设计一些场面，对恋人做无休止的考验

B. 诚挚的交谈，细心的观察

C. 通过身边的人了解

D. 没想过

9. 当你的恋爱中遇到一位比恋人条件更好的异性对你有好感时：

A. 忠于恋人，说明事实真相　　B. 对其冷淡，但依旧维持友谊

C. 瞒着恋人和对方来往　　D. 感到迷茫，不知该怎么做

10. 你本来对恋人十分满意，认为对方就是你的理想型，但随着时间推移发现对方的缺点在慢慢显露，你会：

A. 用对方能接受的方式帮助对方改进

B. 因事先没想到而懊恼

C. 嫌弃对方，感情发生动摇

D. 不知道该怎么办

11. 恋爱不会永远一帆风顺，你对恋爱中出现的波折是如何看待的：

A. 最好不要出现，但是如果出现了也未尝不是件好事，可以看作对彼此的了解和考验

B. 有点难过，认为很不幸

C. 疑心丛生，想要分手

D. 不知道该怎么办

12. 当你面对喜欢的异性想要展开追求时，发现他（她）另有所爱，

你会怎么做

A. 静观其变　　B. 千方百计“切入”

C. 抽身止步，成人之美　　D. 没想过

13. 当你们的恋情因为对方的原因没办法继续下去时，你会：

A. 千方百计缠着对方　　B. 毁坏对方名誉

C. 说声再见，各奔前程　　D. 不知所措

14. 如果你的恋人背信弃义地甩掉你，你会怎么做

A. 当自己瞎了眼　　B. 你不仁，休怪我不义

C. 吸取教训，打起精神重新开始　　D. 倍感痛苦，难以走出

15. 你经历多次恋爱但都没有修成正果，随着年龄越来越大时，你会

A. 坚持本心，宁缺毋滥

B. 放弃标准，随便找一个人结婚

C. 检查一下是否是自己的择偶标准脱离实际

D. 对恋爱感到绝望，认为也是自己命不好

表 10–1　计分表

题号	A	B	C	D
1	3	2	1	0
2	3	2	1	0
3	3	2	1	1
4	2	1	3	1
5	2	1	3	1
6	1	3	2	0
7	1	3	2	0
8	1	3	2	0
9	3	2	1	0
10	3	2	1	0
11	3	2	1	0
12	2	1	3	0
13	2	1	3	0
14	2	1	3	0
15	2	1	3	0

解析：

（1）得7个以上的0分：你还没有形成明确的恋爱观

如果你年龄还比较小，不要贸然冲动地投入一段恋爱关系。随着年龄的增长，可以通过读一些书籍，不断明确自己的婚恋观，等一切确定后再投入恋爱。

（2）15~24分：可以适度调整自己的恋爱观

你的恋爱观有些偏差，这些问题使得你的恋爱过程会遇到一些挫折，也很难会有完美的结果。希望你可以不断地调整自己的恋爱观，改进恋爱观以后，不用担心没有好的恋爱结果

（3）25~34分：恋爱观尚可

你在情场虽然不至于有大的失误，但由于恋爱观稍微有些问题，也会阻碍你获得真正幸福的恋爱。为了自己的幸福，最好把恋爱观再调整一下，将“尚可”变为“正确”。

（4）35~45分：恋爱观正确

你手握着进入一段恋情的完美入场券，爱情中或许会遇到曲折，但这些都是暂时的，最终你也会寻觅到称心如意的爱人。

推荐资料

1. 图书《爱的艺术》，艾瑞克·弗洛姆著，李健鸣译。

弗洛姆在这本书中讲到，爱情与人的成熟度有着很重要的联系。如果不会在爱中成长，不让自己拥有健全的人格，那么对爱情的尝试也许会失败。与此同时，在爱情中也需要有爱人的能力，只有学会爱他人，在爱情中才会得到真正的满足。弗洛姆提出，爱是一门艺术，也是一门知识，所以爱情也是需要学习的。在他的观点里，爱不仅仅是狭隘的男女爱情，还是一个人人格的体现。如果想拥有爱的能力，那么人格的成熟就必不可少，要学会爱别人，学会爱的知识。

2. 电影《恋恋笔记本》，尼克·卡萨维茨执导。

20世纪40年代初期，艾丽·哈米顿一家人来到了南卡罗来纳州的海边小城度假。在一次派对上，她结识了当地男孩诺亚·卡豪，他们被对方深深吸引，但是突然爆发的第二次世界大战将他们分开了。当战争结束，诺亚从战场上回来时，已经找不到艾丽了。诺亚不知道，艾丽为了寻找他，又回到了他们初见时的地方，只是那时诺亚已去参军，两个人错过了对方。又过了几十年，

有个老头为一个老太太读着一本褪色的笔记本，这个垂垂老去的女人就是当年的艾丽，而向她讲述笔记本里故事的老头，正是诺亚。

参考文献

[1] 曹泽毅. 中华妇产科学（下册）[M]. 2版. 北京：人民卫生出版社，2005.

[2] 弗洛姆. 爱的艺术 [M]. 刘福堂，译. 合肥：安徽文艺出版社，1986.

[3] 李军，韩丽晖. 人工流产并发症 [J]. 中国计划生育学杂志，2010，18（8）：503-505.

[4] 李思琪. 中国“90”后与其父母爱情态度及成人依恋类型对比 [D]. 上海：上海外国语大学，2020.

[5] 林艳艳，李朝旭. 心理学领域中的爱情理论述要 [J]. 赣南师范学院学报，2006（1）：40-44.

[6] 刘洁. 亲密关系建立与维持的影响因素研究 [D]. 长春：吉林大学，2014.

[7] 马克思. 1844年经济学哲学手稿 [M]. 北京：人民出版社，2004.

[8] 牟孝舜. 马克思恩格斯的婚恋观 [J]. 产业与科技论坛，2019，18（17）：100-102.

[9] 邱莎莎. 成人依恋、亲密关系动机与大学生亲密关系质量的相关研究 [D]. 西安：陕西师范大学，2010.

[10] 宋桔. 弗洛姆关于异化和爱情的理论分析 [J]. 浙江万里学院学报，2010（7）：23-27.

[11] 王丹丹. 弗洛姆爱的伦理思想研究 [D]. 沈阳：沈阳师范大学，2012.

[12] 王维审. “爱情是什么”教学实录 [J]. 中国德育，2017（1）：76-79.

[13] 徐逢阳. 弗洛姆爱的理论的研究 [D]. 保定：河北大学，2016.

[14] 于舒迪. 马克思的爱情观对当代大学生的启示 [J]. 黑河学刊，2020（1）：133-135.

[15] 张雪峰. 大学生爱情观量表的编制及爱情特点分析 [D]. 济宁：曲阜师范大学，2012.

[16] 赵亮. 关于弗洛姆爱的理论研究 [D]. 长春：吉林大学，2009.

[17] Barthokomew，K. Avoidance of Intimacy：An attachment perspective [J]. Journal of Social and Personal Relationships，1990（7），147-178.

[18] Brase，L G，Guy，C E. The demographics of mate value and self-esteem [J]. Personality and Individual Differences，2004，36（2）：471-484.

[19] Collins N L，Read S J. Adult attachment，working models，and relationship quality in dating couples [J]. Journal of Personality and Social Psychology，1990（58）：644-663.

[20] Cozby，Paul C. Communication and reciprocity within intimate relationships [J]. Psychological Bulletin，1973，79（2）：73-91.

[21] Dainton，M，Aylor，B. A relational uncertainty analysis of jealousy，trust，and maintenance in long-distance versus geographically close relationships [J]. Communication Quarterly，2001，49（2）：172-188.

[22] Buss D M，Schmitt D P. Sexual Strategies Theory：An Evolutionary Perspective on human

mating [J] . Psychological Review, 1993, 100 (2): 204–232.

[23] Dellman–Jenkins, M, Bernard–Paolucci, T S, Rushing, B. Does distance make the heart grow fonder? A comparison of college students in long–distance and geographically close dating relationships [J] . College Student Journal, 1994 (28): 212 - 219.

[24] Lee J A. The Colors of Love: An Exploration of the Ways of Loving [M] .Don Mills, ONT: New Press, 1973.

[25] Sternberg RJ. A Triangular Theory of Love [J] .Psychological Review, 1986 (93): 119–138.

[26] Thibaut, J W, Kelley, H H. The social psychology of groups [M] . New York: Wiley, 1959.

环 境 篇

第十一章 社会性与社会化

名人名言

仓廪实而知礼节，衣食足而知荣辱。

——《管子·牧民》

一日克己复礼，天下归仁焉。

——《论语·颜渊》

◆ 案例导入

小东是某高校大三学生，作为家里的独生子，被家人百般宠爱。家中大小家务事，家人从没要求他承担过，他基本是衣来伸手、饭来张口。上大学的时候家里人对他非常不放心，帮他安排好各种事宜。而他对于大学生活也表现得非常不适应，生活自理能力差，不知道如何收拾整理自己的物品，自己的床铺上、书桌上经常乱糟糟的，衣服也懒得洗，后来积攒多了干脆打包快递回家洗。宿舍同学看不惯他的生活习惯，对他意见颇多，他自己也不知道该如何与他人相处，总是希望别人让着自己，导致宿舍人际关系很差。

◆ 导言

大学是一个人社会化的重要阶段。大学生除了学好科学文化知识外，也在参加各种社团和实践活动，这些都是在为走向社会做准备。案例中的小东，自我独立能力差，缺乏社会性的一面。当一个人一直待在家庭“襁褓”中不去接触社会锻炼自我，就会在他们不得不面对社会的过程中遇到更大的壁垒，这些情况可能会反映在大学生活的方方面面。因此，可以说社会化是适应社会的前提和基础，培养和提升大学生的社会化能力，是帮助大学生实现良好社会适应的重要途径。

第一节 社会性和社会化

千年劳作让人类获得了许多关于“社会性”的认识，并在文化继替中不断演化传承。“子以四教”，孔子的教学工作就是从“文、行、忠、信”四方面展开的。“文”指文化知识，“行”指行为规范，“忠”指忠诚待人，“信”指言而有信。从根本上看，这四个字体现了社会学家费孝通所说的文化的历史性与社会性，其中，“行”“忠”“信”三个方面都与社会性密切相关，可见在中国古代教育中，对社会性的要求是教育的一个极为重要的因素。

一、社会性概述

社会性是指一种个体无法脱离社会而孤立存在的属性，它与个性有所不同，个性是彰显个体作为一名社会成员的独特价值，而社会性体现社会成员应有的普遍特征。每个人都处在一定的社会环境中，受到家庭、同辈、学校、群体、民族以及社会环境潜移默化的影响，通过学习社会知识和规范，掌握适当的社会技能，加深自我概念，获得自我认同、群体认同，逐步完成从生物性个体向社会性个体的转变。

社会性是指个体与社会系统之间的相互作用，以及在这一作用过程中个体对社会事物的认识和适应过程及适应结果（俞国良，辛自强，2013）。社会性一方面体现在个体的人际关系方面，包括个体与家人、朋友、师长等重要他人的关系；另一方面体现在个体的社会认知、社会情感和社会行为等方面。

社会性的意义，意义不仅在于使人类能够在社会关系的层面上形成更加紧密的群体，对于更广泛的物种，社会性也是一种维持群体稳健运行的内在模式。

二、社会性与人格发展的基本理论

一个人的人格发展离不开他所存在的社会，每个人在成长过程中必须经历两个过程：一个是探寻自我层面的个性，另一个是寻求社会层面的社会性。而个性的实现是以整个社会作为背景和依托的。心理学相关的理论也强调，在人的成长过程中，社会性起着重要的塑造和影响作用。以下是心理学相关理论对这一作用的具体阐释。

（一）精神分析理论

1. 弗洛伊德的经典精神分析学说

弗洛伊德认为，人类的行为是由本能引发的，而本能的冲动与社会利益之间存在冲突。

为了解释人类的本能和复杂社会活动的联系，弗洛伊德提出了心理防御机制的概念。心理防御机制是自我受到超我、本我压力时发展出来的一种机能。本能冲动是以自我为中心的，在社会压力作用下，某些与之有冲突的本能就会被自我所阻拦，以社会适应性的方式表现出来。比如，通过升华这种高级的防御机制，原来具有破坏作用的本能冲动就会转化为追求社会成就的活动，以社会认可的形式表现出来。

弗洛伊德认为人格的发展包括三个相关层次：本我、自我和超我。本我包括先天的本能、欲望，遵循快乐原则；自我是用于调节本我和超我的矛盾，遵循现实原则；超我是道德化的自我，位于人格结构最高层，遵循道德原则。个体的社会化过程很大程度上源于个体通过认同、模仿父母等权威人物的行为，从而与社会和文化保持一致。

2. 精神分析的社会文化学派

（1）阿德勒的个体心理学学说

阿德勒的个体心理学认为，每个人都是不可分割的整体，个体与社会是相互依赖的。人作为一种社会存在物，在社会生活中交往与合作，获得自己的归属感，融入社会共同体。

阿德勒将个人在社会共同体中的感受称作社会兴趣。社会兴趣不仅包括人际交往中的情感，也包括个体对生活的评价态度和认同能力。社会兴趣需要在先天潜能的基础上，通过适当的社会经验积累，才能得到充分的发展。当一个人不断拓展积极的人际关系，创造性地解决问题和完成任务，就能获得他人的尊重，同时增强个人自信心和社会兴趣。

（2）霍妮的基本焦虑学说

霍妮认为，人类的精神冲突与社会环境联系密切，从根本上源自与基本焦虑相关的心理冲突。当个人成长的内在力量受到社会力量的阻碍时，就有可能出现内心的冲突与焦虑，从而发展出病态的人格特点和行为方式。

在基本焦虑的影响下，个体会发展出不同类型的神经质性格，即对自己无信心、对他人多怀疑、对环境充满忧虑与不安的异常性格。

（3）弗洛姆的社会潜意识学说

弗洛姆认为，认知是文化的产物，人的任何行为都是特定历史文化的结果，人的社会化是在社会的各种复杂关系中实现的。社会通过社会潜意识制约社会成员的思想和感情，允许符合社会需要的思想感情存留于意识之内，而将不符合社会需要的思想感情排除于意识之外。社会潜意识规范和支配个体的性格，而个体的言行举止需要适应社会文化的要求。

（二）行为主义理论

1. 传统学习理论

行为主义的早期代表人物华生和斯金纳认为，人类的思维是与外界环境相互作用的结果，即通过与外界环境作用在思维层面形成“刺激—反应”的联结。

行为主义学习理论认为，学习同样是刺激与反应之间的联结。行为是学习者对环境刺激所做出的反应，学习就是以一种刺激替代另一种刺激建立条件作用的过程。学习塑造发展这一基本原理贯穿于个体的一生。儿童在学习过程中扮演着相对被动的角色，学习什么、发展什么是由外界环境作用于个体的，在这个过程中，个体的发展不断地回应着外界环境的要求，其中也包括社会的要求。

2. 社会学习理论

社会学习理论主要代表人物班杜拉认为，人类行为的习得既受遗传因素和生理因素的制约，也受后天经验和环境的影响。社会学习理论探讨个人的认知、行为与环境三个因素及其之间的作用对人类行为的影响，着重阐述人是怎样在社会环境中学习的。

班杜拉特别重视社会学习在社会化过程中的作用，认为分享、帮助、合作等亲社会行为是通过社会学习获得的。而儿童通过观察学习，也会觉察攻击性的行为什么情况下是被鼓励的（如比赛），什么情况下是不被社会容许的（如欺负弱小儿童），从而选择模仿或者避免攻击性行为。

经典实验

赏罚控制实验

班杜拉选择了66名四岁的儿童作为被试者，并随机分成三组，让他们观看一个成年男子（榜样人物）对一个像成人大小的玩具娃娃做出种种攻击行为的影片，不同组的儿童观看的影片中榜样人物做出攻击行为后的被对待结果是不同的。

第一组是攻击——奖赏组：该组儿童看到一个成年人（榜样人物）采取攻击行为后，另一个成年人对他进行奖赏，称赞他为勇敢的胜利者，并给他巧克力等食品。

第二组是攻击——惩罚组：该组儿童看到一个成人（榜样人物）采取攻击行为后，另一个成年人指责他，骂他是暴徒，打他并迫使他低头逃跑。

第三组是控制组：该组儿童看到一个成年人（榜样人物）采取攻击性行为后，既没有受到奖赏，也没有受到惩罚。

随后，这些参与实验的儿童被单独领到另一个房间。房间里放着各种玩具，其中包括玩具娃娃，在十分钟里，观察并记录他们的行为。结果表明，看到“榜样人物”的侵犯行为受到惩罚的一组儿童，同控制组儿童相比，在玩洋娃娃时的侵犯行为显著减少；反之，看到“榜样人物”侵犯行为受到奖励的一组儿童，在玩洋娃娃时模仿侵犯行为的现象相当严重。

班杜拉用替代强化来解释这一现象：观察者因看到别人（榜样）的行为受到奖励，间接引起他本人相应行为的增强；观察者看到别人的行为受到惩罚，则会产生替代性惩罚作用，抑制相应的反应。

（三）认知发展理论

1. 皮亚杰的认知发展理论

认知发展理论的代表人物皮亚杰认为，认知发展是一种建构的过程，是在个体与环境的不断相互作用中实现的，儿童的社会性发展和认知发展是相互依存的。儿童一生下来就会主动探索环境，通过无条件反射对外界刺激进行反应，并且发出自己的需求信号，从而达成和周围环境的相互作用。儿童认知发展水平是其社会性发展的基础，只有认知发展到一定阶段，才能发展出相应的社会化特点。基于此，可以通过儿童认知发展来解释其社会性发展的特点。

2. 维果茨基的认知发展理论

维果茨基认为，人类具有两种心理机能：初级心理机能和高级心理机能。初级心理机能包括感觉、直觉、注意、记忆、情绪等，高级心理机能包括语言、思维、想象、情感等。认知发展是从初级心理机能向高级心理机能的转化，而高级心理机能需要通过适当的教育来获得。维果茨基认为认知发展很大程度上依靠语言发展，成人通过语言传授知识，儿童通过语言适应环境，接受及吸收知识，并将这些信息内化。

三、社会化概述

（一）社会化的概念

每个人社会性的获得都离不开社会化的过程，正如俞国良等人指出的，社会化是社会性发展的过程，它既是个体获得其独特性的过程，又是个体获得其共性的过程。我国著名社会学家费孝通主持编写的《社会学概论》认为：“社会化是指个体学习知识、技能和规范，取得社会生活的资格、发展自己的社会性的过程。”社会化可以是人们主观、有目的地实现的，也可以是在社会互动中潜移默化地获得的。

社会化涉及两个方面：一是社会对个体进行教化的过程；二是与其他社会成员互动，成为合格的社会成员的过程。由此可见，人类个体的生存与发展以及整个社会的良序发展都需要社会化来实现，社会化过程所起的作用可以视作维系社会以及个体幸福的基石。

对大学生来说，自己的身份不仅仅局限于学生，同时也是一个独立的成人。大学生需要接受新的价值观念和社会行为模式，根据社会发展以及生活变化，不断地学习并掌握相应的社会规范和行为准则，最终树立相应的人生目标和价值观念。

知识窗

狼孩的故事——社会化的重要性

1920 年 10 月，一位名叫辛格的印度传教士在印度加尔各答的丛林中发现了两个由狼哺育的女孩。大的女孩约 8 岁，小的 1 岁半左右。辛格给她们起了名字，大的叫卡玛拉，小的叫阿玛拉。当她们被领进孤儿院时，一切生活习性都同狼一样：不会用双脚站立，只能用四肢走路；害怕日光、火，经常白天睡觉，晚上出来活动；完全不会说话，每到午夜便会像狼一样引颈长嚎；只吃肉，吃东西是放在地上用牙齿撕开吃，吃饱了就睡。

遗憾的是，阿玛拉进院不到一年便死了。卡玛拉活到 16 岁，但用了 25 个月才开始说第一个词，4 年一共只学会了 6 个字，7 年学会了 45 个字。卡玛拉用了 16 个多月才会用膝盖走路，2 年 8 个月才会用双脚站起来，5 年多才会用双脚走路，但快跑时又会用四肢爬行。卡玛拉直到死还没真正学会说话，智力只相当于三四岁的孩子。

这个例子充分说明了个体社会化的必要性。个体不经过社会化，就无法成为一个社会人。社会化是个体走向社会的必要步骤。

（二）社会化能力的发展

社会化能力的发展从人一出生就开始了。一个孩子最初在跟抚养者的频繁互动中发展出一些心理和情绪的能力，慢慢地，当个体的活动范围不断扩大，这些能力也不断增强，并发展成现在支持我们与他人交流、与自己共处、与社会融合的社会化能力。下面一起看一下这些能力是如何一步步发展的。

1. 理解他人能力的发展

儿童在成长的过程中，逐渐发展出一种对自己和他人心理状态的理解能力，他们开始理解自己所思考的、知道的、感知的以及所相信的也许与其他人有所不同，并开始了解人们的许多行为是由他们自己的知识和信念引起或推动的。儿童的这种能力被心理学家称为“心理理论”（theory of mind）。

罗伯特·塞尔曼提出儿童观点采择能力的发展有五个阶段或水平。这五个阶段从儿童自我中心观点开始，逐渐向更复杂的社会理解和考虑推进，而儿童也逐渐学会区分自身和他人观点的差异、了解他人的观点以及自己与他人观点之间的关系。

阶段 0：自我中心的观点采择（3~5 岁）。儿童不能区分自己与他人的观点，意识不到他人不同的观点，认为他人与自己想法是一致的。

阶段 1：社会信息的观点采择（6~8 岁）。儿童开始意识到他人会有不同的理解和观点，但还不能够推断他人的观点。

阶段 2：自我反省的观点采择（9~10 岁）。儿童不仅能够意识到他人会有不同的观点，而且能够意识到他人的观点是什么。

阶段 3：相互的观点采择（11~12 岁）。儿童能够从第三者的角度考虑自己与他人观点的共同之处以及相互作用，可以更加客观地看待和解释事情。

阶段 4：社会和习俗系统的观点采择（12–15 岁）。儿童能够将观点进行综合性考虑，这样才能够更好地理解他人，与他人交往。

2. 社会情绪能力的发展

情绪能力对社会能力的发展非常重要，培养良好的社会情绪能力，有助于个人更好地融入社会，发挥潜能。社会情绪能力主要涵盖三个方面的内容：良好的自我意识、自我管理和自我尊重；社会意识和人际关系管理的技能；创意地解决问题和做负责任的决定。

中国工程院院士、教育部原副部长韦钰用五点来归纳“情绪能力”的具体内涵：

① 正确估价自己的能力。能觉察、正确地认识自己的感情。

② 控制自己情感的能力。能恰当分析自己的情感以及这些情感产生的原因，找到办法来处理自己的恐惧、焦虑、愤怒和悲伤等情绪。

③ 激励自己的能力。能克服自满和迟疑，调动自己的情绪达到某个目的，还能较持久地保持这种动力。

④ 了解他人情感的能力。对他人的情感和利益具有敏感性，能理解他人的观点，欣赏不同人对事物不同的认识和感情。

⑤ 善于处理人际关系的能力。

拓展训练

理解社会性互动

活动分组：两人一组。

活动目的：通过说与听的练习，让学生意识到社会性互动的重要性。

活动实施：

（1）同学A向同学B倾诉自己最近遇到的一件高兴的事情，B故意不理会，自己做自己的事情。

（2）同学A向同学B倾诉自己最近遇到的一件伤心的事情，B通过非言语的方式给予回应。

（3）两分钟后，AB角色互换，规则同上。

（4）两个人分享完毕后，每个人都谈一谈对方的表现带给自己的感受。

第二节　大学生的社会化发展

大学阶段是学生从校园走向社会的重要准备阶段，也是其社会化发展的重要阶段，关系到大学生从校园跨入社会后的适应情况。通过社会化过程，大学生能够进一步认识自我，形成“自我同一性”，进而积极主动参与到社会化进程中来。

在社会化问题上，中国优秀传统文化强调以人为本、以德为先、以义为上，例如，《礼记·大学》中提到的“修身”“齐家”“治国”“平天下”就是对社会化程度的要求，又如刘备提到的“勿以恶小而为之，勿以善小而不为。惟贤惟德，能服于人”。可见，中华文化中对社会化问题更多聚焦在理想道德的层面。除此之外，一个人的性别角色、同伴关系也会伴随着个体的发展实现社会化，这对大学生适应社会生活至关重要。

一、道德社会化发展

道德社会化是个体将社会环境的道德规范和道德准则加以内化，形成符合社会要求的道德行为准则的过程。它包括三个方面：第一，道德认知，即个体对于是非、善恶、美丑等行为准则及执行它的意义的认知；第二，道德情感，是个体按照一定的道德标准去评价他人或自己思想言行时所产生的一种内心体验；第三，道德行为，即个人在一定道德意识支配下采取的各种行为，是道德认知的外化表现。关于道德社会化的问题，中外文化都有丰富的理论成果。

1. 中国传统道德文化

中国传统文化中对于道德的论述颇多，总结来看，传统道德文化的核心集中在以下几方面。

第一，以“仁”为本。“仁”是为人的根本，孔子所说“爱人”，孟子所说“恻隐之心”“不忍之心”，其核心都是对于生命的基本同情和关怀。这种思想不仅有助于提升个人的道德修养，同时也有利于生态伦理道德的建设。

第二，集体主义。传统道德文化主张个人利益应当服从于整体利益、国家利益和民族利益，而集体主义作为社会主义道德的基本原则，是处理个人利益和整体利益的根本准则。

第三，义利之辩。儒家主张义重于利，孔子认为，“君子喻于义，小人喻于利”。荀子主张先义后利，“先义而后利者荣，先利而后义者辱”，把义和利看作矛盾的，强调贵义贱利。

第四，忠信原则。“子以四教：文、行、忠、信”，北宋著名理学家程颐有一句名言：“人无忠信，不可立于世。”“忠”是一个人从内向外的内观，“信”是从外向内的外观。一个人无论做什么事情，都要做到“忠”与“信”，不能做违背原则和自己良心的事。

2. 西方道德社会化理论

在心理学发展的背景下，道德社会化理论在现代西方取得了很大进展，其中最有代表性的是认知学派的道德社会化理论。

（1）皮亚杰道德认知发展理论

道德认知作为一项重要的社会性能力，在认知发展理论中得到了深入探讨。根据认知发展阶段理论，皮亚杰把儿童道德认知发展分为以下四个阶段。

第一阶段为“自我中心阶段”或前道德阶段（2~5 岁），该阶段儿童由于认知局限性，不能理解环境的要求，在亲子关系、同伴关系、价值判断等方面均表现出自我中心倾向。

第二阶段为“权威阶段”或他律道德阶段（6~8 岁），该阶段儿童表现出对外在权威绝对尊重和顺从，把权威确定的规则看作绝对的、不可更改的，在评价自己和他人的行为时完全以权威的态度为依据。

第三阶段为“可逆性阶段”或初步自律道德阶段（9~10 岁），该阶段儿童的思维具有守恒性和可逆性，他们已经不把规则看作一成不变的东西，逐渐从他律转入自律。

第四阶段为“公正阶段”或自律道德阶段（11~12 岁），该阶段的儿童继可逆性之后，公正观念或正义感得到发展，儿童的道德观念倾向于公正、平等。

（2）科尔伯格道德发展阶段理论

科尔伯格继承和发展了皮亚杰的理论观点，着重探讨了儿童对道德判断的内在认知心理历程。科尔伯格采用道德两难问题情境，提出三水平六阶段道德发展模式。

①前习俗水平（9 岁以下）：这个年龄阶段的儿童没有内在的道德标准，只能通过行为后果是引起快乐还是得到惩罚来理解社会准则和道德要求。其分为如下两个阶段。

惩罚与服从定向阶段。行为的好坏是由行为的后果决定的，而不是背后的意义或者价值。服从权威或规则是为了避免惩罚，认为受赞扬的行为就是好的，受惩罚的行为就是坏的。这个阶段的儿童还没有真正的道德概念。

工具性的相对主义定向阶段。这一阶段儿童的道德价值来自对自己需要的满足，认为正当的行动是满足自己的需要，同时也会体会、满足别人的需要，以行为的功用和相互满足需要为准则。

②习俗水平（9~16 岁）：这一水平的儿童能够理解并且忠于社会的要求，在进行道德判断的时候，主要考虑的是外界的权威和规则。其分为以下两个阶段。

以人际和谐为准则阶段或“好孩子”定向阶段。处在该阶段的儿童，个体的道德价值以人际关系的和谐为导向，认为好的行为是帮助他人、使他人愉悦、被他人喜欢或赞赏的行为。

以法律和秩序为准则定向阶段。处于该阶段的儿童其道德价值以服从权威为导向，倾向于使用权威、法则来维护社会秩序。服从社会规范，遵守公共秩序，尊重法律的权威，以法治观念判断是非。

③后习俗水平（16 岁以上）：在这一水平上，个体对于道德的判断不再是刻板遵守法律法规，而是以普遍的伦理和道德原则作为判断标准。其分为以下两个阶段。

社会契约定向阶段。处于这一阶段的人认为正当的行为是与个人的权利有关，并且是被全社会认可和检验过的行为。强调个人的价值和观点，认为法律和规范是大家商定的，是一种社会契约。

普遍原则的道德定向阶段或良心定向阶段。这是进行道德判断的最高阶段，表现为能以公正、平等、尊严这些普遍的原则为标准进行思考，强调人的权利的公平和对等，尊重每个人的尊严。

二、性别角色社会化

性别角色的获得，既有其自然属性，也遵循社会化过程。老子在《道德经》中提到“知其雄，守其雌”，其中就体现了中国文化对于男性强壮、女性柔弱的固有认知。而对于一些女权运动者，社会文化下对女性角色的偏见和枷锁是他们抨击的对象。西蒙娜·德·波伏瓦曾说：“一个人之为女人，与其说是‘天生’的，不如说是‘形成’的。没有任何生理上、心理上或经济上的定命，能决断女人在社会中的地位，而是人类文化之整体，产生出这居间于男性与无性中的所谓‘女性’。”透过这些观点可以窥见，无论是中国文化还是西方文化，对于性别角色的意识和讨论一直是一个比较重要的社会话题。其中，有代表性的性别定型与性别角色发展理论有以下几种。

1. 认知发展理论

科尔伯格的认知发展理论对性别特征的形成进行了阐释。该理论认为，儿童是自我社会化者，首先确定个体稳定的性别同一性，即明确自己是男孩还是女孩，然后再搜集其他信息来学习怎样做一个男孩或者女孩。当儿童既能了解性别跨时间的稳定性，也能理解性别跨情境的稳定性，性别意识才真正形成。

2. 性别图式理论

性别图式理论指性别是通过自我观察和社会学习形成的一种图式，个体通过与自己的性别概念进行比较，从而评估、调整自己的行为。性别类型化的人（男人气的男人和女人气的女人）一般会从男性或女性的角度看世界，并且采取符合性别的方式行动。

3. 社会学习理论

根据社会学习理论家班杜拉的观点，儿童通过两种方式获得他们的性别同一性。第一种是直接干预，当儿童表现出与性别角色相匹配的行为时给予鼓励，当表现出不符合自己性别角色的行为时进行批评等消极反馈。第二种是观察学习，儿童通过自身对于性别角色行为的观察，判断哪些行为是适合自身性别的，并采取相关行为。

总的来说，性别角色的形成是社会化的结果，这些社会化结果既来自家庭因素，也来自学校和社会文化因素。个体出生后通过性别期待与认同，在家庭中模仿父母的角色行为，学龄期感受到学校、社会文化对于不同性别的不同期待和要求，从而形成不同性别的思维和行为方式。

三、同伴关系与社会性发展

同伴关系指同龄人或者心理发展水平相当的个体之间在交往过程中建立的人际关系，同伴关系在个体发展的过程中具有不可替代的重要作用。同伴关系形成的重要载体是同伴群体。同伴群体又称同辈群体或同龄群体，是由年龄、兴趣爱好、态度价值观等方面较为接近的人组成的关系亲密的群体。

对大学生来说，现阶段的重要任务之一就是发展自己的社会属性，而这个过程中，同伴群体对个体社会属性的获得、社会化过程的进一步完善有着积极的影响。同伴群体既是个体社会化的重要组成部分，也是个体社会化的重要环境条件。这种影响具体表现在三个方面。第一，榜样行为。仅仅通过观察同伴行为，个体就学会尝试很多行为，从而与他人保持互动，并且学习更多技能和规则。第二，强化和惩罚行为。同伴不仅通过榜样示范对彼此产生影响，还会主动劝说其他个体加入自己的团队和活动，也就是所谓的“同伴压力”。第三，社会比较。通过社会比较的过程，个体观察并评价自己的伙伴，然后用这一标准评价自己。

和谐的同伴群体环境，一方面有助于为大学生提供理解和支持，促进大学生的情感交流和发展；另一方面也能够帮助大学生体验社会化进程的角色多样性，促使他们按照角色的任务和规范立足于社会。

拓展训练

画出美好一刻

活动目的：帮助学生回顾与同伴交往的时光，感受同伴群体或友谊的意义。

活动实施：

（1）准备彩笔、画纸若干。学生分组活动，每组4人左右。

（2）鼓励小组成员回忆自己和同伴或朋友在一起的“美好一刻”，将这个画面画出来并命名。

（3）绘画结束后，小组每个成员向其他成员分享自己的作品，分享围绕“这是一个什么样的画面”“大家都在做什么”“当时的情绪状态如何”“为什么想到画这个画面”等问题进行，其他组员可以为作品做补充、谈感受，但是不允许评价。

（4）感受绘画和分享过程中情绪及感受的变化。

（5）活动分享。小组成员分享在此次活动中的感受和体悟。

第三节 大学生实现社会化的途径

孔子说："古者言之不出，耻躬之不逮也。"董仲舒则提出："善为师者，既美其道，有慎其行。"言行一致、力主实践是中国传统文化非常强调的思想，因此在大学生社会化过程中，在认识上理解社会化的重要性和在必要性的基础上身体力行，才能够在中国传统文化的土地上真正实现社会化。

一、社会化的基础条件

（一）社会化的个体生物基础条件

个体的社会化是以人的生物遗传素质为基础的，个体社会化的生物基础条件表现在以下几方面。

1. 语言能力

著名教育家乌申斯基说过："语言是一切智力发展的基础和一切知识的宝库，对一切事物的理解都要从它开始，通过它并回复到它那里去。"人类祖先的经验通过语言得以积累和积淀下来，如果没有语言，文化就无法传承，个体也就无法实现社会化。

语言是智力发展的基础，也是思维能力、创造力发展的基础。个体通过掌握某种语言的过程可以了解其中所蕴含的知识和观念，从而影响个体的社会化过程。同时，语言也是人类社会交往的重要工具，人类个体之间通过语言进行沟通，促进人与人之间的交流与理解。

2. 思维能力

思维是人脑借助语言对事物的概括和间接的反映，包括概念、判断和推理等基本形式。思维能力是个体通过大脑进行逻辑推导的能力，是学习能力和个人智慧的核心。思维能力包括理解力、分析力、综合力、比较力、概括力、抽象力、判断力等能力。

人可以运用思维能力探索与发现事物的内在本质联系和规律，同时也能通过思维去觉察自己的过往经验，并基于这些经验更好地做出适合当下社会、更容易融入他人或被他人接纳的行为，实现人的社会化。

3. 学习能力

学习能力是指人获取知识、技能的能力，人所特有的语言能力和思维能力，使个体在社会化过程中具备不同于其他动物的独特的学习能力。尽管一些动物如黑猩猩、猴子也有学习和积累知识的能力，但它们的学习只是被动的模仿行为，为了满足生理需要，更好地适应环境。

人可以通过实践，将所学知识内化，变成自己的观点、思想，形成独特见解，达到认识客观事物本质的水平。人的学习不仅为了认识世界，提高自己适应社会的能力，还要主动进行探索，开展大量创造性活动，积极地作用于环境，改造世界。

4. 较长的生活依赖期

人类个体在出生后由于身心各方面的能力尚未健全，从婴儿期、幼儿期、少年期持续到青年期，不得不依赖于其他人的帮助、照顾和监护才能够生存下去。很多国家规定 18 岁以下的青少年是未成年人，需要得到父母或其他监护人的保护，18 岁以上的青年在法律上才是具有完全民事行为能力的人。因此人的一生中，大约有 15%~25% 的时间需要依赖父母和家庭的帮助。

这个生活依赖期，不仅提供了个体必需的生理和安全的保护和需要，保障一个人的身体发育和知识能力得到长足的发展，同时也提供了个体相关社会知识技能、品德方面的教育和锻炼，确保个体在正式参与社会生活之前，能够有足够的机会在有指导的前提下接触社会、适应社会。这既为个体接受社会文化提供了必要时间和缓冲，而且通过依赖还能使个体形成与他人及整个社会不可分割的社会联系和感情联结。

（二）社会化的外界社会环境条件

个体的社会化进程除了受到内在生物因素的影响外，所处的外部社会环境也是影响个体社会化的关键因素。社会化的外界社会环境条件主要包括以下几方面。

1. 文化环境

文化是一种精神力量，不同的社会环境会形成不同的文化环境，塑造个体不同的世界观、价值观和风俗习惯等。这一点可以通过东西方文化的差异体现出来。东方文化崇尚集体主义，鼓励团结合作，西方文化鼓励个人主义，彰显个人意志和独立性，所以在不同文化下成长的个体的社会性也会不同。例如，受东方文化影响更深的个体注重“人情练达”，而受西方文化影响较多的个体喜欢彰显个性。虽然以上的这些差异随着不同文化的相互借鉴和融合有所减少，但是文化环境对一个人社会化的形成依然具有重大的意义。

2. 家庭

家庭作为一个社会化的系统，为个体提供了最早也最为持久的社会接触。童年期为一个人的社会化奠定了基础，这一时期的社会化主要通过家庭来进行，家长的言传身教对于个体价值观、行为模式的形成起着潜移默化的作用。

此外，由于家庭成员的社会化受到社会文化的深刻影响，这在家庭内部会反映在一个家庭对于子女的教养上，所以，文化环境对个体社会化的影响也在很大程度上通过家庭单位实现代际传承。

3. 学校

教育是人类社会特有的活动，而学校教育是按照一定的社会要求，有目的、有系统、有组织地影响受教育者身心发展的活动。学生通过学校教育，在知识技能、思想品德、智力体力方面得以发展，个人的潜能和优势得以挖掘和发挥。

学校教育不仅帮助受教育者能够满足社会对于个人发展的要求，同时也为个体在离开学校之后的继续发展创造了条件，为个体的终身发展奠定了重要基础。

4. 大众传播媒介

随着时代的发展和科技的进步，在众多的大众媒介中，如今影响最广泛的是互联网。互联网对于个体社会化发展的影响是一把“双刃剑”：一方面，互联网为个体提供了更多获取资源、学习技能的途径，有助于丰富个体认知；另一方面，网络中的暴力、色情等信息也容易带来一些消极影响。所以，基于网络对个体社会化的双重影响，如何在网络世界中学会分辨信息，科学合理地利用网络，也是社会化过程对个体提出的一个要求。

二、大学生社会化能力的培养与提升

社会化是一个过程，也是一种能力。大学生要提升个体的社会化能力，以更适应的姿态融入社会生活中，可以从自我和环境两个层面来进行培养和塑造。

（一）自我层面的培养

1. 提升自我反思

大学生要提升自我反思，做好社会化的自我教育，需要以恰当、客观的自我认识为基础。当前有些大学生过于自信，甚至骄傲自大，自命不凡；有些大学生则表现得略为自卑，对于自己的能力持有不自信的态度。提升自我反思能力，树立客观的自我意识，能够帮助大学生走出上述困境，也能够使大学生在社会化进程中更加积极主动。

2. 提升学习能力

随着时代发展，当代大学生具备了越来越丰富的知识结构和能力，但是仍然存在一些问题，比如对问题的思考不够深入，知识无法很好地指导行动，这导致他们在步入社会时会遇到挫折，对个体的承受力和心理健康造成冲击。

所以对大学生来说，认识到社会对于知识需求的特点，养成多思考、善思考的习惯，重视实践机会，锻炼自身多角度看待问题和解决问题的能力，这些都有助于更好地实现自己的社会化目标。

（二）环境层面的融入

1. 融入校园环境

（1）接受校园文化熏陶

校园文化对大学生具有现实和潜在的影响。校园文化是一种以精神文化为核心、制度文化为基础、环境文化为表现，三者相互补充、相互强化的文化环境，它们共同对大学生社会化教育产生影响，且校园文化的不同层面对大学生社会化的影响不同。具体来说，校园精神文化能陶冶大学生的情操，启迪大学生的心智，激发大学生的激情和追求；校园制度文化作为一种道德层面的约束，规范大学生的行为习惯和规范；富有丰富文化氛围和人文气息的校园环境对大学生社会化的发展具有促进作用。同时，大学生的活动也会影响校园文化的面貌，并通过校园文化影响其他个体。所以，高校机构在积极建构校园文化的同时，大学生也需要认识到校园文化对自身社会化的积极影响，并通过自己的实际活动反作用于校园文化，增强校园文化的丰富性。

（2）参与学生社团活动

高校学生社团是校园文化建设的重要载体。大学的学习生活区别于其他求学阶段的一大特点表现在社团活动的丰富多样，这给大学生提供了一个丰富的自我锻炼、自我表现和人际交往的平台，大学生也应该认识到社团的作用除了能够增加个人的实践机会外，也对个体的社会化进程起着潜移默化的影响。大学生可以利用这个契机，选择自己感兴趣的社团作为自己接触社会、踏入社会的演练场。

（3）构建学生寝室文化

寝室成员的生活方式、民族文化背景，还有多种多样的思想观念、行为方式等构成了大学寝室文化的核心部分。面对从不同地域文化、家庭环境中走到一起的室友，在寝室中相互交流和了解，在沟通的基础上学会理解和包容，学会彼此尊重，学会为人处世的方式，这些经验都有别于自己家庭环境中的沟通模式，大学生也是在这种人际探索中不断锻炼自己的社会化技能，并形成自己寝室独有的文化部分。

2. 参与社会实践

社会实践是高校教育的重要内容。通过社会实践，大学生可以充分认识自己，广泛接触社会，将所学知识技能应用于社会实践；同时可以培养大学生的社会适应能力、人际交往能力和心理承受能力等，实现社会角色的转变，促进其社会化的进程。

参与社会志愿者服务也是一种重要的社会实践形式。志愿服务能够丰富大学生的生活，让大学生在志愿服务中提升素质，实现自己的价值。它可以增强学生的社会实践能力，增长大学生的生活经验，增强社交技能。因此，充分提高大学生的志愿服务意识，也能够帮助大学生积极融入社会。

拓展训练

冥想探索

活动目的：通过自由冥想的方式，进行自我社会角色的探索。

活动实施：

（1）学生可以调整一个舒服的姿势坐好，闭上眼睛，教师播放轻柔的音乐。

（2）教师带领学生进入冥想："现在的你，正躺在一片很舒服的绿草地上，你可以清楚地感受到微风温柔地吹过脸庞，除了鸟叫虫鸣之外，这片林子很安静、很安静。阳光透过树枝，轻轻洒在草地上。在你眼前，你发现一条隐隐约约的小路，弯弯曲曲不知道通向何方。于是你站起来，想要一探究竟。路刚开始比较窄，后来越来越宽了，路上有一些小小的标志牌，上面写着时间隧道。渐渐地，在路的尽头，你看到一座房子。你发现刚才已经走了很远的路，有些累了，于是进入屋子休息，没想到一觉睡到天亮。早上醒来，你惊讶地发现时间已经过了十年。于是，不同的一天开始了。你现在可以发挥想象力，开始经营未来十年的生命了……"

接下来教师可以引导学生想象未来的生命形态，比如：

你是独居还是与家人同住？

你是已婚还是未婚？有没有孩子？

你的职业是什么？固定还是不固定？

你经常从事的休闲活动有哪些？你经常出入的场所有哪些？

你有哪些朋友？

你的收入大约是多少？固定还是不固定？

你希望十年后的你还做些什么？

（3）学生冥想后，教师将学生带回到现在："十年后的你充实地过完好些日子，你待在时光隧道的时间也差不多接近尾声了。这时，远方传来轻柔的钟声，告诉你该回去了。于是，你循着原路走回树林，看到温暖的阳光，还有你的伙伴，他们也都经历了一场丰富的时光之旅，等着你一起分享。现在请你慢慢睁开眼睛。”

（4）学生们分享刚才的活动，并相互反馈。

推荐资料

1. 图书《乌合之众》，古斯塔夫·勒庞著。

这是一本研究大众心理学的著作，是群体心理学的开山之作。书中阐述了群体以及群体心理的特征，探讨了群体的道德观、情感、想象力、信念等诸多层面。书中指出，个体在孤立的状态下，具有自己鲜明的个性化特征。然而当个体融入群体之后，个性就会被群体所淹没，容易丧失自我意识，被群体的思想所影响和取代，成为盲目、冲动、狂热、轻信的“乌合之众”的一员。这本书对于群体心态进行了非常全面和详细的阐述，可以帮助我们更好地理解群体行为的社会心理特点。

2. 电影《少年的你》，曾国祥执导。

校园是个体社会化的重要场所，然而，校园中的霸凌和暴力，学生之间不平等的欺凌与压迫，人际互动中的排挤和攻击，却让青春的懵懂和美好陷入校园欺凌的阴影之中。这部影片讲述了孤独的高三女孩陈念，因为同学的跳楼自杀而陷入困顿，遭到以魏莱为首的三人组的霸凌。之后偶然邂逅了名为小北的小混混，在彼此身上看到了自己的影子，两人惺惺相惜，互相保护。影片让我们看到了青春残酷的一面，但同时也看到了青春的温暖与爱。

参考文献

［1］谢弗．发展心理学：儿童与青少年［M］．邹泓，译．北京：中国轻工业出版社，2005.

［2］谢弗．社会性与人格发展［M］．陈会昌，译．北京：人民邮电出版社，2012.

［3］费孝通．社会学概论［M］．北京：人民出版社，2011.

［4］贺香玉．和谐社会视野下的大学生社会化问题探究［M］．北京：中国时代经济出版社，2009.

［5］侯玉波．社会心理学［M］.3 版．北京：北京大学出版社，2013.

［6］胡平．大学生社会化过程中存在的问题及对策［D］．成都：西南交通大学，2010.

［7］贾任兰，李志军．主题德育活动案例精选［M］．保定：河北大学出版社，2008.

[8] 金盛华 . 社会心理学 [M]. 北京：高等教育出版社，2005.
[9] 霍妮 . 我们时代的神经质人格 [M]. 辛怡，译 . 北京：中国华侨出版社，2018.
[10] 帕克，克拉克－斯图尔特 . 社会性发展 [M]. 俞国良，郑璞，译 . 北京：中国人民大学出版社，2014.
[11] 汪凤炎，燕良轼 . 教育心理学新编 [M]. 广州：暨南大学出版社，2011.
[12] 王伟忠 . 当代大学生道德社会化问题研究 [M]. 杭州：浙江大学出版社，2016.
[13] 吴丽芳 . 大学生心理社会化的影响因素以及对策研究 [J]. 高教学刊，2015（22）：249–250.
[14] 俞国良，辛自强 . 社会性发展 [M].2 版 . 北京：中国人民大学出版社，2013.
[15] 张俊华，屈婷婷 . 新形势下大学生社会化研究 [J]. 学校党建与思想教育，2017（21）：60–62，86.

第十二章 当代社会文化下的身份认同

名人名言

任何层面上的认同，只能在与“其他”——与其他的人、部族、种族或文明——的关系中来界定。

——亨廷顿

◆ 案例导入

当前，很多二十岁左右的青年热衷于追星，这一类群体也构成了“饭圈”，所以饭圈文化也同属于青年文化，但这并不意味着所有的青年都追星，它是一种青年亚文化。“非饭圈”人士很难理解“饭圈”为何存在高度的行动一致性、强烈的集体荣誉感和对“粉籍纯洁性”的要求，粉丝们在大粉的带领下去讨伐“敌人”，加强粉丝们对自己身份的认同感和粉丝团的凝聚力。针对“老师组织学生为明星应援被停职”一事，《人民日报》狠批，职业底线不能破，越界的追星行为，不仅透支了明星的流量反噬明星本身，更侵犯了饭圈文化的正向价值。应引导青年文明理性追星，只有这样才能汲取偶像带来的正能量，更好地实现人生价值。

◆ 导言

粉丝的追星动机不仅是一种娱乐消费或社交满足，更是一种自我映射。是个体将自我的心理、特点、愿望、意志等投射到明星身上，与自身形成映照。事业粉 / 性格粉：这是我想成为的人。妈妈粉 / 姐姐粉：这是我想保护的人。女友粉 / 老婆粉：这是我想恋爱的人。CP 粉：这是我想拥有的感情关系。网络时代的冲击，价值观念的转变，使得“90 后”“00 后”群体对自身的认知和价值定位出现了模糊化，自我身份认同出现危机，可能会阻碍个体发展及社会的和谐稳定。

青年群体的身份认同与社会文化结合起来，从而促进这一群体自我意识及人格的形成，理解并学会明辨是非善恶，可以正确处理个体与社会环境的关系，从而实现“超我”与“自我”、自我价值和社会价值的和谐统一。

第一节　社会文化与身份认同

唐朝诗人李贺在《梦天》中写道，“遥望齐州九点烟，一泓海水杯中泻”。诗人驰骋想象，仿佛他已飞入月宫，看到大地上的时间流逝和景物的渺小，人世间已经经历了桑海沧田式的变化。那时候，谁可曾想到，如今借助发达的网络及交通，李贺浪漫奇幻的想象变成了最平凡的事实，人类的世界变成了“地球村”，使个人狭隘的地域性的存在被世界历史性的个人所代替。

美国杜克大学教授弗雷德里克·詹姆逊认为，全球化是“无论如何不可避免的”，文化的全球化是真正意义上的全球化，文化全球化的后果是大众文化模式取代世界上各个民族的传统文化，而在这一趋势中，世界各国各民族文化能否保持自身民族特性，这就带来了身份认同问题。在中国文化中，自古有着诸子百家和儒、释、道三教，随着全球化与中国本土文化的碰撞，我们意识到要了解社会文化不仅要立足本土文化，更要在流动性和碎片化的全球文化中结合个人及群体经验形成对于社会文化的认识。

一、社会文化概述

（一）社会文化的内涵

每一社会都有与之相适应的社会文化，因社会物质生产的不断发展变化，社会文化也在不断演变。社会文化是指社会行为的固有准则以及正式和非正式的社会制度，如家庭、婚姻和性别角色，是由广大基层群众共同创造的，因此社会文化与基层群众生产生活紧密相连，并具有地域、民族或群体特征。

作为观念形态的社会文化是社会经济政治的反映，同样在社会经济政治等各方面都有重大影响，如哲学、宗教、艺术、政治思想、法律思想、伦理道德等。

（二）全球化、现代化对中国本土文化的影响

在全球化、现代化的深刻影响下，中国社会加速转型并进入一个前所未有的国际经济大循环中，这导致的直接结果便是文化全球化。这势必会对中国本土文化产生重要影响。

1. 以相对开放的民族文化心理对待外来文化

在全球化语境下，人们开始了解到世界文化是多样性的，开始以极大的求知欲和热情吸纳新知识，以开放的态度对待新事物。随着社会心理空间的扩展，人们的开拓创新意识不断增强，中国人正以博大的胸怀迎接全球化和现代化潮流。

2. 促进作为文化载体的人的现代性

现代性进程的开始意味着个体接受了“现代性”的影响，“现代性”与个体对世界的态度紧密相连。根据英格尔斯的看法，“现代性”可以被认为是一种“精神状态”。具有那些现代特性的社会鼓励了一种特殊类型的人的发展。当然，具有这些特性的社会机体需要有效地运行，也正需要这种类型的人。

3. 文化媒介的“远距作用”

英国社会学家安东尼·吉登斯认为，全球化可以被定义为文化媒介的“远距作用”，即全球化不断强化的趋势和瞬间全球通信、公众交通联系在一起。文化媒介的远距作用使得中国文化的发展变动与世界潮流方向同步，中国本土文化打上了全球化的印记，形成了多元文化、异质文化并存的局面。

二、身份认同概述

（一）身份认同的内涵

1. 身份认同含义

英文的“identity”源于拉丁文“idem”，其基本含义是指个人与特定社会文化的认同。哲学家们总爱追问：我是谁？我从何处来？要到何处去？从学科领域来看，对于身份认同的界定主要集中在哲学、社会学和心理学等领域。其中，在哲学领域强调身份认同是对价值和意义的承诺认可；在社会学领域，社会学家认为身份认同是个体对自身所扮演的社会角色的确认；而在心理学领域，研究者们则认为身份认同的本质是心理层面中身份感的归属。

美国社会学家斯特莱克作为身份认同理论的创建者，认为自身在社会中所扮演的角色与个体身份的形成有关，即个体所扮演的角色可以内化为个体自身所承担的身份，整合所有身份从而构成个体完整的自我身份。同时，个体的自我性也通过个体在身份认同的过程和建构中体现出来。

2. 身份认同的维度

（1）自我认同

自我认同是对个人层面信息的自我定义，包括自我价值观、自我目标及自我评价等，是个体能够理智看待自己及外界的态度，是对自我的觉知和反思。个体在与社会的互动过程中，自我认同表现在个体对自我生存状况的思考和生命价值的探求上，在回答“我是谁”“我应该成为谁”“我能成为谁”“我不应该成为谁”这些问题的过程中构建“我之为我”的意义和价值。

（2）社会认同

社会认同包含个体所归属的社会群体的类别属性，个体不仅能够明确自己所属的社会群体，同时也能够明确该群体给自己带来的价值。个体总是通过内外群体的比较来获得积极的社会认同，在进行内外群体比较时，我们通常认为，自己本身所在的群体要比其他群体更好，从而给予内群体的成员更加正向的评价，但也容易引起内外群体之间的偏见、敌意和矛盾。

（3）族群认同

族群认同就是族群的身份确认，一般指的是对自己祖先缘起的信仰，对自己所属族群的认知和情感依附。族群认同是群体认同的一种，其也是个体在不同族群之间发现差异，并试图理解其族裔性含义的过程中构建起来的。通常来说，人们会用反映自己族群身份特点的标签、作为某一族群成员的主观感受、具体归属某一族群及其发展水平等来标定自己的族群身份。

许多群体成员因受多元社会文化的影响，总是在族群认同和自身所处环境的文化认同之间挣扎。身份认同构建能力强的群体，会利用自己内外部资源创造“双重意识”状态。在身份认同危机后，能够在主流文化和族群文化之间形成一种动态的、有效的联结。

（4）文化认同

文化认同指的是对某一特定文化及文化群体的归属感。文化认同包括人们之间共同文化的确认，学习和接受一种文化的传统、语言、宗教信仰、美学观念、思维方式和社会结构，个体将其中的信念、价值观、社会标准及习俗内化为自我概念的一部分，从而使用相同的符号、共同的文化理念及共有的思维模式。

文化认同不同于其他身份认同，其认同指标是人们的文化属性，而不是自然属性。文化认同的核心是意义和价值的认同，因为其本身在文化理念、思维模式及行为规范方面体现了一定的价值，本身就是一个价值观念的系统。

（二）身份认同相关理论

1. 自我身份认同理论

（1）奥尔波特的自我发展理论

奥尔波特的自我发展理论在身份认同研究中占有重要地位。他认为，自我状态经历了由生理的自我到社会的自我，再到心理的自我的发展过程。其中，在生理自我阶段，个人最关注的是自己的身躯，包括占有感、支配感及爱护感，这是自我意识中最初始的状态。从三岁到青春期前个体处于社会自我阶段，个体通过游戏和学习来建立自我意识，通过学习个体的行为会符合社会要求，成为符合社会要求的社会自我。从青春期到成年时个体处于心理自我阶段，这时的自我意识趋于成熟。

（2）自我同一性理论

埃里克森是自我同一性理论的创始人，他将持续一生的自我意识的形成和发展划分为八个阶段，每个阶段都有不同的发展任务，其发展顺序由遗传决定，但能否顺利过渡到下一阶段是由社会环境所决定的。该理论的重点聚焦于个体在青春期的核心发展任务上，即对自我同一性问题的探索。在心理社会延缓期，青少年面临着自我定义具体化任务，也就是个体对过去连续性的主观感知。同时，青少年也开始意识到他们必须用意志来约束本能的冲动，不能听其为所欲为，他们需要思考未来的人生路，最终确立自我同一性。

（3）马克思的人的本质理论

在古希腊早期，苏格拉底就已将人的本质理论的核心点放在“认识自己，才能了解本质”上了。随着马克思主义理论的产生与发展，人的本质问题被归结为所有的社会关系问题。在具体的理论观点上，第一，马克思认为人的本质是在后天的社会实践中获得的，并非先天赋予的，是一种现实的、具体的存在。同时，自我认同也是通过社会实践慢慢获得的个人反思和认知积累，并非天生所具备的某种特质。第二，人的本质是由社会关系所决定的。青年的自我认同是在一定的社会关系中进行的，个体通过不断的社会交往形成对自我和他人的认知和体验，自我认同就在个体的自我认知行动中及自我个体社会化进程中不断地获得反思，并逐渐形成。第三，马克思认为人的本质具有历史性的特征，并随着社会关系的变化不断发展。而自我认同在传统社会和现代社会中有不同的历史表现。在传统社会中，自我认同发展状况主要体现在年龄大小上；而在现代社会中，个体与外界的联系更加紧密，青年需要不断地探索和建构个体的身份认同。

2. 社会身份认同理论

（1）社会认同理论

社会认同理论是亨利·塔菲尔、约翰·特纳等人提出并加以完善的。社会认同主要来自群体成员身份或资格，一个人的社会群体成员身份和群体类别是自我概念的重要组成部分，人们努力追求或保持一种通过内外群体比较获得的积极的社会认同，从而提升个体的自尊。社会认同理论认为，社会认同是由类化、比较、认同过程建立的。类化是指将对象、事件和人进行归类，找出内群体和外群体的群别。比较是指将自己所在群体和其他群体在社会地位方面进行比较，只有这样才能显现出其正向的社会认同。认同是社会认同理论的核心，它具有两层含义：其一是鉴别、辨别的意思，侧重于可以将个体和他人分辨开来的自身特征或社会特征；其二是等同，当人们用某社会群体的身份来标定自己的社会身份时，会将符合该群体的特征赋予自我。

（2）种族身份认同理论

菲尼在自我同一性理论的基础上，提出了种族身份认同模型。将身份认同划分为四个阶段：弥散、排他、延期补偿和接受。在弥散阶段，主要表现为个体还未充分理解自己作为族群成员意味着什么，对独特的族群身份的认同和探索较为缺乏，一般以认同多数人的文化为特点。排他阶段主要表现为，在没有对自身进行探索的情况下就对特定身份有着强有力的承诺。延期补偿阶段主要表现为，个体对群体的认同进行探索，将对自身的认同扩展到群体中。在接受阶段，个体开始参与众多活动，产生对文化认同的热情，从而获得种族身份认同。在该阶段，个体会对个人的文化价值观有更强的承诺，并经过一段时间的强烈探索对种族认同有了更深一层的理解和认识。

心理实验

球迷的身份认同

在一项试验中，英国心理学家招募了一些曼联球队（英格兰曼彻斯特联足球俱乐部）的球迷。这些球迷从一栋建筑走向另一栋建筑时，看到一个跑步的人滑倒在地上，抱着膝盖尖叫。当这个滑倒的人穿一件普通T恤时，会有33%的人帮忙；当他穿一件曼联球队的T恤时，会有92%的人帮忙；当穿着对手利物浦足球队的T恤时，有30%的人提供了帮助。

在下一项研究开始之前，研究者请球迷们先写下自己为什么热爱足球，足球对他们意味着什么，他们与其他球队球迷有什么共同点。这时，同样的场景发生，滑倒的人穿曼联队T恤时，会有80%的曼联球迷提供帮助；当他穿普通T恤时，数据是22%；穿利物浦队球衣时，数字上升到了70%。因为曼联球迷把这个滑倒的人视为“足球迷”，而非“利物浦球迷”。

这项实验说明了两件事情：第一，如果我们可以激活某种共同身份的认同，人们就更愿意伸出援手去帮助他人，因为人们认为这是在帮助自己人。第二，很多时候，我们没有对别人产生身份认同，是因为我们思考他们或自己的方式太过具体和狭隘，如果我们超越这一点去看，会发现更多共同点，也就更愿意提供帮助。在这项实验中，它就取决于我们是把跌倒的人视作敌对球队的球迷，还是跟我们一样，是足球迷。

三、社会文化与身份认同的联系

（一）社会文化如何影响身份认同

随着社会的变迁，人们原有的身份纷纷被解构，并集中体现在以下几个方面。

首先，经济体制改革加速人们身份感的变迁。随着市场经济浪潮的冲击及企业改革，出现了一批下岗工人，生存的压力逼迫他们实现再就业。曾经计划经济安稳的生活已经与当下形成鲜明对比，而这种变迁也极大地影响了年青一代，这让步入社会的大学生们褪去耀眼的光环，面临着就业压力，大学这一实现人生价值的路上充满了艰辛与不确定。

其次，文化多样性增加了身份认同的不确定性。受西方社会思潮的影响，个人主义、自由主义和非理性主义等与中国传统文化中集体主义思想发生激烈的碰撞，使得人们在价值判断的多元路径前无所适从，身份认同失去方向感。当代青年大学生就处在传统文化与现代文化相互碰撞的风口浪尖，自我独立性的消减与多元导向，使得一些人的生命之路不知该走向何处，身份认同的实现也只能飘荡在迷茫的天空中。

最后，中国的现代化发展过程引发了中国人的身份认同危机。中国的社会发展，属于晚发外生型，这便需要借鉴别国的发展经验实现本国的跨越式发展，而这一系列成果又内在地规范着人们的行为，为寻找自己的社会身份而从事实践活动。中国各地的自然、经济、文化等资源各不相同，不同地域间存在不同程度的经济架构，各地的经济形势不可能得到完全均衡的打造，这同样也决定了人在发现自我、认知自我、确认自我上是不同的。

心理实验

六度分隔理论

20 世纪 60 年代，哈佛大学的社会心理学家米尔格兰姆设计了一个连锁信件实验。他将一套连锁信件随机发送给居住在内布拉斯加州奥马哈的 160 个人，信中放了一个波士顿股票经纪人的名字，并要求每个收信人将这套信寄给自己认为比较接近那个股票经纪人的朋友。朋友收信后同样照此办理。最终，大部分信在经过五六个步骤后都寄到了该股票经纪人手里。六度分隔（也叫“六度空间”）的概念由此而来。

六度分隔的现象表达了这样一个重要的概念：任何两位素不相识的人之间，通过一定的联系方式，总能够产生必然联系或关系。

科技发展到今天，世界就像一张扁平的大网将每个人随机地联系在一起（见图 12–1）。通过微博、微信等社交平台，每个人的交友圈在不断扩大，除了亲朋好友，还多了很多素不相识的人；甚至我们会惊讶地发现，原来她与他认识，他又认识她。同时，我们每天不断地被拉进各种微信群，每个群都有一个标签，一个标签代表一种身份。然而，当不同社交圈层的身份认同与自我身份认同出现偏差，焦虑和危机感便随之而来。

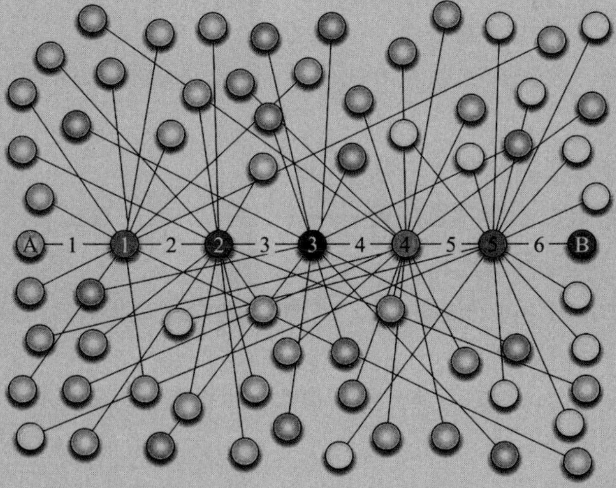

图 12–1　六度分隔理论模型图

（二）中国人的身份认同特点

1. 天下之本在国，国之本在家

中国人的身份认同首先体现在国家认同上。无论你是身在祖国还是在异国他乡，没有一个人是生活在国家之外的。当今世界仍然是以国家为单位组成的，正如孟子所说“天下之本在国，国之本在家”，各国人民的福祉必然与其国家利益紧密结合在一起。国家认同离不开对国家基本状况和发展道路的认同，我们国家是从外强瓜分、军阀割据、战火频仍的环境下站起来、富起来、强起来的，我们所取得的空前成就显示了祖国的日益昌盛；与此同时，它仍然蕴藏着更多的潜力与希望。

2.“天下为公”与“世界大同”

美国著名历史学家斯塔夫里阿诺斯在《全球通史》中这样定义文化，“人类，只有人类，能够创造自己想要的环境，即今日所谓的文化”。“由于人类具备彻底变革环境的独特的能力，所以人类适应周围环境是不需要经历生理突变的”。中国文化是中华民族在不断适应和改造生存环境的过程中被创造出来的，因环境不断变化，中国文化也在不断与时俱进，成为“天人合一”的产物。我们的圣贤主张“内圣外王”，提出“天下为公”和“世界大同”，将“格物、致和、正心、诚意、修身、齐家、治国、平天下”统一起来。

拓展训练

我是谁

活动分组：学生两两分组，一人为甲，一人为乙。

活动目的：帮助学生认识自己眼中的我及他人眼中的我。

活动实施：

（1）教师发给每位学生一张A4纸。

（2）甲先向乙介绍“自己是一个什么样的人”，乙在A4纸上记下甲所说之特质，时间为五分钟。

（3）教师宣布活动的规定为：自我介绍者，在说出一个缺点之后，就必须说出一个优点。

（4）五分钟后，甲乙角色互换，由乙向甲自我介绍五分钟，而甲做记录。

（5）五分钟后，教师请甲乙两人取回对方记录的A4纸，在背面的右上角签上自己的名字，然后彼此分享做此活动的心得或感受，并讨论：介绍自己的优点与介绍自己的缺点，何者较为困难？为何会如此？个人使用

哪些策略度过这五分钟？

（6）大组分享：三个或四个小组合并为一个大组，每个小组分享自己的讨论结果。

（7）分享后，教师请每位同学将其签名的A4纸（空白面朝上）传给右手边的同学。拿到签名纸张的同学则根据其对此位同学的观察与了解，于纸上写下“我欣赏你……因为……”。写完之后则依次序向右转，直到签名纸张传回本人手上为止。

（8）每个人与其他组员分享他看到别人回馈后的感想与收获。

（9）班级分享：教师邀请一些同学分享此次活动的感想与收获，说明了解真实的我与接纳真实的我的重要性。

第二节 大学生的身份认同

身份认同的问题简单来说就是对“我是谁？我从哪里来？要到何处去？”等一系列问题的思考和解答。老子在《道德经》中说：“知人者智，自知者明。”《易经》云：“履以和行，谦以制礼，复以自知。”在古希腊，德尔菲神庙镌刻着“认识你自己”的神秘铭文，这说明了人类对身份认同给予了高度重视。可见，不同的文化下都体现了人类对自我身份认同的共同期许。那么对大学生来说，他们的身份认同又存在怎样的特点？受到社会文化和多元文化怎样的影响？

一、大学生身份认同的概念

对当代大学生而言，从学生身份认同向社会公民身份认同的转变是大学生走向社会的必经之路。大学生身份认同更多是从个体角度出发，主要表现为大学生对自身理想、信念及价值观的认知，具体还表现为大学生对校园生活的归属感，对校园精神、校园文化及自身使命的理解与认可。

在对身份认同的界定上，纳尔森·富特指出“身份认同是一个过程，是通过命名来进行的。认同特别强调对立面，它不仅是有关自我的产物，更是重要他者的认可，即自我认同和外在他者身份认同”。具体到大学生身份认同问题上，这一过程体现在学生个体与学校之间的对质上，如学业评估中学校会根据学生的成绩给出一个分数，学生不可避免地会被划分为某一类学生（成绩好的或成绩差的），这一身份进而影响个体是否获得他人认可。个体的存在方式是处于与个体之外的关系中。具体到大学生身上，其身份认同同样处于一系列的关系互动中，主要体现在：学生与国家的关系、学生与学校的关系、学生与教师的关系、学生与家长的关系、学生与同辈群体的关系，在这一系列自己与他者的关系中，学生才会越来越洞悉其与自我的关系。因此，大学生的身份认同内涵可以总结为：大学生个体与其发生关联的外在他者，通过对某些价值原则的排斥或认同，形成对“学生”这一身份的基本看法，进而将学生定位在具体的角色中。

二、大学生的认同危机与身份焦虑

（一）何为身份认同危机

现代身份认同危机问题已常见于学术界，查尔斯·泰勒在《自我的根源——现代认同的形成》一文中认为，身份认同危机是“人们不清楚自己到底是谁，对自己所处的社会位置有一种失控及不确定，是一种严重的无方向感的形式”。威廉·布鲁姆也曾指出：身份确认对个体来说是一种内在的、无意识的行为要求。个体想尽一切办法确认自身身份从而获得心理上的安慰，这对于个体的心理健康及个性稳定而言至关重要。所以，当个体的身份无法确认时，就会陷入身份认同危机。总的来说，身份认同危机指的是人的自我身份感、自我价值感和自我意义感的丧失。

（二）身份认同危机带来的身份焦虑

在信息快速发展的今天，中国社会充满了无限的可能性，同时也增强了流动性及不确定性，很多个体会体验到无形的压力和强烈的不安全感。事实证明，当我们基本的生活需求被保障后，身份焦虑便开始了。

1. 从希望到迷失：都市大学生的身份焦虑与诉求

随着千年来人类社会的不断变革，古希腊箴言“认识你自己”不停地在拷问着每一个人。而当代青年人也一直被“我”是谁、“我”所属的群体类别、“我”拥有何种身份而饱受困扰。

从概念的理解上，建构主义者认为身份认同是个体不断与自身所处环境的相互作用。哈贝马斯将身份认同从个体自我与社会发展二者之间的关系角度进行论述，认为身份认同不仅受到个体认知及语言能力的影响，人类社会发展更对其具有深远意义吉登斯认为，发现自我是一个充满风险的过程，在现今城市化进程中，个人所经历的环境转变，都倾向于演变成一种认同危机与身份焦虑。

互联网裹挟着全球化、城市化的种种思潮，中国处于史无前例的转型期，这些变动深刻影响着国人，特别是大学生群体。他们成长于市场经济激荡的中国，成熟于价值观多元化发展的时代，价值观念及心理状态都在转型中动荡，在动荡中变化，而这些动荡碰撞无疑会引发众多大学生自我意识的混乱，从而带来精神的空虚和自我的迷失，充满了对现实的无力感和迷茫感。在都市中成长起来的青年，他们身上有着与以往年代的青年截然不同的时代气息，他们张扬个性，追求精神的自由和情感的率性表达，对物质的满足与精神的缺失、对权威的顺从与背叛、对情感的追求与放弃，让他们经常在满足与失落之间激荡。这种激荡使得大学生群体不断转换参照对象，这种矛盾冲突使得个体无法与不断变化的环境建立有效联系。尚处成长期的大学生群体，在传统与现代的夹缝中挣扎，深刻地投射着被现代性碾压过的痕迹。

2. 现代性冲突：乡土情怀与身份焦虑

吉登斯以现代性为切入点，描绘了一个充满断裂、动态与风险的现代性社会，将个体放在这一环境中来研究个体是如何变得越来越焦虑，并希望用自我的内在参照系统来建构新的自我认同。卡林内斯库指出，现代性是指启蒙现代性和审美现代性。启蒙现代性是以理性破除迷信，培养独立、自律的“主体”，进而赋予理性的个人以神圣感。审美现代性则是美学意义上的现代性，核心意义是寻求个性，发现人本身的价值所在，在中国则表现出从城市出走，对乡土的寄托之情。费孝通在《乡土中国》中提到，“从基层上看去，中国社会是乡土性的”，这不仅仅指中国乡村面积大，人口众多，更多的是中国几千年来根深蒂固的传统文化对人的心理产生的影响。

斯宾格勒认为城市的特性在于“醒觉意识”，这种意识主要体现在与土地的隔绝疏离。中国社会是乡土的，当代中国青年想要适应社会文化的转变，必会把乡土作为重要参考，构建起顺应城市社会的身份。当个体在追求“城市人”身份的过程中，经历了挫折与绝望，他们开始寻找精神寄托，而乡土情结在中国人心中是无法割舍的。人们渴望成为现代化城市居民的同时又无法摆脱乡土的烙印，充满矛盾与困惑。我们可以看到，当代青年开始怀旧，渴望回到过去，回到乡村，回到童年。把城市生活作为异己对象时，乡土是根深蒂固的深层自我；把乡土文化作为参照时，城市化又成了自我的表象。这不断转换的自我与参照物，导致了个体身份的焦虑。

心灵声音

妈妈一起飞吧，妈妈一起摇滚吧

不知道多少年以前
人们来到这里
给山和河起个名字
骑马的坐在马背上

放羊的跟在羊身后
牛儿吃草卷起舌头
狐狸和土狼寻找着野兔子的窝
……
反正现在
这里到处都是你的脚印
不毛之地已高楼林立
流亡之处已灯红酒绿
一个人看到的最后一丝亮光
……

舌头乐队的《妈妈一起飞吧，妈妈一起摇滚吧》以狂躁不安的歌词和凌乱的节奏唱出了内心真实的声音，表达了对城市的无奈及回归乡村的渴望。他们厌倦都市生活，向往骑在马背上的自由，他们提倡远离尘嚣的乡村民谣精神，批判工业文明带来的人的异化，这种重回农业文明的音乐是亚文化群体反抗工业文明的委婉表达。

3. 自我意识的混乱：社交媒体中的身份焦虑

身份的建立首先源于自我意识的建立，依赖于主体对自我的认识。自我意识如何影响自我身份，又是在多大程度上介入身份建构的？法国精神分析学家拉康为我们做了解答。拉康将“镜子”这一隐喻引入精神分析学中。“镜像阶段”是个体心理发展的关键时期，婴儿在镜子中看到自己、母亲或他人的镜像，从物我不分的状态发展为心理化个体，开始意识到身体的完整性，并形成初步的自我认识。随着婴儿的成长，进入弗洛伊德所说的俄狄浦斯阶段，儿童完整的自我意识由此开始出现，他们了解到自己与他者是不同的个体，并且自己是独立的，也开始在秩序世界中寻求准确的身份定位。拉康提到，这两个阶段带来的自我认知是虚拟的，前者依赖于想象的他者，后者依赖于他人，从而形成自我确认。在社交媒介日益发达的今天，个体的身份焦虑已然成为社会问题，为此拉康的研究对于我们研究现代个体的身份问题极具启示意义。现今发达的社交媒介刚好满足了拉康的镜像隐喻所需的条件，社交媒介使用者与投射的现实构成镜像关系：低头盯着手机，在社交媒体发布信息，这种模式如同自我镜像；当个人通过社交媒介获取他人信息时，又类似镜子中映射的他人的镜像，当他人回应我们所发布的信息时，这一过程才变得有意义。而青年在构建自我身份认同时，总是对想象自我与想象他者过度依赖，使个体在一片虚幻的狂欢中更加难以把握自己的身份。

4. 他者带来的身份焦虑

社交媒介不仅满足了“镜子”这一隐喻，更是自我展示的舞台，个体在社交媒介中展示的不仅是现实的自己，更是理想化的自己，甚至是虚假的自己。沉迷于社交媒介的个体精心挑选素材，并以夸大的方式投射在社交平台上。比如一些大学生喜欢自拍，他们将自己的照片经过美颜、修剪而后呈现在社交平台，这便是以一种想象甚至虚假的方式将理想的身体形象投射在平台上。在自拍中，利用美颜 App 让大学生们建立起美好的形象认同，也可以进一步演化为自恋式的自我认同，但这种虚假的自恋式的自我认同一旦走进现实，无疑会造成自我身份的破裂。社交媒体中不仅有自我投射，也有他人投射，二者共同构成自我认同所依赖的“他者”。除了发布自己的信息外，社交平台还可以通过窥视他人、借助“他者”的参照构建自己的身份，从而被“他者”改造。以身体形象为例，当个体将自己的照片发布在社交平台上，自身的形象与他人的形象并存，“他者”的形象便时时刻刻冲击着“我”，如微博女明星的好身材、微信朋友圈的健身照片等。个体在社交媒体的投射是理想化的自我，同样“他者”也是理想化的“他者”，个体通过与“他者”进行审视与比较，最终导致自己处于身份焦虑中。

5. 话语秩序带来的身份焦虑

婴儿在接受父亲的权威时，被引进了象征秩序，屈从于父亲的要求或规则，以期在秩序的世界里获得身份。这与个体和社会的互动相一致，比如个体在社交平台晒自拍、美食、旅游风景，分享文章、音乐，这不仅仅是为了自我欣赏，更多是为了社交的目的，这些信息的发布只有在与好友或其他关注者的互动中才有意义，而互动代表着社会是否认可，人们会非常在意别人对自己的回复和评价，因为这意味着来自社会话语秩序对“我”的身份的认可，通过这些象征符号主体容易建立起身份认同感。需要注意的是，这种互动中的“他者”并非稳定在场，不知何时互动才会产生，这就会引起个体的焦虑。这种“父权”审视的缺场放大了主体的自我意识的混乱，于是陷入越是渴求认同就越产生身份焦虑的困境。

三、社会文化对大学生身份认同的影响

（一）鄙视链视域下大学生的群体偏见与认同危机

1. 鄙视链的内涵

鄙视链是我国从传统社会向现代社会转型过程中出现的一种青年亚文化

现象，以自嘲和互嘲为表征，反映了当下青年存在的身份焦虑和社会认同危机。鄙视链是青年一代对他人消费及生活方式的多层分级的划分，不仅像一条食物链，更像是当下社会宿命的怪圈。当曹丕在《典论・论文》中用“文人相轻，自古而然”探讨学术争论之道的时候，他没有想过，这个词日后会成为文人之间争风吃醋、相互“践踏”与倾轧的托词，他更没想到，这会波及生活的各个层次，成为一条条“相轻”的“食物链”，从聊天工具、社交网站到电影、音乐，再到学科、星座、手机等包罗万象。

鄙视链反映了当下青年的境遇，是中国青年特有的娱乐心态和自嘲自黑的语言特色，虽然只停留在观念认知层面，但也隐含了当代中国青年对美好生活的向往以及他们自身存在的身份认同危机。

2. 鄙视链的成因

鄙视链的成因与社会阶层的分化重塑和新文化群的构建有着千丝万缕的联系。鄙视链上不同群体的划分根植于他们在各个方面存在的差异性，具体表现为：经济地位、价值定位、思想观念、文化取向等的差异。随着我国社会主义市场经济体制改革及全球化进程的加快，产业结构得到调整，城市规模扩大、社会流动加速、分工细化等使得最初的社会阶层得以分化。由于自然、社会等的影响，导致贫富差距不断拉大，区域性发展不协调。鄙视链是社会阶层分化重塑的结果，也在一定程度上是对发展不平衡、差距不断拉大的现实性描述。

自 20 世纪 90 年代互联网接入中国，大学生群体作为互联网的原住民，与互联网共生共存。他们更容易接受新思想、新观念、新知识，他们善于利用网络平台，信息来源广泛，视野较为宽广，他们普遍乐于自我表达、彰显个性，因没有较多陈旧的思想包袱，他们可以毫不掩饰地表达自己对于链条末端的鄙视。此外，在互联网经济带动下，也刺激着青年人敏感的神经以及向往成功的美好愿景。

3. 鄙视链下的认同与偏见

鄙视链的出现恰好反映了当代青年的认同危机，它的出现绝非偶然：第一，认同危机表现为自我角色的混乱，鄙视链呈现出网格化的结构，因为它涉及社会的多个领域，同时个体也呈现交叉性的特点，这就导致在这条鄙视链中可能处于顶端的人，到另一条鄙视链中可能就处于底端了，这种角色的多样性及不断变化，加剧了青年人的纠结及身份的不确定性。第二，认同危机表现为认同观念的迁移。与传统社会相比，现今社会为个体提供了更多的机遇和挑战，这意味着个体在鄙视链条中的身份会有多种变化，而这些变化会影响个体身份认同的观念。例如，据说较早存在的“微博鄙视链是 twitter（推特）/ 饭否 >

新浪微博 > 腾讯微博 > 搜狐微博等其他微博，聊天工具鄙视链是 Gtalk（google talk 的简称）>MSN（MSN messenger）>QQ> 飞信”，但是，如今 twitter 和 Gtalk、MSN 已退出中国市场，饭否和飞信等也在激烈的互联网应用市场中处于劣势，新浪微博和微信广受欢迎，人们认同的变化也会随着鄙视链条的流动而变化。第三，认同危机表现为群体之间的舆论冲突。个体在成长过程中会形成内群体偏好和外群体偏见，人们普遍认为自己所在的群体更加优越，从而对外群体有偏见，鄙视链的实质是内外群体争夺话语权，从而加强内群体偏好。

鄙视链最开始只是反映了个体的习惯品位，随着互联网的发展，鄙视链从个人层面的自我认同扩展到群体偏见，无论是职业声望、教育理念、择偶标准还是个人兴趣爱好，都被贴上鄙视链的标签。偏见除了与鄙视链有关之外，也与歧视有关，一旦上升为歧视，偏见就从负面态度发展成敌意行为，其危害不容小觑。

知识窗

互联网下的鄙视链

在互联网的推动下，当代青年大学生的生活已经被涉及各个领域五花八门的鄙视链勾连起来。据说大学生普遍存在着学科鄙视链：理科生→工科生→文科生（经济法律→外语→文史哲）→体育生、艺术生；度假也有鄙视链：南北极→欧美→日韩→东南亚→中国港澳台地区→中国内地 / 大陆；就连听音乐也有鄙视链：英伦摇滚 / 国内地下厂牌→欧美流行音乐→日本、韩国、中国港澳台地区流行音乐→中国内地 / 大陆网络歌曲等。

互联网的便捷性、广泛性更加清晰细致地使“人以群分”，麦克卢汉按照媒介的演化，提出了“部落化—非部落化—重新部落化”的过程，电子媒介的整合能力让人们走向部落化，但移动互联网又让部落化裂变为网络社群。同质性信息的反复扩散与社会范围内的心理形成呼应，强化了人们对于鄙视链的认知，并影响了人们的行为，塑造了个体的身份，改变了自我与他人的关系。随着互联网的发展壮大，信息传播者数量增多，一些媒体为了追求点击量，变身标题党，跟风传播社会热点，使得鄙视链内涵及范围不断扩大。另外，个性化的信息传播通道通过互联网搭建起来，微信朋友圈更多是关于自我呈现，因此也就形成了“信息茧房——我们只听我们选择的东西和愉悦我们的东西的通信领域”。网络社群会剔除干扰信息，集合具有共同信息偏好的人，并从中选择有效信息，形成“信息茧房”。

（二）社会阶层的分化重塑和新文化群的建构对大学生的影响

可以说，没有经历过贫穷与战争的“80后”“90后”“00后”，更多享受着改革开放带来的红利。但随着社会的变迁及人们生活节奏的加快，给这一群体的成长与发展带来了时不我待的压迫感和不确定感，青年大学生想要在目前阶层中凭借自身努力实现阶层跃迁，从而改变自身命运，难度非常大。在社会阶层日益固化过程中，青年大学生步入社会很难及时适应社会规则，从而处于弱势地位，一旦青年大学生无法更好地应对社会竞争甚至改变阶层固化境况，极易产生妥协心态和不满情绪。

由于时代环境的巨大变革和社会阶层重构出现的鄙视链现象，源自人们的偏见，也反映出当下青年大学生的心理印记。虽然鄙视链条上的群体可以通过分享信息表达彼此间共同的兴趣及价值观，并能够宣泄现实生活中的不满情绪。但在互联网构建的虚拟空间里，一旦个体在现实中实现了上升，那么群体成员之间很容易发生分化，最终导致观念态度的转变，这是因为虽然群体之间最初具有意识的一致性，但是他们之间的联系并不紧密。

对于鄙视链呈现出的偏见可以进行正确的引导，它并非是固化的。首先，应倡导一种正确的成功观，鄙视链已经在无形中将成功物质化，应重视个体在精神层面的充盈，而不是更多地指向权力和财富。当人们满足了最基本的生活需要时，社会也给个人提供了自我实现及群体归属等多项实现人生价值的选择，不要只被单一的成功观所绑架，而是可以开拓出更多成功的渠道。其次，应倡导共享、包容的社会心态，社会学家费孝通的“各美其美，美人之美，美美与共，天下大同”的十六字箴言，对于消除鄙视链的层级偏见，构建和谐社会具有重大启示意义。鄙视链条中的群体之间完全可以达到和平共处、共生共长、和而不同的状态。

网络虚拟空间与现实空间的交融，打破了原有地理空间的限制，不仅为个体提供了新的归属感，使得个体实现了从“因地域而缺席”到“可虚拟地在场”，同时更为弥合阶层鸿沟提供了新的契机。一方面，利用网络平台，促进不同群体互相交流，加强彼此的认同和理解；另一方面，充分发挥“互联网+”在社会创新中的作用，拉平阶层之间的贫富差距，逐渐瓦解阶层之间的等级。

辩证地看，人类因为鄙视链的存在及金字塔式社会价值的排序，被激发出积极奋斗的动力。而高校鄙视链的形成，也让大学生拥有了自强不息的外在推力。未来，当社会消除了各种形式的不公，个体不再需要确认自己的位置和价值，那么鄙视链将会消失。而达到这一理想状态，鄙视链似乎是不可避免的一个阶段。

电影《哪吒之魔童降世》中的一句台词说得好："你是谁只有你自己说了才算。"就像哪吒高亢的自我宣言："我命由我不由天！是魔是仙，我自己决定！"除此之外，我们也要警惕对他人产生偏见。当出现偏见时，我们应多去理解他人，寻找共同点的同时也要尊重差异。该影片更是启发我们：偏见是座大山，我们无法彻底根除，但可以选择如何驾驭它、应对它，面对偏见，我们要做自己的英雄。

四、多元文化背景下大学生的身份认同

回顾中国社会的文化格局，我们进入了多元文化并存互渗的时代。大学生群体也处于这样一个多元的文化背景中，网络文化、粉丝文化、穷游、快闪暴走一族等，这些文化构成了当代社会文化的奇异景观，也影响着大学生的身份认同。

（一）大学生穷游与身份认同

大学生穷游透露出大学生群体对"诗与远方"的追求。在大众媒介急速变革的环境中成长起来的"90后"，成为最大的穷游群体。他们能够有效利用大众传播媒介来进行自我形象的构建，微信公众号、微博、旅游App、社区网站等在这样的环境下也迅速成长起来。

大学生群体对于慢生活的追求，以及想要逃离快节奏的生活现状的诉求，激发了穷游的兴起。在穷游过程中，旅行从一地到另一地，体现了时空的转换，也建构着自我主体性，并通过在旅行过程中与他者相遇的方式，与他人比较，成就自我。

现今社会，亚文化表现出比以往更加强烈的文化身份认同，对大学生穷游族来说，实现身份认同是一个双重的过程。首先，大学生穷游不同于一般的大众旅游，他们追求的并非赶场子的游玩、星级酒店的享受、美食的味蕾体验，而是在穷游过程中通过较低的成本寻求生命本真，从而找到"自我"。其次，大学生穷游群体在旅行过程中建立自己的穷游圈子，在圈子中与"他者"共同构建身份认同。他们有着自己的圈内用语，有着某些共同的爱好、共同的话题，他们在这个圈子中进行"自我表露"与"自我身份认同"，从而不断强化价值认同，这一圈子是穷游大学生对抗主流文化的方式。

（二）大学生身体与身份认同

大学是大学生走向社会的过渡阶段，在该阶段，大学生为了更好地应对未来可能的社会境遇，也会非常在意自己的外在，并有意识地进行一些身体管

理，倾向于采取运动减肥、皮肤护理等多种追求美的行动。

瘦身之风起源于20世纪上半叶的欧美国家，伴随西方文化及其价值观在世界各地的渗透，绝大多数文化都采用了西方的瘦身理念作为美的标准，我们常看到模特与明星等公众人物的体重是低于常规标准的。其实在中国传统文化中并不缺乏由于某种健康或病态的身份认同，而引发对身体的美好想象或偏执期待。“环肥燕瘦”是较健康的名词，“楚王好细腰，宫中多饿死”“三寸金莲”等就比较极端了。可以看出，对于身体的认同自古有之。新中国成立至改革开放期间，我国更加强调平等主义，否认传统女性角色，不会把女性身体客体化，以胖瘦适中、健康匀称为美。随着西方文化与中国本土文化的相互碰撞，对于今日的某些女性，该观点显然已背离现实，没有最瘦，只有更瘦。

《危机中的青少年》的作者杰弗里斯·麦克沃特认为青少年时期是认同感形成的重要阶段。埃里克森八阶段理论提出青少年认同危机主要体现在对同伴群体及家庭以外榜样或模范人物的认同上，这些人物在某些方面具有领导性和感召力，如电影明星、时尚人物等。青少年将自我与模范人物进行对比，并以此为标准，通过各种方式对自我进行限定，以期获得他人、集体和社会的认可。在人类社会中，没有认同感也就意味着没有存在感，女大学生瘦身这一现象的实质在于身体成为女孩寻求身份认同的媒介。

首先，身体历来是实现身份认同的行动系统和实践模式，正如吉登斯所言：“身体不仅仅是我们拥有的物理实体，它也是一个行动系统，一种实践模式，并且在日常互动中，身体的实际嵌入是维持连贯的自我认同感的重要途径。”古往今来，不同的文化环境中，身体外观、服饰装饰、行为举止是个体获得社会性别、职业身份、阶级地位及社会认同的重要工具。在当代社会，女性身材苗条、五官端正等外貌特征，似乎成了女性必备的生理条件。

其次，大学生身份认同主要面向求职和恋爱，而这两项也与身体外观紧密联系在一起。恋爱的实质是获得异性的认同，而求职则是检验个体知识、技能和品行能否得到社会认同。由于社会各个领域对女大学生的“高”要求，她们只能被迫通过掌控瘦身这一身体属性获取认同。

社会文化一直都在强调男女平等，但年轻女性在社会化过程中并未得到等同的机会时，她们就会产生无力感，从而试图寻找一切改变的可能性。最终女孩子们发现，改变环境是无力的，但有一样东西她们可以掌控，那就是她们自身，尤其是身体。随之带来的一个现象是，在以瘦为美的社会文化牵引下，一些女大学生通过控制体重以期获得自我认同、他人认同甚至是社会认同。

对女大学生而言，通过绝食、节食等方式瘦身，会给身心健康带来风险。

为了降低风险，大学生需要培养正确的审美观念，理性看待大众媒体传播的美的标准。同时充分意识到生命高于一切，每个人的身体应该受到应有的关怀，它是生命得以存在的根基。同时需要更深刻地理解男女平等理念，女性表达独立、自主的自我就是一种追求平等的表现，敢于把真实的自我展现出来，散发自己独特的魅力，这本身就是自我的彰显，也是平等意识的体现。

（三）粉丝文化与身份认同

粉丝文化是一种很年轻、很潮流的文化现象，疯狂迷恋某一事物或人物的粉丝群体，也已经在新媒体迅速发展的浪潮中，成了一个独特的亚文化群体。追星也成为当今大学生娱乐的新方式，在一个迷茫的年纪或状态中寻找身份认同。

在网络并不发达的时期，歌手或演员只活在电视、磁带、DVD、电影院里，通过作品的传播成为偶像。粉丝间彼此分散，没有组成一个团体。随着社交媒体的蓬勃发展，偶像们活在微博、直播间、饭拍、repo（粉丝参加现场节目录制）里，使得粉丝们很容易在线上找到志同道合的他者，从而建立起各种应援站、粉丝站、饭圈等，改变了以前粉丝之间松散的状态，变得更加有组织化、规模化。特别是通过微博等社会媒介，粉丝可以无时无刻搜索偶像信息，与偶像进行互动，饭圈消费的是与偶像同在的参与感和沉浸感。

在饭圈文化中，粉丝们可以实现自我认同和群体认同，粉丝在对偶像的投射中实现自我认同，在与其他粉丝互动过程中形成群体认同，在群体中获得肯定与满足感。查尔斯·库利的“镜中我”理论强调，人的行为很大程度上取决于与他人的社会互动形成的自我认识。他人对自己的评价、态度是反映自我的一面“镜子”，个人通过这面“镜子”认识和把握自己。在饭圈中，粉丝有统一的名称、统一的应援色应援物、对偶像特别的昵称、带有偶像姓名或头像图片的账号ID，饭圈内独有的话语体系是构建身份的基本符码。粉丝为偶像打榜、投票、送花、控评、转发、应援、反黑、解锁、催销量、追行踪、写文画图剪视频、接机等，是饭圈全套的日常行为。在这一过程中通过投入时间与金钱强化对本饭圈的归属感，当自己为偶像做的事得到其他粉丝的认同时，更会加强自豪感，建立信任关系，实现群体认同。

粉丝文化作为一种根植于网络的亚文化，打破了传统传播话语体系，是对主流精英文化的消解，它丰富了社会文化并有利于多元化发展。年轻人通过共同喜欢的偶像建立符号体系，并沉浸其中，打破框架限制，颠覆原有秩序，建立新的认同秩序，他们不分彼此，寻求自由解脱及叛逆的快感，从而暂时回归真正的“自我”，从而达到一种“狂欢节的世界感受”，建构一个相对主义下的亚文化精神家园。但同时，一些粉丝的狂热也会导致他们迷失在偶像营造出来的虚假人设里，丧失自己独立、理性的判断能力，陷入自我身份认同的困境。作为大学生，一方面寻求着多元的表达；另一方面也处于自我身份认同的关键阶段，这个时候可能会享受粉丝文化带给自己的快乐和认同，但同时也要保持独立思考的能力，文明、理智追星，只有这样才不至于陷入自我迷茫。

拓展训练

悦纳自我

活动分组：两人一组，围作外圈和内圈。

活动目的：理解想法对于自我认同的影响，以及他人回应的重要性。

活动实施：

（1）写下十个优点，写完之后默念三遍，然后闭上眼睛在心中再默念三遍。

（2）睁开眼睛，伸出双手请别人压一压。

（3）写下十个缺点，写完之后默念三遍，然后闭上眼睛在心中再默念三遍。

（4）睁开眼睛，伸出双手请别人压一压，体会一下是什么感觉。

（5）邀请三名同学分享感受：

- 当写下缺点的时候，有什么感受？写下优点时的感受又是什么样的？
- 默念完优点后，请别人压一压的过程中，你的感受是什么？默念完缺点又是什么感受？

第三节　构建自我

人在社会中生存，个体对身份的确认离不开社会环境。现代化及网络媒介的高度发展与融合，给人们提供了展现自我的空间，同时也能够通过外界的信息获得他人的评价与反馈，进而明确和修正对于自我的认知。因此，我们除了要追问“我是谁”外，还要明确“我们是谁”。在寻求身份认同的过程中，个体不断与他者区分边界，寻找与自己有着相同爱好的人，并与他人积极互动，缓解现实生活中的压力。同时身份认同的过程又是双向的，身份认同的建构又反作用于自身，从而改变自身的生活观念和方式。

一、大学生如何实现自我身份认同

（一）我思故我在

思维存在于你我的自我反思之中，也存在于你我的互动、你我与环境及社会的互动中，正是这样的过程，才让我们更深入地理解了“我之所以为我”。在自我意识一章中我们对该话题有了一定的了解和认识，下面我们将其放在更宏大的社会层面进行思考，一起来认识在社会中我们是如何建构自我身份认同的。

1. 构建理想中的自我

自我身份认同不仅仅包含对于自我身份的认知，更包含了个体对于“理想自我”的生产。当今社会，个体往往通过网络媒介将现实自我与理想自我进行统一，进而实现自我认同。个体在网络平台上通过记录与反思等活动向自己和他人展示一个“理想自我”的形象。“理想自我”不仅涵盖了个体对于自我的认知，更是代表了个体对某事物的憧憬和美好期待，是个体潜在的意愿表达和理想化的状态预设。比如，饭圈女孩直接称呼男明星为“老公”“男朋友”，这种直白的情感表露是粉丝将自己的择偶观及审美标准融入偶像形象中，虽然粉丝与偶像之间并没有恋爱关系，但他们通过潜意识对理想恋爱状态的形象化、概念化的表达，从而明确自己的恋爱观，例如，需要自己未来的另一半有偶像一样的人品、爱心等。同时我们在观看电影的过程中也会发生“移情”，会将自己的喜怒哀乐投射到影片中，去感受影片中人物丰富的情感内涵，依据自己的意识形态框架去思考电影作品中包含的世界观、人生观和价值观，从而重新审视、修正自己原有的价值体系，再次铭刻对自我的认知，新的价值体系会在现实生活中发挥着指引作用，从而将“现实自我”与“理想自我”连接起来。

2. 追求与他人评价的统一

查尔斯·泰勒认为“一个人永远不能基于自身而成为自我，只有在与某些对话者的关系中，我才是我”。这说明个人离不开他人，个人自我认同的实现需要依托交往中与他人的参照，否则个体的主体性就无法得到完整的建构。个体的自我展示行为能否得到他人认可，会影响个体认同感的形成。身份认同的建构不仅仅是自我边界的划定，同时也是与周围环境建立深层关系的过程，通过与他人的互动交往，个体获得自我存在感，并在追求理想自我的过程中获得自我身份认同。同时，个体非常在意他人对自己是否认可，他们希望通过这个过程能够将自我意象与他者评价相统一，当他人肯定了“理想自我”，那么自我认同便建构了起来。比如在百度贴吧、知乎等平台，有些人会发布深入细致的分析帖，这一过程就是通过展示个人技能或通过批判他者来获得身份认同。乔治·拉伦提出“文化身份的形成以对‘他者’的看法为前提，对文化自我的界定总包含对‘他者’的价值、特性、生活方式的区分”。由此可见，认同是以差异作为前提的，没有差异的认同也就失去了意义。

3. 求同存异构建群体认同

个体自我身份认同的获得离不开个体所归属的群体，群体认同影响着个体的自我认同。群体认同是一个求同存异的过程，它强调的是群体意识在社会中的影响和作用。

（1）求同：群体内外的共同认可

首先群体认同来自群体内部成员的认可，依然以百度贴吧为例，成员们共同遵守吧规，维持吧内良好秩序，在吧内发帖互动，关联情感，从而形成良好的社群氛围，这些都体现了群体内部成员对于个体的认同。群体树立自我认同的过程如同自我身份认同的镜中像理论，会遵循一种“自尊假象”，通过群体在社会中的反应来塑造本群体的整体形象。当然，群体在树立自我认同的过程中可能会获得满意的结果，当结果不满意时，群体成员要么离开本群体，选择更符合理想状态的新群体加入，要么采取措施反击，扭转社会态度，提升本群体的形象。

（2）存异：划分“他群”界限

群体认同是建立在“我们和他们”进行区分的基础上的，“只有通过界定这种差异，相似性才能被识别。因此，‘我们’对自己的认同进行定义的同时也是对一系列‘他们’的定义。‘我们’的相似性正是‘他们’与‘我们’的差异性，反之亦然”。埃米尔·杜尔凯姆对集体表象研究时提出：“所谓分类，是指人们把事物、事件以及有关事件的事实划分成类和种，使之各有归属，并确定它们的包含关系或排斥关系的过程。”因此，所谓“存异”的建构发展过程实质上是划清与“他群”的边界的过程。无论是群体内的身份认同还是群体外的冲突对抗，都是建立在符号互动的基础上的。比如高举海报、用统一的口号为偶像助阵的粉丝们，这些口号就是粉丝与偶像之间互动的符号。专有符号的运用使得他们在交流层面上构建了一条明显的界线，如果不是群体成员根本无法理解和介入对话的场景中。使用差异化策略来明确“我们与他们”的边界并不意味着完全的对立，有时候群体在处理与他群的关系时，会运用相对缓和、友好的沟通策略，可以维持内群体的高效运转，巩固本群体的群体认同。

（二）推进大学生自我认同的形成

1. 建立良好的互动交往关系

大学生的自我认同是在个体与群体、个体与社会的互动中逐渐获得并完善的，互动交往是个体产生认知、进行反思的重要来源。但是在大学生实际的互动中，时常出现一些妒忌、孤独、自负等问题，还可能不善于与他人合作，出现“真空交往”的现象，人际关系模糊，信任感、自尊感缺失等。为避免上述问题给自己带来的困扰，阻碍自己在互动中获得自我认同，大学生应培养集体意识及大局观念，多角度看待问题，正确处理集体与个人的关系，学会灵活地争取与舍弃。同时也要增强集体荣誉感及归属感，真切明白自己是集体中的一员，主动承担责任义务，摆正自身角色，在与他人的合作交往中，建立良好的互动交往关系，通过“他者”的评价认清自己，扩宽自我认知的空间，实现更高的人生价值。

2. 重视自我评价机制建构

个体的自我评价，即把自我当作客体并以一定的标准进行评价的行为，活动对象即为个体本身，并具有独特内涵意义。自我评价是实现自我认同的关键环节，评价的实施对自我认知及自我认同的最终形成有着较大的作用，同时为个体反思性的建构提供了素材及标准。个体对“我是谁”的回答，表现在自我评价这一过程中，这同时是对自我价值的探索，体现了人们对事物的认知判断，这一活动过程添加了评价主体自身的价值态度及固有观念，价值是需要评价来进行衡量的，否则价值只能被个人所忽略，作为一种“客观存在”内隐于社会现象中，价值评价成为认同形成和发展的重要参考。大学生的自我评价虽是一个自发的过程，仍需要科学的引导，大学生应从社会需要出发，通过自我行为的实践进行检验并不断修正完善，形成正确的自我认同。这一过程并非易事，外加大学生的心理一般较为脆弱，常出现自卑或自负等不良情绪，从而产生错误的自我认知。因此，大学生应学习用辩证的方法看待自我，不能盲目地将自己的短处与他人的长处进行比较，需准确把握，进行正确的角色定位，明白错误与差距都是不可避免的，应在挫折中明辨是非，体验生活的真知。

3. 提高自我认同能力

人具有情感、意识和行为态度的能动性，个体本身即为自我认同实现的动力来源。大学生作为社会主流动力，具有不可估量的创造力。由于社会理性的越位，人们倾向于沿着集体最大化路径追求个体利益最大化，这使得很多人抛弃合作，本着竞争意识立足，也遏制了创造的力量。也就是说，个体的劳动创造忽视了劳动本身及劳动价值的重要性，劳动创造只体现在解决问题等方面。对大学生而言，能否正确处理个体与他人在社会交往方面的冲突，解决现实自我与理想自我之间的矛盾，并形成自我冲突的调节机制，这些是形成自我认同的关键。大学生群体大多个性较为张扬，喜欢被关注认可，但还没有做到正确认识自我时就开始要求独立于社会。在生活中需要正确处理理想我与现实我的关系，客观认识自己，不因理想与现实的落差而自暴自弃，学会借助他人评价了解自己，摆好心态，树立自信心，从而达到积极的自我认同。

二、大学生如何化解自我认同危机

在现代社会中，面对市场化和价值观的多元选择，大学生的自我身份认同危机成为影响大学生学习活动的重要因素，这就要求大学生应正确看待角色身份，建立合理的自我评价机制，加强心理学知识的学习，确立正确的自我意识，在学习及社会实践中强化自我身份的认同感。

（一）正确看待角色身份

大学生对自身角色身份的认知是一个过程，包括自我期望、社会期望及自身所担负的社会责任等，对角色身份有清晰的认识，“我”就会扮演积极的角色，自主地投入学习生活中，从而顺利完成大学期间的各项任务；相反，对自身角色身份认知模糊或者处于角色冲突时，则无法顺利完成各项任务。因此，大学生应正确看待角色身份，领悟社会对大学生角色的评价，这是了解自我的一个主渠道，并在辨识角色评价后，对比他人与自我评价，进而反思自己，内化于心，外化于行。通过分析社会及他人对自己的评价，总结自身的成败得失，这是自我意识发展的高级表现，同时也是化解身份认同危机的主要途径。

（二）接纳不完美的自己

对普通人来说，一生最重要的功课就是学会接纳自己。接纳自己，意味着一个人承认其自身价值，能正视自己的现状并喜欢自己。一个人如果懂得接纳自己，就会充满信心；反之，则会自卑失望。允许自己不完美，才能看到真实的自己。接纳自己需要做到以下几点。①允许自己不完美，接受自己的缺点、不足和缺陷。一个内心强大的人，看到自己的不完美，才会意识到自己需要成长与进步。②允许自己犯错。人生没有白走的路，我们所犯的错，从某些方面来说，都蕴含着一份成长礼物。应深切了解错误对于我们的意义和价值，不轻易用错误否定自己，而是明白错误与机会可能是相辅相成的，具备成长思维，从错误中找到自我精进的方向，在时代中更迭。

（三）在学习实践中自助走出认同危机

掌握必要的心理学知识，面对认同危机，大学生应正视危机的存在，尝试用心理学知识帮助自己化解危机，如美国心理学家埃利斯在其情绪 ABC 理论中提到，人的情绪问题主是由人的非理性信念造成的，对于同一事件，不同的人有不同的认识及情绪体验，不合理的观念会导致不良的情绪体验，进而影响自我认识。因此，大学生应充分认识心理健康的重要性，主动学习相关的心理学知识，并主动用学到的知识解决自身在发展过程中遇到的难题，帮助处于危机中的自我增强自我认同感。投身于社会实践是大学生自我价值实现的重要途径，主动参加多样的实践，这不仅能为个人施展才能、挖掘潜力提供平台，更是认识自我、获得认同感的最好的课堂。在每一次学习实践中，都能获得不同的感受体验，对自身各方面都能做一次冷静、认真的回顾和总结，扬长避短，发挥优势，建立自信。在社会交往中，个体应不断维护自己与团体间的平衡，培养责任感与使命感，从而提升自我认同感。

三、大学生如何在多元的社会文化下自处

随着改革开放的不断深入和社会主义事业的发展，各种文化交汇与激荡，在中国与西方、传统与现代、本土与外来的各种文化符号冲突与融合的情况下，大学生群体更应正确认识和定位各种文化符号，以开放接纳的心态、理性平和的视角理解和吸收多元文化，以便更好地在纷繁复杂的文化环境中确定自我身份认同。

（一）如何在不同的宿舍文化下自处

人际冲突往往是多元文化碰撞的重要表现之一。来自全国各地、五湖四海的大学生可以被看作业已形成并且处在动态变化中的多元文化载体，而大学宿舍作为若干不同文化载体生活、学习的主要场所，让不同文化载体的交互频繁、紧密发生，也常常生发出许多人际冲突。造成这些冲突的很重要的原因之一，是不同文化之间的碰撞势必会让自身原本持有的文化信念受到冲击。

那么，如何面对不同文化信念之间的冲突呢？大学生首先需要放平心态，认识到“差异”是永远存在的，但“差异”并不一定都是“威胁”，开放包容的态度是多元文化得以互相了解的基础。当觉察到面对与自身存在差异的其他文化观点反应过激时，需要思考自身所认同的文化对自己的意义是什么，其他文化的展现为什么会给自己带来如此大的波动和影响。在思考和梳理之后，我们也可以坦诚地向舍友（宿舍中的另一文化载体）表达自身所持文化观点对于自己的重要意义和对对方能够尊重自己及所信奉文化的期待。同时，我们也应该向对方及其所信奉的文化回以同等的尊重。在宿舍这一重要而独特的单元中，“求同存异”是多元文化有益碰撞的重要原则，当我们与舍友达成这一重

要共识之后，我们也许会发现不同文化的交流不仅不会削弱自身，还可能通过互相借鉴而得到更好的发展与延续。

（二）如何在不同的民族文化下自处

都说大学校园是一个微缩版的社会，在这个“小社会”中，“民族”这一天然的身份特征将大学生进行了群体的划分。扬州大学教授刘永兵在《“民汉合宿”背景下少数民族大学生民族认同教育路径研究》中写道：“民族作为历史进程中最稳定的、拥有共同生理特点和心理特征的人类共同体形式，其成员有着因对本民族独特的历史、宗教、文化、风俗习惯的感受和认知而形成的有很强凝聚力的民族皈依感和忠诚感。”因此，互相尊重仍然是处理校园中不同民族文化的黄金准则。中华民族有着五千年的灿烂文明，同时也拥有丰富多元的民族文化，正是由于中华民族对各个民族不同的文化采取了兼容并包、开放尊重的态度，我们的传统文化才得以发展壮大、源远流长。

在大学校园的不同团体单位，如班级、宿舍和学生社团及组织中，不同民族之间的文化得以交流、学习、传播、碰撞，多元文化和多个民族之间的交流、交融和交往往往既蕴含机遇又暗藏挑战。在真实的交往过程中，坦诚地表达“不了解”并展示对少数民族文化的好奇和愿意了解的态度，可能比暗自揣测更能够让少数民族群体感受到善意和尊重。同时，作为少数民族群体的一方，也需要树立适度的民族自信，在思想上可以扩大本民族“文化传统”的内涵，认识到各个民族的文化是相辅相成的，需要多方积极参与，互相交流和适应，这样既能消除因与汉族文化接触造成的文化自卑感，又能避免盲目排外的文化自大情结。

（三）如何在不同的互联网文化下自处

“互联网 +”时代为丰富多元的校园文化的发展提供了肥沃的土壤，校园文化载体由从前形式单一的文字、图片及广播等迅速升级为有声文字、动态图片及视频等引人入胜的新媒体形式。在这纷繁复杂、令人眼花缭乱的新兴社交媒体的语境发酵下，信息文化的传播模式也发生了根本性转变，传播的受众同时也是信息文化的参与者、评论者和输出者。社交媒体的交互性为我们每一个人参与校园生活、表达个人观点及共同营造校园文化提供了广阔的平台，这也使得校园文化的多元性和开放性得到了极大提升。

大学生作为多媒体时代的“原住民”，与这一时代特征相匹配的媒介素养也需要得到培养和提升。其中首先是独立思考能力。在大学校园的学习生活中，大学生应该在多元的社会文化下提高辨别是非的能力，面对纷繁复杂的思潮、理念和信息，我们应该进行辨别和区分，抵制和排除不合理的信息，借鉴和学习科学合理的信息。其次是自我探索和身份认同的能力。大学生在面对新媒体上各类信息时，可以通过吸收丰富多元的新媒体数据流对自我进行更全面的探索和梳理，更加客观平和地看待自我、看待他人、看待世界。抓住新媒体时代的发展机遇，努力改变自身，对自我身份认同进行确认，重建个人生存的意义和对人生的更高追求和目标。

这一过程是主动干预和转型的过程，是现代性的社会境况加诸在我们每个人身上的。我们无法回到过去，也无法立刻直抵未来，我们只能活在当下，并通过适应调整找到人生新阶段的应对方式，从而寻找真正的力量，获得新的自由和自我。这便是当下青年大学生群体自我实现的真实写照。

最后，借用陈独秀和李大钊的几句话来结束本章，也与所有的青年大学生共勉。“青年如初春，如朝日，如百卉之萌动，如利刃之新发于硎，人生最可宝贵之时期也。”“予所欲涕泣陈词者，惟属望于新鲜活泼之青年，有以自觉而奋斗耳！”“青年循蹈乎此，本其理性，加以努力，进前而勿顾后，背黑暗而向光明，为世界进文明，为人类造幸福，以青春之我，创建青春之家庭，青春之国家，青春之民族，青春之人类，青春之地球，青春之宇宙，资以乐其无涯之生。乘风破浪，迢迢乎远矣，复何无计留春望尘莫及之忧哉？”

拓展训练

群体身份提名

亲爱的同学，你是否想过，在我们每个人身上有多种多样的群体身份？比如学生群体身份就是我们所共有的群体身份。对大学生来说，普遍存在以下 8 类主要的群体身份，同学们认为自己在多大程度上属于这些群体呢？请你对下列各个群体身份的重要程度进行排序，排序①即表示这个身份对你而言最重要，排序越往后重要程度越低，一直到排序⑧，即这个身份相对而言对你最不重要。请你在阅读下列身份后，将排序的编号写在对应身份后的横线上。

学生身份________________

家庭身份________________

班级身份________________

性别身份________________

国民身份________________

年龄身份________________

同伴群体身份_____________

兴趣群体身份________________

在以上8类群体身份的提名中，哪些身份对你来说最重要，哪些身份最不重要？同时思考群体身份与自我评价、人际关系满意度的相关性。

推荐资料

1. 图书《浮世画家》，石黑一雄著，马爱农译。

《浮世画家》以主人公的回忆为基调，以非凡的小说技巧生动展现了主人公的回忆与思考。主人公曾是显赫一时的浮世绘画家，随着“二战”日本的战败，他才恍若大梦初醒：原来整个日本民族的过去竟是在为一种荒诞虚幻的理想献身，他的艺术理想也真如其名称一样虚浮于世。《浮世画家》的主题思想为本质主义的国族身份认同，是以主人公的身份焦虑与身份认同的冲突为中心展开叙述的。身份焦虑是身份问题的最初表征，在该小说中，要么导致身份的危机与毁灭，要么引向身份的建构或重构。主人公从功利主义到爱国主义，逐渐建构了自己的身份认同。

2. 电影《哪吒之魔童降世》，饺子执导。

天地灵气孕育出一颗能量巨大的混元珠，元始天尊将混元珠提炼成灵珠和魔丸，灵珠投胎为人，助周伐纣时可堪大用；魔丸则会诞出魔王，为祸人间。元始天尊启动了天劫咒语，3年后天雷将会降临，摧毁魔丸。太乙真人受命将灵珠托生于陈塘关李靖家的儿子哪吒身上。然而阴差阳错，灵珠和魔丸竟然被调包。本应是灵珠英雄的哪吒却成了混世大魔王，他遭到了陈塘关百姓的歧视、排斥、嘲笑和敌对，他也因此性格孤僻、冷漠、叛逆、憋屈、玩世不恭。玩世不恭的外表下，哪吒比谁都孤独，比谁都渴望认同。然而，面对众人对哪吒的误解和即将来临的天雷，哪吒是否命中注定会立地成魔，他将何去何从？

参考文献

［1］英格尔斯．人的现代化［M］．成都：四川人民出版社，1985.
［2］吉登斯．现代性的后果［M］．田禾，译．南京：译林出版社，2000.
［3］吉登斯．现代性与自我认同：晚期现代中的自我与社会［M］．赵旭东，方文，译．上海：生活·读书·新知三联书店，1998.
［4］陀思妥耶夫斯基．诗学问题［M］．白春仁，顾亚玲，译．上海：生活·读书·新知三联书店，1988.

[5] 阿尔特曼，戴锦华．精神分析与电影：想象的表述［J］．当代电影，1989（1）：18–27.
[6] 泰勒．自我的根源：现代认同的形成［M］．韩震，王成兵，乔春霞，等译．南京：译林出版社，2001.
[7] 陈独秀．独秀文存：敬告青年［M］．上海：亚东图书馆，1934.
[8] 陈立旭．文化全球化对中国本土文化的作用［J］．中共福建省委党校学报，2000（1）：20–22.
[9] 陈少峰．互联网文化产业环境下文化国企发展对策分析［J］．北京联合大学学报（人文社会科学版），2015，13（1）：29–33.
[10] 迈尔斯．社会心理学［M］．侯玉波，乐国安，张智勇等，译．北京：人民邮电出版社，2015.
[11] 凯尔纳．媒体文化：介于现代与后现代之间的文化研究、认同性与政治［M］．丁宁，译．北京：商务印书馆，2013.
[12] 郭普璞．从“天之骄子”到“知识民工”：大学生身份认同困境研究［D］．哈尔滨：黑龙江大学，2010.
[13] 桑斯坦．信息乌托邦：众人如何生产知识［M］．毕竟悦，译．北京：法律出版社，2008.
[14] 李大钊．李大钊选集：青春［M］．北京：人民出版社，1996.
[15] 廖炳惠．关键词200：文学与批评研究的通用词汇编［M］．南京：江苏教育出版社，2006.
[16] 麦克卢汉．理解媒介：论人的延伸［M］．何道宽，译．南京：译林出版社．2011.
[17] 马元龙．主题的颠覆：拉康精神分析学中的“自我”［J］．华中师范大学学报（人文社会科学版），2004（6）：48–55.
[18] 卡斯特．认同的力量［M］．2版．曹荣湘，译．北京：社会科学文献出版社，2006.
[19] 孙频捷．身份认同研究浅析［J］．前沿，2010（2）：68–70.
[20] 王成兵．对当代认同危机问题的几点理解［J］．北京师范大学学报（社会科学版），2004（4）：97–99.
[21] 文华．整形美容手术的两难与焦虑的女性身体［J］．妇女研究论丛，2010（1）：55–61.
[22] 佚名．互联网鄙视食物链大全［J］．电脑爱好者，2012（9）：5.
[23] 哈贝马斯．重建历史唯物主义［M］．郭官义，译．北京：社会科学文献出版社，2000.
[24] 张海洋．中国的多元文化与中国人的认同［M］．北京：民族出版社，2006.
[25] 张克孝．城市与环境［M］．武汉：武汉大学出版社，1994.
[26] 周宪．中国当代审美文化研究［M］．北京：北京大学出版社，1997.
[27] Tajfel，H. Differentiation between Social Groups：Studies in the Social Psychology of Intergroup Relations［M］. London：Academic Press，1978.
[28] Ting–Toomey S. Identity Negotiation Theory：Crossing Cultural Boundaries［J］. Theorizing about Intercultural Communication，2005：211–233.

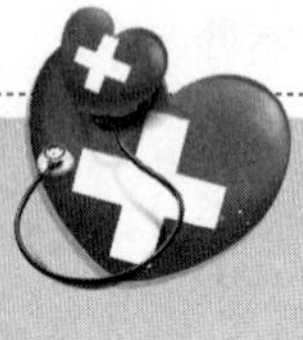

第十三章 社会变迁与心理健康

名人名言

人既是孤独的人，同时又是社会的人。作为孤独的人，他企图保卫自己的生存和那些同他最亲近的人的生存，企图满足他个人的欲望，并且发展他天赋的才能。作为社会的人，他企图得到他的同胞的赏识和好感，同他们共享欢乐，在他们悲痛时给予安慰，并且改善他们的生活条件。只是因为存在着这些多种多样、时常相互冲突的努力，才能说明一个人所独有的性格，而且这些努力的特殊结合决定了个人所能达到的内心平衡的程度，以及他对社会福利所能做出贡献的程度。

——爱因斯坦

◆ 案例导入

小 D 高考考上了家乡的一所二本院校。他的父亲是当地一家颇具规模的互联网企业的董事长。虽然小 D 的爸爸认为小 D 的高考结果没有达到自己的期望，但还是心想着“再不济儿子之后可以到自己的公司上班”，儿子总是能够吃穿不愁。但渐渐地，小 D 的父母发现儿子上了大学后的状态不太对——儿子不住校，有时深夜才从学校回来，而且从学校回来后总是一身疲惫，睡到第二天下午才起。小 D 的母亲有一天偷偷跟踪儿子，发现儿子逃课去了网吧。后来经过了解发现，儿子很多科目的考试都不及格，甚至已经有被退学的风险。小 D 的母亲非常着急，准备和儿子推心置腹地谈一谈，但谈话非常不成功。

母亲不能理解：从小给儿子创造那么好的物质生活条件，保证儿子接受最好的教育，为什么儿子现在会变成这样。无奈之下，小 D 的母亲预约了家庭心理咨询。咨询结束一段时间后，当小 D 的学习生活又重新回到正轨的时候，小 D 的母亲还时不时会想起那位咨询师的话——“不同时代的人就像生活在不同的星球：对于父母生长的年代，通过自己的努力获得丰富的物质资源就会感到很满足；而对于儿子所处的时代，物质条件极大丰富，这时人们内在深层的心理需求就不断浮现出来。在这种情况下，不同时代的人彼此之间要互相理解，真的需要花很多功夫的……”

◆ 导言

一百多年前的辛亥革命结束了长达两千多年的封建王朝统治，极大促进了中华民族思想、政治的解放。新中国成立已历七十余载，穿过那层层历史的迷雾，我们也许可以看见时代进程中的中国在经济、科技、教育及军事等各方面发生了翻天覆地的变化。

但同时，也有一部分大学生像上述案例中的小 D 一样，在习惯于日益丰富的物质生活的同时，内心却有着不为人知的迷茫和痛苦。他们感受着焦虑的情绪，在屡屡碰壁受挫后甚至陷入抑郁……他们的出路又在何处呢？

第一节　社会及其思想的发展与变迁

中国当代著名小说家麦家曾经说过：“在这个时代极端的、迅猛的、皮包骨头的进步中，如果没有诗意的滋润和祝福，人与机器或许将越来越难区别。”

本节将结合当今中国社会经济、科技尤其互联网的发展来探寻人们在物质资源增长如此之快的背景下内心所经历的起伏，也将尝试解读，人们在面对潮水般的信息和日益智能化的生活方式时，应当以怎样的姿态去适应人与人之间新的边界距离和社交法则。

一、经济发展对心理的影响

（一）买不来的开心——富起来的我们为什么也不开心

经过一代又一代中国人艰苦卓绝的努力与奋斗，中国国内生产总值（GDP）年年攀升，2010 年，中国 GDP 超过日本，正式成为世界第二大经济体。在中国人民渐渐富起来之后，人们却发现，随着生活节奏的加快与社会的发展变化，心理压力与冲突也日益凸显，心理健康成为国民日益关注的问题。我们富起来了，但是为什么还是不开心呢？

1. 攀比效应

在经济收入如何影响个体的主观幸福感的问题上，众多心理学研究发现，虽然收入对主观幸福感具有显著的正面影响，但是影响程度有限，而对人们主观幸福感影响更大的是其与身边的人（以下简称“同辈群体”）的收入差异。在同辈群体中收入更高的个体其主观幸福感显著高于同辈群体中收入更低的个体。所以，个体收入对人们幸福感的影响主要取决于其收入在同辈群体中所处位置的高低，这在心理学中被称为“攀比效应”。

2. 马斯洛需求层次理论效应

研究发现，生活满意度与个体的价值观或者对物质需求的看法有密切关系。一项研究发现，对于更看重物质经济水平的人，随着个人社会经济地位的提高，其生活满意度也将上升；而对于不那么看重物质经济水平的人，随着家庭社会经济地位的提高，其生活满意度呈现下降趋势。

正如马斯洛在需求层次理论中所述：“当一个人通过经济地位的提升满足了基本的安全甚至归属的需要之后，他会去追求更高层次的爱、尊重甚至自我实现的需要。”这也是为什么国家经济水平的飞速发展并不能直接导向心理问题的减少。

（二）消费主义——年轻人“精致穷”有错吗

1. 消费主义的出现

钱确实不是万能的，比如，金钱无法营造一段美满的感情，无法延缓亲人的老去甚至死亡……但没有钱也是万万不能的。拥有更多的金钱，意味着能够交换和享受到更广泛的资源和服务。

在第二次世界大战以后，消费主义文化在西方国家逐渐盛行。随着中国经济的飞速发展，这一西方流行思潮也表现出“东移”的趋势，商家开始通过广告、短视频等无处不在的传播媒介推广海量信息，向消费者营销甚至是创造出各式各样的物质或精神需求，比如，可以彰显自我品位及生活格调的名牌口红或包包，可以在玩游戏的过程中健身塑形的 Switch 健身环，等等。这使得很多人愿意通过分期付款、“网贷”甚至“裸贷”等“透支未来”的方式下单购买，也使消费主义逐步演变成一种社会现象。

2. 年轻人“精致穷”背后的心理需要

每个选择背后都有更为底层的动机，“精致穷”作为一种在年轻人群体中被广泛认可的消费现象，其背后的心理需要值得一探。

（1）自我肯定和满足的需要

在消费主义盛行的今天，许多年轻人认为满足欲望是一种幸福，“人生在世需要及时行乐。尤其是当年轻人从小在父母一辈人身上看到太多带着自我委屈的“省吃俭用”时，就更能接受通过花钱来悦纳自我的消费理念，这也是对压抑的渴望和需求的“释放”，同时也证明自己有自由去追寻更好的生活。

（2）对平庸的恐惧

在中国“望子成龙，望女成凤”的大众文化影响下，每个孩子都非常渴望变得不凡来获得认可。然而年轻人在刚起步时，经验、能力、人脉、资本等都还在积累阶段，在缺乏耐心和定力的情况下，很多人害怕自己泯然众人，所以希望通过“透支未来”的方式让自己看起来更加出众。

（3）对爱和关系的渴望

每个人都渴望被无条件地爱着，但很多时候爱是有条件的，我们可能会发现我们在意的人喜欢精致的我们而不是朴素的我们，所以，一部分年轻人很可能为了得到对方的关注和喜爱而选择“精致穷”。

（4）从众的压力

从众是指个体在社会群体的无形压力下，或者为了维护自尊、为了保持关系，不由自主地与多数人保持一致的社会心理现象。年轻人不仅身处消费主义“大行其道”之时，也正处于价值观、自我认同不断完善的过程中，因此，他们乐于去尝试，追随。

基于以上因素，尽管“精致穷”在一定程度上满足了年轻人的各种心理需要，但消费一定不是消除匮乏感、获得自我认同和健康关系的良药。“精致穷”也让越来越多年轻人过早承受定期还款的焦虑，担忧未来的不确定性。从长远来看，这些体验都不利于心理健康。而最令人忧虑的是：金钱堆砌的“精致”会有无法继续维系的一刻，而我们是否又做好了这样的准备呢？

二、科技及互联网对社会交往的影响

（一）互联网科技带来的便捷让我们更加独立还是孤独

当我们回溯漫长的历史长河时，人们的生活似乎从未像今天这样如此便利快捷——我们可以做到足不出户，通过网购、网上缴费、点外卖、网上请小时工等解决吃穿用度等几乎所有的基本生活需求；网络的便捷让远程办公更普遍，我们可以通过互联网赚取收入；互联网上海量信息可以供我们挑选。

但同时，因为生活的所有需求太容易在互联网上得到满足，这使得我们移步于现实世界的需求被严重挤压。另外，社交网络也改变了人与人之间的关系，三维空间被简化成了扁平的屏幕。那些慢节奏、宁静而安谧的部分，已经被互联网的世界拉出了我们的视野，取而代之的是靠电力运转得更快、更嘈杂、更远离自然的世界。

那么，互联网对我们的人际交往和心理感受究竟产生了怎样具体的影响呢？

1. 积极影响

（1）社交补偿

网络的匿名性能够给予害怕社交的群体更多的勇气和庇护，促使他们在现实生活之外的虚拟空间“重新练习”与人沟通和交流，以此帮助他们累积成功的社交经验，为现实交往中遇到的挫折提供一种有效的补偿。

（2）与现实人际关系互为补充

互联网不仅为我们拓宽了人际交往的场所，还为延续现实世界中的人际关系做出了贡献，“线上互助小组”“家庭群”“闺密群 / 死党群”等都是例子。这说明，互联网能够延续现实生活中的关系，弥补空间带来的客观阻隔。

2. 消极影响

（1）现实交往时间被压缩

根据替代理论的观点，人们的时间是有限的，当个体将有限的时间过多用于网络社交时，原本可用于陪伴家人和朋友的时间就被压缩了。而与网络交往相比，现实交往联结感更强，这就导致缺乏现实交往的个体仍然难以避免感到一定程度的孤独和抑郁。研究发现，社交网络的使用行为会使主观幸福感下降，而与他人的直接互动则能够增加幸福感。

（2）肢体接触难以实现

肢体接触是体现人际关联的重要信号和表达方式，当人与人之间出现肢体接触时，往往表示人与人之间的情感联结在当下达到了一定的强度，这时人们内在的情感体验也会更为强烈。这一强烈的情感体验在心理学中也叫作“情感依恋”，情感依恋是一种能够有效降低人们内在孤独和抑郁情绪的社会情感。网络交往在肢体接触上具有天然的劣势，这可能造成其对人际交往的消极影响。

（3）出现孤独的恶性循环

一个新生事物的出现往往容易引发人们的滥用或误用，互联网对现实生活中不善社交或有强烈孤独感的个体来说可能就是这样的存在。这些个体对于人际交往既回避又有强烈的渴望，因此社交网络的出现可能会被他们视为“救命稻草”，以此来解决其在现实社会中遇到的人际社交困难。加之社交网络匿名性及互动面广的特点，在现实交往中受挫的个体能够体验到其带来的新鲜感甚至是成功体验，这也推动这些个体进一步使用网络社交。久而久之，随着社交网络弊端逐渐呈现，个体会感到孤独感不减反增，于是对社交网络产生更强的依赖感，从而进入一个恶性循环。当一个人将全部重心都转移到互联网上时，就会导致其与现实生活的脱轨，长此以往也会对个体的心理健康状况和现实人际支持产生不利影响。

由此可见，我们如何在滚滚时代洪流中更好地与新兴科技共处成为值得思考的现实议题。

（二）人工智能可以取代心理咨询师吗

深度神经网络算法的提出又使得今天人们可以在各个领域用人工智能代替复杂的体力劳动，人工智能正改变着我们原有的职业认知和社会职业架构。与此同时，人与人之间面对面交心的空间和时间越发减少。长此以往，人们很容易感觉到人际隔离和社交孤独感，这也直接导致个体对于心理支持的需求越来越广泛和迫切。

既然人工智能能够补充甚至替换很多职业，那么人工智能是否能够发挥其优势帮助人们解决心理困扰呢？于是，关于“人工智能能否取代心理咨询师”的问题成为行业讨论的话题。我们将从心理咨询的作用、人工智能的优势、二者结合的可能性等方面来解答这一疑问。

1. 心理咨询的一大作用是建构生活的意义

通常来说，寻求心理咨询的来访者带来问题的同时，也带着某种期待。他们的问题体现在现状与自己的期待之间产生了一定程度的落差，想要通过心理咨询对这一落差进行缝合与填补。咨询师可以从以下方面发挥作用，包括但不限于引导来访者反思自己对问题理解的偏差，调整期待，从而缓解心态上的失衡。这种改变也更加有利于来访者重建“生活的意义”。

人本主义和建构主义两大心理学流派都认为“生活的意义”对每个人来说都是不同的，它的不同在于不同的人对其生活经历和感悟的建构有所差异。比如，对于呱呱坠地的婴儿，美貌、财富、地位、尊重等都是没有意义的，母亲温暖的怀抱、乳汁、适宜的温度等对他却至关重要，而前者可能是生活在现代都市的人们毕生努力的目标。所以，来访者可能在之前的生活中建构了某种生活意义，但并不适合现在的生活，即建构本身出现了一些偏差，心理咨询需要帮助他重构生活的意义。

2. 人工智能从事心理咨询体现出技术优势

事实上，越来越多的科研团队正在尝试研发智能心理咨询系统。“Woebot”是美国斯坦福大学临床心理学家艾莉森·达西首创的心理辅导机器人。Woebot是以解决问题为导向的系统化程序，该程序通过调整用户的不合理认知解决情绪和行为问题来治疗诸如抑郁症这一类的精神障碍。如果你是 Woebot 的一名用户，当它发现你情绪低落、焦虑时，它会邀请你写出自己的想法，然后通过一些技巧来协助你调整这些想法。比如，指出并邀请你确认某一想法是否有以偏概全的倾向、是否存在归因偏差等。

南加州大学创意技术研究所（ICT）也研发并投入使用了一款智能心理咨询系统——Ellie虚拟治疗师。Ellie不仅可以识别来访者（付费参与心理咨询的客户）输入的语言，还可以通过表情、姿势等非语言信息对来访者进行情绪分析。除此之外，Ellie也可以模拟人类表达相应情感时的表情、姿态及动作等非语言信息，这样不仅使人工智能心理咨询大大增加了情绪识别的准确度，还进一步增强了咨询双方的互动性和信任度。

人工智能从事心理咨询的优势在于，人工智能所提供的心理服务能够超越时间和空间的限制，并且能够更加中立、客观。

3. 人工智能从事心理咨询仍有不足

实际上，不是所有有效的心理治疗方案都能够被人工智能化，因为这些方案需要更多的与真人心理咨询师面对面进行交流。同时，人工智能无法像咨询师一样与来访者建立关系，而咨访关系的建立对于咨询效果起着非常重要的作用。另外，虽然人工智能心理咨询系统可以做到回应、鼓励以及应用特定疗法进行聊天，但它对于语言的识别还不十分准确，情感的反应还未达到高度的情感智能化。

目前，该领域对于人工智能心理咨询系统的应用主要倾向于将一些结构化的心理治疗方案应用于测试和推广，并且保证后台有心理健康领域的专家及时根据用户反馈的问题及使用体验不断调整人工智能系统的工作流程和反馈精度。所以在不断修正和摸索下，人工智能能够在一定程度上拓宽某些求助者针对特定心理困扰的求助途径，但无法完全取代心理咨询师。

三、现代主义还是后现代主义

（一）权威式的人生导师在现代社会还管用吗

最近20年的中国，人们的思想、意识、精神文明需求越来越大，人们也越来越重视心理学对生活产生的重要影响。西方的心理学思想、理论、方法的快速传播，使得人们也听到越来越多心理学“专家”的声音。比如在家庭关系中，有人主张原生家庭是一切的根源，有人认为每个人都有为自己人生负责的能力，还有人相信亲子间的沟通、爱的流动才是解决这一问题的关键……在这些时候，很多人都期待能有一个权威，解救自己于水火之中。然而对很多人来说，这样的期待往往会落空，他们也会对多番恳求后得到的建议大失所望；抑或在当时如获至宝，但回去之后可能根本不会将建议付诸实践，也可能发现实践后的效果不如预期。

当下，越来越多的人开始去思考一些既有规则：比如为什么因为家庭放弃事业在家带孩子的往往是女人？为什么毕业后就一定要去大城市奋斗？越来越多类似的思考或质疑宣告了我们已经来到一个“模糊时代”，当我们遇到困惑时，不再有一个可以凌驾于一切之上的权威来告诉我们孰黑孰白、谁对谁错，传统的“命令式”“说教式”灌输已经不能完全满足现阶段我们的精神追求了。

（二）唯一的真相是真实存在的吗

当外界的声音太过嘈杂，我们都特别希望能够有一个“权威”的声音可以“一锤定音”。我们是否意识到，为什么我们那么需要权威？这可能来源于我们大多数人心中的一个美好愿望——生活存在唯一的真相。很多时候，我们为了这个“唯一的真相”付出了很多，却仍然没有获得期待的结果。比如，母子之间为了未来发展产生分歧而矛盾重重，好友之间因为误会而心生隔阂渐行渐远……在这些例子中，每个人都在为心中的“唯一的真相”据理力争。那么“唯一的真相”真的存在吗？我们为什么如此执着于“唯一的真相”？或许下面几个方面能够帮助我们探究这些疑问。

1. 大脑认知加工的自动化过程

认知行为理论专门研究大脑的认知加工过程。在大脑的认知加工过程中，我们常会出现认知偏差。当我们看到一个客观刺激时，大脑会自动地对各种信息进行筛选，选择性地注意某些信息。比如，看大合影的时候我们总是不由自主地注意自己在合影中的形象，对一些信息进行强化或是淡化，认为自己的脸太大了、不上镜。但是如果换一个人来看这张大合影，他眼中的景象就可能完全不同。可见，“唯一的真相”更多反映的是我们自己的认知方式和认知特点，甚至这些认知方式中难免带有各自的认知偏差。

2. 人们对确定感的天然追求

我们对幼儿园小朋友打闹的场景并不陌生，小明说小鹏欺负自己，小鹏反驳是小明先欺负自己。试想，如果你是两个孩子的老师，会如何处理呢？有的老师会非常执着于“抽丝剥茧”地判断到底是谁“有错在先”，去尝试找到那个“真相”。但如果真有“真相”，它的模样也许是：今天是小鹏先动手，但在几天之前小明趁小鹏不注意打了他一下，所以两人各执一词说是对方先动的手，都没有问题，也都是真的。弄清楚事情的真相到底是什么样子好像能够给我们一个确定感。当我们有了确定感以后，便能更好地控制危险以及由危险引发的焦虑、恐惧，为自己塑造更安全的体验；当我们有了确定感以后，也能更好地规划长期目标，谋求更好的发展。一定程度的确定感让我们规避危险，寻求发展，但百分之百的确定感会适得其反。“唯一的真相”便是一种百分百的确定感，它不仅让我们遗憾地错过“意外之喜”，还可能限制我们的可能性，甚至导致与他人的争论、关系的破裂。虽然不确定性有时候让我们措手不及，但有时候也会带给我们惊喜，这就是为什么很多人喜欢拆盲盒的原因。

3. 人们“自我服务”心理的驱使

人时常受到“自我服务”心理的驱使，以家庭治疗为例：在心理咨询中，针对同一件事，不同的家庭成员往往讲述出完全不同的版本，丈夫觉得是妻子的问题，妻子觉得是孩子的问题，他们甚至想让心理咨询师去评评理，认同自己所说的“真相”。原因是什么呢？因为我们往往最能理解自己的不容易和委屈，也特别期待别人能够理解自己，所以在陈述事件的时候往往会不由自主地为自己“代言”。当我们各自为自己“代言”的时候，自然就会觉得别人说得不够“客观”了。

通过上面的分析我们会发现，世界上有时并不存在所谓的“唯一的真相”，每个人口中所说的“真相”只是反映了他们看待问题的角度和方式。当我们不再执着于寻找那个唯一的答案时，也许这扇关上的门会为我们开启另一扇通往互相理解和解决问题的门。

拓展训练

进化论

活动分组：两人一组，自由组队。

活动目的：营造安全轻松的氛围，热身准备游戏；促进成员理解：我们每个人本身可能也有很多形态。

活动实施：

（1）所有人起立。一开始所有人都是阿米巴虫，可以进化成青蛙，然后再进化成猫，再进化成猿，再进化成人。进化是通过两两猜拳的形式进行，一局决胜负，胜者进化一级，败者仍然维持在原物种级别。

（2）各自寻找“同一物种”的人，两两猜拳，以此类推。

（3）最后会只剩下一条阿米巴虫、一只青蛙、一只猫、一只猿，其他都会成功进化为人类，可以邀请唯一剩下的物种发表感言。

说明：每一个“物种”都有特定的动作，方便他人识别。阿米巴虫是非常小幅度地蠕动着走，同时发出“咪咪”的声音；青蛙是蹦蹦跳跳着走，同时发出“呱呱”的声音；猫是走猫步，同时发出“喵喵”的声音；猿是捶着胸走；最终进化成人后就可以以优美的姿态欢呼庆祝。

第二节 社会变迁带来大学生心理的变化

正如丹麦宗教哲学心理学家索伦·克尔凯郭尔所说："当一个人度过十六个盛夏，而另一个人度过十六个寒冬时，他们难道不是年龄相同吗？并非如此。那是怎么回事？难道不是时间相同，年龄也相同吗？不，时间并不相同。"每一个大学生生活的时代、成长环境都各不相同，让我们在这样一个宏大的社会时空背景下，一起去探寻当代大学生的心理健康变迁史。

一、大学生焦虑的变迁

（一）什么是焦虑

如之前章节所述，焦虑是由于内心冲突而产生的不愉快的心理体验，它是对不确定的恐惧以及对未来的担忧。需要注意的是，本章所指的焦虑是指每个人都体验过的焦虑情绪，而非精神障碍中的特定类型——"焦虑障碍"。

焦虑虽然是一种消极的情绪体验，但其也有积极的一面。焦虑情绪可以说是行动力的前奏，它的产生有助于引导人们迅速地采取各种措施，紧急调动各种资源，以有效地阻止现实或未来的情况恶化。

（二）焦虑的社会影响因素

焦虑情绪的产生受到诸多因素的影响。研究表明：大学生的焦虑水平与遗传因素、家庭环境以及社会变迁均有着密切关联。其中，家庭环境对焦虑的影响大约占 10%，包括亲子交流方式、家庭环境的亲密性等，遗传因素对焦虑的影响大约占 40%，而剩余的 50% 则是社会变迁对焦虑水平的影响。

在社会变迁因素中，心理学家珍·特吉通过环境威胁、经济状况和社会支持三大社会指标来阐释焦虑的来源。

1. 环境威胁

环境威胁理论的核心观点是，当外界环境刺激对个体生理或心理威胁增加时，个体的焦虑水平就会提高。自高考恢复以来，大学生逐年扩招，意味着大学生每年的就业压力在不断增大，这一严峻的形势造就了个体新的焦虑源。工作还是深造，是很多大学生都要考虑的发展议题，留给大学生的工作机会有限、薪资和发展前景较弱，而深造之后是否会在几年后依然面临工作机会不理想的问题，这些个人发展上的不确定性和焦虑体验都来源于环境的威胁。

2. 经济状况

经济条件的恶化会使一些弱势群体因为眼前的生计和未来的出路感到焦

虑，在这样的成长环境中，个体会为以后的生活担忧，也更容易感到自卑。特别是改革开放以来，人才竞争越发激烈，经济状况对社会各个年龄段人群的影响愈加明显。

3. **社会支持**

社会支持是每个人在社会上生存不可或缺的支持性力量与资源，它包括来自家人、朋友、同龄群体等方面的支持与帮助。在社会变迁的过程中，很多人来到陌生的城市打拼，原来“熟人型”的社会支持“远水难救近火”，而新的社会支持又尚未建立，人际隔离、孤独焦虑的感受就很容易产生。同时，一些西方的观念也影响着人们对于生活的选择，“空巢”家庭、“丁克”家庭相继出现，在新兴的家庭关系中，家庭给予成员之间的支持有所下降，这也增加了个体陷入焦虑的可能性。除此之外，随着我国城镇化水平的加快，大批农村青壮年劳动力冲破时代发展的“枷锁”，涌入城市打工，由此导致大量的流动儿童和留守儿童出现，这些儿童受到的社会支持减少，很容易就会表现出更高的焦虑和孤独水平。

（三）大学生焦虑水平随年代的变迁

中国20世纪90年代到21世纪的最初十年，社会总体经济呈高速发展态势，而对我国大学生焦虑情况的调查也显示，在相同时期，即1993年到2009年的17年里，我国大学生的焦虑水平随年代不断上升。

在心理学研究中，不少专家对焦虑又进行了进一步的分类，即状态焦虑和特质焦虑。状态焦虑大多指近一段时间的焦虑水平，而特质焦虑主要指个体较为稳定和长期的焦虑水平。心理学研究发现：相较于特质焦虑，大学生的状态焦虑增长速度更快。这也与状态焦虑的不稳定性有关，状态焦虑更容易受到外界压力的影响，同时也有研究发现：大一新生的焦虑水平普遍高于非大一的学生，这也让我们看到大学对于人的重要意义，如何度过大一的适应期，让自己拥有更有意义的大学生活值得我们思考和探讨。

二、大学生抑郁的变迁

（一）什么是抑郁

抑郁是一种使人感觉情绪低沉，提不起兴趣，做事的乐趣感逐渐减少甚至丧失的情绪。抑郁的人还会表现出对自我才能估计过低，对周围困难估计过高，常伴有思维迟缓，语言动作减少，意志活动减退等症状。

1. **抑郁的不同程度表现**

轻到中度的抑郁状态会使人睡眠饮食受到影响，兴趣索然，无精打采，脑力及体力不足及不愿活动，进而愁容满面，甚至双目含泪。重度的抑郁状态会使人忧愁爆发，甚至可能因为找不到摆脱痛苦的出路，自觉绝望而出现自杀意念及行为，因此需要引起我们的高度重视。

2. 抑郁情绪与抑郁症之间的区别

在日常生活中，持续的精神压力、发生的痛苦事件，都容易使人体验到情绪低落甚至抑郁。几乎所有人都在某些时候体验过抑郁情绪，但是一般人的抑郁情绪具有时限性，通常在一定的时间内就能够好转。而抑郁症患者与之不同，他们所体验到的抑郁情绪是长期的（一般都在半个月以上），通过自我调节和亲人朋友的帮助往往难以缓解，症状甚至还会随时间加重，必须借助心理咨询或求助精神科才能好转或治愈。抑郁情绪程度一般较轻，不会影响正常的生活、工作或学习，抑郁症程度相对较重，甚至日常的工作、学习和生活难以为继，社会功能受损严重，极端情况下还会出现严重的自杀风险。

（二）抑郁的社会影响因素

抑郁是由多方面因素共同作用的，包括个体的生理遗传因素、心理因素以及家庭、社会等环境因素，因此，学界提出了生物—心理—社会的心理健康模型。就最近十多年大学生抑郁情绪的变化趋势来看，社会环境的因素起着重要作用。

1. 社会分层的加速、固化及激烈的竞争

20 世纪七八十年代我国经济的飞速发展使不同群体之间的经济水平差异日趋明显，出现了一定的“社会分层”。俗话说“人不患贫而患不均”，这一落差容易引发人的抑郁情绪。随着我国几十年经济发展的积累，这一社会分层进一步固化。当代大学生，渐渐体会到很难通过自己的努力和奋斗实现阶层的跃迁，这难免会让大学生陷入一种慢性的抑郁情绪之中。然而，激烈竞争的氛围并不会因为阶层跃迁困难而有所减少，这使得大学生从小无论从学业成绩还是家庭条件，从体型外貌还是专业特长都难以避免地陷入竞争之中。到了大学阶段，这一竞争的氛围可以说达到了白热化的程度。自我意识尚未发展完善的大学生也很容易在竞争中迷失自我，竞争的趋势让个体更看重结果，轻视过程中的付出和收获，所以，当结果没有达到自己或他人的期待时，大学生难免容易自暴自弃，也很难对自己的能力进行客观评价，因而更容易陷入抑郁情绪。

2. 社会人际情感越发隔离

由于当前社会竞争日益激烈，人际的情感和连接会比竞争没有那么激烈的年代更加疏远或隔离一些。而人是一种社会性动物，是需要情感连接的，尤其大多数大学生都是第一次远离家乡独自在外求学，面对完全陌生的学习和生活环境、性格各异的新同学，大学生面临着许多人际挑战，这也使得他们更容易将自身的社交需求投注于距离更远和竞争威胁更小的社交网络，进而导致大学在现实的人际情感中缺乏人与人之间的信任、亲密和归属感。心理学的相关研究也证实了这一点——我国大学生人际信任水平在最近 11 年间显著降低。人际信任的持续走低使得大学生更容易感到孤独，在遇到困难和挑战时也更容易产生无助和绝望的感觉。

3. 家庭结构改变、教育观念落后及不稳定性增加

社会变迁使家庭结构和功能出现很多新的变化。现代家庭表现出很多新的特点，具体包括：①“计划生育”政策使得独生子女家庭成为常态，这让很多家庭对子女的期望值变得非常高，而当大学生难以达到父母的高期待时，就很容易出现自责、愤怒等抑郁情绪；②随着经济发展大浪潮席卷全国，越来越多的父母投身于工作和提升家庭经济条件中，于是祖辈成为很多大学生的替代抚养者，一些学生甚至是在留守状态下长大，这也容易导致子女感到孤独、无助甚至有被抛弃的感觉；③父母较多地关注于能否给子女一个更好的物质条件，有时候家庭成员之间缺乏高质量的沟通，这使得子女在衣食住行之外的精神需求方面无法得到很好的满足；④近年来，随着离婚率的不断攀升，家庭的稳定性也遭受了不小的挑战，动荡的家庭环境也容易导致大学生抑郁情绪的产生。

（三）大学生抑郁水平随年代的变迁

经研究发现，与大学生焦虑水平的发展类似，从 2003 年到 2012 年，大学生抑郁情绪总体呈上升趋势。正如上文所述，社会总体层面出现社会分层的加速、固化以及激烈的竞争，社会关系层面呈现人际情感的隔离趋势，家庭层面中的家庭结构改变、教育观念落后及不稳定性增加等因素都一定程度上会引发大学生的抑郁情绪，这也成为近年来大学生抑郁情绪呈上升趋势的原因之一。这也提醒大学生要更多地关注自身心理健康，在繁忙的学习生活中为自己留有自我关照和休闲放松的时间和空间，更多与信任的家人朋友联系，主动寻求人际支持，提升自我的心理健康水平。

三、大学生自尊的变迁

（一）什么是自尊

心理学家罗森伯格曾经对“自尊”有过如下定义——自尊是个体对自我价值的评判、对自我能力的感知以及对整体自我的接纳。研究发现，高自尊者生活满意度高，情绪体验积极；低自尊者更容易感到焦虑、抑郁，而且有更高概率的犯罪和药物滥用情况出现。

心理测试

罗森伯格自尊量表

下面是有关自我描述的10个句子，请按照你的实际情况作答。十分符合你的情况就记1分，非常不符合你的情况就记5分。

具体计分方法为：①非常同意；②同意；③无所谓同意不同意；④不同意；⑤非常不同意。

现在就请回答下列问题：

1. 我认为自己是个有价值的人，至少与别人不相上下。
2. 我觉得我有许多优点。
3. 总的来说，我倾向于认为自己是一个失败者。★
4. 我做事可以做得和大多数人一样好。
5. 我觉得自己没有什么值得自豪的地方。★
6. 我对自己持有一种肯定的态度。
7. 整体而言，我对自己觉得很满意。
8. 我要是能更看得起自己就好了。★
9. 有时我的确感到自己很没用。
10. 有时我觉得自己一无是处。★

带★号的题在计分时要反向计分，即如果你非常同意就记5分，非常不同意就记1分。

计分及测评说明：

在本测评中，你的得分越低，意味着你的自尊越高；反之，得分越高，你的自我价值感和自尊就越低。

得分在12分之内，说明是你高自尊的人；12~25分，说明你的自尊比较强；26~38分，说明你有自卑的倾向；39~50，说明你很自卑。

（二）自尊的社会影响因素

1. 高等教育后激烈的竞争

随着社会的发展与进步，大学毕业生的数量在逐年增加，这意味着大学生面临的就业压力日益增大，竞争日益激烈。社会对于大学生的要求也随之水涨船高，用人单位越来越倾向于对大学生有“德、智、体、美、劳”全方位、立体化的要求和期待。然而实际情况是，大学生所受的教育依然更多停留于书本或理论层面，整体缺乏社会实践经验的积累，因此，一些“大学生能力不足”的声音会时不时被我们听到。根据心理学家库利的“镜中我”理论，外界评价是个体构建自我价值的重要参照，消极的社会评价会在一定程度上影响大学生自尊水平的建构。

2. **严峻的就业形势**

个体的价值感来源于在社会比较中获得的自我确定。高校的扩招等现实因素也使得人才培养结构与社会需求的匹配度有所降低，因此大学生将不得不面临日渐激烈的就业竞争，社会比较不可避免地随之而来。心理学中的社会比较理论认为，通过与他人能力、价值的对比，个体会对自我进行评价。由于社会岗位需求的数量有限，大学生在求职就业的过程中难免遭遇失败挫折，这些也会一定程度上对大学生的自尊水平产生不良影响。

3. **社会问题的凸显**

过去的 20 多年，中国经济实现了腾飞，但同时一些社会问题也日益凸显。正如世界银行在一份报告中指出的：“在许多国家，经济的高增长率都伴随着失业率的上升，群体间与区域间收入不平等增加，以及社会和文化条件的恶化。”随着基尼系数增高（贫富差距变大）、离婚率上升、流动人口比例增高，大学生在成长过程中得到的家庭支持减少，势必也会对大学生自尊水平产生影响。

（三）大学生自尊水平随年代的变迁

经研究发现，1993 年到 2013 年这 20 年间，中国大学生的自尊水平总体呈下降趋势，这与大学生群体的自尊水平更容易受到时代发展和社会价值观转变的影响有关。研究还发现，女大学生自尊水平下降的速度略快于男大学生，但不存在显著差异。这可能是因为随着社会不断进步，教育日益强调男女平等，不同性别的大学生在高校的学习与生活上的差异不再显著。此外研究还发现，城市与农村生源大学生的自尊水平变化也不存在明显差异。这一结果可能是因为随着农村经济的快速发展，农村生源大学生的生活与学习条件在逐步提高，与在城市生活的大学生的差距也在逐渐减小。

大学生仍处在心智水平逐渐完善的时期，仍然很容易受到外界负面因素的影响。当社会经济发展到一定程度，发展趋势有可能会逐渐放缓，社会问题的增幅也会随之降低，大学生的自尊水平也将逐步回升，从而使心理健康状况得以改善。

四、大学生父母养育方式的变迁

在家庭关系一章中，我们尝试从家庭成员互动和影响的角度，阐述了家庭关系对于心理健康的影响。下面我们将探讨父母养育方式的一些社会变化，以期更好地理解父母的养育方式对大学生心理健康的影响。

（一）父母养育方式的重要性

国内外心理学研究普遍证实：作为家庭环境的重要组成部分，父母的养育方式对大学生心理健康发展有着重要影响。父母对子女的养育方式会影响子女的社会性发展，例如，生活在高冲突家庭或情感淡漠家庭的青少年更容易产生敌意；具有敌对倾向的个体往往是在过分保护或过度惩罚的家庭中长大的。父母对子女积极的情感关注和支持理解等良性的养育方式，对于子女积极面对生活中的挫折、发展出更健全的人格有着至关重要的影响。

（二）父母养育方式的社会影响因素

1. 社会文化对差异性教育方式的影响

社会文化对教育方式的影响表现为性别上的差异，如男生比女生更多地感受到父母的过度干涉、拒绝否认、惩罚严厉等负性教养方式。一方面可能受中国传统的“重男轻女”思想的影响，父母对男生的期望和要求相比女生会更高。另一方面这也可能与男女本身的行为和性格差异有关，一般来说男生与女生相比往往更加活泼好动、更爱冒险，在行为上也会有更多的冲动和攻击性的表现，更加难以管束。因此，父母在养育和教育过程中也就更容易出现过度干涉、拒绝否认、惩罚严厉等负性养育方式。与此相反，女生对于父母的管教会更少地表现出违抗和敌对的行为，因此，父母的负性养育行为也会更少出现，但同时可能会存在更多的忽视。随着社会经济的发展以及女性地位的提高，更多的女性进入工作中，但女性也可能在这一变化时期更多体验到教育方式上的矛盾感，即一方面会感受到社会要求的独立和自主；另一方面有些家庭还会沿袭传统的教育方式，抱有女性要为家庭更多“牺牲”的观念，导致家庭教育与社会需求的错位，给个体带来混乱感。

2. 家庭经济状况对父母教育方式有显著影响

相比于经济状况困难的家庭，在家庭经济状况良好的家庭中，父母和子女都会不同程度地表现出对更高层需要，如爱与归属、尊重的需要等的重视，因此在双方的互动下，父母也会对子女有更多情感上的温暖、支持和理解。同时，在经济状况中等和较好的家庭中，同样存在父母为了使辛苦打拼、来之不易的家庭社会经济地位得到巩固和发展，对子女有更多严厉、惩罚和过分干涉等负性教育行为的情况。

3. 城镇化水平对父母教育方式有显著影响

随着我国经济迅猛发展，城市就业机会不断增多，越来越多的农村父母为了增加家庭收入，为孩子和家人创造更加优质的生活和学习条件，远离家乡、外出务工，这些因为外界因素导致的在成长过程中与父母分离的孩子，在父母教育方面可能经历着更多的父母一方或双方的缺位、情感关注和陪伴的缺失，许多孩子可能经历着“被放养”的自由和孤独。城市父母的受教育水平、工作性质及经济收入在总体上与农村父母相比处于优势地位，因此，城市父母能够为子女提供相对全面、优质的教育，精力和物质上的投入也可能更多，但投入和期待往往会成正比，这就使得一部分城市父母在对子女有更多情感投入的同时，也对子女有更严厉的态度和更高的要求。

（三）亲子关系随年代的变迁

1. 父亲越来越受子女认可，母亲则相反

经研究发现，随着社会的变迁，青少年群体感受到父亲对他们越来越多的关心和支持，母亲则对他们要求越来越高、越来越严格了。这可能是由于母亲是子女日常生活的主要照料者和参与者，母亲与子女生活在一起的时间一般多于父亲，因此，母亲对子女的拒绝否认或是惩罚等行为更容易被子女感知并回忆，因而母亲更容易落入“吃力不讨好”的境地。

2. 父子（女）关系随年代变迁质量有所提升，母子（女）关系随年代变化不明显

随着社会经济发展以及城镇化水平和居民消费水平的提高，父亲对子女，尤其是女儿的情感支持显著提升，加之计划生育政策的实施和人口出生率的逐年降低，导致家庭中子女的数量减少。如果父亲能够更多地关注子女，那么子女会更容易感受到父亲的情感支持和关怀。

3. 父亲对子女的过分关注和干涉越来越少

父亲对子女的过分关注和干涉越来越少，这与人们的经济条件逐步提高、离婚率的升高、人口出生率的降低及男女比例的变化都有一定的关系。取而代之的是，父亲对子女更多的情感关怀和支持理解，这也意味着，随着时代的进步和经济的发展，父亲开始更多地采用积极的教育方式对待子女。

拓展训练

不同身份的人眼中的世界

活动分组：将所有学生分为5组。

活动目的：亲身体验不同身份的人眼中的世界有多大差异。从身份差异的角度去理解不同背景对一个人观点和看法的影响。

活动实施：

（1）准备5张纸条，纸条上分别写着“留守儿童”“进城务工人员”“沉迷网络的大学生”“享受智能化办公的高管”“精致穷的月光族”5种不同的身份（5种身份不限定，可以根据不同情境设定不同身份）。

（2）将5张纸条分发给5个小组，每张纸条的内容仅在组内共享。小组成员尝试将自己装扮对应身份的角色里，可以通过讨论或在附近走动观察（教师自主限定观察范围）10分钟的时间，记录当下自己所扮演的“角色”眼中看到和心里想到的一切。

（3）10分钟后各组派1~2个代表分享本组“角色”所看到的事物，考验其他小组是否能猜出这个身份是什么。

（4）邀请几名同学分享这次活动后的感受，谈一谈这次扮演对自己认知上有怎样的影响和启发。

第三节　社会建构论
——一种更有利于心理健康的认识论

随着社会政治、经济和文化的发展变迁，大学生的心理健康水平、价值观和生活方式也受到这些变化的影响和冲击。因此，新时代的大学生如何在社会迅猛发展和信息爆炸的背景下找到适合自己的为人处世哲学，以一种更加理性平和的心态应对生活和学习中的各种挑战显得更加重要。本节将为大家介绍一种可能更有利于心理健康和人与人之间合作共赢的后现代的哲学思想——社会建构论。

社会建构论是现代西方心理学中一种新的思想潮流。认为心理活动是社会建构的产物，主张知识是建构的，是处于特定文化历史中的人们互动和协商的结果。它的前身可以追溯到儒家思想下的“心学”一派。早在几百年前，“陆王心学”的代表人物南宋思想家、哲学家陆九渊和明代著名哲学家王守仁就曾经对此分别有过论断。陆九渊曾说“宇宙便是吾心，吾心即是宇宙”。王守仁也认为，“眼开则花明，眼闭则花寂”，“天下无心外之物，心包万物，心包万理，万物皆在我心中”。

古希腊哲学家柏拉图曾经提出“洞穴假设”，即我们都生活在一个洞穴里，外面的光影投射到墙壁上。我们在被绳索禁锢的地方，只能看到墙上的投影，然后我们就以为墙上的投影是世界的本原。其实，我们不知道那只是外在世界在洞里的投影而已，把我们禁锢在那里的可能就是我们的思维、我们的头脑、我们的语言、我们的概念。

理念世界就是外边世界投射到墙上的光影，而洞穴外面是我们生活的现实世界。因此，我们很多时候可能误把“理念世界”当作了“现实世界”，当弄清楚这一点之后，生活中的一些难题可能就迎刃而解了。

一、对社会建构论的理解

（一）社会建构论是虚无主义吗

当你对社会建构论有所了解后，也许你会感到疑惑——根据社会建构论的观点，我们无法再相信科学能够揭示真理。

这些困惑其实都是我们生而为人对可靠现实的天然追求，我们都愿意相信医生所说的“这种药能够治愈你的肺炎”，或者机长告知的“这架飞机将飞往北京”之类的事实，我们希望新闻报道都是真实的，科学研究的结果都经得起验证。但接受社会建构论并不意味着否认这些被称为“真理”的东西，而是承认这些“真理”都产生于特定的文化历史背景之下，只有在特定的情境下才有意义。

人类历史上很多灾难都是因为某些团体企图将自己的“真理”——关于神、正义、优等民族或罪恶——强加给其他团体而造成的。在当今世界，不同文化信仰之间冲突不断，如果人类还想和平地在这个星球上生存共处，必须认识到文明互鉴、求同存异、共同发展的重要性。社会建构论鼓励人们对那些与自己不同的“真”和“善”进行探索，而不是将一个团体内部的“真理”强制推行到其他团体。

（二）社会建构论促进批判性反思

在我们的生活和学习中，我们强调唯一客观的现实，想要去探寻人类的本质和真实。比如在心理咨询领域，我们往往有一条潜在的逻辑，即认为前来咨询的人所表现出的“异常”或“问题”都源于过去的“真实”，所以，我们需要对它加以揭露和处理。但如果我们仔细想想，所谓的“正常”与“异常”，“症状”与“真实”又是如何判定的呢？

这一认识的转变使得我们可以开始尝试从过去各种对真理的追求中解放出来，进行更广泛的探索，主动参与建构某种我们想要的“事实”，创造真正能够为人类和社会带来福祉的“规律”。以老龄化为例，通常我们将老龄化视作一种衰老的过程。当我们回过头反思这种习以为常的建构，可能很大一部分原因来自我们对衰老的恐惧，因此，我们中很多人总是执着于寻找“永葆青春”的妙方以对抗衰老。但对很多人来说，这种“走下坡路”也是一种“自我实现预言”（self-fulfilling prophecy，即让自己的预期成真的那些预言）。因为越来越老，所以我们觉得受身体的限制需要减少活动，对很多事情的兴趣会丧失，觉得自己没有足够的能力接触新鲜的事物，而这样做的结果，反过来又会加剧身体的衰弱，对生活的热情也随之减退。

但是，当我们把“老龄化”看作一种社会建构，我们并不一定选择接受这种消极的理解，而是可以寻找一种更加积极的建构方式——老年人拥有更丰富的社会阅历和人生经历，岁月积淀的人生智慧和见惯风雨的平和心态，这些优势与年轻人的灵动思维和充沛精力进行互补，从而共同创造价值。当我们以这样的建构收集强调老龄化“成长、丰富、发展”等积极潜能的资料后，我们会发现，我们可以保持希望，一直充实地生活下去。

知识窗

自我实现预言

美国社会学家罗伯特·默顿提出由选择性注意引发的自我实现预言，即让自己的预期成真的预言。许多研究已经发现，一开始的预期越强烈、越笃定，我们越会把更多的注意力放在与这些预期相符的信息和事实上面。与此同时，我们的心智也会自动过滤掉那些与预期不一致的事实和信息，预期的正确性也得到了确认。

二、他人即地狱吗？——社会建构论如何看待“关系”

（一）意义产生于关系中的对话

在传统的观念中，我们认为“意义”存在于个体的头脑中，人们只有通过语言向外界表达自己的想法才能获得他人的理解。但如果“意义”真的只是非常个人的东西，那我们将很难确认自己是否真正理解了对方的想法。而如果我们将注意力从意义如何产生于个体大脑转向意义如何在关系中产生，可能我们会发现“意义”的另一方面。

1. 他人的回应使语言产生意义

小刚对小丽说：“你好。”如果小丽回应小刚“你好啊，小刚”，那么她就把小刚的话理解为一种问候。但如果小丽没有把小刚的语言当作建立沟通的信号，或者没有理解小刚的意思（如小丽不会中文），小刚的语言同样毫无意义。所以，意义并不存在于任何个体内部，而是存在于人与人之间的关系中。

2. 回应本身还需要进一步的回应

每一次回应都有两个功能：一是赋予前文意义；二是有待后续进一步回

应。如果回应本身没有得到回应，它的意义就会被悬置。比如，女儿跟妈妈说最近心情比较低落，妈妈可能会认为女儿是期末考试压力太大，于是回应“你最近的学习压力是不是增加了？”如果女儿无视妈妈的回应，那么妈妈的话就起不到任何作用；如果女儿说“是的，最近压力比较大”，那么母女俩就能共同来应对这一事实。因此，语言只有凭借“前言”和“后语”才能获得意义。

3. 关系中的对话有无限可能

我们每个人的语言和行动都是从其他时间或场合借用过来以产生意义的。如果一个人走近你，然后对你说出一连串的拼音“a，f，w，t，z……”，你肯定会感到困惑，甚至还会下意识地远离这个人。因为这个人的行为不属于你熟悉的场合与行为的配对。实际上，在每一个情境中，我们都从过去的关系中借用了宝贵的资源。场合与行为的配对在不断向前发展，对于任何一种表达，都存在几十种可能的、有意义的回应。随着对话的继续，结果将会是独一无二的创造。

（二）“关系性自我”的建构

我们重视个体的思想、情感、需求等方面的表达。当所有人都只专注于自己的内心，那我们便创造了一个又一个分离、孤立、冲突的世界，很难再有沟通的可能性了。如果我们把思想、情感、需求等看作关系的产物，建构一个“关系性自我”，我们是否更能构建一个和谐的世界呢？

1. 个体内在心理的话语产生于对话

我们的语言是在我们与他人的对话中产生的，比如，当你和同学进行辩论时，你问对方：“你用‘思想’这个词想表达什么？”对方也通过语言进行描绘和形容。所以，如果没有对话就不会产生有关个体心理的术语。

2. 语言是心理感受的表达

如果我们想要通过语言表达对对方的喜爱，我们可以用“我喜欢你”“你太棒了”“我很敬佩你”等语言进行表达，不同的表达会给你们的关系带来不同的影响，也许更亲密，也许更疏远，结果取决于你表达的对象、时间和场合。

3. 语言只是行为的一部分

除了语言，伴随语言出现的面部表情、姿势、肢体动作及其他活动也是行为的重要组成部分。比如，当你对对方说“对不起，我刚刚不应该那样说”，同时却面露笑容或不屑，事情就可能朝着跟预期相反的方向发展。

综上所述，我们每个人的情绪感受、想法、渴望都是关系性的，比如，当一个足球运动员在比赛中擦伤流血，但他仍说“玩得很开心”，这就是他和队友们的关系赋予他的行为不同的意义，疼痛不再是可怕的、人们竭力回避的痛苦，反而成了一种喜悦的体验。

三、社会建构论中的“沟通与合作”

（一）将批判当作一种对话与合作的邀请

社会建构论也受到了一些批判，批评家们认为，身体是一种无法回避的“真实”，身体会限制我们对世界和社会的体验与理解；同理，心里的想法和情绪也会影响我们的行为。除此之外，现实生活中的权力分配差异也是“实实在在”存在的，如果承认贫穷、压迫、饥饿和生物灭绝都只是某种社会建构而非“真实”，我们可能就会失去行动的目标。

社会建构论对于这些批评是非常重视的，因为没人愿意抛弃身体、心灵和社会正义。其实社会建构论与此并不矛盾，社会建构论更像一把大伞，庇荫了不同的被建构的现实。它提供的是新的可能性和意义，而不是“新的真理”。所以，社会建构论得以与它的“反对者们”协同工作。

1. 共同参与对现实的建构

事情并不一定都是特定的一种理解方式，任何人都可以自由地探索其潜在的意义。比如，关注一些网络新闻报道的同时，也用建构论的观点去驳斥媒体发布的某些事实，因为所谓的事实很大程度上都只是部分的事实，这其中就存在很多可以共同讨论和对话的空间。正是得益于我们使用多种话语（如建构论、实在论），我们才能对现实进行更丰富的建构。

2. 共同探索局限性和可能性

当然，建构也存在一定的局限性。比如，我们有时会把“有权者”建构成坏人，进而以强势的姿态要求消灭这些坏人；当那些“有权势的坏人”感受到我们的愤慨，他们又会极力自卫，觉得我们在蓄意破坏他们建构起来的美好，这就会导致双方各执一词，合作建构一个公正社会的可能性就越来越小。

由此，我们开始思考一种更加切实可行的理解和行为方式。与其将权力视为一种结构，我们更愿意相信，权力产生于持续的关系中——如果有足够多的人开始分享观点和价值，大家就可以自发地组织起来，发展共同体意识，最终更好地实现自己的目标。

（二）协作建构务实和多元的道德价值

最后一种关于社会建构论的常见批判来源于它的“道德软弱”。因为在建构论者的眼里，所有的道德似乎都是平等的，吝啬不一定比大方差劲，这导致人们很容易对一切都抱有无所谓的态度。

其实，我们每个人都有共同的对美好标准的追求，都会倾向于选择某种特定的生活方式。社会建构论并不是要求人们逃离所有的道德观，正是因为社会建构论者将道德作为人类的一种社会建构，我们才获得了讨论的空间，比如，对于女性主义者、精神病人康复者以及少数群体，他们开始获得越来越多的话语权，使得这些被边缘化的群体开始得以被更公平地对待。

我们都生活在一定的传统中，每种传统都在珍视某些行为的同时谴责另一些行为。所以，我们更大的挑战在于如何面对并处理不同传统中存在的差异。在过去的历史中，我们好像都在为了争论哪一种传统更好而付出大量的努力。当我们跳出这样的循环再来看时，可能会发现，如果我们不希望有人将自己的道德强加于他人，我们就需要弱化差异、跨越边界，吸引不同的人朝着共同的愿景努力，减少竞争视角中所谓的“分歧”，并共同摆脱“唯一真理”的信念，走向对多元世界的理解。

四、社会建构论视角下的心理咨询

减轻一个人的痛苦不是一件容易的事，人们也从未放弃寻找最好的心理咨询方法。建构论的意义可能就在于启发人们放弃寻找最完美的心理咨询方法，理解“法无定法，因人而异”。

（一）叙事疗法——我们的人生故事可能还有 B 面

很多时候，我们对生活的理解是借助于不同的叙事的。所以叙事治疗师们相信，人可以通过重新叙述个人生活而使“问题”得到转化。例如，在一些人的故事中，因为身为女孩，所以长期遭受父母的不公平对待，以至于不想在世界上继续活下去。但是如果换一种视角重新建构童年的故事——她们是如何在如此艰难的生存环境中坚强地存活到了现在，就像一个英雄一样，也许能让她们发现与以往不同的、更加积极的行为方式。

除此之外，叙事治疗师还特别关注故事重述中包含的社会因素。以抑郁症为例，通过重述故事我们可能会发现抑郁症患者所面临的不容忽视的环境因素和生活事件，当一个人明白“这不是我的问题，是整个系统的问题”时，他更有可能停止自我怀疑，从而开启新的行动。

（二）短期焦点解决疗法——构建“方案”而非解决“问题”

后现代的社会建构主义咨询师并不会深入而全面地讨论来访者的问题。因为在该理论视角下，这样的讨论存在一定风险：当我们投入地讨论某个问题时，这个问题就可能会变得充满更多挑战和困难；如果我们讨论某个问题的周期太长，就可能因为受到问题的羁绊而陷入无助。所以，短期焦点解决取向的心理咨询师会就个体潜在的优势、资源和关系进行讨论。

短期焦点解决疗法中的一个经典提问叫作“奇迹问句”，心理咨询师会问来访者：“如果你明天一觉醒来，发现这些困扰你的问题都被今晚来到你身边的天使处理好了，你会觉得你睁开眼睛的那一刻，什么信号会让你知道问题已经解决了？”心理咨询师希望通过这样的提问帮助来访者看到一些细小的、平时会被自己忽略的改变，而这些细微的信号正是问题向好的表征，也是来访者更容易达到的、以尝试去突破的点。

（三）后现代心理咨询——咨询师走下“神坛”

传统的心理咨询往往都有一个“傲慢”的假设——心理咨询师能够准确地评估和解决来访者的“问题”。但以社会建构论为基础的后现代心理咨询提供了另一种备选的咨询方案。在后现代心理咨询中，咨询师对于来访者如何构建他自己的世界充满好奇。同时，咨询师也不会放弃他们以往所学的专业知识，而是将它们作为资源以丰富整个咨询过程。举例来说，如果在一个家庭中，母亲是一个喋喋不休的家庭实际掌权者，那么传统“上帝视角”的心理咨询师可能会很快给母亲贴上一个标签——这个母亲可能有过度控制和歇斯底里的倾向，因此才会导致家庭中的其他成员敢怒不敢言。这虽然听起来有些道理，但后现代“未知视角”的心理咨询师只会把这一假设作为众多建构中的一种可能性，然后继续探索。随着咨询进行，咨询师随后可能会发现母亲确实为整个家庭付出和牺牲良多，并且非常希望能够适当放下对家人无时无刻的牵挂，去追寻自己的生活。如此一来，心理咨询的方向就可以转变为帮助母亲及家庭成员构建全新的、更有利于彼此的家庭空间，以促进家庭中的个人有更好的发展和成长。

拓展训练

按摩服务

活动分组：两两一组，如有落单可以和老师一组。

活动目的：让同学们通过活动体验一次成功或者舒适的社会合作是需要多方沟通协作、共同完成的，同时跟金钱等外在因素也有密切的关系。

活动实施：

（1）被按摩的人坐在椅子上，按摩的人站在椅子背后，然后做3分钟的沉默按摩，双方都不许说话，按摩的人想怎么按就怎么按。在这3分钟里，按的人和被按的人都要仔细体会自己身与心各方面的感觉。3分钟之后停止，询问被按人的感受。

（2）接下来3分钟继续按摩，但在这3分钟里，被按的人必须对按的人说一些反馈，按的人也有权利提问以获得反馈。3分钟后询问这一次和上一次不同的地方和感受。

（3）接下来互换角色，这一次是需要花钱的。双方从头到尾都可以有交流。3分钟后询问被按的人愿意出多少钱，1元、2元、5元、10元都行，然后询问被按人的感受。

（4）老师总结这次活动带给同学们的感受，以及这次活动对同学们在沟通方面有怎样的影响和启发。

推荐资料

1. 图书《被讨厌的勇气："自我启发之父"阿德勒的哲学课》，岸见一郎、古贺史健著，渠海霞译。

"被讨厌"这件事情让我们避之唯恐不及，要承受"被讨厌"这样一种体验是一件非常需要勇气的事情。如果我们认真回忆让自己感到困扰或不知所措的人际场景，就会发现我们内心深处存在着对"被讨厌"的恐惧，正是这些恐惧让我们在很多时刻做出违心的决定或选择。因为我们太在意一些外界的声音和评价，而导致我们忽略了最应该被自己听见的声音——内在的感受和需要。

2. 电影《罗生门》，黑泽明执导。

《罗生门》是日本导演黑泽明的经典影片。影片讲述了大雨天发生在一间破殿里的杀人案，会聚在这间破殿里的有云游行僧、目睹案件经过的樵夫、偶然经过破殿的路人、案件的当事人——死去的武士、剽悍的强盗以及早已不知所踪的武士妻子。故事就在几位当事人的叙述中缓缓拉开帷幕……

《罗生门》这部经典电影以众说纷纭的角度，细腻入微地呈现了每个人心中不同的"真相"。从传统的角度来看其中只有一人说的是事实，但其他人所描述的又何尝不是他们内心的"真相"呢？

参考文献

[1] 格根 G，格根 M. 社会建构：进入对话［M］. 张学而，译. 上海：上海教育出版社，2019.

[2] 人工智能或促进心理咨询业发展［J］. 智能机器人，2017（5）：26-27.

[3] 沙晶莹，张向葵. 中国大学生自尊变迁的横断历史研究：1993—2013［J］. 心理科学进展，2016，24（11）：1712-1722.

[4] 史梦璐．当事人对“AI”心理咨询的知觉和体验研究［D］．武汉：华中师范大学，2018.
[5] 王岩，杨沫．居民收入与主观幸福感：影响机理与实证研究［J］．贵州财经大学学报，2015（1）：13–21.
[6] 吴洪辉，廖友国．近十年大学生自评抑郁量表（SDS）调查结果的元分析［J］．宁波大学学报（教育科学版），2013，35（6）：9–12.
[7] 肖冬梅．当代大学生畸形消费的社会心理学分析［J］．读与写（教育教学刊），2015，12（2）：74，132.
[8] 辛自强，池丽萍．社会变迁中的青少年［M］．北京：北京师范大学出版社，2008.
[9] 辛自强，辛素飞，张梅.1993 年至 2009 年大学生焦虑的变迁：一项横断历史研究［J］．心理发展与教育，2011，27（6）：648–653.
[10] 许燕．家庭社会经济地位与大学生生活满意度：物质主义的调节作用［J］．德州学院学报，2013，29（1）：93–97.
[11] 杨天琪，付凤．涉罪未成年人心理辅导智能化前瞻［J］．青少年犯罪问题，2019（4）：64–72.
[12] 周少贤，窦东徽．社会变革下大学生情绪特点新趋势及应对：以北京市某高校为例［J］．中国青年社会科学，2019，38（4）：59–66.
[13] 周宗奎，王超群．网络社交行为会增加孤独感吗［J］．苏州大学学报（教育科学版），2015，3（3）：81–91.